文明互鉴
中国与世界

主编
张西平

丝路文明互鉴之路

《国际汉学》"一带一路"研究论文集

本书为北京外国语大学中华文化国际传播研究院所主持的北京外国语大学"双一流"建设重大标志性项目"文明互鉴：中国文化与世界"（2021SYLZD020）研究成果。

张西平　张朝意　主编
薛维华　副主编

学苑出版社

图书在版编目（CIP）数据

丝路文明　互鉴之路：《国际汉学》"一带一路"研究论文集 / 张西平, 张朝意主编. — 北京：学苑出版社, 2023.11
　ISBN 978-7-5077-6826-8

Ⅰ.①丝… Ⅱ.①张… ②张… Ⅲ.①汉学—世界—文集 Ⅳ.① K207.8-53

中国国家版本馆 CIP 数据核字 (2023) 第 219759 号

出　版　人：洪文雄
责任编辑：李　媛　王见霞
出版发行：学苑出版社
社　　　址：北京市丰台区南方庄 2 号院 1 号楼
邮政编码：100079
网　　　址：www.book001.com
电子邮箱：xueyuanpress@163.com
联系电话：010-67601101（营销部）、010-67603091（总编室）
印　刷　厂：北京建宏印刷有限公司
开本尺寸：787 mm×1092 mm　1/16
印　　　张：27
字　　　数：358 千字
版　　　次：2023 年 11 月第 1 版
印　　　次：2023 年 11 月第 1 次印刷
定　　　价：138.00 元

序

自2013年习近平主席提出与世界其他国家共建"一带一路"倡议以来，中国与有关国家、地区和国际组织积极开展建设实践。十年间，我国已与150多个国家、30多个国际组织签署200多份共建"一带一路"合作文件，成果丰硕，对世界的发展产生了重大影响，并将继续对世界各国政治、经济、文化和文明建设产生深远影响。

《国际汉学》作为我国改革开放以来第一份以国际中国文化研究为主旨持续出版的刊物，自创刊以来，始终遵循纯学术、高质量的办刊路线。多年来，本刊秉持以汉学研究探究中华文化在域外传播的历史轨迹和影响，在国际范围内展开中国文化研究之宗旨，追踪中国文化外传的历史人物和文献，在世界范围内揭示中华文明的意义。自响应共建"一带一路"倡议，本刊近十年来已发表"一带一路"专题、"一带一路"沿线国家及地区相关汉学研究文章百余篇。

本书所呈现的是其中26篇精选文章。我们将其分为"理论与方法""陆上'丝绸之路'""海上'丝绸之路'""'一带一路'国别汉学研究""'一带一路'汉学文献"等专题，相信读者能从文中体悟到《国际汉学》在"一带一路"研究中的重要价值与意义，也借此告吁广大学人在相关研究工作的基础上，继续在"一带一路"的广阔时空中，深入挖掘历史文化资源，阐扬中华文化的世界意义；开展文献资料整理，推进拓展中国的世界资源；加强区域国别研究，推进全球治理与全球发展；塑造鲜明的中国观，增进文化自觉与文化自信；建立新型的文明观，增进人文交流与文明互鉴。

在编选的过程中，我们深切地感到："一带一路"是一个宏大的全球性蓝图，是一个国际性的联合行动。究及"一带一路"的历史与未来、愿景与行动、经验与成效，其建设内容异常丰富，实践活动异常复杂，研究关涉多语种、多学科、多领域。随着建设实践的深入进行，其研究也将深入和分化，更多学科将进入各个领域，而且研究"一带一路"的独立学科也将逐步形成。从地域特征看，"丝绸之路经济带"和"21世纪海上丝绸之路"呈现不同分布，在"一带一路"交叉和会合；从历史进程看，"一带一路"的丝路海路，宅兹中国、贯通欧亚、展拓美非，还将不断地延伸下去；从文明比较中看，这是百年未有之大变局中，最能体现"文明因交流而多彩，文明因互鉴而丰富"，也最为绚烂多姿、异彩纷呈的时刻。

我们何其有幸身在这非同凡响的时代！"一带一路"将作为维系世界文明的纽带，继续以共商、共享、共建为原则，以和平合作、开放包容、互学互鉴、互利共赢的丝路精神为指引，为实现中华民族的伟大复兴、推进中国式现代化建设、开创人类文明新形态、构建人类命运共同体而展现新的作为，开创新的天地！

古语云："天下有文章而光明。"恭逢此盛，《国际汉学》将继续贡献绵薄之力！为通往一个文明互鉴、文明以知、文明以智、文明以止，"美美与共、天下大同"的新时代而鼓而呼！

《国际汉学》编辑部

2023年6月

目 录

理论与方法

003　　丝绸之路的历史与人类命运共同体
　　　　□ 滕文生

030　　传统丝绸之路的动力机制
　　　　□ 张国刚

036　　20世纪90年代以来英语学界对"丝绸之路"中国段的研究
　　　　□ 郑红翔

陆上丝绸之路

059　　唐诗中长安生活方式的胡化风尚
　　　　□ 石云涛

071　　中国古代思想在阿拉伯的传播
　　　　□ 薛庆国　丁淑红

海上丝绸之路

105   甘埋里考——兼论宋元时代海上丝绸之路
        □ 林梅村

119   从《郑和锡兰布施碑》看海上丝绸之路上的文化共生
        □ 万　明

132   从商人与鲸鱼故事的流播看海上丝绸之路多元文明的互动
        □ 李效杰

"一带一路"国别汉学研究

149   俄罗斯藏学研究的主要流派及其成就
        □ 陶　源

163   丝绸之路上中伊文明交流的历史叙事
        □ 李　伟　马玉洁

173   当代印度汉学家的中国历史研究
        □ 尹锡南

191   韩国关于丝绸之路的研究述评
        □ 吴　浩　欧阳骞

中国文化典籍在"一带一路"的传播

209　　宋元小说在俄罗斯的翻译和研究
　　　　□ 高玉海

225　　《古代至13世纪中国古典文学史》:俄罗斯汉学的新成就
　　　　□ [俄] 白若思（Rostislav Berezkin）著
　　　　□ 张诗洋 译

234　　"航行在中保文化的两岸"——《红楼梦》保加利亚文版译者韩裴访谈录
　　　　□ 受访人:[保] 韩　裴（Petko Todorov Hinov）
　　　　□ 采访人:林温霜

248　　捷克东方学家德沃夏克及其《道德经》译本
　　　　□ 徐伟珠

258　　1900—1930年明清小说在越南的翻译与出版
　　　　□ 王　嘉

269　　朱熹的经学与解经语言在古代越南的沿革:从《四书章句集注》到《四书约解》的案例研究
　　　　□ [越] 阮俊强（Nguyễn Tuấn Cường）

292　　中国文化在马来西亚的传播——以《三国演义》为例
　　　　□ 韩　笑

"一带一路"汉学文献

307 俄罗斯圣彼得堡大学东方系中医汉籍藏书
　　　□ 李　民

324 《悠傲信件》所见13世纪欧洲文献中的蒙古形象
　　　□ 田俊武　尚秀玲

340 古希腊罗马文献关于赛里斯方位、民族和蚕丝的记载和误读
　　　□ 何立波

362 近20年中国对波斯文历史宗教文献的研究
　　　□ 刘　慧

374 波斯人游记里的明代中国
　　　□ [伊朗] 孟　娜（Elham Sadat Mirzania）

389 中国历史文献中的伊朗
　　　□ 张西平

411 中国文化在南亚：史料与内涵
　　　□ 佟加蒙

理论与方法

丝绸之路的历史与人类命运共同体[*]

□ 滕文生

一、中国与西亚、北非、南欧国家和地区的历史交往

地中海东岸、南岸、西岸的西亚、北非、南欧地区，是古丝绸之路的陆路与海路的结合部和重要通道。人类文明进步所演绎的许多事件和故事都发生在这一地区。这里曾经孕育出了世界上最古老的两大文明：两河文明和埃及文明，这里曾经商队驼铃声经年不断，曾经军事远征的战马嘶鸣，但最为人们所称道的是，这里一直是世界上几个伟大文明交相辉映、互学互鉴的重要地带。古丝绸之路，就是沿线各国各地区人民为实现彼此交往而开创出来的。古丝绸之路不是属于哪一国哪一地区，而是各国各地区共同创造和享有的宝贵财富。古丝绸之路留下的那种互通有无、互学优长、互鉴经验、互利共赢的和平、友好、合作精神，尤

---

[*] 本文为2018年国家社科基金重大项目"北欧收藏有关中国新疆资料的收集、整理与研究"（项目号：18ZDA189）的阶段性成果。本文首发于《国际汉学》总第21期，2019年第4期。

其值得我们珍惜。

中国是古丝绸之路的东方起点，历史上曾为开通古丝绸之路付出过极大的努力，做出过独特的贡献。中国同西亚、北非、南欧国家和地区之间的相互交往，历史上也留下了许多佳话。

中国西汉汉武帝时期，公元前139年朝廷派遣张骞出使西域，历经千辛万苦，开通了陆上丝绸之路的最东段。他最远到达过今天中亚的乌兹别克斯坦和阿富汗。

中国东汉汉和帝时期，出使西域的班超曾派副使甘英于公元97年前往大秦的都城，即今天意大利的罗马，最后抵达了条支，也就是今天的叙利亚地区。两汉时期的中国，用了近300年的时间凿空通往西域的"丝绸之路"，在人类文明交流史上写下了浓墨重彩的一页。

在古丝绸之路的西段，西亚、北非、南欧地区的先人们同样富有开拓进取精神。他们开凿了连接红海和地中海的运河，探寻出由红海进入印度洋的航路，还开拓了经西亚前往东方的商路。据《后汉书》所记，东汉汉桓帝时，公元166年，曾有大秦即罗马帝国的使者，辗转抵达东汉的都城。60年后，又有大秦使者到达中国三国时期的吴国都城，受到吴国君主孙权的接见。

中国的唐朝与当时统辖西亚、北非、南欧地区的阿拉伯帝国直接接壤，而且交往不断。伊斯兰教就是这时传入中国的。在唐朝初年，西亚的波斯即今伊朗，有人还将西方基督教的一个支派聂斯托利派传到了中国，在中国史籍中称为"景教"。现今保存在陕西的《大秦景教流行中国碑》就记录了自公元635年起100多年间景教在中国的流传情况。当然，历史上各国各地区的交流交往并不总是充满玫瑰的芬芳。公元751年，中国唐朝的军队与阿拉伯帝国的军队，在中亚的怛罗斯即今天哈萨克斯坦的江布尔发生了一次战役。由于唐朝军队的失败，不少随军的造纸、纺织等方面的工匠和一些学者被俘，阿拉伯帝国将他们集中在今天乌兹别克斯坦的撒马尔罕，通过兴办造纸厂、纺织厂，将中国的造纸术、丝绸纺织术从中亚逐渐传到西亚的伊拉克、叙利亚和北非的埃及、摩洛哥，以及南欧的葡萄牙、西班牙、意大利，最后传遍了整个欧洲。杜环，就是在怛罗斯战役中被俘的一位随军学者。他从乌兹别克斯坦西行，到达西亚的伊朗、伊拉克、叙利亚、沙特阿拉伯、以色列，再到北非的埃及、摩洛哥、埃塞俄比亚等国，最后经海上丝绸之路于公元763年回到中国，前后共13年。他写的《经行记》对他在经行国家和地区的所见所闻，都做了记叙。这应该是历史上中国的学者第一次亲历西亚、北非、东非地区并做了文字记叙。

到了中国宋代，西亚、北非、南欧的许多商人、学者、使节，更是络绎不绝地前往中国经商、学习和访问，可谓"使者相望于道，商旅不绝于途"。在公元968年至1168年的200年间，阿拉伯帝国遣使来中国达48次。中国元代与海外交往更是盛况空前。仅中国的商船经海上丝绸之路到过的国家和地区就有200多处。元代学者汪大渊曾于公元1330年至1334年、1337年至1339年，两度由海上丝绸之路经东南亚、南亚、西亚抵达北非。他行迹所至，第一次到达今天沙特阿拉伯的麦加、也门的亚丁、伊拉克的巴士拉、埃及的杜姆亚特等地，最远到过今天摩洛哥的丹吉尔；第二次还到过大洋洲。他的游记《岛夷志略》中所记国名、地名达222个，并对其中99个国家和地区的"山川、土俗、风景、物产"做了比较详实的记述。在汪大渊第二次游历后几年，生于丹吉尔的摩洛哥学者伊本·白图泰，经西亚、南亚、东南亚，于公元1345年到达中国进行考察和访问。他到过广州、泉州、杭州、北京等地，在华历时约一年之久。1354年，由他口述经别人记录整理而成的《伊本·白图泰游记》出版，成为阿拉伯妇孺皆知的传世之作。书中生动记叙了当时中国的一些风土人情，称赞中国"地大物博，举世无与伦比，中国人聪明智慧"。汪大渊的《岛夷志略》和伊本·白图泰的《伊本·白图泰游记》，对中国与阿拉伯、中国与非洲人民之间增进相互了解产生过重要影响，是中阿、中非友好交往史上难得的姊妹篇。

中国明代的郑和七次下西洋，前后历时28年（公元1405年至1433年），是中国与西亚、北非、南欧地区经济、政治、文化交流的黄金时代,再一次充分显示出中国人民愿与天下"共享太平之福"的诚心善意。在郑和下西洋100多年后即15世纪末16世纪初的地理大发现时代,地处南欧的葡萄牙派往中国的使者多默·皮列士,就是沿着与郑和下西洋大致相近的航线,于1517年抵达中国。他根据自己的所见所闻,撰写了《东方志:从红海到中国》一书。此书与郑和下西洋船队的沿途记述,同为研究东西方交流史的珍贵资料。

时过境迁,今天的地中海沿岸国家和地区,正在成为加强亚非欧三大洲经济、政治、文化、社会联系和经济技术合作,实施"一带一路"倡议的重点地区之一。自从2013年中国提出建设"一带一路"的倡议以来,已有103个国家和国际组织与中国签署了118份合作建设协议,其范围从亚欧大陆拓展至非洲、拉丁美洲和加勒比地区以及南太平洋地区;中国与"一带一路"沿线国家的货物贸易进出口额已超过5.5万亿美元,对其非金融类直接投资超过800亿美元;双方共同建设的经贸合作区已达82个,仅此一项就为"一带一路"沿线国家增加了24.4万个就业岗位。

我们完全可以相信,地处地中海沿岸亚非欧结合部的西亚、北非、南欧国家和地区的人民,将会为推进"一带一路"倡议,为改善全球治理和建立更加公正合理的国际政治经济新秩序,为构建人类命运共同体,做出越来越多的贡献。

二、丝绸之路见证了经济全球化的演变和发展历程

从张骞通西域,开启陆上丝绸之路东段,到丝绸之路的全线贯通以及海上丝绸之路的逐步开通,在相当长的历史时期内,由于交通运输条件和通讯联络、传播技术手段的限制,加上战争因素和其他人为因素造成的障碍,在东方和西方之间,无论是陆上还是海上丝绸之路,通达的方式和特点,基本上是次第式或者说渐进式的。就是说,大体上都是

这一段由一个或几个国家主导，那一段由另一个或另几个国家主导而一段接一段向前进行的。与此相联系的是，陆上和海上丝绸之路沿途各国各地区之间的经济、政治、文化、社会交往与联系，不同文明的交流互鉴，大体上也是分段、由近及远进行的，因此它们之间交往联系、交流互鉴的范围与程度自然是很不平衡的。在这种情况下，无论哪个国家和地区，对整个陆上或海上丝绸之路所辐射的亚洲、非洲、欧洲国家和地区的经济、政治、文化、社会全貌，都没有也不可能有比较系统和完整的了解与认识。至于南北美洲，那时的亚非欧地区的人们还不知道它们的存在。总之，这与后来实现经济全球化以后各国各地区的交往联系情况是大不一样的。

世界进入经济全球化的时代，应该是在欧洲率先进入资本主义发展阶段，开创资本主义工业文明以后的事情。新航路的开通和地理大发现，是世界开始走向经济全球化的一个重要标志。

公元14世纪欧洲兴起的文艺复兴运动，标志着欧洲人民开始逐步摆脱长达千年的中世纪封建神学统治，为开辟资本主义社会道路进行了思想政治上的准备。其后，到16、17世纪，经过宗教改革和率先爆发的尼德兰革命与英国革命，整个欧洲掀起了资产阶级革命的高潮，欧洲各国陆续进入资本主义发展阶段，并开始进行工业革命。哥伦布通过海上航行发现美洲新大陆，达伽马从海上绕过非洲南端的好望角向东航行至印度，麦哲伦绕地球一周的海上航行，这些新航路的开辟及地理大发现，是欧洲工业技术迅速发展的产物。欧洲资本主义社会生产力特别是工业生产力的发展需要广阔的市场，于是欧洲人纷纷走向非洲、大洋洲和亚洲，走向刚刚发现的新大陆南北美洲，去寻找和开辟商品市场、资本市场与原料产地。这样，丝绸之路所见证的经济全球化的时代就到来了。

如果从以新航路开通和地理大发现为标志的15世纪末算起，到现在的500多年间，经济全球化大体经历了三个历史阶段，也就是三次具有不同特点的经济全球化。第一次经济全球化，从15世纪末到20世纪初第一次世界大战爆发，期间经历了400年；第二次经济全球化，从20世纪初第一次世界大战，中间经过第二次世界大战，到20世纪末东欧剧变和苏联解体，期间经历了70多年；第三次经济全球化，从20世纪末东欧剧变和苏联解体到现在，已经经历了将近30年。

（一）第一次经济全球化

这次经济全球化所经历的历史时期，从国际政治经济秩序及其基本特点来看，是西方帝国主义国家对亚非拉国家和地区的人民进行殖民统治的时期。

这次经济全球化的主要历史轨迹，概述起来有以下几个方面。

第一，地理大发现特别是美洲新大陆的发现，使人们对世界各大洲的全貌有了比较完整的了解与认识，大大拓宽了人们的视野，其深远意义是难以估量的。应该说，这是欧洲开始向资本主义文明发展阶段前进所带来的历史产物和重大成果。

第二，在欧洲国家开始对亚非拉国家殖民之前以及殖民过程中，欧洲的商人、传教士、学者等，也曾给这些地区的国家带去了先进的科学技术和先进理念与文化，这对于这些国家从古代社会走向近现代社会，在客观上起了一定的启蒙和帮助的作用。

第三，以欧洲为代表的西方、北方国家，对东方、南方国家长达几百年的殖民主义统治，包括主权侵犯、政治压迫、军事侵略、经济掠夺、文化渗透，给被殖民国家的广大人民造成深重的苦难，使这些国家长期处于经济凋敝、政治动荡、文化衰落、民不聊生之中，严重阻碍了他们的发展进步。这种殖民主义统治导致殖民国家越来越富、被殖民国家越来越穷，引发西方与东方、北方与南方国家在发展上的巨大鸿沟，造成了全球经济政治发展的极不平衡和世界的极不安宁，因而激起被殖民国家的人民不断进行反侵略、反压迫、反殖民的斗争。

第四，西方殖民主义者制定和推行的弱肉强食的丛林法则，使国际社会形成了富国愈富、穷国愈穷和强国愈强、弱国愈弱的极不公正的政治经济秩序。

第五,在西方国家内部,由于生产社会化与生产资料私人占有的资本主义基本矛盾不可调和,从殖民地半殖民地弄来的财富,也只是为少数富有的资产阶级所享有,而工人和其他劳动者并未得到多少好处,并且越来越受到严重的盘剥,因此在西方国家内部也形成了巨大的贫富鸿沟,这是西方资本主义国家不断爆发政治经济危机的根本原因。

第六,在西方国家之间,由于争夺原料、市场和劳动力,争夺殖民地,不仅引发市场和势力范围的划分,彼此之间的冲突和战争也接连不断。如果说西班牙是从美洲殖民地攫取巨额资金作为资本,成为16世纪引领经济全球化的国家,那么荷兰则是通过欧洲三十年战争坐收渔利,一跃成为17世纪经济全球化的主导。英国也是通过对众多殖民地的掠夺,并在1815年领导第六次反法同盟取得对拿破仑作战的胜利后,才确立了他在19世纪经济全球化中的霸主地位。

第七,正是由于几百年的殖民主义统治积聚的各种矛盾不断激化,最终形成了总爆发。这个总爆发,既表现在西方资本主义国家发动的世界大战上,也表现在欧洲社会主义运动的兴起和广大殖民地半殖民地人民的普遍觉醒及争取国家独立与民族解放的斗争上。1915—1919年第一次世界大战的发生和1917年俄国十月革命的成功,就是一个重要标志。至此,第一次经济全球化宣告结束。

(二)第二次经济全球化

这次经济全球化所经历的历史时期,从国际政治经济秩序及其基本特点来看,是东西方两个阵营相互对立、东西方两个市场相互分割和东西方两个超级大国相互争霸的时期。这次经济全球化的主要历史轨迹,可以概述为以下几个方面。

第一,在第一次世界大战发生期间,1917年俄国十月革命在马克思列宁主义指导下爆发并取得胜利。这是欧洲社会主义运动发展的产物,它极大地震撼了整个资本主义世界。特别是在经历了西方几个法西斯国家发动的第二次世界大战之后,在世界的东方和西方,又诞生了一大批社会主义国家。以苏联为首的社会主义国家和以美国为首的资本主义国家,形成了东西方相互对立的两大阵营,世界市场也形成了东西方相互分割的两个市场。

第二,由于两次世界大战削弱了西方资本主义国家的力量,同时也受到苏联、中国等社会主义国家革命胜利的鼓舞和支持,在亚非拉广大的殖民地半殖民地国家先后掀起了反抗西方帝国主义、殖民主义,争取国家独立和民族解放斗争的高潮。在第二次世界大战后的二十多年间,绝大多数亚非拉殖民地半殖民地国家取得了国家独立和民族解放的胜利,从而取得了发展民族经济、文化的政治前提条件。他们中间,有些国家加入西方市场,有些加入东方市场,也有些既加入西方市场又加入东方市场。包括中国在内的一批社会主义国家也从殖民地半殖民地的基础上解放出来,他们同广大亚非拉民族国家一道,在获得独立和解放后都努力发展自己的经济、文化,为世界经济、文化的发展做出了重要贡献。

第三,正是由于社会主义国家和亚非拉获得独立和解放的广大发展中国家相互支持和学习,结成了一支争取和捍卫世界和平的强大力量,在第二次世界大战结束之后的数十年间,虽然世界上局部战争时有发生,但却依靠这支强大力量,有效防止了新的世界性大战的爆发,从而为世界经济、科技和文化的发展,提供了重要的政治和安全保证。

第四,也正是由于社会主义国家的产生和发展,以及广大获得民族独立和解放的亚非拉发展中国家的奋起和进步,再加上西方国家内部工人和其他进步力量的斗争,促使西方国家的政府不得不借鉴社会主义国家的一些原则或政策,采取向劳动群众增加社会福利和其他改善民生的措施。而这也有利于西方国家缓和内部矛盾、促进社会稳定、推动经济技术发展。

第五,东西方两个阵营的对立和两个市场的分割,特别是由于美国和苏联两个超级大国的争霸所造成的错综复杂的世界政治经济局面,给世界各国的共同发展和人类文明的进步带来了许多严重的不利影响和制约。随着东欧剧变和苏联解体,第二次经济全球化宣告结束。

(三)第三次经济全球化

这次经济全球化所处的历史时期,从国际政治经济秩序及其基本特点来看,是一些西方大国由于推行新自由主义造成自己经济实力和综合国力严重削弱,而从发展中国家中涌现出来的新兴经济体却日益发展壮大的时期。

这次经济全球化的主要历史轨迹,可以从以下几个方面来概述。

第一,由于东欧剧变和苏联解体,东西方之间的两大阵营对立、两个市场分割和美苏两个超级大国争霸的政治经济局面已不复存在,这就在客观上为东方与西方、南方与北方的各国各地区,在全球的统一市场上,既相互竞争又相互合作地实现各自的发展与进步,提供了有利的政治经济条件。

第二,但是,西方一些国家没能正确地估量世界的政治经济形势,他们以为发生了东欧剧变和苏联解体,从此社会主义力量就会在这个世界上消失,资本主义力量就将一统天下而永存。他们通过各种跨国公司将这种新自由主义的经济模式,向拉丁美洲、亚洲、非洲的发展中国家推行,其目的是以此来掌控发展中国家的金融、投资、产业、资源和产品销售市场,以获取巨额垄断利润,并限制发展中国家的经济发展和社会进步。结果在拉丁美洲、亚洲等地区的一些发展中国家连续爆发金融危机。然而,西方大国推行的新自由主义是一把双刃剑。由于西方的跨国公司纷纷走向国外,把资本、产业和服务等大量转向发展中国家去牟取暴利,也给这些国家的发展带来了严重影响,例如出现了产业特别是一些实体经济的空心化,工人和其他劳动者的失业率不断升高,贫富差距急剧拉大等现象。

第三,与西方国家的经济政治形势形成鲜明对照的是,东方的中国经过40年的改革开放和现代化建设实践,开辟了一条建设中国特色社会主义的正确道路，形成了独具特色和优势的中国发展模式。这一发展模式的基本特点，就是在中国共产党的领导下，在政治上实行人民当家作主的社会主义民主制度；在经济上实行以公有制为主体，多种所有制经济共同发展的基本经济制度，以及实行计划与市场相结合、发挥国家的指导和调控作用与发挥市场在配置资源中的决定性作用相结合的社会主义市场经济体制；在对外关系上，在坚持独立自主、自力更生的力量基点上实行对外开放，利用国内市场和资源与利用国外市场和资源相结合、"引进来"与"走出去"相结合，既积极学习国外的先进技术、先进管理经验和一切有益的东西，又坚持在多种经济技术合作中平等相待、互利互惠、合作共赢。正是因为中国共产党紧紧依靠中国人民的勤劳智慧，坚持走中国特色社会主义道路，坚持实行合乎中国国情的发展模式，经过改革开放40年的奋斗，中国迅速发展壮大起来，创造出了举世瞩目的发展奇迹，经济总量已跃居世界第二位，中国人民正在满怀信心地向着实现中华民族的伟大复兴和把中国全面建设成为社会主义强国的宏伟目标前进。以中国为代表的世界社会主义力量，不但没有因为东欧剧变和苏联解体而从世界上消失，而且取得了前所未有的发展，充满着新的生机和活力，正在成为促进世界发展和人类文明进步的一支举足轻重的政治经济文化力量。

　　第四，除了中国，在世界上还涌现出了一批新兴经济体，如俄罗斯、印度、南非、巴西等。他们发展的共同经验是，积极参与经济全球化，既充分利用经济全球化提供的有利条件推进本国经济社会的发展，又不盲目地照搬新自由主义模式，而是从本国的国情出发，走发展民族经济之路，因而在经济力量和综合国力的增长上取得了重要成就。中国同这些新兴经济体通过上海合作组织、欧亚经济共同体、金砖五国等协同组织形式，相互支持，相互合作，共同发展，并为支持广大发展中国家的发展，为在国际社会和国际秩序中主持公平正义，为反对霸权主义、强权政治和维护世界及地区和平，做出了重要贡献。这些新兴经济体正在成为维护经济全球化的多边贸易、多边经济技术合作体制的一支重要力量，并为改善全球治理，建立更加公正合理的国际政治经济秩序带来了新的经验和新的希望。

第五，有的西方大国不仅未能从2008年发生的经济危机和推行新自由主义、霸权主义造成的严重后果中吸取教训，也未能对中国和其他新兴经济体发展壮大的事实做出正确的分析，并从中吸取经验，反而认为中国和其他新兴经济体的发展，是通过经济全球化从西方大国中获取了财富，夺取了他们的市场和技术专利，从而挑起贸易摩擦，无视经济全球化所通行的多边合作体制与规则，搞单边主义和保护主义，搞民族利己主义。采取这种逆经济全球化的霸凌做法，显然是不明智的，既无益于改善他们自己的经济社会政治状况，也不可能阻止中国和其他发展中国家的发展步伐，不可能扭转经济全球化的前进趋势，最终只会促使广大发展中国家和所有遵守国际社会公平正义原则的国家，更加坚定地探索和开辟经济全球化新的前进道路。

综观世界三次经济全球化的历史过程和历史轨迹，我们可以而且应该从中得到哪些基本的经验教训呢？

一是对别的国家和民族搞殖民主义是行不通的，殖民主义的历史已一去不复返了。任何一个国家和民族的主权与领土完整必须得到尊重，国家不分大小、强弱、贫富应该一律平等，绝不能以大欺小、以强凌弱、以富压贫，决不能对别的国家和民族施行任何形式的侵略、掠夺和压迫。

二是对别的国家和民族搞霸权主义、强权政治同样是行不通的，无论是"一强称霸"还是"两强争霸"，这种霸道行径必将走进历史的博物馆。不论搞什么形式的霸权主义，到头来都会害人害己。国家之间，无论是西方与东方、北方与南方，都应建设相互尊重、公平正义、合作共赢的新型国际关系。这是不同国家和民族之间唯一正确的共处之道。

三是今天还要搞逆经济全球化的单边主义、搞所谓"自我优先"的保护主义和孤立主义，也是行不通的。当今的世界正处在大发展、大变革、大调整的时期，世界多极化、经济全球化、社会信息化、文化多样化是不以人们意志为转移的客观趋势,是不可逆转的。各国各地区和全人类面临着许多共同挑战,没有哪个国家能够独自应对这些挑战,也没有哪个国家能够重新成为自我封闭的孤岛。

四是在当今世界上推行新自由主义,并把它作为经济全球化的主导思想及经济合作模式,同样是行不通的。因为它造成的空前深刻的经济社会政治危机、市场恶性竞争和产业空心化、贫富两极分化的严重加剧等弊端,已经使它陷入穷途末路。要推进经济全球化的健康发展,就必须为它探索能真正体现公平合理原则的新的指导思想和合作模式。这已经成为历史的必然要求,成为当今世界上一切追求发展进步的国家和人民的共同意志与愿望。

正是通过总结和吸取三次经济全球化的基本历史经验与教训,科学分析当今世界政治经济的发展形势、时代潮流的主要特点和人类面临的种种挑战,中国国家主席习近平在2013年提出了"构建人类命运共同体"的重要倡议。这为促进世界各国的共同发展,促进人类文明取得新的进步,促进全球治理的改善,促进更加公正合理的国际政治经济秩序的建立,促进新的经济全球化的实现和发展,提供了一个充满中国智慧的中国方案。

三、构建人类命运共同体是世界发展和人类文明进步的必然选择

习近平主席在2013年9—10月间,相继提出建设"丝绸之路经济带"和"21世纪海上丝绸之路",即现在人们已熟知的"一带一路"倡议。他在多个国际会议上,还倡导性地提出了应在世界上努力"构建人类命运共同体"的重要思想理念。"一带一路"倡议与"构建人类命运共同体"是紧密关联的,其精神实质是一致的。可以这样说,无论是推进"一带一路"倡议,还是致力于改善全球治理、建立更加公正合理的

国际政治经济秩序、实现新的经济全球化，归根到底，都是为构建人类命运共同体服务的。"构建人类命运共同体"这一重大命题和重要思想的提出，为世界未来的发展指明了正确方向，为人类文明未来的进步确立了光明前途。

下面，笔者想围绕构建人类命运共同体问题谈几点认识与看法。

第一，"构建人类命运共同体"的提出，得到了国际社会的广泛认同和支持。

在习近平主席发出"构建人类命运共同体"的倡议后，各国各地区的人们，特别是密切关注世界发展和人类命运的有识之士，包括许多国家的政党首领、专家学者、有关媒体和国际组织负责人，纷纷表示赞赏并发表评论。归纳起来，大致包括如下四个方面：一是认为在一些大国极力推行利己主义、单边主义和霸权政治的背景下，中国倡议"构建人类命运共同体"，是振聋发聩的时代强音，它将引导和激励各国人民共同致力于建设一个平等、开放、和平、繁荣的世界，这不仅会造福中国人民，也将造福世界人民。这是中国对当今世界的卓越贡献。二是认为"构建人类命运共同体"的理念，揭示了世界各国相互依存和人类命运紧密相连的客观规律，顺应了和平、发展、合作、共赢的时代潮流，准确地把握了世界和人类社会的发展趋势，必将深刻影响人类社会的前途命运，必将不断地为人类社会发展指明前进方向。三是认为在当今国际社会面临着恐怖、强权、战乱、贫富悬殊、环境污染等许多挑战，且未找到有效解决办法的情况下，习近平主席提出"构建人类命运共同体"，携手建设更加美好的世界，必将为解决人类共同面临的种种挑战提供符合各方利益的有效方案。而且，这是在无法解决这些挑战的资本主义体系之外的另一种新的选择，它符合马克思主义关于解放和造福全人类的宗旨，必将得到世界人民的持续拥护和支持。四是认为中国提出"构建人类命运共同体"的理念，是一个主张不同社会制度、不同意识形态、不同历史文明、不同发展水平的国家之间相互求同存异、包容发展的新的全球观，这充分显示了中国共产党和中国人民的博大胸襟和使命担当，这也充分说明这一理念彻底摒弃了冷战思维，彻底同一切恃强凌弱的霸权主义和弱肉强食的丛林法则、你输我赢的零和博弈划清了界限，必将有力地推动新的国际政治经济秩序的建立和新的经济全球化的实现。因此，构建人类命运共同体应该成为各国人民的共同奋斗目标和共同理想。正因为构建人类命运共同体在国际社会迅速取得了广泛共识，所以联合国在2017年2月10日将它写入了联合国决议，3月17日又将它载入安理会决议，3月23日再将它载入联合国人权理事会决议。我们坚信，构建人类命运共同体将会不断地绽放它的思想光芒，它的时代和历史价值将是永恒的。

第二，构建人类命运共同体，是对"天下为公""天下大同""以和为贵""万国咸宁"等中国历史思想智慧的创造性运用与发展。

中国古代先贤很早就提出了"和而不同"的哲学思想。在距今3000年左右的中国周朝初年，有一个叫史伯的人，提出了"和实生物，同则不继"的"和而不同"思想，到了中国春秋末年，孔子创立的儒家学派则继承了这一思想。所谓"和而不同"，是说不同的事物共处于一个统一体中，彼此之间和合共生，既对立，又统一，既相互矛盾而进行竞争与斗争，又相互比较而进行学习与借鉴，通过互较互竞互学互鉴，扬长避短，促成事物的相互转化，从而使新事物得以产生和发展，使社会得以发展和进步。所谓"同则不继"，是说如果一个统一体中都是相同的事物，没有相互的对立，没有矛盾和斗争，没有互学互鉴，彼此之间始终是一个样子，成为绝对的"同一"，那就不可能实现事物的转化，就不可能有新事物的产生和发展，事物的发展就停止了，社会的进步就停止了。这当然是不符合世间事物和社会发展规律的。所以"和而不同"是一个反映事物和社会发展规律的重要而基本的哲学思想。

同样在中国古代，先人们，特别是国家的执政者和治理者们，也很早就懂得将"和而不同"的哲学思想运用于国家和社会的治理，运用它来处理国家内部的社会关系和不同国家的邦交关系，从而形成了"天下为公""天下大同""以民为本""以和为贵""协和万邦""万国咸宁"

的政治思想。在中国秦朝以前的历史典籍中，对这些思想都有表述和记载。

作为儒学经典"五经"之一的《礼记》，其中的《礼运篇》中就说："大道之行也，天下为公"；"天下为公，是谓大同"。这就是说，"天下"是由众多不同的人、家庭、社群、民族、国家所组成，它不是一人、一家、一社群、一民族、一国家之天下，而是所有的人、家庭、社群、民族、国家所共同拥有的天下。而"天下为公""天下大同"，又是建立在"以民为本"的政治思想基础之上的。各种不同的人、家庭、社群、民族、国家之间，都应相互尊重、相互包容、平等相待，如果遇到分歧、争论和斗争，都应相互协调、求同存异、妥善处置，做到有分歧而不分裂，有斗争而无战斗。无论从一个国家内部的社会关系，还是从不同国家之间的国际关系来说，只有按照上述的原则思想来处理，才能实现相互间的和谐、稳定、安宁，才能为共同发展、共同进步、共同繁荣开辟前进的道路。

"以和为贵""协和万邦""万国咸宁"这些中国古代用来处理国家关系的原则思想，其要义就是倡导国与国之间要和平相处，万事和为上。"以和为贵"，出自《论语》；"协和万邦"，出自《尚书》；"万国咸宁"，出自《易传》。从西周到东周的春秋战国时期，各个部族方国、诸侯封国之间战争频仍，导致民众流离、国家分裂、社会动荡，这就是中国史籍中所说的"春秋无义战"。孔子和他的弟子们以及其他诸子，总结了这一教训，提出和倡导"以和为贵""以德为邻"，认为"四海之内皆兄弟也"。秦始皇统一六国以后，逐渐将坚持"以和为贵"、实现"万国咸宁"作为中国处理与周边和远方国家邦交关系的原则，所以总的来看，中国与周边和远方国家得以长期保持亲仁善邻、和平交往的友好关系。而这样的外部环境，也是中国得以成为东方文明的主要缔造者之一的一个重要历史条件。

当然，历史事实也一再表明，在中国历史上长期由少数人统治多数人的封建社会里，统治者没有也不可能真正贯彻"天下为公""天下大同""以民为本""以和为贵""协和万邦""万国咸宁"的政治思想，没有也不可能在国内真正实现"以民为本""天下为公"，在国际上完全实现"以和为贵""万国咸宁"。但是，这些反映人类社会发展规律的历史真理，体现朴素的人民性、民主性的先进政治思想和美好社会理想，作为中国传统文化的思想精华，通过不断追求社会进步的中国志士仁人和劳动人民而传承下来。

中国共产党从成立之日起，在领导中国人民和中华民族先后进行的长达近百年的革命、建设、改革的历程中，始终坚持对内奉行"全心全意为人民服务"的根本宗旨，对外奉行"和平共处五项原则"。近年来提出对内通过坚持"以人民为中心"的发展思想，不断推进中国特色社会主义建设，实现中华民族的伟大复兴和全体中国人民的共同富裕；对外倡导以"共商共建共享"为基本原则，加强"一带一路"建设和构建人类命运共同体。所有这些都是对中国历史上流传下来的"以民为本""天下为公""天下大同""以和为贵""协和万邦""万国咸宁"等思想智慧的创造性运用和创新性发展，是这些先进思想理念和美好社会理想在当今世界与当代社会的新的倡导与体现。

"天下为公""天下大同"等思想理念，也是世界许多国家和地区的文化、文明所共同主张与倡导的。从亚里士多德主张的"人类必须互相保持和谐而生活"，到18世纪欧洲启蒙学者倡导的"世界主义"精神，到印度前总理尼赫鲁倡导的"世界一家"，到第二次世界大战结束以来在世界各个地区建立的各种各样的共同体，都从不同角度、不同层面和不同程度体现了"天下为公""天下大同"等思想理念。不仅中国传统文化中蕴含着有益于构建人类命运共同体的历史智慧，在世界各种文明中都蕴含这样或类似这样的历史智慧，世界各方尤其是从事历史研究的专家学者应该大力发掘这些历史智慧并加以创造性运用和创新性发展，为构建人类命运共同体打下更加丰富坚实的思想政治基础。

第三，构建人类命运共同体，应该坚持遵循的基本原则。

构建人类命运共同体，是人类社会史无前例的千秋伟业，是世界各国各地区人民的共同理想。要实现这一伟业和理想，不可能一蹴而就，需要全人类经过漫长的共同奋斗方能达到目标。综观人类社会发展的全部历史及各个发展阶段正反两方面的历史经验，特别是总结第一次经济全球化以来的殖民主义、多次世界经济危机、两次世界大战，以及政治冷战、霸权主义、新自由主义等所得到的历史教训，在构建人类命运共同体这一崭新的人类伟业中，究竟应该坚持遵循哪些基本原则，还需要世界各方特别是各国各地区的专家学者共同探讨，形成共识。这里，初步提出以下一些基本原则，请大家一同研究。

一是要坚持遵循共同发展、共同繁荣的原则。这是从构建人类命运共同体要正确把握它的根本目的和发展方向来要求的。

当今世界各国的现实情况是，无论是东方西方还是南方北方国家之间，还存在许多差异。其主要差异，一是实行的社会制度不同，有实行资本主义制度的国家，也有实行社会主义制度的国家，还有实行其他社会制度的国家。在不同社会制度的国家之间，还存在意识形态上的分野；二是民族构成和宗教信仰不同，在不同民族构成和不同宗教信仰的国家之间，还存在各种各样的隔阂；三是各国之间尤其是北方与南方国家之间发展水平不同，北方大多为发达国家，南方则是广大的发展中国家，发达国家与发展中国家之间在发展水平、国民收入水平和人民生活水平上，还存在巨大的差距。坚持遵循共同发展、共同繁荣的原则，就要求各国之间不分社会制度、不分民族构成和宗教信仰、不分发展阶段和发展水平，都应一律平等、包容共存、相互支持、合作共赢，这样才能有利于各国携手朝着共同发展、共同繁荣的方向前进。同时，必须反对和消除一切形式的霸权主义、强权政治、单边主义、民族利己主义和丛林法则、零和博弈等等妨害和破坏向着共同发展、共同繁荣道路前进的政治经济障碍。实现世界上所有国家的共同发展、共同繁荣，既是构建人类命运共同体的根本目的和方向，也是团结世界各国各地区人民，推动人类社会和人类文明不断发展进步的经济政治基础与力量源泉。

二是要坚持遵循平等交流、互学互鉴的原则。这是从构建人类命运共同体要正确运用世界不同文明的历史智慧来要求的。

世界各国各地区拥有各自不同的历史文明，各国各地区自然都会带着自己的历史文明所包含的政治观、文化观、价值观，来参与建设人类命运共同体的新实践，并发挥各自历史文明的现实作用。而这也是符合构建人类命运共同体的需要的，因为人类命运共同体只有建立在传承和发展人类社会所形成的所有文明的优良传统与历史智慧的基础上，方能取得成功。世界各国各地区创造的文明，从不同的角度可以进行多种分类。比如，从古代文明来说，有两河文明、埃及文明、中华文明、印度文明、希腊文明、罗马文明等；从地域来说，可以分为亚洲文明、非洲文明、欧洲文明、美洲文明、大洋洲文明等；从社会制度来说，可以分为原始社会文明、奴隶社会文明、封建社会文明、资本主义社会文明、社会主义社会文明等。所有文明都有其产生和存在的历史依据，都拥有各自的特点和优势，都是世界文明大家庭的重要一员，每一种文明都应与别的文明享有平等的地位。任何一种文明，从产生的那一天起，它所发挥的历史作用和做出的有益贡献，对整个人类文明的进步都是不可或缺的。任何一种文明，不管它产生于哪一个历史阶段、哪一个地域，属于何种类型、何种形态，都是人类文明发展历程的共同组成部分和丰富多彩的人类文明之源流。它们的产生与存在，只有时间先后、地域特色及其所属的社会形态、社会发展阶段之分，没有上下贵贱之别；它们的精华对人类社会发展进步所发挥的作用与做出的贡献，只有姹紫嫣红之分，没有高低优劣之别。同时，它们也都是既各有长处又各有不足。在对待和处理世界上各种文明的相互关系问题上，应该坚持以下原则：一是应该相互依存、休戚与共，不应该相互遏制、相互排斥；二是应该一视同仁、互尊互信，不应该厚此薄彼、唯我独尊；三是应该相互学习、相互借鉴，不应该相互封锁、相互取代。唯有这样，世界上各种不同文明才能真正和谐共存、相辅相成，彼此取长补短，实现共同进步，才能在人类文明的花园中呈现出百花齐放、争奇斗艳的局面，才能使各种文明都能发挥自己的长处和优势，共同为构建人类命运共同体做出各自的贡献。而这也是构建人类命运共同体在文化和文明方面所要追求与实现的目标。可以预言，构建人类命运共同体的成功之日，也将是人类文明到达从未到达过的新的高峰之时。

三是要坚持遵循义利兼顾、互利互惠的原则。这是从构建人类命运共同体要正确处理义利关系和世界各国各地区的相互利益关系来要求的。

在当今世界上，一个国家、一个民族不论具有怎样的国情选择怎样的发展道路，要想不断取得发展进步，都应树立义利兼顾、义重于利的正确义利观，不可以唯利是图、见利忘义、争利弃义。所谓"义"，就是社会道义、信义、正义、情义，也就是体现维护社会公益、公利、公德的社会伦理思想；所谓"利"，是指社会上各种个体和群体的个人利益、局部利益、具体利益。历史和现实的事实与经验说明，只有把义与利、道德与市场辩证地结合和统一起来，相互兼顾，义利并举，德利共进，而且要以义为重、以德为先，才能既有利于经济的发展繁荣，又有利于社会的稳定进步。历史和现实的事实与教训也说明，如果不能义利兼顾、义利并举，放任资本在市场上逐利，就会酿成社会经济危机的爆发，给国家和社会各种个体、群体的利益造成重大损失；如果不能义利兼顾、义重于利，放任缺乏道德、法律和政府约束的市场完全自由运行，就不可能撑起国家和民族发展繁荣的大厦；如果不加强思想道德建设，不弘扬社会道义、社会信义、社会正义、社会公德，人们只图个人的私利或局部利益，不顾他人利益和国家、民族、社会的公利，造成道德沦丧、世风日下，最终就会造成社会的不稳定和市场动荡。总之，树立正确的义利观，对于国家经济的发展繁荣和社会的稳定进步是极其重要的。

同样，树立正确的义利观，对于处理好各国各地区的相互利益关系也是十分重要的。在处理各国各地区之间的利益关系中，也应坚持以正确的义利观为指导。国家不分大小、强弱、贫富都应践行正确的义利观，义利相兼，义重于利。这样才能相互尊重、相互信任、相互扶持，才能防止以大欺小、以强凌弱、以富压穷的背信弃义行为的发生。只有在正确义利观的指导下，才能在处理国家、地区之间的各种具有差异性的具体利益关系时践行互利互惠的原则。无论是在贸易往来还是经济技术合作或其他国际合作中，每个国家、每个地区和每一方，在追求自身利益时，要同时兼顾他方利益，在实现自身发展时，要同时促进共同发展，在遇到经济利益发生风险时，要主动与他方共担风险。这种利益共沾、发展共进、风险共担的互利互惠原则，是处理国家、地区之间利益关系应该始终遵循的。没有一个国家可以在损害别国的发展中独享繁荣，也没有一个国家可以在别国的动荡中独处稳定。人类命运共同体是以人类利益共同体作为重要基础的。义利兼顾、互利互惠的原则永远是正确处理国家、地区之间利益关系的唯一"大道"，也永远是形成、发展和维护人类命运共同体的唯一法门。

四是要坚持遵循共商共建共享的原则。这是从构建人类命运共同体要正确运用凝聚全球力量来共同建设的方法论和改善全球治理的治理观来要求的。

中国国家主席习近平提出和已在"一带一路"倡议中开始施行的"共商共建共享"的原则方法，以及在此基础上提出的新的全球治理观，是构建人类命运共同体应该始终坚持的根本方法和建设原则。它一经提出就受到包括不少西方发达国家在内的世界许多国家和地区的广泛赞同与支持。所谓"共商"，就是对于合作建设的基础设施和其他经济项目，不是合作的某一方说了算，而是充分听取参与合作建设的各方意见，尊重各方意愿，关切各方利益，相互多商量，集思广益，多谋而共断，共商而后定。而且在共商中要特别注意使合作项目符合所在国家和地区的实际情况与需要。只有这样才能把合作项目制定和实施得稳定可靠，才有利于真正做到互联互通、互利互惠。所谓"共建"，就是合作建设的各方对于共同建设和发展的项目，要本着有钱出钱、有力出力、有计献计、有技献技的共建精神，切实做到同心协力、同舟共济。同时在共建中各方不仅要共享发展机遇，还要共同应对挑战，共同克服困难，共同化解矛盾，共同承担风险，唯有如此，方能共建必成。所谓"共享"，就是合作建设的项目所形成的一切利益和取得的一切成果，要根据合作各方各自所做的贡献，按照公平公正的原则，由各方合理共享，使之各得其所，互利互惠，谁也不吃亏，谁也不独享。合作各方是平等的伙伴，绝不能以强凌弱、以大欺小，否则就会造成利益和成果分享的不合理、不公平，其合作也不可能成功。

共商共建共享，就是共治、共赢，其精髓和要害就在一个"共"字上。这种饱含"共"字精神的方法论和治理观是符合历史唯物主义要求的。按照历史唯物主义的基本原理，归根到底，一个国家的事情应遵照这个国家人民的共同意志和愿望来决定与办理；世界上的事情应遵照全世界人民的共同意志和愿望来决定与办理；全球治理应联合全球各方的全部力量来共同治理。总之，共商共建共享的方法论和治理观，是历史唯物主义的方法论和治理观，也是真正民主的方法论和治理观。

五是要坚持遵循和平共处、天下共宁的原则。这是从构建人类命运共同体要正确处理世界各国各地区的安全关系、实现和平安宁的国际环境来要求的。

无论是一个国家、一个地区的发展，还是整个世界的发展、人类命运共同体的建设，都离不开和平安宁的国际环境，否则将一事无成。和平与发展是当今时代的主题，也是时代的命题。要和平、要发展，是世界各国各地区人民的共同意志和普遍愿望，已经成为不可阻挡的时代潮流。和平是发展的前提条件，发展又是维护和平的力量源泉，二者是辩证统一、相辅相成的。和平共处作为处理国与国关系的一个基本原则，在20世纪50年代由中国、印度、缅甸等国最早提出。在发展中国家和不结盟国家共同召开的万隆会议上通过的和平共处五项原则，早已成为当今国际社会的通则。可以预料，只要我们坚持遵循和平共处、天下共宁的原则，经过世界各国各地区人民的共同努力，一定能够建设一个持久和平和普遍安全的世界，一定能够为构建人类命运共同体提供一个和平安全的国际环境。

历史和现实的经验说明，在国际社会要遵循和平共处、天下共宁的原则，处理好国家、地区之间的相互关系，建设持久和平和普遍安全的世界，需要世界各方共同努力做到这样几条：一是要真正从以往的战乱中吸取历史教训，并使之成为各国各地区的共识。深刻吸取以往战乱的历史教训，维护现在得来不易的世界和平局面，世界各方都应继续齐心协力，共同应对和化解各种传统和非传统的威胁，防止战争祸患于未然。二是各国各地区都要抛弃一切热战、冷战的思维，树立共同、综合、合作、可持续的新安全观，国家之间要构建对话而不对抗、结伴而不结盟的伙伴关系，构建互为合作伙伴、互不构成威胁的新型国家关系，构建每个国家、每个地区都尊重别国、别地区的核心利益和重大关切的相互关系。遇到矛盾、分歧和纷争，要相互协商，防止矛盾、分歧、纷争激化，防止冲突和战乱的发生。三是要尊重别国主权，绝不干涉别国内政。主权平等原则贯穿了联合国宪章。主权原则不仅体现在各国主权和领土完整不容侵犯、内政不容干涉，还体现在各国自主选择社会制度和发展道路的权利应该得到维护，各国推动经济社会发展、改善人民生活的实践应该受到尊重。各国之间只有相互尊重主权，互不干涉内政，才能真正和平共处，真正实现普遍安全。四是要同形形色色的霸权主义、强权政治和大国沙文主义、民族利己主义作坚决斗争。任何一个国家，包括大国、强国、富国在内，都不能搞霸权主义、强权政治、沙文主义、利己主义，不但自己不搞，还要坚决反对别人搞。尤其是大国、强国、富国更要带头这样做。历史事实已反复证明，霸权主义、强权政治、大国沙文主义同殖民主义一样，它们都无视主权平等原则，奉行以大欺小、以强凌弱、以富欺贫的处事逻辑，推崇弱肉强食的丛林法则和赢者通吃的零和博弈思维。民族利己主义奉行的处事逻辑，也是只顾自己牟利，不管他人死活，把自己的利益建立在别人遭受损害和痛苦之上。总之，霸权主义、强权政治、大国沙文主义、民族利己主义是制造国家、地区之间乃至世界性的冲突、战乱的主要思想政治根源。不坚决同它们作斗争，不努力消除这些祸害，就不可能建立持久和平和普遍安全的世界，要构建人类命运共同体也会成为空话。

第四，实现新的经济全球化，是构建人类命运共同体的必然要求。

人类社会的发展已经历了三次经济全球化，至今仍在继续，未来也将持续。经济全球化已成为世界经济发展的历史潮流和必然趋势，是不可逆转的。构建人类命运共同体必然要伴随经济全球化的进程向前推进。人类命运共同体是建立在人类利益共同体的基础之上的，命运共同体与利益共同体紧密相联、存亡攸关。而构建人类利益共同体又是以构建经济利益共同体为基石的。所以经济全球化，是构建人类利益共同体和命运共同体不可或缺的世界经济平台与必经之途。

但是应该看到，我们已经历的三次经济全球化，特别是第三次经济全球化，在对世界经济的发展做出重要贡献的同时，也积存了不少问题，面临着不少挑战，形成了不少弊端。如果不解决经济全球化中存在的问题、挑战和积弊，经济全球化就不可能沿着正确的方向健康发展，就不可能实现新型的经济全球化。

现在妨害经济全球化健康发展的主要流弊在哪里呢？概括起来说，就是运行的主导模式落后了，运行的路径出了偏差，运行的一些规则和思想理念存在严重失误。一是从经济全球化运行的主导模式来看，为什么说它落后了呢？迄今为止，经济全球化一直主要是由一个或几个西方大国即几个大的资本主义发达国家主导的。应该肯定，他们在实现和推进经济全球化的过程中曾经做出过贡献，起过积极作用；但是时至今日，还是这样一种主导模式，广大发展中国家和实行与西方不同社会制度的国家，都未能真正参与、共同主导经济全球化的运行，这是不符合国际关系民主化原则的。而且应该看到，离开了世界各国各地区通过一定的组织协商形式的共同主导、集思广益、多谋共定，就很难防止和避免在制定运行决策、确定运行规则和机制、选择先进的思想理念为指导方面发生各种各样的失误。二是从经济全球化运行的路径来看，为什么说它出了偏差呢？在经济全球化运行的路径中，在贸易往来和经济技术合作方面，一些国家一直存在搞保护主义、利己主义的现象，特别是近年来有的西方大国公开打着"自我优先"的旗号，无视贸易自由化和多边贸易体制、多边经济技术合作体制等经济全球化运行的通则，大搞单边主义、保护主义和利己主义，这就成了当今经济全球化正常运行和健康发展的严重障碍。三是从经济全球化运行的一些规则和思想理念来看，为什么说它存在严重失误呢？在经济全球化开始以来的数百年间，一直盛行着弱肉强食的丛林法则和你输我赢、赢者通吃的思想理念。人类社会已进入 21 世纪，各国人民要求共同发展、共同繁荣已经成了时代的潮流，在这种情况下一些西方大国还在奉行这样的法则和理念，这还不是严重的时代错误吗？正是由于这些法则和理念的盛行，才造成了发达国家与发展中国家之间以及许多国家内部巨大的发展差距和贫富差距，严重影响世界和地区的稳定与共同发展。现在是到了应该用新的法则和理念来取代这些陈腐的法则和理念的时候了。只有世界各国各地区的人民，共同正视经济全球化中存在的问题，面临的挑战，特别是积存的弊端，并从中总结经验教训，共同寻找到解决问题、应对挑战和消除弊端的新办法、新措施，共同确立经济全球化运行的新模式、新路径、新规则、新理念、新指导思想，才能使经济全球化摆脱当前的许多困难和疑惑，向更加民主、公正、合理的新型经济全球化转变。

通过全面总结以往经济全球化的历史经验与教训，顺应当今和平、发展、合作、共赢的时代潮流的要求，未来要实现的新的经济全球化，或者说是第四次经济全球化，应该具有许多新的特点，从而形成新的形态：它应该是世界上各个国家不仅共同参与，同时也共同主导的经济全球化；它应该是继续坚持和维护实践已充分证明是正确有效的贸易自由化、多边贸易合作体制、多边经济技术合作体制等规则体制，并不断加以完善、创新和发展的经济全球化；它应该是消除了霸权与强权、丛林法则与零和博弈，而实行真正体现民主、平等、公正、合理的共商共建共享理念为指导思想的经济全球化；它应该是有利于不断促进世界和平、稳定、安宁和共同发展、共同繁荣、共同富裕的经济全球化。应该坚信，经过世界各国政府和各国人民的共同努力，作为构建人类命运共同体的必然要求的这种新的经济全球化，是一定会到来的，而且它一定能够为构建人类命运共同体，开辟更加广阔、更加富有生机与活力的世界经济平台，奠定更加雄厚的物质技术基础。

第五，推进"一带一路"倡议，是构建人类命运共同体的战略举措。

从习近平主席提出建设"一带一路"倡议并开始实施已经五年了。五年来，这一新型国际合作建设已成为国际社会的广泛共识，参与合作建设的国家及合作项目与日俱增，可谓开了个好头。随着时间的推移，这一新型国际合作建设将会愈来愈显示出强大的生命力和光明前景。

为什么说"一带一路"建设是新型的国际合作建设？它"新"在哪里呢？一是这一国际合作建设不仅陆上和海上丝绸之路的沿线国家可以参与，世界其他地区的国家也可以参与，在这么大的范围内同时开展国际合作，共同参与各种项目的合作建设，这在世界上是从未有过的。二是参与"一带一路"的，有发展中国家也有发达国家，有社会主义国家也有资本主义国家，这种不同发展水平和不同社会制度的国家，以"一带一路"为契机和主轴，同时开展如此大范围、大规模的国际合作建设，在世界上也是从未有过的。三是"一带一路"的部署与规划，不是坐在房子里设计的，而是走一步看一步总结一步，逐步加以确定和不断改进、不断完善的部署与规划。同时，这些部署与规划，是同"一带一路"沿线国家和地区，以及世界其他地区的国家已有的建设和发展的部署与规划，紧密联系、相互衔接起来进行合作项目的确定与实施的。就是说，不是一切从头开始，而是结合各个地区各个国家的发展实际，进行因时因地制宜的合作建设。这种实事求是的，有计划、有步骤开展的，大范围、大规模的国际合作建设，在世界上也是从未有过的。四是"一带一路"是从基础设施建设开始起步并以它为重点的国际合作建设。之所以这样做是有深刻原因的。"一带一路"沿线的广大发展中国家以及世界其他地区的发展中国家，由于种种历史和现实的原因，基础设施非常落后，这是妨碍其发展的最大短板，加强基础设施建设是它们的当务之急。同时也要看到，不少发达国家的一些基础设施也已老化而需要更新。因此，从基础设施的合作建设开始并把它作为合作建设的重点，不仅是许多国家进行合作建设的及时之需，而且其需求量大面广、潜力巨大。同时，开展基础设施的合作建设，是开展和扩大贸易合作、技术合作以及其他项目合作的基础。只有通过合作把各国各地区的基础设施建设搞好了，才能真正实现各个方面的互联互通，为各个方面的国际合作创造最基本的前提条件。因此，"一带一路"是从基础设施建设开始并以它为重点，不是谁"脑子一热、计上心来"的一时之念，也不像有的人说的，这是中国为了"输出过剩产能"而提出的，那完全是一种曲解。总之，围绕"一带一路"，在国际社会开展这么大范围、大规模的基础设施建设，同样在世界上是从未有过的。五是"一带一路"所遵循的指导思想和基本原则是共商共建共享。无论在哪一个地区、哪一个国家进行哪一个项目的合作建设，都是合作的各方共同商量、共同建设、共同分享建设的成果与利益，这样的国际合作建设，在世界上更是从未有过的。

正因为"一带一路"具有上述新特点，所以它必然具有新的优势、新的生机和活力，它的不断向前推进直至取得最终成功，是完全可以期待的。

同样可以期待的是，随着实践的发展，"一带一路"对构建人类命运共同体所起到的开创性和奠基性的重大作用与深远意义，以及它为构建人类命运共同体所昭示的美好前途，将会不断地显现出来。假以时日，再过30、50年以至100年，只要坚持遵循共商共建共享的原则，以"一带一路"建设为路径、平台和前引，在沿线的国家和地区以及其他国家和地区，既开展新型的国际经济合作建设，同时也开展新型的政治、文化和社会所需要的各种国际合作建设，将会持续不断地推进下去。人们也会从实践中看到，在各国各地区可以形成和发展经济的、政治的、文化的、社会的一个个利益共同体，以及构筑其上的命运共同体。如果从亚洲到大洋洲，再到非洲、欧洲和美洲，一个个各具特色又具有共同价值基础的利益与命运共同体，都形成和发展起来，最终整个人类的利益共同体和命运共同体的建设成功还会遥远吗？人们也将在未来的实践中证明，尽管迄今为止在我们共同居住的地球上，各个国家之间还有不同历史文明、不同发展水平、不同社会制度之分，还有先进与落后、强与弱、贫与富之别，但是只要相互之间真正平等相待，和平共处，坚持遵循共商共建共享的原则进行各种合作建设，这个世界总有一天会进入共同发展、共同繁荣、共同富裕的崭新境界。所以，"一带一路"建设是构建人类命运共同体的战略举措和重大步骤，也是一个伟大的试验场，它对构建人类命运共同体的开创之功将是十分巨大和深远的。

（滕文生　国际儒学联合会）

传统丝绸之路的动力机制[*]

□ 张国刚

人类之间的交流和互动肇始于莽原时代，碍于自然条件，其规模和形式都受到很大限制。进入文明社会，特别是国家产生后，人类的交流和互动，便受到自然、社会等多重因素的影响。近代以前规模最为宏大的文明交流之路，就是亚欧大陆（包括非洲东部地区）之间的陆上丝绸之路和海上丝绸之路。在这个文明交流的历史大舞台上，由东而西和自西徂东，是双向互动的。

中国是稻米的故乡，距今一万年前，中国最早栽培了小米，最早培育了水稻，并将之传播到全世界；同时，九千年前西方培植的小麦沿着塔里木河、河西走廊传到了中国。印欧人迁徙用的轮式马车，很可能也影响到了殷商的马车及其式样。早期的中国青铜技术比较粗简，受到欧亚草原东部的青铜文化的影响而获得进步。与西方的青铜器往往作为工具不同，商周时代的中国青铜器，更多地是作为祭祀等重大典礼活动中的礼器。在甘肃地区发现的先秦时期的青铜器，不仅明显受到西来文化的影响，同时也是冶金技术本土化的范例。中国古代青铜器的伟大成

---

[*] 本文首发于《国际汉学》总第25期，2020年第4期。

就，足以在世界青铜史上独领风骚。同样，冶铁技术也受到西方影响，到了秦汉时代，中国的炼钢冶铁技术已经独树一帜，以致罗马博物学家老普林尼（Gaius Plinius Secundu, 23—79）都称赞，赛里斯（Seres，中国）的钢铁雄冠其时。

从早期的中西交往而论，战争的动力作用不可无视。战争是野蛮的，却也是开拓东西方交流的重要推动力。印欧人的民族大迁徙，既是人类群体的自由流动，也伴随着战火纷飞；它促进了东西文明、农耕游牧文明的大交流，也带着血与火的杀戮与掠夺。亚历山大大帝的东征，推动了希腊化时代向东方的拓展。所谓希腊化，其实就是希腊罗马文化与亚洲各地区文化在马其顿军队铁蹄下的一种混合物。波斯帝国时期，丝绸之路的驿站和道路已经修建完毕，到汉武帝开通西域，正好实现了对接。

人类对财富与成功的渴望以及对美好生活的追求，始终是丝绸之路上东西文明交流的不竭动力。野蛮时代诉诸战争，随着文明时代的推进，这种动力机制就变得多元而且复杂，战争本身也不完全出于纯经济或财富的目的。

首先是政治外交（包含中原王朝对周边少数民族政权的外交）的需要，促进了丝路的开通和东西方的交往。无论是西汉武帝时期（前138）张骞的那次西域探险，还是东汉和帝时期（约97年前后）由西域地方政府派甘英出使大秦（东罗马），都有政治、外交使命。海上出使也是如此，无论是唐德宗贞元元年（785）的杨良瑶海路西行，还是明成祖朱棣时期的郑和七下西洋（1405—1433），也都是出于政治和外交目的。

秦汉以来北部疆域的最大威胁来自匈奴。秦修长城，汉公主和亲，都是从防守层面保卫边疆。到汉武帝时期，经过汉初六十年的休养生息，汉朝国力足以主动出击来保护边民与疆土的安全，因此汉武帝命张骞出使西域，寻求与同样曾遭受匈奴侵犯的大月氏人结盟，共同抗击匈奴，才有了"凿空"的壮举。安史之乱后的唐朝，西北地区的兵力后撤，给吐蕃以进犯的机会，唐代宗时期他们甚至打到了长安。继位的唐德宗命杨良瑶出使大食，就是希望对吐蕃形成牵制，缓解唐朝西部的军事压力。

丝绸之路的经略历来是中原王朝保障国家安全的重要组成部分。张骞通西域打开中西交往的官方通道之后，中原王朝与周边政权关系的稳定与互信，为丝绸之路的畅达提供了保障，也成为和睦西部和边疆地区胡汉关系，维护边境军事安全的必要条件。

汉武帝时期河西四郡的设置，巩固了汉朝经营西部的能力。汉宣帝时期设置了西域都护府（治所在今新疆轮台），任命郑吉为西域都护。其后呼韩邪单于前来归附并和亲，"汉之号令班西域矣"。汉朝采取移民实边之策，蚕桑业在河西走廊发展起来，居延汉简里多次出现"桑""帛"等字，汉朝酒泉郡禄福县出产的丝绸，被称为"禄帛"。唐朝安史之乱之后，战乱使得河西地区的蚕桑业迅速走向衰颓，经济环境的恶化是导致陆上丝绸之路逐渐衰落的重要原因。

隋唐时期对于西域的经营更是不遗余力。贞观四年（630），西北各族君长尊唐太宗为"天可汗"，并修筑"参天可汗道"，加强和便利与唐朝的交通往来。也正是从这时候开始，唐太宗进一步推行"羁縻府州"体制，与羁縻府州相辅而行的是册封制度。羁縻府州的首领在被封为刺史、都督的同时，还对内称王，这个王在名义上是被唐朝册封的。这种册封，是一种政治主导地位的宣示。借助于军事、经济和文化更先进的唐朝的权威，域外政权对内可加强和巩固自己在当地的统治，对外则可防范强邻的侵犯，同时也可以从朝贡贸易中获得经济利益。

不过，安全与互信也取决于朝廷对国家安全的评估，这以明代嘉靖时期最为典型。嘉靖皇帝朱厚熜在位45年，崇道炼丹，于北方拒绝边境互市，在南方严格施行海禁，原因是他对于边境安全存在严重的误判。高拱、张居正执政时期，在戚继光、俞大猷、李成梁等名将的守护下，北方有"隆庆和议"，俺答汗以顺义王的名义归附，南方有漳州月港的开海，使海盗变成了海商。事实证明，在国家安全得到保障的前提下，丝绸之路就会物畅其流地发展与繁荣。

丝绸之路动力机制的第二个维度是经济与财政需求。从根本上说，中国内地的巨大经济实力，是促进丝绸之路发展繁荣的重要前提。汉唐时期中国西部地区的经济力量对于内地的影响力有限，汉唐时代所谓的"和亲"，是中原王朝与少数民族政权之间政治和解的代名词；五代和宋代不再有"和亲"，是因为中原王朝处于弱势地位，时或纳贡称臣。无论是"和亲"或纳贡称臣，双方博弈的目的，都是寻求中原方面开放边境互市。在中原王朝与少数民族政权的政治关系中，若中原王朝处于强势地位，通常将双方的经贸关系称为"朝贡"；否则就称为"互市"。唐朝在安史之乱之后与回纥的互市贸易，于回纥是获得经济利益，于唐朝则是维系政治关系。边境互市和开放海禁，对于边境、沿海地区百姓的生计影响巨大，但是对于整个中原王朝的经济影响则相对甚小。

与朝贡贸易不同，宋元以后的市舶贸易展现出比较纯粹的经济诉求。唐朝在广州设有市舶使，宋朝以后成为市舶司。

市舶贸易是宋元政府和私人海商发生的贸易关系，以追求经济利益为主要目的。宋代市舶贸易通过对商品的"抽解"和"博买"为政府带来了十分可观的经济收入。出于财政经济目的，宋朝鼓励民间商人和海外商人的贸易，民间商人从事贸易的条件相对宽松，贸易成绩显著者还能得到奖励甚至被授予相应官职。这些鼓励政策使中国沿海民间商人纷纷投向海上贸易，唐中叶以前中外海上贸易主要控制在波斯和阿拉伯外商手中的局面被彻底改变，也使政府使节附带进行的贸易行为显得微不足道。此外，宋政府政治上的收缩和对朝贡贸易的限制也导致贸易领域被更多地留给民间海商。这些为利益奔波的广大民间商人掀起了宋代海上贸易的高潮。泉州地区至宋代方才形成显著的出海贸易之风习，除了政府的鼓励之外，有学者认为，10—12世纪泉州地区的大批回教商人（阿拉伯人和波斯人）对该地海贸习俗的形成也有重大影响。习俗一旦形成，就代代传扬，终成该地区基本特色。①

　　总之，中国巨大的经济能量是中国在中西交往中的优势。丝绸、瓷器、茶叶是海上和陆上丝绸之路最主要的出口商品。其中丝绸和瓷器是典型的制造业产品，茶叶的原料虽然出自农业，但是其制成品也属于加工制造业。汉唐时期的出口商品主要是质量上乘的丝绸，宋元以后则加上了精美的瓷器，明清时期又加入了茶叶。传统的热销产品不断拓展新市场，而不同时期又都有新的热销产品加入丝路贸易中来。

　　丝绸之路动力机制的第三个维度是科技的重大影响。以海上丝绸之路而言，海洋地理学知识以及航海的动力技术、造船技术、导航技术只有发展到一定的程度，才有可能进行远洋航行。信风规律、亚洲季风规律的发现与应用（红海经波斯湾、印度洋，到中国南海东海的航道），对海上丝路极为重要。5世纪初的法显就是乘坐海船从斯里兰卡回到广州的。中国指南针以及领先的造船技术，也支撑了宋元时期的海上丝绸之路。到了15世纪初郑和下西洋以及15世纪以后欧洲人的大航海时代，人们对海洋的认识以及对海图的绘制，都提出了更高的要求，同时，这些知识的进步也促进了海上丝绸之路的进一步发展。

　　丝绸之路动力机制的第四个维度是宗教热情和知识追求。穆罕默德说，知识即使远在中国也要去追求，可见知识对人的吸引力。汉唐时期，无数僧侣排除重重艰难险阻，东来弘法，西行求经，络绎于途。释迦牟尼创立的佛教早在汉代以前就已经传入西域，新疆地区的考古充分证明了这一点。正史记载，两汉之际，佛教传入中土，而且是以朝廷准许的方式在中国传播开来。但是，佛教真正大行其道是在汉末魏晋南北朝时期。早先是胡僧入华传教，支娄迦谶、竺法护、佛图澄、鸠摩罗什是其彰彰著名者；后来有中土僧人西行求法，朱士行、法显、玄奘、义净是其成就卓著者。大量佛教经典被翻译成汉文，使得汉传佛教成为世界上最重要的佛教宝藏。佛教音乐、雕塑、绘画大大丰富了中古时期的

---

① 张彬村:《宋代闽南海贸习俗的形成》,《海交史研究》2009年第1期。

世俗文化与艺术。三夷教（即祆教、景教和摩尼教）在隋唐入华，也成为中古时期中外文化交流的独特景观。

对于域外世界的好奇也牵引着仁人志士奔竞于途。张骞通西域之后，带回了关于西域和南亚地区的新知识，引发之后的多次派使，汉武帝甚至号召民间使团，以官方的名义出使西域。郑和下西洋的真正宗旨，虽然迄今仍众说纷纭，但是，政治、外交目的必定是首要的，而获取海外资讯也应是题中应有之义。费信的《星槎胜览》、马欢的《瀛涯胜览》等实地考察记录，带来了大量海外信息，也丰富了时人对世界的认知。与此同时，郑和下西洋带回的物料和工艺、技术方面的交流，促进了中国国内手工业生产水平的进步。比如，海外硬木材质入华，使明代工匠积累了制作硬木家具的经验，对明代家具工艺的进步有重要影响。进口陶瓷原料苏麻离青（或称"苏勃泥青"），深刻影响了永乐、宣德时期青花瓷的样式和风格。也有观点认为景泰蓝的工艺发展也受到郑和下西洋的影响。对这些工业原料的追求也刺激了中西之间的贸易往来。

毫无疑问，对于丝绸之路上的各种活动，朝廷即中央政府的考量、地方政府的出发点、民间贸易的积极性，是有很大差别的。政治稳定和国家安全是开展边境互市贸易、官方朝贡贸易（勘合贸易）的首要诉求，民间商业活动则以利益获取为主旨。也有许多仁人志士怀抱宗教热忱或追求知识的理想而奔竞于海陆丝路上。不同的利益诉求，共同促进了丝绸之路的繁荣与发展，而科技的进步则扮演了不可或缺的重要角色。

（张国刚　清华大学历史系）

20世纪90年代以来英语学界对"丝绸之路"中国段的研究*

□ 郑红翔

"丝绸之路"横跨亚欧大陆,范围囊括中国至欧洲间的众多国家和地区,关于丝绸之路的历史,长期以来更是各国历史学者研究的热门。在这个大课题中,丝绸之路中国段的研究占了十分重要的一环。西方汉学家的研究成果多以英语写作,本文试将这些研究成果归入四个类别:整体研究,物质文化,考古与艺术,宗教、贸易与文化交流,并予以介绍和评析。

一、整体研究

托马斯·巴菲尔德(Thomas J. Barfield)的《危险的边疆——游牧帝国与中国》(*The Perilous Frontier: Nomadic Empires and China*)为经

---

* 本文的写作得到了英国伯明翰大学教授史怀梅(Naomi Standen)的帮助和国家留学基金委(CSC)的资助。本文首发于《国际汉学》总第20期,2019年第3期。

典名作，属于广义的丝绸之路研究范畴，江苏人民出版社于 2011 年推出了中文版。巴菲尔德的基本观点是：游牧部族为对抗崛起的中央集权的中原王朝而统一北方高原，从遥远的北方对中原政权进行各种经济上的掠夺，却不占领中原的领土。因为北方的游牧政权与中原政权之间实际上是一种共生关系，北方民族离不开中原的物资，中原也需要北方民族的武力保护，二者中一方政权瓦解都会带来另一方的崩溃，这会给东北政权的兴起创造机遇。[1] 这个理论框架相当富有创造性，但在复杂的史实中显得有些简单。

澳大利亚学者大卫·克里斯蒂安（David Christian）是俄国史、中亚史和蒙古史的专家，以"大历史"研究著称。他在"丝绸之路"这个概念上也做出了理论创新，其论文《丝绸之路还是草原之路？世界史中的丝绸之路》("Silk Roads or Steppe Roads? The Silk Roads in World History")认为"丝绸之路"的范围应该在空间和时间上加以扩大，以往我们多注意到东西不同农业文明之间商品、技术和思想的交换，却少有学者关注过不同生态文明之间的交流，其实这也是"丝绸之路"的一部分。他强调我们应该对丝绸之路的时间跨度、影响和地理方面作重新的认识。[2] 克里斯蒂安还参与主编了两本论文集：《丝绸之路的世界：远古和现代》(Worlds of the Silk Road: Ancient and Modern)、[3]《丝绸之路的领域：远古和现代》(Realms of the Silk Road: Ancient and Modern)[4]。1992年，澳大利亚 30 位学者共同创办了"澳洲内亚研究学会"（Australasian

---

[1] Thomas J. Barfield, *The Perilous Frontier: Nomadic Empires and China* (Basil Blackwell, 1989).

[2] David Christian, "Silk Roads or Steppe Roads? The Silk Roads in World History," *Journal of World History,* Vol. 11 (1), pp. 1-26.

[3] David Christian and Craig Benjamin, eds., *Worlds of the Silk Road: Ancient and Modern: Proceedings from the Second Conference of the Australasian Society for Inner Asian Studies (A. S. I. A. S.)*, Macquarie University, September 21—22, 1996 (Brepols, 1998).

[4] David Christian and Craig Benjamin, eds., *Realms of the Silk Road: Ancient and Modern: Proceedings from the Third Conference of the Australasian Society for Inner Asian Studies (A. S. I. A. S.)*, Macquarie University, September 18—20, 1998 (Brepols, 2000).

Society for Inner Asian Studies），这个机构组织了两场学术会议，以上二书即为他们会后出版的论文集。

魏泓（Susan Whitfield）主编的《丝绸之路：贸易、旅行、战争和信仰》(*The Silk Road: Trade, Travel, War and Faith*)是继大英图书馆（The British Library）2004年举办的同名展览后出版的一本著作，该作收录了11篇知名学者的论文，内容涉及粟特商人及粟特古信札、丝路上的货币、于阗国（今和田一带）的统治情况、丝路上的商业和朝贡、吐蕃在于阗到罗布泊地区的军事系统与活动、敦煌的政治宗教、敦煌文献、古代中国的天文地图、关于斯坦因（Marc Aurel Stein, 1862—1943）及大英博物馆的介绍和敦煌文献在伦敦的保存情况。书中还附有大量图片（都是大英图书馆的馆藏）。[1] 虽然收录的论文主题各异、关联性不强，但都为名家所写，不仅具有学术价值，语言也通俗易懂，使一般读者也能从中了解丝绸之路上商贸、宗教和军事等各领域的知识。

白桂思（Christopher I. Beckwith）在他的《丝绸之路上的帝国：从铜器时代到当代的中央欧亚史》(*Empires of the Silk Road: A History of Central Eurasia from the Bronze Age to the Present*)一书中描绘了欧亚大陆众帝国的简史，并指出贸易是整个欧亚史中最重要的环节。这本书强调了中央欧亚大陆的重要性，并指出了以往学者对中亚游牧民族的错误认识：高原上的人口都是游牧的，与定居人口完全分隔；欧亚大陆的游牧民族都是好战的，这由他们恶劣的生存条件所致，他们骑马的技术和用弓箭打猎的能力也是其军事优势；游牧民族不能生产满足自己生活的多数商品，游牧经济使他们贫困，所以他们要抢劫周边农业居民来满足自己的需求；中央欧亚人是天然的战士，很难被打败，在近代化之前一直带给周边居民军事上的威胁。书中对以上这些观点做了纠正，这是理论上的创新之处。[2] 但白桂思对丝绸之路上各帝国历史的叙述过于简单，

---

[1] Susan Whitfield, ed., *The Silk Road: Trade, Travel, War and Faith* (British Library, 2004).

[2] Christopher I. Beckwith, *Empires of the Silk Road: A History of Central Eurasia from the Bronze Age to the Present* (Princeton University Press, 2009).

没有给读者构建出一个完整清晰的历史背景，一些说法也缺少充分的史实论证。

魏泓作为大英图书馆国际敦煌学项目的负责人，自己也编写了很多有关丝绸之路的著作。她的《丝绸之路沿线的社会生活》(Life along the Silk Road)一书跨公元8世纪至公元10世纪三个世纪，构建了12个人物故事，分别代表了在丝路东线居住的不同人群：船长、粟特商人、吐蕃士兵、回鹘骑士、中国公主、龟兹乐伎、克什米尔和尚、作家、汉藏混血的尼姑、中国寡妇、中国官员和一个中国艺术家。书中的主要材料是中国西域（尤其是敦煌地区）出土的文献，以这些人物的经历和见闻为线索，为我们展现了中古时期西域地区的社会生活概况。[1]虽是面向大众的读物，但书中历史信息丰富，有着很强的趣味性。该书在2015年由加利福尼亚大学出版社（University of California Press）再版，新版添加了页下注，比第一版更为规范。

吴芳思（Frances Wood）《丝绸之路：亚洲中心两千年》(The Silk Road: Two Thousand Years in the Heart of Asia)一书的插图丰富，而且相当精美。因为作者曾任大英图书馆中文部主任，她的书也偏重于对中国的介绍。此外，希腊、罗马与中国的相互影响，历史上中亚地区的匈奴人、吐火罗人、粟特人，后来的党项、蒙古、景教徒的迁徙、经商和传教活动，马可·波罗（Marco Polo，1254—1324）的行记传说，敦煌的千佛洞及佛教等都是本书所涵盖的信息。在书的后半部分，作者把清朝对新疆的管理及欧洲人的中亚探险也做了叙述。因为本书涵盖的知识量非常大，不免会出现一些小错误，如柏孜克里克（准确地说应该是吐鲁番）并不是一个绿洲城市；书中称妇好墓的一些随葬玉器制作于更早的千年之前，没有任何根据。[2]

另外，莎莉·霍维·莱金斯（Sally Hovey Wriggins）的《玄奘的丝

---

[1] Susan Whitfield, *Life along the Silk Road* (John Murray, 1999).

[2] Frances Wood, *The Silk Road: Two Thousand Years in the Heart of Asia* (British Library, 2003).

绸之路之旅》(The Silk Road Journey with Xuanzang)以玄奘的西行经历为线索，介绍了丝路北线和印度的情况，但该书参考前人研究成果时局限于英文书籍，对已经出版的其他语言书籍缺乏重视。[1]

刘欣如的《世界史中的丝绸之路》(The Silk Road in World History)为新牛津世界史丛书中的一本，仍是通识性的著作，用较短的篇幅描绘了丝路上的商业、文化交流以及东西方的政治和宗教状况。不足的是书的末尾没有结论，而且在丝绸之路东线以中国为主要线索，没有全面介绍东亚其他国家与中亚地区的文化联系。[2]

二、物质文化

物质文化的研究热度近年逐渐升温，学者的兴趣是从钱币和出土文物开始的。胜美田边（Katsumi Tanabe）、乔·克力勃（Joe Cribb）和海伦·王（Helen Wang）主编的《丝绸之路钱币与文化研究：纪念平山郁夫65岁生日论文集》(Studies in Silk Road Coins and Culture: Papers in Honour of Professor Ikuo Hirayama on His 65th Birthday)中，有11篇论文为钱币学的研究（其中两篇关于斯坦因探险所获钱币），另外3篇探讨斯坦因除钱币外的收集品，余下的1篇介绍了丝绸之路上摩尼教的艺术与文献。论文中介绍的钱币有些是斯坦因、伯希和（Paul Pelliot, 1878—1945）的收集品，有些是制造于新疆的唐代钱币，还有些是当时新出土的，在学术上均有很高的参考价值。书的末尾附有丰富的参考文献，供读者进一步了解该领域的研究。[3]

---

[1] Sally Hovey Wriggins, *The Silk Road Journey with Xuanzang, revised and updated* (Westview Press, 2004).

[2] Xinru Liu, *The Silk Road in World History* (Oxford University Press, 2010).

[3] Katsumi Tanabe, Joe Cribb and Helen Wang, eds., *Studies in Silk Road Coins and Culture: Papers in Honour of Professor Ikuo Hirayama on His 65th Birthday* (The Institute of Silk Road Studies, 1997).

伊丽莎白·格罗特海斯（Elizabeth Ten Grotenhuis）主编的《丝路沿线》（*Along the Silk Road*）一书主要讲了现今的丝绸之路文化及其对历史的继承，参与写作的有音乐家、考古学家、科学家、电影评论家及艺术史学者，书中还配有丰富的图片。① 该书虽然在史学上的贡献不大，却对研究丝路沿线的文化遗产及其发展有着很大意义。

海伦·王是现今研究钱币的重要学者，其《丝绸之路上的钱：中亚东部至公元800年的遗存》（*Money on the Silk Road: The Evidence from Eastern Central Asia to c. AD 800*）一书的时间跨度超过了900年，书中结合了大量新疆、甘肃出土的钱币和现存文献，介绍了丝绸之路及中亚东部的考古史，探讨了钱币在这个地区的意义，接着分别讲了中国、西方和各地区发行的钱币，最后又从汉文、佉卢文、吐火罗文、于阗文和藏文文书中发掘了有关钱币的证据。书的末尾附有英藏斯坦因收集品的手册和斯坦因所收钱币的目录。② 与其他出土钱币不同，斯坦因的收集品都明确记载了出处，对这部分藏品的梳理可以为丝绸之路上的钱币建立起较为清晰的类型学体系，对其他学者研究丝绸之路上的钱币、商业，甚至是艺术史都有很强的借鉴作用。

菲利浦·傅雷（Philippe Forêt）等主编的《地图和图像在丝绸之路上的传播》（*The Journey of Maps and Images on the Silk Road*）由10篇会议论文组成，该会议是由苏黎世大学（Universität Zürich）和瑞士联邦理工学院（Eidgenössische Technische Hochschule Zürich）于2004年在瑞士联合召开的。本书将所收论文按地域的不同划分为四个部分：佛教之路、蒙古之路、伊斯兰世界和地中海之路，它们共同的主题是考察丝绸之路上独特的长距离文化交流网，研究与图像知识相关的概念与物品

---

① Elizabeth Ten Grotenhuis, *Along the Silk Road* (Arthur M. Sackler Gallery, Smithsonian Institution, 2002).

② Helen Wang, *Money on the Silk Road: The Evidence from Eastern Central Asia to c. AD 800* (British Museum Press, 2004).

是如何在欧亚大陆传播和被采用的。① 但因为是论文的合集，各部分的内容衔接不紧密，论文的内容差异较大，但总体上不影响读者对丝绸之路各地区的图像知识做更深入的了解。

韩森（Valerie Hansen）的《丝绸之路新史》（*The Silk Road: A New History*）以古代丝绸之路上几个重要的城市（楼兰、龟兹、吐鲁番、撒马尔罕、长安、敦煌和于阗）为线索，这些地区在近代都有着大量的考古发现，借助出土资料勾勒出一幅古代丝路的生活图景。她指出丝绸之路并非是以丝绸贸易为主的单一道路，而是一个复杂的贸易和交通网络。② 值得一提的是，书中借鉴了不少中国和日本的研究成果，这在欧美出版的丝绸之路著作里实属不易。本书虽被一些西方学者定位为通识书籍，但其所含的大量史料和最新研究成果也值得学者阅读借鉴。

此外，大英图书馆的魏泓于2018年又出版一本以丝路上物质文化为主题的著作：《丝绸、奴隶和佛塔：丝绸之路上的物质文化》（*Silk, Slaves and Stupas: Material Culture of the Silk Road*）。该书分十个章节，每章选取一件文物为主题，作者注意到很多文物的制作地点与其出土位置并不相同，而文物本身则具有异于制作地和出土地之外的另一地区的特征。在书的最后一章，作者将奴隶贸易也纳入了"物"的研究，文中提出和讨论了一些前人忽视却有意义的个案。该书的不足在于各章节较为孤立，全书的整体线索不是很明晰。

三、考古与艺术

在丝绸之路的研究中，考古与艺术是密切联系的，在这方面，又以佛教艺术的研究成果最为丰硕。以下仍按出版时间先后进行介绍。

---

① Philippe Forêt, ed., *The Journey of Maps and Images on the Silk Road* (Boston, 2008).
② Valerie Hansen, *The Silk Road: A New History* (Oxford University Press, 2012).

韦陀（Roderick Whitfield）与龙安妮（Anne Farrer）的《千佛洞：丝绸之路上的中国艺术》（Caves of the Thousand Buddhas: Chinese Art from the Silk Route）收录了大量大英博物馆的绘画、印刷品、纺织品等，主要出自敦煌，还有少许出自中亚，多为斯坦因三次中亚考察所得。书中大量的图片，尤其是一些彩色插图，可为艺术史的研究提供重要借鉴。可惜的是书中的文字介绍太少。[1]

帕特里夏·克雷斯基（Patricia Karetzky）的《唐代宫廷艺术》（Court Art of the Tang）对该书出版前20年间有关唐代的考古发现做了筛选和总结，以唐代20余位皇帝为序，将这些考古发现与当时的历史背景和社会文化联系起来，相当系统。[2]但该书理论分析较少，还存有对中国历史认知的思维定势，比如强调传统的王朝更迭和兴衰次序：良好的开端，兴盛的中期和衰败的后期。书中对唐代艺术史的描述也遵循着同样的框架，但艺术的发展显然不符合这种规律，作者自己也发现在唐后期艺术呈现新的开端。

屈志仁（James C. Y. Watt）、安妮·沃德伟尔（Anne Wardwell）合著的《当丝绸是黄金的时候：中亚和中国的纺织品》（When Silk Was Gold: Central Asian and Chinese Textiles）以克利夫兰艺术博物馆（Cleveland Museum of Art）和纽约大都会博物馆（Metropolitan Museum of Art）于1996年在纽约联合展出的一批珍贵的亚洲丝织品为材料进行论述。本书即是一部介绍这些丝织品的著作。博物馆的工作人员对这些藏品做了详细的介绍和分析，大多数丝织品源于蒙古，其余藏品源自从唐至明的各个朝代。[3]藏品中有不少是展览前十年内新获的文物。这本书首次出版，是一本不错的参考书。

---

[1] Roderick Whitfield and Anne Farrer, *Caves of the Thousand Buddhas: Chinese Art from the Silk Route* (George Braziller, 1990).

[2] Patricia Karetzky, *Court Art of the Tang* (University Press of American, 1996).

[3] James C. Y. Watt and Anne Wardwell, *When Silk Was Gold: Central Asian and Chinese Textiles* (The Metropolitan Museum of Art, 1997).

阿尔弗雷德·克瑙尔（Elfriede R. Knauer, 1926—2010）所著《骆驼的生死驮载——汉唐陶俑的图像和观念及其与丝路贸易的关系》(*The Camel's Load in Life and Death: Iconography and Ideology of Chinese Pottery Figures from Han to Tang and Their Relevance to Trade along the Silk Routes*）以考古发现的骆驼俑与壁画中的骆驼形象为线索（大多为作者自己收集的一手材料），研究汉唐间骆驼驮载物及其意义。[1] 该书于1999年获得了在汉学界极富盛名的儒莲奖（Prix Stanislas Julien），学者荣新江曾评价该书：

> 这本书的正文篇幅不长，但配有大量的图版，对于相关问题的注释十分详细。书中涉及的问题十分广泛，特别是有关骆驼驮载物的观念意义方面，论述略为薄弱……作者虽然利用了中国考古报告的图版，但却没有仔细参考有关的说明文字……也没有细心收集中文论著中的一些相关研究成果。[2]

J. P. 马洛里（J. P. Mallory）和梅维恒（Victor H. Mair）主编的《塔里木的干尸：古代中国和最早的西方来客之谜》(*The Tarim Mummies: Ancient China and the Mystery of the Earliest Peoples from the West*）以问答方式介绍了公元前的塔里木地区和该地区的农牧居民，分析了出土的一系列文书。书中不仅介绍了干尸这一考古发现，还进一步探讨了这些人的语言，并在整个印欧的文化语言大环境中去考察他们的相对地位。书的后半部分详细推论了这批干尸的来历，探讨了塔里木盆地的早期移

---

[1] Elfriede R. Knauer, *The Camel's Load in Life and Death: Iconography and Ideology of Chinese Pottery Figures from Han to Tang and Their Relevance to Trade along the Silk Routes* (Akanthus Verlag für Archaologie, 1998).

[2] 荣新江："The Camel's Load in Life and Death: Iconography and Ideology of Chinese Pottery Figures from Han to Tang and Their Relevance to Trade along the Silk Routes"（书评），《唐研究》第5卷，北京大学出版社，1999，第533—535页。

民，最终得出结论：塔里木盆地在古代实乃亚欧交流的中心，古代中亚在东西文化交流中扮演着相当活跃的角色。该书有出土文物的发掘报告，数据翔实。本书的两位作者分别是考古学和汉语文学专家，但书中涉及语言学的知识点多有错误，例如书中提到"吐火罗语C种"的说法，是极不准确的，语言学界已经否认了该分支的存在。[1]

朱耐安（Annette L. Juliano）和乐仲迪（Judith A. Lerner）主编的《僧侣和商人：4到7世纪中国西北甘肃和宁夏的丝绸之路遗珍》（*Monks and Merchants: Silk Road Treasures from Northwest China, Gansu and Ningxia 4th—7th Century*）缘于2001年10月在纽约亚洲协会博物馆举办的展览。该书由10篇论文组成，分为4个部分，对甘肃、宁夏的考古和艺术做了较为全面的介绍。[2]但不少文章只是整合了前人研究，没有进一步探讨这些艺术品展现出来的社会、政治和经济问题。书中虽然指出了中国西北和邻近地区的历史变迁，却没有将这些变化和艺术品的变化特点联系起来，实为一大遗憾。但从总体上来看，该书还是一部关于丝绸之路上考古与艺术较为全面的著作。

美国代顿艺术学院（Dayton Art Institute）于2003年举办了一场丝绸之路艺术展，展览之后出版了《丝绸之路的辉煌：古代中国的艺术》（*The Glory of the Silk Road: Art from Ancient China*）一书。书中除刊有大量精美艺术品，还收录了不少知名学者的论文，如韩森教授的《吐鲁番绿洲的惊世发现：它们揭示出的丝绸之路史》（"The Astonishing Finds from the Turfan Oasis: What They Reveal about the History of the Silk Road"）、盛余韵（Angela Sheng）教授的《丝绸之路上的丝织品》（"Textile Finds along the Silk Road"）、蒋人和（Katherine R. Tsiang）教

---

[1] J. P. Mallory and Victor H. Mair, eds., *The Tarim Mummies: Ancient China and the Mystery of the Earliest Peoples from the West* (Thames & Hudson, 2000).

[2] Annette L. Juliano and Judith A. Lerner, eds., *Monks and Merchants: Silk Road Treasures from Northwest China, Gansu and Ningxia 4th—7th Century* (Harry N. Abrams with the Asia Society, 2001).

授的《佛教遗产和丝绸之路》("The Cult of Buddhist Relics and the Silk Road")和王炳华先生的《新疆波马发现的金与银》("Gold and Silver Discovered in Boma, Xinjiang")。①

宁强所著《中古中国的艺术、宗教与政治：敦煌翟家窟》(*Art, Religion and Politics in Medieval China: The Dunhuang Cave of the Zhai Family*)基于作者1997年的博士论文，是对敦煌莫高窟第220窟（翟家窟）的研究。宁教授将石窟的壁画内容与当时的历史背景相结合，不单研究艺术，还结合文献资料，探讨了归义军时期的佛教和政治情况，对艺术史家及治唐史的学者均有借鉴意义。②

胡素馨（Sarah Fraser）《演绎视觉艺术——中国和中亚佛教壁画的实践》(*Performing the Visual: The Practice of Buddhist Wall Painting in China and Central Asia*)一书是作者博士论文的拓展，该书没有对图像本身做细致分析，而是主要探讨了9至10世纪敦煌壁画的创作过程和背景。作者将壁画的创作与当时的社会文化背景结合起来，给了读者一个新视角去理解中古中国的文化。③不足的是文中虽提到几次中亚地区的绘画，却没有详细探讨。

毕丽兰（Lilla Russell-Smith）在《回鹘对敦煌的艺术赞助：10—11世纪丝绸之路北线的区域艺术中心》(*Uygur Patronage in Dunhuang: Regional Art Centres on the Northern Silk Road in the Tenth and Eleventh Centuries*)中指出，她写作此书的目的是尝试理解回鹘对敦煌艺术的影响不断扩大这一历史背景，同时细致研究敦煌对回鹘艺术的塑造。她的研究有助于我们确定回鹘接触佛教与摩尼教的时间以及理解中国与西域

---

① Li Jian, ed., *The Glory of the Silk Road: Art from Ancient China* (The Dayton Art Institute, 2003).

② Ning Qiang, *Art, Religion and Politics in Medieval China: The Dunhuang Cave of the Zhai Family* (University of Hawai'i Press, 2004).

③ Sarah Fraser, *Performing the Visual—The Practice of Buddhist Wall Painting in China and Central Asia* (Stanford University Press, 2004).

的关系。毕丽兰发现敦煌的壁画除了受中原和吐蕃的影响外，在10世纪还显现出回鹘的艺术风格。究其原因，作者认为彼时回鹘仍具有一定的影响力，常有回鹘贵族女子嫁入敦煌归义军政权掌权者曹氏家族，曹氏并没有要求这些回鹘女性改换汉族的装束，而是保持她们自己的风格，是这些回鹘女性影响了10世纪的敦煌艺术。[1]作者观点独到，立意颇新，但因为相关资料和文献的匮乏，该书涉及的问题研究难度很大，书中论述很多问题时都用了推断性的"可能""大概""应该是"等字眼，这是论证不足的地方。

学者玛丽琳·丽艾（Marylin M. Rhie）的《中国和中亚的早期佛教艺术》（Early Buddhist Art of China and Central Asia）分不同年份出版了三卷，卷一及卷二的内容分别是后汉至西晋、东晋十六国时期中国和中亚的佛教艺术，卷三研究了西秦时期甘肃地区的佛教造像（以炳灵寺为主）。作者搜集了大量的考古资料，为诸多图像和遗址做了断代，还对佛教的一些重要文献做了全篇翻译。作者按时间顺序来叙述中国的佛教艺术，至于中亚的佛教图像及遗址则以地理区域逐一介绍，并对不同地区的佛教艺术做了比较研究。[2]该套书部头较大，作者搜集了十分丰富的原始资料，研究艺术的学者可以从中找到很多有用的信息。值得一提的是，书中关于中亚的部分收录了较为全面的前人研究成果，将不少原为俄文、德文、法文、日文的文献汇编到本书中，方便了不熟悉这些语言的学者。书中的海量数据既是优点，也是缺点，它们增加了读者阅读和学习的困难。如果作者将收录的原始资料进一步整理，归入不同的专

---

[1] Lilla Russell-Smith, *Uygur Patronage in Dunhuang: Regional Art Centres on the Northern Silk Road in the Tenth and Eleventh Centuries* (Brill, 2005).

[2] Marylin M. Rhie, *Early Buddhist Art of China and Central Asia, Vol. 1, Later Han, Three Kingdoms and Western Chin in China and Bactria to Shan—Shan in Central Asia* (Brill, 1999). *Early Buddhist Art of China and Central Asia, Vol. 2, The Eastern Chin and Sixteen Kingdoms Period in China and Tumshuk, Kucha and Karashahr in Central Asia* (Brill, 2002). *Early Buddhist Art of China and Central Asia, Vol. 3, The Western Ch'in in Kansu in the Sixteen Kingdoms Period and InterRelationships with the Buddhist Art of Gandhāra* (Brill, 2010).

题加以研究,将会提升该书的价值。

倪雅梅(Amy McNair)所著《龙门(石窟)的供养人:中古中国佛教造像中的信仰、政治和艺术赞助人》(*Donors of Longmen: Faith, Politics and Patronage in Medieval Chinese Buddhist Sculpture*)是第一部以西方语言书写的龙门石窟史,时间跨度从北魏后期至唐中期。作者通过细致研读石窟中的供养人题记,揭示了捐资造像者背后的政治动机和宗教思想。因为龙门石窟的特殊性,供养人来自社会的各个阶层,上至皇帝、皇后及其他皇室成员、文武百官,下至地方官吏、地主、商会、宗教人士及在俗信徒,由此成为研究中国佛教艺术和社会史的绝佳样本。[①]本书独特的视角有助于我们认识中古中国的艺术、宗教和社会状况。不足的是,作者从石窟搜集了大量的一手材料,却因为全书内容较为宽泛而没有做更细致、深入的专题论证。书中强调的一些主要问题,如宫廷女性出资赞助石窟的情况、对佛法消逝的担忧、以造像来实现功德的行为、社会活动网络等主题都没有得到充分的讨论。

拉杰士瓦里·郭斯(Rajeshwari Ghose)主编的《丝绸之路上的克孜尔:商业和思想交汇的十字路口》(*Kizil on the Silk Road: Crossroads of Commerce and Meeting of Minds*)收录9篇论文,以新疆克孜尔石窟的壁画为中心,探索了绘画中的文学和佛教信息并考证了这些洞窟的年代,为读者展现出新疆的历史和宗教情况。[②]该书介绍了当时关于克孜尔石窟的最新研究成果,又因为论文的作者分别来自中国、印度和欧洲,内容较为全面且客观。

仝涛的《中古早期青藏高原北部的丝绸之路(自汉代至唐代):由考古与文字材料构建的》(*The Silk Roads of the Northern Tibetan Plateau during the Early Middle Ages \<from the Han to Tang Dynasty\>: As*

[①] Amy McNair, *Donors of Longmen: Faith, Politics and Patronage in Medieval Chinese Buddhist Sculpture* (University of Hawai'i Press, 2007).

[②] Rajeshwari Ghose, ed., *Kizil on the Silk Road: Crossroads of Commerce and Meeting of Minds* (Marg Publications, 2008).

Reconstructed from Archaeological and Written Sources）给我们提供了青藏高原北部丰富的考古信息，描绘出重要古道上遗址的分布情况。如作者所言，考古发现与历史记载并不十分吻合，重视考古资料是研究青藏高原北部丝绸之路的关键。本书不单为读者提供了一个考古遗迹的目录，还通过各种器物和图案的对比，揭示出吐蕃与中亚和中原王朝的联系及影响。①

四、宗教、贸易和文化交流

有关丝绸之路最重要的主题无非就是贸易和文化交流了，与此同时还伴随着宗教的传播。学者对宗教的研究多集中于佛教和伊斯兰教。以下先介绍这方面重要的著作，最后列出相关的论文。芮沃寿（Arthur F. Wright，1913—1976）的《中国佛教研究》（*Studies in Chinese Buddhism*）为作者1948年至1957年五篇旧文的再版。②虽说较为陈旧，但作为北美研究中国佛教史的先驱学者，他的文章还是值得再读的。芮沃寿的研究多依据佛教经典文献和一些高僧、尼姑的传记，但后来研究宗教史学者们逐渐将目光转向了敦煌发现的宗教文书，对经典的重视程度降低了。本书收录的虽然是作者早期的文章，但文中提出的很多问题还有待进一步研究和解答。我们需要将佛教经典与出土文献相结合，才能得出更令人信服的结论。

阿尔费雷多·卡多纳（Alfredo Cadonna）主编的《吐鲁番、敦煌及文本：丝绸之路的文明交汇》（*Turfan and Tun-huang, the Texts:*

---

① Tao Tong, *The Silk Roads of the Northern Tibetan Plateau during the Early Middle Ages (from the Han to Tang Dynasty): as Reconstructed from Archaeological and Written Sources* (Archaeopress, 2013).

② Arthur F. Wright, *Studies in Chinese Buddhism*. Ed. Robert M. Somers (Yale University Press, 1990).

Encounter of Civilizations on the Silk Route）是一次同名会议的论文集，该会议于 1990 年 1 月在威尼斯召开，以敦煌和吐鲁番的社会、文化和宗教为主题。[①]

刘欣如的《丝绸与宗教：物质生活与人们思想的探究》（*Silk and Religion: An Exploration of Material Life and the Thought of People, AD 600—1200*）介绍了丝绸在中国、欧洲和伊斯兰世界的情况，认为丝绸是这些地区商品交换的媒介。书中很大一部分内容讲了丝绸与佛教仪礼的特殊联系，尤其是信徒们向寺院捐赠大批丝绸这一现象的重要性。丝绸在佛教和基督教仪式中也有着重要地位，不同的是佛教注重的是数量而基督教更看重丝绸的高品质。[②]但书中对伊斯兰世界的情况叙述不够准确，作者认为丝绸在那里也是上层社会的消费品和区域贸易中的媒介，但在伊斯兰世界，大多数从事丝织品贸易的商人经营的都是棉花，在伊斯兰教中丝绸也没有得到广泛运用。

理查德·C. 福尔茨（Richard C. Foltz）的《丝绸之路上的宗教：从远古到 15 世纪的跨陆贸易与文化交流》（*Religions of the Silk Road: Overland Trade and Cultural Exchange from Antiquity to the Fifteenth Century*）以有限的篇幅囊括了一个很大的话题，包括中亚地区琐罗亚斯德教、犹太教、佛教、景教、摩尼教和伊斯兰教的传播发展。全书的一大主题为横跨亚洲的丝路贸易是这些宗教传播的主要因素。[③]此书面向广大读者，但对学者仍有借鉴意义。

瓦迪姆·叶利塞耶夫（Vadime Eliséeff）主编的《丝绸之路：文化和商业的高速公路》（*The Silk Roads: Highways of Culture and Commerce*）

[①] Alfredo Cadonna, ed., *Turfan and Tun-huang, the Texts: Encounter of Civilizations on the Silk Route* (Olschki, 1992).

[②] Liu Xinru, *Silk and Religion: An Exploration of Material Life and the Thought of People, AD 600—1200* (Oxford University Press, 1996).

[③] Richard C. Foltz, *Religions of the Silk Road: Overland Trade and Cultural Exchange from Antiquity to the Fifteenth Century* (St. Martins Press, 1999).

一书译自同名的法语书，为18篇论文的合集，涵盖宗教、贸易、文化等多层面的东西交流。这些论文侧重的主题有佛教，印度河流域与海湾国家间的商业史，蒙古人对东西文化的贡献，阿拉伯文献，巴基斯坦的丝绸之路，暹罗湾的海上丝绸之路考古，朝鲜半岛的音乐发展史及中亚、中国、朝鲜、日本古代音乐的相互影响，航海技术与古代中国不同历史时期的海上丝绸之路等问题。① 这本不厚的论文集能囊括如此多的主题实属不易，但各篇论文之间的关联度较低。

蒲立本（Edwin G. Pulleyblank, 1922—2013）的《中亚与古代中国的外来人口》（*Central Asia and Non-Chinese Peoples of Ancient China*）收录了作者已发表的部分论文，全书主要基于语言学的分析，研究了古代中亚的各族群及古代中国与西方的联系与相互影响。② 但一些文章仅以文字的象形或语音的相近来证明不同文明间的相互影响，缺少历史文献的辅证，不少结论有待更深入的论证。

论文集《中国丝绸之路沿线的游牧族、商人和宗教人士：在纽约亚洲学会研讨会上提交的论文（2001年11月9到10日）》（*Nomads, Traders and Holy Men along China's Silk Road: Papers Presented at a Symposium Held at the Asia Society in New York, November 9—10, 2001*）收录的11篇文章选自在纽约召开的一个同名学术座谈会。该座谈会与纽约亚洲协会博物馆举办的展览"僧侣和商人：4到7世纪中国西北甘肃和宁夏的丝绸之路遗珍"是配合进行的。由著名艺术史家巫鸿的《什么是敦煌艺术？》开篇，各篇论文分别关注了丝绸之路上的粟特人（对商业的贡献、其语言在丝路上的主导地位及粟特人翻译佛经的情况）、商业的发展及佛教的传播、大同地区拓跋文化的形成、佛教造像艺术、外来珍贵物品（玻璃、金银器）传入中国的情况以及对乐器传播的考察等。多数论文以出土文物、遗珍及文献为依托，为我们展示了古代丝绸

---

① Vadime Elisséeff, ed., *The Silk Roads: Highways of Culture and Commerce* (Berghahn, 2000).

② Edwin G. Pulleyblank, *Central Asia and Non-Chinese Peoples of Ancient China* (Ashgate, 2002).

之路上的商品和文化交流，但最后一篇文章主要谈了中国西北各民族现在仍有的节日集会，共同演奏不同的音乐，虽是现代的形式，却是古代文化交融的一种反映。博·拉文（Bo Lawergren）的文章颇有新意，我们知道中国的很多古乐器是从西域传入的，但作者由考古上发现的史前文物推测腰鼓由中国传向中亚并伴着佛教回传中国的史事，值得一读。[1] 总体上看，本书讲的内容较为浅显。

梅维恒主编的《古代世界的联系与交流》（Contact and Exchange in the Ancient World）由九篇论文组成，它们共同的主题是在古代，不同地区间的文化和物品在不断流通和融合。以前的研究多局限于单个区域或不同地区间的比较研究，而本书中的文章却探讨了不同文化间的相互影响与交融。主编梅维恒在序言中谈到，这种将不同地区文化分离的倾向是受现代政治的影响，古代社会比人们想象中更开放，相互的影响更深远。其中，安德鲁·谢拉特（Andrew Sherratt）的论文谈到中国冶金技术最初源自西方，但限于文章的篇幅，这样一个大的话题没有得到充分的论证。阿尔弗雷德·克瑙尔（Elfriede R. Knauer）也贡献了一篇小文，称"西王母"也源自西方，但所依据的材料过于分散，属于不同的历史时期，显得有些"证据不足"。其他论文还涉及欧亚大陆历史上的狩猎、语言学、纺织品及早期的文化交流等问题。[2]

克雷格·本杰明（Craig Benjamin）的《月氏：起源、移民和对北巴克特利亚的征服》（The Yuezhi: Origin, Migration and the Conquest of Northern Bactria）为第一部研究月氏人的英文专著。作者参考了大量文献，包括英语、俄语、法语、德语、意大利语和日语，但遗憾的是作者不懂汉语，参考的汉文史料也来自英语译本，书中不少汉语名称有拼写

---

[1] Annette L. Juliano and Judith A. Lerner, eds., *Nomads, Traders and Holy Men along China's Silk Road: Papers Presented at a Symposium Held at the Asia Society in New York, November 9—10, 2001* (Brepols, 2002).

[2] Victor H. Mair, ed., *Contact and Exchange in the Ancient World* (University of Hawai'i Press, 2006).

错误。①此书最大的不足是文末没有索引,也没有附地图,但作者从零碎的材料中整理出了月氏人的整体历史,值得研究月氏和中亚史的学者参考。

刘欣如等著《欧亚大陆上的联系:丝绸之路上的交通、交流与文化互动》(Connections across Eurasia: Transportation, Communication, and Cultural Exchange on the Silk Roads),内容涵盖公元前2世纪到13世纪蒙古统治时期。值得一提的是,书中第二章从罗马和阿拉伯的角度写了陆上丝绸之路的建立,还注意到《厄立特利亚航海行纪》(Periplus Maris Erythrae)对研究早期海上丝绸之路的重要价值。书中对贵霜王朝的描述补充了全球史研究中普遍缺乏印度史的叙述这一不足。此外,该书还涉及丝路上宗教的传播、后期印度洋与中国海域的海上丝绸之路发展以及蒙古人对亚欧贸易的促进。②但该书的通识性大于学术性,更适合基础阅读。

约翰·E. 黑尔(John E. Hill)《从玉门到罗马:后汉时期的丝绸之路(公元1—2世纪)》(Through the Jade Gate to Rome: A Study of the Silk Routes during the Later Han Dynasty, <1st to 2nd Centuries CE>)将《后汉书·西域传》翻译成英文,并做了详细的注释,是一本很实用的工具书。③

乔纳森·斯加夫(Jonathan Skaff)所著《隋唐时期的中国及其游牧邻邦:文化、权力与联系(580—800)》(Sui-Tang China and Its Turko-Mongol Neighbors: Culture, Power and Connections, 580—800)给读者呈现了一个全新的视角,以往的研究多强调中国与周边游牧政权的差异与

---

① Craig Benjamin, *The Yuezhi: Origin, Migration and the Conquest of Northern Bactria* (Brepols, 2006).

② Liu Xinru and Lynda Norene Shaffer, *Connections across Eurasia: Transportation, Communication, and Cultural Exchange on the Silk Roads* (McGraw-Hill, 2007).

③ John E. Hill, trans., *Through the Jade Gate to Rome: A Study of the Silk Routes during the Late Han Dynasty, 1st to 2nd Centuries* (Self-Published, 2009).

对抗，而作者却提出了内亚的这些不同政权在政治和外交上有着基本的相似性。政治和外交上的相似性促成了亚欧大陆东部各政权的联系与合作，可惜作者没有给出这种相似性的原因。此外，作者还强调了政权之间边地的重要性，边地的小部落在中国与其他游牧政权的竞争中起着很大作用。[1]该书表明联系中国与北部游牧邻邦的南北通道远比丝路上的东西通道重要得多，这在一定程度上印证了前述澳大利亚学者大卫·克里斯蒂安的观点。

除了上述主要著作外，在贸易、文化和宗教方面还有不少论文值得我们参考，如：《丝绸之路上阿拉伯人在伊斯兰文化传播中的作用》[2]《丝绸之路上的语言和文化交流》[3]《中国与伊朗人交往的神话与历史：波斯和中国艺术、文化和血缘的往来》[4]《吐鲁番：一个丝绸之路上的小社会》[5]《于阗王国（至公元1000年）：文化的交汇处》[6]《何家村出土文物：中国丝路贸易的一个缩影》[7]及《唐代中国丝绸之路上的商业是怎样开展的》[8]等。

---

[1] Jonathan Skaff, *Sui-Tang China and Its Turko-Mongol Neighbors: Culture, Power and Connections, 580—800* (Oxford University Press, 2012).

[2] A. H. Dani, "The Role of Arabs in the Spread of Islamic Culture along the Silk Road," *Journal of Central Asia* 15. 2 (1992), pp. 58–62.

[3] Denis Sinor, "Languages and Cultural Interchanges along the Silk Road," *Studies in Medieval Inner Asia* (Ashgate, 1997).

[4] Shahab Setudeh-Nejad, "The Myth and the History of Sino-Iranian Interface: Intercourse of Persia and China in Arts, Culture and Kinship," *Asian Culture Quarterly* 24. 3 (1996), pp. 37–42.

[5] Valerie Hansen, "Turfan as a Silk Road Community," *Asia Major* 11/2 (1998), pp. 1–11.

[6] Ursula Sims-Williams "The Kingdom of Khotan to AD 1000: A Meeting of Cultures," *Bulletin of the Asia Institute*, 15 (2001), pp. 171–172.

[7] Valerie Hansen, "The Hejia Village Horde: A Snapshot of China's Silk Road Trade," *Orientations* 34. 2, 2 (2003), pp. 14–19.

[8] Valerie Hansen "How Business was Conducted on the Chinese Silk Road during the Tang Dynasty, 618—907," in William Goetzmann, Ed. *Origins of Value* (Oxford University Press and the Yale International Center for Finance, 2005), pp. 43–64.

总体而言，丝绸之路的研究在西方引起了大批学者的研究兴趣，尤其是中国"一带一路"倡议的提出进一步推动了海外历史学界对古代丝绸之路的研究。需要注意的是，西方学者研究的侧重点不是一成不变的。20世纪初以蒲立本为代表从事的语言学、古文字学的研究热度渐消，甚至专治中国中古以前历史的学者数量也有缩减。学术界对"丝绸之路"上的政治、文化、经济、宗教和社会生活等各专题的综合研究近年来逐渐升温，著作数量也呈上升趋势。这类著作多是面向大众的，更接近于通识读物，但作者均为通晓历史的汉学家，著作内容丰富且论证较为严谨，并不失参考价值。

鉴于丝路研究材料之特点，目前大多数研究集中于考古、艺术、宗教和文化交流上，不同地区、不同文明间的互动也是重要的研究取向。民间交往和各地文化、经济往来正是传统史籍记载较少的；相反，很多考古发现、出土文献和文物以及存世的石窟艺术却给我们提供了最直接、最真实的资料。敦煌、克孜尔等石窟既是艺术的宝库，也是古代佛教遗迹。出土文献除了各类宗教文书，也有记载社会经济生活的公文、书信，这为经济和文化交流的研究提供了第一手的材料。因为"丝绸之路"的研究对出土文物依赖性大，最近的研究出现了一些新趋势，"物质文化"这一概念逐步兴起，参与的学者渐多，他们的研究超出了对文物本身的考察，将其作为一个载体，来透视当时的历史大背景。此外，边疆、边地研究得到更多学者的重视，各政权间的冲突与互动，边地居民、族群、社会及文化认同成为研究的热点。"丝绸之路"这一研究专题在今后将会得到更多关注。

（郑红翔　西北大学丝绸之路研究院）

陆上丝绸之路

唐诗中长安生活方式的胡化风尚*

□ 石云涛

长安是唐朝政治文化中心，是丝绸之路的起点，是唐朝开放的窗口，在广泛的中外文化交流中吸收不少外来文明。大量周边民族和域外人入华，长安是其最大的聚集中心，长安汇聚了来自周边民族和域外国家的众多人口，他们带来了不同于中原地区传统文化的风尚习俗。唐代是诗歌兴盛的时代，长安是唐代最大的诗歌中心。诗是社会生活的反映，长安的外来文明和域外习尚反映在诗歌的歌咏和描写中。流行于长安的西域文明和唐代的外来文明，已经有不少学者进行了精细研究，特别是向达先生的《唐代长安与西域文明》和美国汉学家薛爱华（Edward H. Schafer）的《撒马尔罕的金桃——唐代舶来品研究》（*The Golden Peaches of Samarkand: A Study of T'ang Exotics*）影响甚著。长安流行异域风习。谢弗说："唐朝人追求外来物品的风气渗透了唐朝社会的各个阶层和日常生活的各个方面"，"整个唐代都没有从崇尚外来物品的社会风气中解脱出来"；他还指出，长安和洛阳"是胡风极为盛行

---

* 本文为国家社科基金重大项目（19ZDA261）、北京市哲学社会科学规划项目（12WYB019）的阶段性成果。本文首发于《国际汉学》总第4期，2015年第3期。

的地方"。① 这种胡风进入唐诗的歌咏和描写中。文化交流造成长安社会生活的胡化风气在唐诗中的反映，虽然也有学者论及，却未见系统和深入，故本文拟在前人研究的基础上对这一问题进行探讨。

一、服饰方面

唐人在服饰方面喜欢模仿异域人，波斯、吐火罗、突厥、吐谷浑和吐蕃的服装都成为唐人模仿的对象，而以中亚和波斯服装最为流行，唐俑中折襟胡服的男像，即着波斯装。波斯萨珊王朝时代女性流行耳环，唐时妇女喜戴耳环。唐太宗的儿子李承乾"又使户奴数十百人习音声，学胡人椎髻，剪彩为舞衣。……又好突厥言及所服"②。刘肃《大唐新语·从善》记载："贞观中，金城坊有人家为胡所劫者，久捕贼不获。时杨纂为雍州长史，判勘京城坊市诸胡，尽禁推问。司法参军尹伊异判之曰：'贼出万端，诈伪非一，亦有胡着汉帽，汉着胡帽，亦须汉里兼求，不得胡中直觅。请追禁西市胡，余请不问。'"③说明贞观年间长安汉人就习惯戴胡帽，仅凭戴帽无法确定是汉人还是胡人。长安时兴的胡帽有几种，表演胡腾舞者戴虚顶织成蕃帽，柘枝舞者戴卷檐虚帽，波斯丈夫戴白皮帽。④

唐代前期妇女喜欢穿服的幂䍦，可能是仿波斯女性的服饰，以缯帛制作的方巾掩蔽全身，至迟北齐、隋代时已经传入中原地区。《隋书·秦王俊传》记载，隋文帝之子杨俊"为妃作七宝幂䍦"。⑤这种风气

---

① [美] 薛爱华（Edward H. Schafer）：《撒马尔罕的金桃——唐代舶来品研究》，吴玉贵译，社会文献出版社，2016，第93页。
② 《新唐书》第八十卷，中华书局，1975，第3564页。
③ 刘肃：《大唐新语》第九卷，中华书局，1984，第138页。
④ 向达：《唐代长安与西域文明》，生活·读书·新知三联书店，1957，第46页。
⑤ 《隋书》第四十五卷，中华书局，1973，第1240页。

至初唐时始盛。《旧唐书·舆服志》记载，武德、贞观年间，宫人骑马者承齐隋旧习，多著羃䍦。羃䍦"发自戎夷"，①应该是波斯妇人服大衫披大帽帔的模仿。这种大帽帔被在今青海之地立国的吐谷浑人和白兰国丁零人称为羃䍦，长安相沿称之。②高宗永徽以后，宫人出行，有以帷帽、拖裙到颈，较为浅露。帷帽起自隋代，周围垂网，从吐谷浑的长裙缯帽、吐火罗的长裙帽发展而来，原为西域之服。③中宗时，宫人已完全不用羃䍦。玄宗时充仪仗队的骑马宫人，"皆著胡帽，靓妆露面，无复障蔽"，更加暴露，而且"士庶之家，又相仿效"。甚至发展到女子露髻驰骋，衣着男子衣服靴衫，尊卑难分，男女无别。开元以后，"士女皆竟衣胡服"。④

唐人反思安史之乱，总结动乱的根源，有人认为跟胡化风气有关，"故有范阳羯胡之乱，兆于好尚远矣"⑤。服饰的胡化即其表现，元稹《法曲》诗写"咸洛"（长安、洛阳）风习："自从胡骑起烟尘，毛毳腥膻满咸洛。女为胡妇学胡妆，伎进胡音务胡乐，火凤声沉多咽绝，春莺啭罢长萧索。胡音胡骑与胡妆，五十年来竞纷泊。"⑥开元以后衣着的袒露在唐诗中也有描写，方干《赠美人四首》其一云："粉胸半掩疑晴雪，常恐胸前春雪释"；⑦施肩吾《观美人》诗云："漆点双眸鬓绕蝉，长留白雪占胸前"⑧。这种流行的袒领低胸的服装，可能是胡装翻领的发展，也可能是受胡风感染的新式样。白居易《上阳白发人》写天宝年间流行"小头鞵履窄衣裳，青黛点眉眉细长"。⑨传统的宽博衣仿效胡服，改取

---

① 《旧唐书》第四十五卷，中华书局，1975，第1957页。
② 向达：《唐代长安与西域文明》，第45页。
③ 同上，第45—46页。
④ 《旧唐书》第四十五卷，第1957—1958页。
⑤ 同上，第1958页。
⑥ 元稹：《元稹集》第二十四卷，中华书局，1982，第282页。
⑦ 《全唐诗》第六百五十一卷，中华书局，1960，第7478页。
⑧ 《全唐诗》第四百九十四卷，第5604页。
⑨ 白居易：《白居易集》第三卷，中华书局，1979，第59页。

紧身窄袖，目的是展示女性体态之美。这种样式应该是受到异域胡装的影响。[1]唐代宫人有服回鹘装的。花蕊夫人《宫词》："明朝腊日官家出，随驾先须点内人。回鹘衣装回鹘马，就中偏称小腰身。"[2]向达先生说："唐代长安对于外国风尚之变迁，每因政治关系而转移。回鹘装束之行于长安，当在安史乱后。"[3]"末二语盖形容其窄小耳"。[4]到了白居易的时代，这种服装已经过时，上阳宫白发宫女因不与外界接触，衣着陈旧。

与服饰有关的是梳妆，白居易《时世妆》批评当时流行的式样："时世流行无远近，腮不施朱面无粉。乌膏注唇唇似泥，双眉画作八字低。妍蚩黑白失本态，妆成尽似含悲啼。圆鬟无鬓堆髻样，斜红不晕赭面状……元和妆梳君记取，髻堆面赭非华风。"[5]《新唐书·五行志》云："元和末，妇人为圆鬟椎髻，不设鬓饰，不施朱粉，惟以乌膏注唇，状似悲啼者……唐末，京都妇人梳发，以两鬓抱面，状如椎髻，时谓之抛家髻。"也是受胡风影响的结果。向达指出："赭面是吐蕃风，堆髻在敦煌壁画及西域亦常见之。此种时妆或亦经由西域以至于长安也。"[6]

---

[1] 向达先生说："吐火罗人著小袖袍小口袴，大头长裙帽。波斯丈夫剪发戴白皮帽，贯头衫，两厢延下关之，并有巾帔，缘以织成；妇人服大衫，披大帽帔。长裙帽即帷帽。贯头衫，两厢延下关之，或者与德国勒柯克（Le Coq）在高昌所发见壁画中人物之像相近似。巾帔或即肩巾，大帽帔必是冪䍡无疑也。唐代盛行长安之胡服，不知何似？唯刘言史《观舞胡腾》诗有细毡胡衫双袖小之句，李端《胡腾儿》诗云拾襟搅袖为君舞，张祜《杭州观舞柘枝》诗亦云红罨画衫缠腕出，皆形容双袖窄小之辞，与姚汝能所云襟袖窄小之言合。证以近出诸唐代女俑及绘画，所谓襟袖窄小，尤可了然。其音声队服饰尤与波斯风为近。则唐代所盛行之胡服，必有不少之伊兰成分也。陶俑中着折襟外衣勒靴者亦不少。唐代法服中有六合靴，亦是胡服，为文武百僚之服，日本正仓院有乌皮六缝靴，足征唐制。"见《唐代长安与西域文明》，生活·读书·新知三联书店，1957年，第47页。
[2] 《全唐诗》第七百九十八卷，第8978页。
[3] 向达：《唐代长安与西域文明》，第46页。
[4] 同上，第53页，注［九］。
[5] 白居易：《白居易集》第四卷，第82页。
[6] 向达：《唐代长安与西域文明》，第47页。

二、饮食方面

饮食方面则流行胡食。胡食早在汉代就流行于中国,史载汉灵帝好胡食,唐代更加盛行。《旧唐书·舆服志》记载,开元以后,"贵人御馔,尽供胡食"。[1]唐代慧琳《一切经音义》中说:"油饼本是胡食,中国效之,微有改变";"胡食者,馎饦、烧饼、胡饼、搭纳等是"。[2]当时长安人喜欢吃的油煎饼、烧饼、胡饼、抓饭等都是这种从西域传来的胡食。唐代街市上往往有专营胡食的商铺,其中胡饼最为常见。胡饼在汉代时已经传入,所以称为胡饼,有两说,一说有胡麻著其上,汉人刘熙的《释名·释饮食》云:"饼,并也,溲面使合并也。胡饼,作之大漫沍,亦言以胡麻著上也。"[3]另一说以为"胡人所嗽",即胡人的食物。《资治通鉴·玄宗纪》记载,安史之乱发生,唐玄宗逃出长安,至咸阳集贤宫,正值中午,"上犹未食,杨国忠自市胡饼以献"。[4]卖胡饼者大概常常是胡人,唐代长安有胡人卖饼者。沈既济的小说《任氏》曾写到"有胡人鬻饼之舍"。[5]唐人皇甫氏《原化记》记载有"鬻饼胡"的故事。[6]日本僧人圆仁《入唐求法巡礼行记》写在长安的见闻:"(开成

---

[1] 《旧唐书》第四十五卷,第1958页。

[2] 慧琳:《一切经音义》第三十七卷《陀罗尼集》,上海古籍出版社,2008,第1154页。

[3] 刘熙撰,(清)毕沅疏证,王先谦补:《释名疏证补》第四卷,光绪二十一年刻本,第18页。按:毕沅指出,《初学记》引此段文字,"面"字之前有"麦"字;《太平御览》引此段文字,"面"作"麦"。大漫汗,一作"大漫沍",意思是无边际,形容其饼甚大。可知"胡饼"是大型的"饼",或者即所谓馕。《邺中记》云:"石勒讳胡,胡物皆改名,胡饼曰'麻饼',胡绥曰'香绥',胡豆曰'国豆'。"见《艺文类聚》卷八五"豆"引,上海古籍出版社,1965年,第1453页。崔鸿《十六国春秋·赵录》云:"石勒讳胡,胡物皆改名。胡饼曰'抟炉',石虎改曰'麻饼'。"见《太平御览》第8册卷八六〇引,上海古籍出版社,2008年,第572页。

[4] 司马光等:《资治通鉴》第二百一十八卷,中华书局,1956,第6972页。

[5] 李昉等:《太平广记》第四百五十二卷,中华书局,1961,第3693页。

[6] 同上,第四百二卷,第3243页。

六年正月）六日，立春节，赐胡饼、寺粥。时行胡饼，俗家皆然。"① 白居易《寄胡饼与杨万州》诗云："胡麻饼样学京都，面脆油香新出炉。寄与饥馋杨大使，尝看得似辅兴无。"②说明胡饼制法从长安传至外地。

在长安人的食物中，使用了来自域外的调料。例如，唐代从西域引进了蔗糖（石蜜）及制糖工艺。《唐会要》记载："西番胡国出石蜜，中国贵之。太宗遣使至摩伽陀国取其法，令扬州煎蔗之汁，于中厨自造焉。色味逾于西域所出者。"③摩伽陀即印度。中国虽然种植甘蔗，却不会用来熬蔗糖。唐太宗遣人出国引进制糖技术，所得蔗糖用于长安人的饮食烹饪之中，色味俱佳。寒山《诗三百三首》中写到石蜜："俊杰马上郎，挥鞭指绿杨。谓言无死日，终不作梯航。四运花自好，一朝成萎黄。醍醐与石蜜，至死不能尝。"④唐代输入的外来调味品，影响最大的应是胡椒。椒是原产于东南亚、南亚和非洲的藤本植物，因从域外传入，故称胡椒。胡椒籽粒含有挥发油、胡椒碱、粗脂肪、粗蛋白等，是人们喜爱的调味品。唐人苏恭《唐本草》云："胡椒生西戎，形如鼠李子，调食用之，味甚辛辣。"⑤晚唐段成式《酉阳杂俎》说："胡椒，出摩伽陀国……今人作胡盘肉食皆用之。"⑥还有莳萝子，又名小茴香，也是唐代引进的一种调味品，李珣《海药本草》引《广州记》称莳萝子"生波斯国"，"善滋食味"。⑦这些调料都被用于唐代长安人的胡食烹饪中。裴迪《辋川集二十首·椒园》云："丹刺罥人衣，芳香留过客。幸堪调

---

① 圆仁：《入唐求法巡礼记》第三卷，顾承甫、何泉达点校，上海古籍出版社，1986，第146页。
② 白居易：《白居易集》第十八卷，第382页。
③ 王溥：《唐会要》第一百卷，上海古籍出版社，1991，第2135页。
④ 《全唐诗》第八百六卷，第9066页。
⑤ 李时珍：《本草纲目》第三十二卷，中医古籍出版社，1994，第789页。
⑥ 段成式：《酉阳杂俎》前集第十八卷，中华书局，1981，第179页。
⑦ 李珣：《海药本草》第二卷，尚志钧辑校，人民卫生出版社，1997，第30页。

鼎用，愿君垂采摘。"①高适《奉赠贺郎诗一首》云："报贺郎，莫潜藏。障门终不免，何用漫思量。清酒浓如鸡，臃独与白羊。不论空蒜酢，兼要好椒姜。姑娣能无语，多言有侍娘。不知何日办，急共妇平章。如其意不决，请问阿耶娘。"②

西域美酒是唐人喜爱的，其中影响最大、流行最广的是葡萄酒。唐代西域入贡的物品仍有葡萄酒。鲍防《杂感》诗写盛唐社会："汉家海内承平久，万国戎王皆稽首。天马常衔苜蓿花，胡人岁献葡萄酒。"③葡萄酒酿制方法早在东汉末年就从西域传入，唐代继续引进先进工艺。西域名酒及其制作方法传入长安，有西域的葡萄酒、高昌的马乳葡萄酒、波斯的三勒浆、乌弋山离的龙膏酒等。④据《唐会要》记载，唐初就已将高昌的马乳葡萄及其酿酒法引入长安。唐平高昌，用其地马乳葡萄酿酒，唐太宗亲自监制，酿出八种色泽的葡萄酒，"芳辛酷烈，味兼缇盎。既颁赐群臣，京中始识其味"⑤。向达先生说："依高昌法制之葡萄酒及波斯法之三勒浆，当俱曾流行于长安市上。"⑥唐代诗人喜饮葡萄酒，由此产生了许多歌咏葡萄酒的唐诗，因为饮用葡萄酒时的饮器往往也是进口产品，因此唐诗中便连同这种舶来物品一起歌咏。唐人还喜欢一边饮酒，一边欣赏乐舞，而这时表演的乐舞有的是来自域外的胡舞，这就更增添了异域情调。刘言史《王中丞宅夜观舞胡腾》描写来自中亚的艺人在长安一位官员家里表演舞艺："石国胡儿人见少，蹲舞尊前急如鸟。

---

① 《全唐诗》第一百二十九卷，第1315页。
② 敦煌写卷伯二九七六，见《全唐诗续拾》第十五卷，陈尚君辑校，中华书局，1992，第874—875页。
③ 《全唐诗》第三百七卷，第3485页。
④ 唐朝从波斯引进了三勒浆及其酿造方法，这是一种果酒。李肇《唐国史补》卷下载："三勒浆类酒，法出波斯。三勒者，谓摩勒、毗梨勒、诃梨勒。"上海古籍出版社，1979，第60页。唐宪宗时从西域乌弋山离国引进龙膏酒，据苏鹗《杜阳杂编》卷记载，其时处士伊祈元被召入宫，饮龙膏之酒。这种酒黑如纯漆，饮之令人神爽，乃乌弋山离国所献。文渊阁《四库全书》第1042册，商务印书馆，1983，影印本，第609页。
⑤ 《唐会要》第一百卷，第2135页。
⑥ 向达：《唐代长安与西域文明》，第51页。

织成蕃帽虚顶尖,细氎胡衫双袖小。手中抛下蒲萄盏,西顾忽思乡路远。跳身转毂宝带鸣,弄脚缤纷锦靴软。四座无言皆瞪目,横笛琵琶遍头促。乱腾新毯雪朱毛,傍拂轻花下红烛。酒阑舞罢丝管绝,木槿花西见残月。"①诗中写到胡儿、蕃帽、细氎胡衫、胡腾舞、葡萄酒、葡萄酒杯、锦靴、横笛、琵琶等等,无不在渲染一种域外风情,这种风情弥漫在唐代长安这个国际大都市里,显得非常自然和谐。

唐代食具也有外来文化色彩,例如玻璃器皿的使用,所谓"葡萄美酒夜光杯"。玳瑁生长在亚洲东南部和印度洋等热带和亚热带海洋中。玳瑁不光被作为美味佳肴食用,其美丽的甲壳又属珠宝,被用来装饰器物。食物中有玳瑁,或者食器用玳瑁装饰的宴席被称为"玳瑁筵",成为唐诗中常见意象,形容筵席的精美与豪华。唐太宗《帝京篇》之九云:"建章欢赏夕,二八尽妖妍。罗绮昭阳殿,芬芳玳瑁筵。佩移星正动,扇掩月初圆。无劳上悬圃,即此对神仙。"②

三、居住方面

居住方面,长安人也引入了域外建筑方式。向达说:"采用西亚风之建筑当始于唐。"他举出《唐语林》记载的唐玄宗的凉殿、京兆尹王鉷的自雨亭子,与《旧唐书·拂菻国传》记载的拂菻国建筑形制相同,认为"当即仿拂菻风所造"。③此种建筑因极其少见,未见诗人吟咏。但宫廷中建筑使用来自异域的材料,则有诗人写及。李白《清平调》诗云:"名花倾国两相欢,常得君王带笑看。解释春风无限恨,沉香亭北倚栏杆。"④沉香亭,或以沉香木装饰之亭,或以异域香木命名亭子,总

---

① 《全唐诗》第四百六十八卷,第5324页。
② 李世民:《唐太宗集》,吴云、冀宇编辑校注,陕西人民出版社,1986,第11页。
③ 向达:《唐代长安与西域文明》,第41—42页。
④ 李白:《李白集校注》第五卷,上海古籍出版社,1980,第393页。

之带有异域风味。

唐朝有人对北方游牧民族的毡帐感兴趣，"甚至在城市里也搭起了帐篷"[①]。唐太宗的儿子李承乾就曾经出于好奇，在东宫让宫中相貌类胡者"五人建一落，张毡舍"，并在东宫空地搭建一座毡帐，"设穹庐自居"。[②]贵族之家出游，也喜搭毡帐野餐。杜甫《丽人行》写杨氏兄妹曲江游宴："就中云幕椒房亲，赐名大国虢与秦。紫驼之峰出翠釜，水精之盘行素鳞。犀箸厌饫久未下，鸾刀缕切空纷纶。黄门飞鞚不动尘，御厨络绎送八珍。箫鼓哀吟感鬼神，宾从杂遝实要津。后来鞍马何逡巡，当轩下马入锦茵。"这样奢侈的宴会，应当不是露天举办，而是在临时搭建的豪华的"云幕"中进行。这一点从"当轩下马"也可知道，"轩"是有窗的房，此指带窗的毡帐。杜甫还写杨氏兄妹关系的暧昧："杨花雪落覆白蘋，青鸟飞去衔红巾。炙手可热势绝伦，慎莫近前丞相嗔。"[③]这种行为当然也发生在毡帐中。这种游牧人的居室简便灵活，也为一般人所喜爱。白居易在洛阳履道坊宅内曾设青毡帐，他在诗中多次吟咏之，并明确说明其形制、用料和色彩都是仿自北方民族的毡帐。《青毡帐二十韵》云："合聚千羊毳，施张百子弮。骨盘边柳健，色染塞蓝鲜。北制因戎创，南移逐虏迁。"[④]他说毛毡是羊毛毡，木头是"边柳"，颜色是"塞蓝"，形制模仿"戎"人的毡帐，可以像游牧民族一样随时搬迁移动。从《别毡帐火炉》诗可知，他是天寒时入住，天暖时离开。[⑤]毡帐内有火炉，显然是模仿胡人取暖烤食。白居易诗中至少有13处都写到他的青毡帐，表达他的喜爱。[⑥]因为白居易喜欢把自己的日常生活写入诗中，我们才知道他有青毡帐。当时可能不少人像他一样有这种毡

[①] ［美］谢弗：《唐代的外来文明》，吴玉贵译，陕西师范大学出版社，2015，第49页。
[②] 《新唐书》第八十卷，第3564—3565页。
[③] 杜甫：《杜诗详注》第二卷，仇兆鳌注，中华书局，1979，第158页。
[④] 白居易：《白居易集》第三十一卷，第703页。
[⑤] 同上，第二十一卷，第474页。
[⑥] 吴玉贵：《白居易的毡帐诗》，载《唐研究》第5卷，北京大学出版社，1999。

帐，只是习以为常，未形诸记述而已。

唐人居室装饰陈设多有异域风味，长安人喜用椒泥涂壁，取其香味和增加室内温暖。用椒泥涂壁过去只有皇室才能使用，所以后宫称"椒房"。韦庄《抚盈歌》云："凤縠兮鸳绡，霞疏兮绮寮。玉庭兮春昼，金屋兮秋宵。愁瞳兮月皎，笑颊兮花娇。罗轻兮浓麝，室暖兮香椒。"[1]写的是后宫。唐代长安皇室之外显然也有人如此。张孜《雪诗》云："长安大雪天，鸟雀难相觅。其中豪贵家，捣椒泥四壁。到处爇红炉，周回下罗幂。暖手调金丝，蘸甲斟琼液。醉唱玉尘飞，困融香汗滴。岂知饥寒人，手脚生皲劈。"[2]室内燃香熏香也很普遍，而其香料往往来自海外。李白《杨叛儿》云："君歌杨叛儿，妾劝新丰酒。何许最关人，乌啼白门柳。乌啼隐杨花，君醉留妾家。博山炉中沉香火，双烟一气凌紫霞。"[3]沉香产于东南亚、南亚。薛能《吴姬十首》其二："龙麝薰多骨亦香，因经寒食好风光。何人画得天生态，枕破施朱隔宿妆。"[4]其中"龙"即龙脑香，是来自海外的香料，龙脑树生长于东南亚。居室内的坐具则有胡床。李颀《赠张旭》云："张公性嗜酒，豁达无所营。皓首穷草隶，时称太湖精。露顶据胡床，长叫三五声。"[5]胡床在东汉时已从北方游牧民族那里传入，唐代更加流行。

四、出行方面

唐长安人出行时的宝马、香车往往用来自域外的珠宝和香料美化装饰。卢照邻《行路难》写长安贵族之家的生活："春景春风花似雪，香

---

[1] 《全唐诗》第七百卷，第8053页。
[2] 《全唐诗》第六百七卷，第7009页。
[3] 《李白集校注》，第四卷，第287页。
[4] 《全唐诗》，第五百六十一卷，第6519页。
[5] 《全唐诗》，第一百三十二卷，第1340页。

车玉舆恒阗咽。若个游人不竞攀,若个倡家不来折。倡家宝袜蛟龙帔,公子银鞍千万骑。"① 韦应物《长安道》诗写贵族之家的生活:"宝马横来下建章,香车却转避驰道。"② 其中香车玉舆、宝马香车都是达官贵族的交通工具,也是其身份的象征。唐人最常见的交通工具是马,骑马或以马驾车是当时较普遍的出行方式。唐代诗人笔下常常写到来自域外的良马和马身上的佩饰。虞世南《门有车马客行》云:"财雄重交结,戚里擅豪华。曲台临上路,高门抵狭斜。赭汗千金马,绣毂五香车。白鹤随飞盖,朱鹭入鸣笳。夏莲开剑水,春桃发露花。轻裙染回雪,浮蚁泛流霞。高谈辨飞兔,摛藻握灵蛇。逢恩借羽翼,失路委泥沙。暧暧风烟晚,路长归骑远。日斜青琐第,尘飞金谷苑。"③ 达官贵族之家乘汗血宝马和宝盖香车终日驰逐。在他们那里,车马的佩饰也很重要,往往佩以银鞍、明珠、香料等,也是来自域外的东西。杜甫《房兵曹胡马》诗云:"胡马大宛名,锋棱瘦骨成。竹批双耳峻,风入四蹄轻。所向无空阔,真堪托死生。骁腾有如此,万里可横行。"④ 兵曹是基层官吏,从这首诗来看,唐代一般官员都可能骑用从域外输入的好马。

唐代长安是外来文明汇聚之地,外来文明对长安的社会生活产生了巨大影响。在那个开放的朝代,域外文化如一股股细流融入长安人的生活和情感,使唐代长安社会生活表现出超过以往任何一个朝代的多姿多彩风貌。长安浸染在"胡风"之中,这种胡风为长安社会增添了新的元素,极大地丰富了长安人的生活内容,提高了长安人的生活质量,给长安文化增添了新的活力和色彩。通过诗人的生花妙笔,这种外来元素又进入美妙的诗篇中,让我们看到中外文化交流是如何为唐诗提供丰富的素材,而唐诗又是怎样不负使命地展示了那个丰富多彩的朝代的壮丽画卷,提供了丰富的唐代社会生活信息,也让我们生动

---

① 卢照邻:《卢照邻集》,第二卷,中华书局,1980,第18页。
② 《全唐诗》,第一百九十四卷,第1998页。
③ 《全唐诗》,第三十六卷,第472页。
④ 《杜诗详注》,第一卷,第18页。

地感受到长安这个国际大都市的浪漫色彩和开放气息。

（石云涛　北京外国语大学中国语言文学学院、
中国文化走出去协同创新中心）

中国古代思想在阿拉伯的传播*

□ 薛庆国　丁淑红

中国与阿拉伯世界的友好交往，已有近2000年的历史。中国灿烂的文明、富有智慧的东方古国形象在阿拉伯世界早已深入人心。然而，尽管阿拉伯古籍对中国的记述十分丰富，但这些记述却很少探及中国人的精神世界，中国文化在古代阿拉伯的影响，更多体现在瓷器、丝绸、茶叶等器物层面。阿拉伯人对于中国的哲学、文学、学术等思想成就，一直存在生疏感和模糊感。直到20世纪初，这种情况才有所改变，阿拉伯人开始有机会逐渐了解孔子、老子等思想家体现的中国古代思想。

一、中国古代思想在阿拉伯的传播概况

据笔者掌握的资料，埃及学者艾特拉比·艾布·伊兹（وبأ زعلا إتربي，1891—1955）和友人阿卜杜勒·阿齐兹·哈迈德（زيزعلا دمح عبد，生卒年不详）合作撰写，于1900年出版的著作《中国一瞥》

---

* 本文首发于《国际汉学》总第34期，2023年第1期。

（نبذة عن الصين），可能是近代阿拉伯学者撰写、出版的第一部关于中国的著作。该书中约有两页篇幅介绍了中国的哲学和科学，但内容不乏以讹传讹之处，如其中写道："在伏羲之后，中国哲学取得很大进展，出现了两位著名的哲学家：老子和孔子。据说老子曾师从一位外国学者，后来到中国，建立了自家学派，培养了众多哲学家和智者……老子的哲学或宗教偏重理论而非实践……孔子的学说认为，有一位神灵凭智慧驾驭宇宙，因此，人类只应该膜拜这位神灵。孔子更重视实践而非理论，因此其名声更显，其创立的宗教影响更大，其言论更接近圣言。"① 显然，作者对老子和孔子哲学的理解，纯属道听途说，并存在用一神教观念附会孔子学说之嫌。因此，此书对于阿拉伯人正确了解中国古代思想作用不大。

第一部被完整译成阿拉伯文的中国文化经典是《论语》，于1935年在开罗问世，其译者是其时就读于爱资哈尔大学的中国留学生、日后的北京大学教授马坚先生。

1938年，埃及开罗大学教授穆罕默德·格拉布（محمد بالغ，生卒年不详）发表了《东方哲学》（الشرقية الفلسفة）一书，其中用100多页篇幅介绍中国哲学，占全书篇幅的四分之一。该书把中国哲学分为三个阶段：开端时代、成熟时代、从成熟走向现代。作者将老子、庄子、孔子、孟子、墨子、荀子等先秦诸子置于第二部分作重点论述，尤其以较多篇幅介绍了孔子的生平、著作、思想与影响，对孟子的介绍也比较详尽。《东方哲学》虽然不是专门论述中国哲学的专著，但却是较早涉及中国哲学思想的著作之一，对阿拉伯人了解中国哲学起过积极作用。

新中国成立后，阿拉伯学术界对中国思想的关注度明显增加。20世纪50年代初期，黎巴嫩著名学者、辞典编纂家穆尼尔·巴勒贝基（البعلبكي منير，1918—1999）编选、翻译了一套《自我教育》丛

---

① ［埃及］艾特拉比·艾布·伊兹、阿卜杜勒·阿齐兹·哈迈德：《中国一瞥》，辛达维出版社，2014，第33页。

书，其中收入从英语译成阿拉伯文的林语堂著作《生活的艺术》(*The Importance of Living*)，1953年在贝鲁特大众科学出版社出版阿拉伯文版时定名为《来自中国的哲学》(فلسفة من الصين)。林语堂的这部英文作品虽然不是一部旨在介绍、研究中国哲学的学术著作，但其中也谈及"发现自我"的庄子，兼具"情智勇"的孟子，主张"玩世、愚纯、潜隐"的老子，提倡"中庸哲学"的子思，以及"人生的爱好者"陶渊明。因此，这部通俗、有趣的作品颇有助于阿拉伯人了解中国人，尤其是中国知识分子的精神世界及其生活智慧的哲学渊源。由此可见，译者将其译为《来自中国的哲学》也有一定道理。

1953年，埃及学者艾哈迈德·辛特纳维（الشنتناوي أحمد）出版了一本影响颇大的著作《三贤哲》（الحكماء الثلاثة），分别介绍了作者心目中的三位东方智者：琐罗亚斯德（زرتشت，公元前628—前551）、佛陀和孔子。其中"孔子"一章约占三分之一篇幅。值得一提的是，作者基于宗教高于哲学的认知，认为孔子学说代表了一门宗教，虽然它并不具备宗教的某些外在礼仪，但它在各个方面都起到了类似宗教的作用。在作者看来，"孔子不看重被许多人视为宗教之根本和主要形式的各种表象，这并非出于蔑视这些表象，而是认为这些表象无关宗教之本质"[①]。作者还认为："孔子学说是世界上最早出现的'人文主义'学说；儒学之根本观念，体现为人的生活不依赖于任何上界的神灵或无形的力量，不祈求获得其襄助。相反，儒学主张人应该依靠自身，通过修身养性，获得进步和幸福。"[②]

辛特纳维在书中还较为详尽地叙述了孔子的生平及其生活的中国社会背景，介绍了孔子学说的主要内容，以及孔子之后儒家学说在中国的发展，并将孔子和老子的思想做了简要的对比。最后，作者对孔子做了如下评价：

---

① ［埃及］艾哈迈德·辛特纳维：《三贤哲》，埃及知识出版社，1953，第110页。
② 同上，第111页。

> 许多人认为孔子并未提出新的学说。实际上，他对于教化中国人贡献巨大。他整理、编辑了上古的文化遗产，为其注入新的精神，使古遗产焕然一新，让中国人乐于阅读并从中获益。他还是一位实干家，唯以现实为重。他提倡克己复礼，一方面尊重君王，同时又敢于批评其不当行为。他重视常人的行为和生活方式，不关注狂徒异人的逆常之举，也不关注怪力乱神。他还蔑视军事，视其为次要事务。
>
> 这位审慎而忘我的人道主义先哲，在家庭生活中怡然自得。他热爱音乐，闻诗乐而起舞，和弟子、门徒亲如一家人；如有人夭折，他会如丧亲子一般恸哭。[①]

由上述可知，辛特纳维在《三贤哲》中对孔子的介绍是比较全面详尽的，他对孔子学说的理解比较准确，评价也客观公正，对20世纪中叶阿拉伯知识界了解孔子和儒学起到了重要作用。

20世纪50年代中期，埃及开罗出版了一套《东西方思想家》丛书，其中收入《孔子：中国的先知》（كونفوشيوس:النبي الصيني）一书，孔子是唯一被列入该丛书的中国思想家。作者为法国巴黎大学文学博士、埃及艾因·夏姆斯大学文学院讲师哈桑·苏阿凡（حسن عافن）。该书由埃及复兴出版社于1956年出版，作者主要参考英文著作写作此书。鉴于它是阿拉伯世界第一部专门介绍孔子思想的阿拉伯文著作，所以问世后一直是阿拉伯学者了解、研究孔子思想的重要参考书。

该书除《序言》外，共十章，章次分别为：《孔子的生平》《品质和习性》《著作和弟子》《道德哲学》《宗教观、形而上学和政治观》《音乐思想》《教育学说》《文学和科学》《作为中国国家宗教的儒学》《儒学和其他中国思想》。该书不仅对孔子的思想做了较详尽的阐述，而且肯定了中国文化在世界文化中的重要地位。作者指出：

---

① [埃及]艾哈迈德·辛特纳维：《三贤哲》，埃及知识出版社，1953，第148—149页。

在不久之前，人们都还认为是古希腊哲学家最早提出值得重视的哲学理论；实际上，至今仍有许多学者持有这种观点，并认为古希腊人乃是无可争议的哲学"领军者"。然而，大多数应和这种观点的人们并非真的信奉这种观点，而是出于对希腊及西方文明的迷信，出于对东方人的蔑视，有意要让东方人以不能自立的落后民族形象呈现。那些认为东方传统思想在总体上没有古希腊哲学成熟的传统观念，纯粹是一种以殖民主义为基础的观点，与学术毫无关系，因为它怀有一个政治目的：为西方国家19、20世纪对东方国家的殖民提供理据，其借口是东方社会是落后的，思维尚不成熟，只适合在那些继承了希腊文明传统的西方国家保护下生活。[1]

作为一位在法国接受了学术训练的埃及学者，作者能在20世纪50年代提出这样公允公正的观点，确实是难能可贵的。作者在《序言》中还说明了撰写这部著作的大背景：

> 在（1952年）革命之后，埃及努力加强与中国、印度等亚洲国家及阿拉伯各国的合作；笔者撰写此书，也旨在为这些努力添砖加瓦。1955年4月万隆会议成功举行，并超过所有人的预期，就是这些努力取得的最佳成果。笔者希望，在本书之后，还有更多探讨东方国家文化、文明的著作问世，以让埃及和阿拉伯各国的兄弟们能了解东方各国历代的文明与文化现象，从而增进彼此的政治、经济与思想合作。[2]

由此可见，埃及学者苏阿凡在介绍孔子和中国文化时，能用不同于西方人的东方视角看待中国文化，这突显了这位学者对自我身份、自我

---

[1] ［法］哈桑·苏阿凡:《孔子：中国的先知·序言》，复兴出版社，1956，第2页。
[2] 同上，第3—4页。

立场的清醒意识。这是尤其值得称道的,此书的价值也因此得以突显。

1957年,著名的黎巴嫩学者哈奈·法胡里(حنا الفاخوري,1914—2011)和哈利勒·吉尔(خليل الجر,1913—1987)合作撰写、出版了两卷本的《阿拉伯哲学史》(تاريخ الفلسفة العربية)由贝鲁特知识出版社出版。哈奈·法胡里是著名的语言学家、文学史专家、哲学家,他于1951年发表的《阿拉伯文学史》(تاريخ الأدب العربي)一直是阿拉伯学术界最权威的文学史著作。他主持撰写的这套两卷本《阿拉伯哲学史》也是研究阿拉伯哲学的必读参考书之一。该书在第一章《绪论》部分,将印度思想和中国思想列入东方哲学介绍,作为阿拉伯哲学发展的铺垫。在中国思想部分,作者简述了中国古代思想的主要成就和特点,其中写道:"值得指出的是,中国古代哲学中就有值得称道的逻辑思想,有关于单子及其本质的思想,还有形而上学的思想。更为可贵的是,古代中国思想家们还明确表达了相对主义的时空观,即相对主义的运动论,并进一步提出了物质无限可分的思想。"[①]作者还认为,包括中国思想在内的东方思想,为建构人类思想做出了重要贡献,并为人们认识世界和自身打开了一个更为广阔的天地。

1971年,埃及出版总署出版了一部中国哲学史译作,书名为《从孔夫子到毛泽东的中国思想》(الفكر الصيني من كونفوشيوس إلى ماو تسي تونج),原作者是美国著名汉学家、芝加哥大学教授顾立雅(Herrlee Glessner Creel,1905—1994)。英文版于1963年出版,阿拉伯文版由阿卜杜·哈米德·赛利姆(عبد الحميد سليم)翻译。这部著作选取了中国哲学史上从先秦直到毛泽东为止的重点哲学家,并选择各自思想中最能代表哲学家特点的部分予以重点介绍。这样的写法,能使读者对每位哲学家的思想特征都有清晰的了解。阿拉伯文版问世后曾多次再版,2007年又被列入埃及"家庭文库"丛书再版。出版者在新版《序

---

① [黎巴嫩]哈奈·法胡里、哈利勒·吉尔:《阿拉伯哲学史》(上册),知识出版社,1957,第37页。

言》中写道：

> 今日中国在世界舞台上占据重要的政治、经济地位。无疑，这一地位并非一日之功，它是具有数千年历史的一个悠久文明的丰富遗产之产物。在公元前数个世纪之前，中国文明的基本面貌既已形成，它为人类贡献了许多发明，如纸、墨、货币等；中国的思想遗产也同样丰富，从孔子的智慧之言到毛泽东思想，可谓洋洋大观，许多民族都从中汲取了思想源泉。①

《从孔夫子到毛泽东的中国思想》虽非阿拉伯学者的原创著作，但该书原作及其作者具有重要的学术影响力，其阿拉伯文译本也对中国古代思想在阿拉伯的传播起到重要作用。

1999年，黎巴嫩大学教授欧麦尔·阿卜杜勒·哈义（عمر عبد الحي）出版了《古代中国的哲学与政治思想》（القديمة الصين في السياسي والفكر الفلسفة）一书。全书包括《绪论》和三个部分，即道家哲学、儒家哲学、墨家和法家哲学。书中涉及的都是各派最主要的哲学家，如道家的老子和庄子、儒家的孔子和孟子、墨家的墨子和法家的韩非子。除了介绍上述哲学家的哲学思想外，该书还侧重探讨了他们的政治思想。作者认为，中国古代大部分思想家都十分关注社会与政治现象，注重学说的实用性，而对形而上的话题及纯粹的哲学冥思兴趣不大，因此，中国哲学中的政治与社会思想十分丰富。作者还注意到，中国文化具有很强的吸收、消化乃至同化外来思想与文化的能力：在古代，这种能力尤其体现在佛教的中国化；在现当代，则典型地体现为马克思主义的中国化。

2011年，埃及爱资哈尔大学中文系主任阿卜杜勒·阿齐兹·哈姆迪

---

① ［美］顾立雅：《从孔夫子到毛泽东的中国思想·序言》，阿卜杜·哈米德·赛利姆译，埃及图书总署，2007，第1页。

(عبد العزيز حمدي)教授翻译了由何兆武、步近智、唐宇元、孙开太撰写的《中国思想发展史》，由埃及最高文化委员会出版。此书运用历史唯物主义的观点，将先秦到五四运动前夕的中国思想史做了简明扼要的论述。为体现中国几千年来思想、文化的丰富性，编写者除了介绍哲学思想和政治思想外，还对经济思想、科学思想、史学思想、文学思想以及农民革命思想等都做了简要系统的阐述。美中不足的是，本书成稿于20世纪70年代末，在指导思想、学术观念等方面受到当时政治、社会环境的制约，未能体现我国当代学术界对中国思想史研究的最新认识和成果。但是，这部阿拉伯文译作是第一部由阿拉伯汉学家直接从中文翻译的中国思想史，也是第一部译成阿拉伯文的由中国人撰写的思想史，其学术意义值得肯定。

2012年位于贝鲁特的阿拉伯世界著名智库"阿拉伯统一研究中心"出版了由穆罕默德·哈穆德（محمد حمود）从法文翻译的《中国思想史》（خيرات الفكر الصيني）。该书作者为法籍华人学者、巴黎东方语言文化学院教授程艾兰女士。此书源于大学讲课草纲，法文版于1997年发表，后得到国际汉学界高度评价。《中国思想史》的阿拉伯文译本篇幅达846页，译者在《译者序》中写道：

> 我们对中国所知甚少，尽管近年来我们开始关注这个国家，尤其是经济层面。本书既全面又细致地给读者呈现了从2000年前商朝开始到1919年五四运动为止中国思想的发展历程。这一思想历久弥新，至今仍然每天都在证明它具有引人注目的卓越能力。先知穆罕默德曾有教诲"知识虽远在中国，亦当求之"，这到底表明了中国的遥远还是富有知识？阅读此书有助于我们更好地了解先知圣训的意图。①

---

① [法]程艾兰：《中国思想史·译者序》，穆罕默德·哈穆德译，阿拉伯统一研究中心，2012，第10页。

进入 21 世纪以来，随着中国的综合国力不断提升，阿拉伯国家对中国的关注度越来越大，不少阿拉伯大学的博士、硕士论文也以中国思想和思想家为研究对象。例如，埃及青年学者海莱·艾布·法图赫（الفتوح أبو هالة）女士师从埃及当代著名哲学家、曾任开罗大学哲学系主任的哈桑·哈乃斐（حسن حنفي，1935—2021）教授，在他指导下以孔子为研究对象，分别撰写了硕士和博士论文。海莱虽然不懂中文，但具有哲学专业的学术背景，其博士论文《道德与政治哲学：孔子的理想国》（المدينة الفاضلة عند كونفوشيوس: الفلسفة الأخلاقية والسياسية）于 2000 年在开罗出版。作者从道德、政治、教育三个层面阐述孔子的哲学，认为这三个层面构成了孔子理想国的基础。论文的结语部分对孔子理想国的特点做了如下总结：

> 孔子的理想国有许多特点，其中既有与西方的乌托邦理想国相似之处，也有与之不同之处。其最主要特点，在于它不仅设想未来、召唤未来，而且致力于在现实生活中为实现理想的未来而努力。因此，孔子并不像其他思想家那样仅仅描绘人类应有的理想国图景，他还设计了建立这一理想国的机制和方式。孔子相信，通过文化和教育改变民众，是建立理想国的最重要方式。因此，启蒙和教化，是建立公正国家、实现世界和平的道德和政治基础。
>
> 孔子的重要性，不仅在于他是一位垂范万世的伟大教师，而且在于他将人的幸福和福祉与人的教化联系起来，拒绝一切形式的暴力和冲突，旨在唤醒社会的良知，让被边缘化的阶层意识到社会的危机。尽管孔子认为人民有权革命，奋起反抗腐败的社会制度，但他更强调实现文化和教育的革命。他呼吁改变教育方式，让君王和臣民了解各自的权利和义务。
>
> 为应对现实的危机，孔子提出了许多有关政治和实现社会长治久安的理性设想。这使得孔子学说具有实用性特征。因此，它与东方宗教中常见的逃避现实、不愿实行改良的神秘主义倾向大异其

趣。孔子学说与中国社会的各个阶层都产生了密切联系，也因而得以在中华文明的漫长历史中得到传承。①

在埃及哲学名家指导下完成的这篇博士论文，是一部研究孔子思想的有深度、有新意的哲学理论著作，体现了阿拉伯世界年轻一代学人的学术水准。

二、中国古代思想在阿拉伯的传播代表

中国古代思想在阿拉伯世界传播的将近一个世纪历程中，出现了多位重要的学者、翻译家，如中国学者马坚（1906—1978）、埃及学者福阿德·穆罕默德·西伯勒（فؤاد محمد لبش，1915—1975）、伊拉克思想家哈迪·阿莱维（هادي العلوي，1932—1998）、埃及汉学家穆赫森·法尔加尼（محسن فرجاني）等，他们为中国古代思想在阿拉伯世界的传播做出了突出贡献。

（一）马坚

马坚，我国著名的回族学者、宗教学家、阿拉伯语语言学家和翻译家。1931年作为中国首批留学埃及学生团成员之一，赴开罗爱资哈尔大学求学，1939年毕业于开罗大学阿拉伯语学院，并返回祖国。1946年起，在北京大学担任阿拉伯语教授。马坚先生学识渊博，治学严谨，毕生从事伊斯兰学术研究和阿拉伯语教学科研工作，其最具影响力的学术成就是高水平地翻译了《古兰经》全文。此外，他的重要著译作品还有《伊斯兰哲学史》《阿拉伯通史》《回教、基督教与学术文化》《中

---

① ［埃及］海莱·艾布·法图赫：《道德与政治哲学：孔子的理想国》，格巴出版社，2000，第201—204页。

国伊斯兰教概观》(في نظرة جامعة الى تاريخ الإسلام الصيني) 等。他主持编写的《阿拉伯语汉语词典》是我国第一部，也是迄今使用最为广泛的同类词典。

在开罗留学期间，马坚曾于1934年应邀在开罗伊斯兰促进会发表学术演讲，介绍中国文化及中国伊斯兰教的发展情况。演讲稿后作为单行本出版，书名是《中国伊斯兰教概观》。在这次演讲中，马坚对孔子及其思想做了简明扼要的介绍，指出孔子是一种学说，有别于宗教。他说：

> 中国人十分尊敬孔子，就像穆斯林尊敬众先知一样。他们在各地修建孔庙，供奉祭祀，因此他的学说被一些人视为中国的宗教。但事实上，孔子的学说并不是宗教，孔子本人并没有说他在传播"天启"或预言未来，他也没有像其他众先知那样显现出奇迹。《论语》中记载的他的一些言论，就是最好的证明。一个学生（季路）问他，死是怎么一回事？鬼神是怎么一回事？孔子回答："未能事人，焉能事鬼！"又说："未知生，焉知死！"孔子的学生还说："子不语怪、力、乱、神。"[①]

马坚在演讲中还谈及道家哲学与道教：

> 《道德经》一书是纯哲学，没有一点宗教的味道，说的完全是政治和道德的基本原则，其基本理论是"道"——即自然法则，它是最高的"法"，它先于天地，是万物的始和终。老子认为一个真正的人应该掌握天地之奥妙，通晓万物之真谛，而对人们的褒贬可以不屑一顾，把人们的赞成和反对置之脑后……老子的道德原

---

① 马坚：《中国伊斯兰教概观》，转引自李振中编著《马坚传》，宁夏人民出版社，2017，第44页。

则有别于孔子的道德原则，后者主张以善对恶，前者主张以恶对恶，主张"知足不辱""见素抱朴，少私寡欲"，认为"柔能克刚，弱可制强"。①

他还指出：

> 综上所述，我们可以知道老子的思想更接近于哲理，而不是宗教。道教不是建立在老子的思想基础之上，而是由道家思想衍生出来的，其中夹杂着许多迷信，在老子去世500多年后才出现。道教的出现主要是因为儒家不能完全满足中国人的宗教需要，而佛教的传入刺激了这种宗教欲望，于是到处修建寺庙道观。②

由此可见，1934年的马坚虽然未届而立之年，且常年在国外求学，但他对儒家、道家思想的认识是准确到位、客观公正的，显示出他深厚的中国传统文化功底。作为一位虔诚的穆斯林学者，他在行文中对儒、道思想充满尊重，并未因为儒家或道家并不属于"天启"宗教的范畴而狭隘地予以贬低，说明他思想开明，心胸开阔。

1934年，马坚应埃及友人之邀开始将《论语》译成阿拉伯文，译本于1935年在开罗出版。他在《译者序言》中说明了此项译事的缘由：

> 有一天，尊敬的谢赫杰巴里（الجبالي إبراهيم）师长向我问起中国最重要哲学家孔子的思想，我答应他将孔子的《论语》译成阿拉伯文。后来由于功课紧张，一直没有时间从事翻译，但是我一刻也没有忘记自己的诺言，而是牢记在心。后来穆希布丁·哈蒂布（محب الدين الخطيب）先生也希望我能将中国古代哲学和文学介绍

---

① 李振中：《马坚传》，第45页。
② 同上，第46页。

给阿拉伯读者。却之不恭，我欣然从命，也借此实现自己之前的承诺。恰逢爱资哈尔大学学生罢课，我便利用这段时间着手翻译，以履行我作为中国国民的义务。这次罢课，使我有机会由听别人讲课变成自己撰述，由索取变成奉献。①

马坚不仅精通汉语和阿拉伯语，对中国传统文化和伊斯兰文化也有深厚造诣，而且治学态度严谨，从事翻译时字斟句酌、一丝不苟。《论语》中出现了大量具有中国文化和儒家思想特色、与阿拉伯文化背景有很大出入的词语和术语，这给翻译工作带来了极大的挑战。但马坚却总能准确把握中文的原意，翻译成地道、典雅的阿拉伯文，这显示出他对阿拉伯语语言文化知识具有很高的造诣。例如，在翻译孔子思想中最核心的"仁"这个概念时，马坚采用了阿拉伯语中与"人"（مرء）同源、表示"完美人格"的المروءة一词。这个译词的选择是十分精当的，因为儒家学说中的"仁"也着眼于"人"②；在中阿语言中，这两个词的对应性和契合度是最高的。因此，笔者和叙利亚著名学者费拉斯（حواس سراف）前几年在合作重译《论语》时，经再三斟酌，决定沿用马坚先生的译法翻译"仁"这一概念。

总体而言，马坚的《论语》阿拉伯文译本准确达意、通顺流畅，文采斐然，达到了很高的水准。无论就译作问世的时间还是达到的水平而言，马坚都当之无愧地堪称用阿拉伯文译介中国文化经典的第一人。为马坚作传的李振中教授对马坚先生翻译《论语》这一壮举予以高度评价：

（马坚）时年仅28岁，就能把这样一部内容丰富、哲理深邃的中国重要古典文献译成阿拉伯文，说明了马坚先生的勇气和信

---

① 《论语》，马坚译，先贤出版社，1935，第5—6页。
② 如："樊迟问仁。子曰：'爱人。'"（《论语·颜渊篇》第22节）"孟子曰：'仁也者，人也。'"（《孟子·尽心章句下》第16节）

心。这种勇气和信心来自他的中国传统文化的深厚功底，也来自他的阿拉伯语言和文学的深厚功底……联想起来，60年前马坚先生还在开罗留学期间，就将该书译成阿拉伯文并出版，不能不令人暗暗佩服，肃然起敬。①

马坚先生的学生、北京大学著名学者仲跻昆教授曾经记述过这样一件往事：

> 记得1980年，我们几个在开罗进修的同志去拜访大作家纳吉布·马哈福兹时，他回忆说："给我印象最深的两本中国书，一本是讲一个人力车夫的故事，另一本则是孔子的书，是一个中国留学生翻译的，是我们的同学，他很用功，后来成了中国的东方学者，还来开罗访问过……"他说的两本书，一本是由英文转译的老舍先生的《骆驼祥子》，另一本就是马坚先生当时在开罗翻译并出版的《论语》。由此可见，马先生当时留给人们的印象是多么深刻，他的译著在国外又有多么大的影响了。②

（二）福阿德·穆罕默德·西伯勒

福阿德·穆罕默德·西伯勒，埃及外交官、学者、翻译家，在埃及外交部任职近30年，曾担任埃及驻印度尼西亚大使。在从事外交工作之余，他一直笔耕不辍，发表的著译作品有《埃及在文明构建中的作用》（التاريخي）、《汤因比的历史观》（قراءة في تكوين مصر دور）、《中国哲学》（حكمة الصين）、《政治圣徒甘地》（قدیس توينبي عند منهاج）等。

1967年、1968年，西伯勒撰写的两卷本《中国智慧》（الصين

---

① 李振中：《马坚传》，第72页。
② 仲跻昆：《忆马坚先生》，转引自李振中编著《马坚传》，第64—65页。

ةمكح）先后由开罗知识出版社出版。鉴于阿拉伯文中经常用"智慧"（ةمكح）一词代指"哲学"（ةفسلف），所以书名可以译为《中国哲学》。这是一部具有很高学术水平，并产生重要影响的中国哲学史专著。此书出版迄今，在阿拉伯国家问世的大多数关于中国哲学的著作，都把该书列为最重要的参考文献之一。

《中国哲学》一书主要有三个特点。首先，作者对中国哲学在世界哲学史的地位予以高度评价，认为了解、研究中国哲学具有重要意义，他在《序言》中写道：

> 在我们这个时代，任何旨在实现世界和平的全球性政治、经济秩序的努力若要取得成果，都必须作出真诚而强有力的行动，去缩小不同文化、不同思维方式之间的差距。在这方面，我们在任何情况下都不能忽视像中国这样伟大国家的思想风格。这不仅因为中国人口占世界人口的四分之一，而且因为它继承了一个悠久的文明遗产，而其人民也决心再现昔日荣耀，在国际社会履行自己的文明使命。[1]

在书中，他对以孔子为代表的儒家思想给予了很高评价：

> 孔子是人类历史舞台上出现的极少数仍然留下深刻影响力的人物之一，这归功于他强有力的个性、超凡的文化禀赋和杰出的思想成就。作为一个教育家、传记家、注释家、文化与文学遗产的创造者，他极为成功地塑造了中国人别具一格的思维和品德。在中国历史中，再也找不到像他这样对本民族思想留下那么深刻影响的人物……一个中国人也许会信仰佛教、道教、伊斯兰教或基督教，但他依然保有儒者的本性，因为儒家思想不仅是国民信奉或表达的

---

[1] ［埃及］福阿德·穆罕默德·西伯勒：《中国哲学·上卷》，知识出版社，1967，第6页。

一种信仰，它还成了社会不可分割的一部分，跟中华民族的总体思想合为一体，甚至成了"中国人"这个称谓的指称意义。儒家的经典著作不仅仅是一个学派的立法和原则，而且是属于全民族的思想遗产。①

对于和儒家思想一起构成中国传统文化经纬的道家思想，作者也有十分精当、独到的评价：

> 道家在中国思想中的地位仅次于儒家。除了儒家以外，再没有别的流派像道家那样经久不衰，迄今依然保持着对中国人大脑的吸引力。尽管两个流派差异很大，但二者在许多情况下都是互补的，像两股激流一样，在中国古代思想与文化的沃土上平行奔涌……当儒家哲学家——在多数情况下——雕琢文辞、评判是非、关注抽象逻辑的问题时，早期道家的作品却另辟蹊径，具有愉悦的风格，洋溢着诗意，热衷于文字游戏，其中还不乏苏非式的冥想和形而上的主题……
>
> 道家以其卓越的思想成果，丰富了中国的诗歌和想象力，并为中国人的心灵披上了之前缺少的哲学外衣，纠正了儒家的一本正经。于是，当中国人在生活中得意时，他便是个儒家；当他失意了，就变成了道家。道家催生了大量与神秘主义和诗歌有关的文学作品。如果没有道家，中国思想就会沦为肤浅和僵化。②

此外，作者对于魏晋时期的玄学、宋明时期的理学和清代的经世致用之学也都有很中肯、积极的评价。

其次，对古今中国哲学的介绍与分析十分系统、全面，是一部名

---

① ［埃及］福阿德·穆罕默德·西伯勒：《中国哲学·上卷》，知识出版社，1967，第63页。
② 同上，第210页。

副其实的中国哲学通史。全书分上、下卷，上卷共七章，378页，章次是：第一章《中国智慧的肇始》、第二章《儒家及其代表人物》、第三章《墨家学派》、第四章《道家》、第五章《法家》、第六章《（儒家和道家的）融合倾向》、第七章《佛教》。下卷共五章，405页，章次是：第八章《儒家的复兴运动》、第九章《西方的入侵及其结果》、第十章《辛亥革命及借鉴西学运动》、第十一章《中国共产主义的起源》、第十二章《中国共产主义思想倾向及其背离》（主要探讨毛泽东的矛盾论、辩证唯物主义、新民主主义等思想，也探讨了"文化大革命"初期的思想倾向）。由此可见，全书全景式地呈现了中国哲学的主要流派、倾向及其代表人物。

最后，资料翔实、丰富，其中不乏通过访谈、对话获得的第一手资料。作者在《序言》中说明他撰著该书的主要依据：1.译成英文的中文著作；2.欧洲和美国出版的中国哲学史专著；3.作者和中外哲学家与学者的多次谈话；4.作者于1957年、1963年、1965年对中国进行的三次访问。作者曾于1965年4月12日在武汉采访过毛泽东主席，内容有关积极中立和不结盟政策。据作者回忆，毛泽东主席在采访中表示：中立和不结盟的立场不仅应体现在政治、经济领域，还应体现在文化领域；中国愿在全世界率先实现这一目标，并愿意为之奋斗和作出牺牲。①

总之，西伯勒的《中国哲学》一书，是阿拉伯学者迄今用阿拉伯文撰写的最全面、最有深度、最有价值的研究中国古代哲学思想的著作。作者虽然并非专职学者，但其取得的学术成就，奠定了他在阿拉伯学界研究中国哲学思想的先驱者地位。

（三）哈迪·阿莱维

哈迪·阿莱维，伊拉克著名学者、思想家。1956年毕业于巴格达大学经济系，青年时信仰马克思主义，并参加左翼政党活动。1976年，

---

① ［埃及］福阿德·穆罕默德·西伯勒：《中国哲学·上卷》，知识出版社，1967，第14页。

为躲避伊拉克国内的政治迫害，他经友人介绍，来到中国外文局工作，担任阿拉伯语专家。1981年离开中国回国，1990年再度来华，在对外经济贸易大学担任阿拉伯语专家至1994年。此后他前往叙利亚首都大马士革定居，直至1998年去世。

阿莱维共发表了20本著作，包括《历史与遗产的若干驿站》(في التاريخ والتراث محطات)、《政治和文学中的呈现与隐匿》(المرئي واللامرئي في الأدب والسياسة)、《伊斯兰历史中的坦荡人物》(شخصيات غير قلقة في الإسلام) 等，这些著作表现了他深刻的学术见解及对阿拉伯伊斯兰文化历史的全新解读。

20世纪70年代，阿莱维在北京工作期间，结识了时任《今日中国》主编、著名国际主义战士、中国共产党党员伊斯雷尔·爱泼斯坦（Israel Epstein，1915—2005）。在爱泼斯坦的鼓励、帮助和引导下，阿莱维在工作之余开始学习中国语言、文化和哲学，并通过英文阅读了大量中国典籍。经过几年的学习，阿莱维不仅对中国文化，特别是道家思想产生了浓厚兴趣，而且初步具备了用中文阅读的能力。1980年，他翻译的阿拉伯文版《道德经》在贝鲁特出版。1994年，他在大马士革出版了《中国拾珍》(مستطرفات صينية) 一书，书中收入他于20世纪两度在华工作时完成的部分研究和翻译成果。1995年，他的译作《道德经》在贝鲁特另一家出版社再版，新版中还收入他翻译的《庄子》内篇（7篇）。

《中国拾珍》全书共336页，分为四部分，分别为：第一部分《地理与历史》、第二部分《哲学》、第三部分《文学作品选译》、第四部分《中国与伊斯兰》。其中，第二部分共有158页篇幅，分三章探讨中国哲学：《哲学史概述》《自然哲学选读》《社会哲学选读》。在《前言》中，阿莱维介绍了他写作此书的初衷：

> 通过延续了600多年之久的贸易往来，穆斯林了解到中国的工艺，但并没有像钻研古希腊人的哲学和萨珊人的政治制度一样，深

入了解中国的哲学和政治制度。一些阿拉伯、土耳其和波斯的穆斯林融入了中国社会，他们在阿拔斯王朝之初穆斯林涌进中国的早期就到中国做官。在做官之前，他们先参加科举考试，不少人在考试成功之后得到任用。这些考试最重要的内容就是儒家学说。但是，我难以解释的一个奇怪现象是：伊斯兰遗产一直在谈论希腊的哲学、印度的智慧、中国的工艺和波斯的政治……但是没有穆斯林知识分子想去了解一下中国的艺术和工艺背后的理性知识。

通过《中国拾珍》这部书，我希望阿拉伯人获得的对东方文化的知识，能相当于他们对西方文化的了解，还希望他们能重新认识自己，不仅通过他们自己的遗产，而且通过与他们同出一脉的东方传统来认识自己。写作本书并非为了讨好中国，尽管中国在我不为阿拉伯祖国所容时赐予我安宁的生活。本书针对的读者是阿拉伯人，他们痴迷于西方，已经丢失了人性的根基，尤其需要找到智慧的源泉。

本书哲学部分所占篇幅最大，因为我在其中发现了西方有些开明之士希望找到却又难觅的东方智慧。我们阿拉伯读者可以从中得到仁爱和慈悯，并且在饱受统治者的压迫和列强的霸权之后，找到捍卫自己、抵抗权贵的武器。中国智慧和伊斯兰教中积极的苏非主义一起，构成了人类觉悟互为补充的两个宝库，为劳苦者提供慰藉，同时又陶冶了自由的人格，赋予人蔑视权贵专制的力量。[1]

作为一位阿拉伯思想家，阿莱维对中国哲学有不少视角独特、新颖深刻的见解。他如此评说中国哲学思想的特点、长处与不足：

中国的哲学家们对宇宙规律、自然现象、政治、伦理、社会组织等议题进行了深入探究。他们拥有独到的认识论，我们可以从墨

---

[1] ［伊拉克］哈迪·阿莱维：《中国拾珍》，境界（Al-Mada）出版社，1994，第9—10页。

家和名家那里有所领会。他们对宇宙的产生、物质的变化、生命的演化、存在的本源、万物之间的关系等都提出了自己的设想。他们表达了反对妄想与迷信的开明思想，致力于使正义成为人类存在之本，让民众明确他们的自然权利，向治理国家的君主阐明他们对百姓负有的义务。他们的方法论是直觉与辩证逻辑的混合体。就一般的逻辑问题而言，他们倾向于使用归纳法确定本质，而非使用论证的方法；这体现在他们选择用名称而不是界定来下定义。他们主要的不足，是没能将逻辑学发展到希腊哲学经亚里士多德之手达到的水平。中国理性主义的水平相当于亚里士多德之前的希腊哲学（从泰勒斯到柏拉图），中国的哲学语言亦如是，不过这没有影响各学派在充分进行探究和推理时具备的广度和深度。①

阿莱维还认为，以毛泽东为代表的现当代中国共产党人也得益于道家的辩证法思维，因此具备较强的处理各种复杂矛盾的能力：

中国的共产主义者，特别是"文化大革命"之前的毛泽东，都熟谙在他们不同阶段的政治活动中与矛盾有关的问题，他们在妥善处理这些矛盾时也表现出超过苏联人的水平，后者常常在这一领域显得左支右绌。中国共产党的领导人们对中国传统哲学经典的吸收是出了名的。毛泽东的成功，以及他的领导才能，在很大程度上归功于他承自道家的智慧。②

在阿莱维看来，中国哲学的另一成就体现在为政之道。孔子、荀子和法家提出了很多治理国家和社会的原则，而道家、墨家等学派则提出了实现社会公正和民主的设想。这也给后人留下了宝贵遗产。他还指

---

① ［伊拉克］哈迪·阿莱维：《中国拾珍》，境界（Al-Mada）出版社，1994，第102页。
② 同上，第103页。

出，中国哲学强调以人为本，对人的关注胜过对自然的关注，这与伊斯兰苏非思想也有异曲同工之处。

阿莱维是在当代阿拉伯世界具有重要影响的思想家。他关于中国思想文化的著译成果虽然不算十分丰硕，但鉴于他的影响力，以及他对中国思想文化的真知灼见，他为阿拉伯知识界了解中国思想文化的价值及魅力，做出了十分重要的贡献。虽然他在中国生活的时间不算很长，但中国文化在他的学术生涯和思想留下了深刻的烙印。他的译作《道德经》出版时，封面上有他自己手书的中文名字"老海"——这是他在华工作时中外朋友对他的昵称。他自称为"两个文明的传人"；在他大马士革的寓所门上，悬挂的门牌写着"两个文明的高地"——确实，由阿拉伯伊斯兰文明哺育，又受到中华文明滋养的哈迪·阿莱维，通过自己的毕生求索，已经登临两大思想高地，并饱览了两大文明的无限风光。

（四）穆赫森·法尔加尼

穆赫森·法尔加尼，埃及人，1981年从艾因·夏姆斯大学中文系毕业，是埃及高校设立中文系后培养的第一代汉语人才，1987年获得硕士学位，1995年获得博士学位。现为艾因·夏姆斯大学语言学院中文系退休副教授，埃及最高文化委员会翻译委员会成员，埃及国家翻译中心中国语言文学专家组成员。

在大学学习汉语期间，穆赫森在中国老师的启发、感染和指导下，对中国语言文化产生浓厚兴趣，大学期间就尝试翻译中文作品。毕业留校任教之后，在埃及著名小说家杰马勒·黑托尼（جمال الغيطاني，1945—2015）等文化名流的鼓励下，他开始翻译中国古典文化、文学作品。迄今他发表的主要译作有《四书》《道德经》《战国策》《列子》《孙膑兵法》《离骚》《老残游记》等。此外，他还翻译了多部中国现当代文学作品。穆赫森在译介中国文化、文学经典方面做出了突出贡献，受到了中国政府和各界人士的肯定和赞扬。

穆赫森对于母语阿拉伯文和中文都有很高的造诣，在翻译中国文化经典时还经常参阅英文和法文资料。他对待翻译态度认真,一丝不苟,精益求精。译文总体上准确精当,地道流畅,不求形似,但求神似,善于在原文基础上做必要的灵活变通,以适应阿拉伯读者的阅读习惯。不过,由于其译文"是参照白话文译出的,中国古典语言的简练、优美与雅致就未曾得到很好的体现。这虽说有些遗憾,但翻译本无尽善尽美之说。穆赫森的翻译,在阿拉伯翻译界来说,已经是实现了极大的突破"[1]。

值得一提的是,穆赫森不仅热爱中国传统文化,而且对中国文化经典作品有着颇为深刻、独到的思考和见解。他的这些思考和见解,既体现在译文的字斟句酌中,也体现在他为每个译本撰写的详尽剀切的序言或导读文字中。这些文字往往思绪翩跹,文采飞扬,具有很高的可读性。例如,他在翻译《论语》时写的《序言》中对儒学的精神价值及其在当代的复兴做了以下评价:

> 儒家思想能够历久弥新,继续影响当代中国,因为儒学在本质上既不同于基督教,不是一种高高在上、脱离现世的宗教(基督教在中国的传教以失败告终),也不是一种绝对意义上的、专注于艺术和美学思考的哲学流派,而是一个将认知和美学融为一体的思想体系。因此,20世纪90年代儒学在中国的复兴并不为奇,尽管在20世纪初(即五四时期),当中国在科学与民主等激进现代化思潮的裹挟下迈进新世纪门槛时,儒家文化曾被打倒,但它现在又东山再起。这到底是怎么回事呢?
>
> 对儒家学说表面上的批判,其实暗含着对儒家精神价值的坚定认可。中国那一代启蒙思想家都有传统教育的深厚根基,都受过儒学的熏陶;对他们而言,批评孔子的某些言论容易,但是抛弃儒家

---

[1] 郅溥浩、丁淑红、宗笑飞:《中外文学交流史:中国—阿拉伯卷》,山东教育出版社,2015,第392页。

的传统却绝非易事。这二者差别巨大。

事实上，当今中国正以间接的方式，为儒学的复兴敞开了大门。当前这一历史阶段见证了世俗时代文化的盛行：光怪陆离的城市、飞速的现代化进程、剧烈的社会变动、高物价和各种证券、摩天大楼、车流滚滚、歌星闪耀……一个新的时代正在开辟，这对中国的精神构成了威胁，对内部的和谐形成了压力。儒家学说得以兴盛的条件又一次具备了，于是儒学被再次唤醒。①

穆赫森深受中国文化的熏陶，也深受埃及当代文化精英黑托尼等人的文化革新理念的影响。因此，他往往以中国文化、中国经验作为镜鉴，映照自己身处的阿拉伯文化和社会中的一些弊端。他对阿拉伯社会盛行的盲目崇古、泥古不化等落后思想，尤其怀有清醒的批判和反思意识。在《列子》的译本序言中，他说明了自己翻译中国古代文化经典的初衷，并阐述了对于"传统"和"现代"这对矛盾的独特见解：

然而，我对中国文化遗产的重视，却并非出于这样的认知，即认为前人在哲学和思想领域的实践探索，包括那些具有宗教特征的遗产，是神圣而高高在上的。我绝非那种回归过去思想的倡导者，不认为应该从过去的话语中获得灵感，或从其智慧中觅得安慰。相反，我在生活中一向信奉的，是诸如"进步""向前看""古为今用"之类的话语。当我还是年轻大学生的时候，我就从中国老师们那里受到这种思想的熏陶；而他们身处的中国社会，一直在满怀希望，不懈努力，追求进步。我认为，我习得、记住的关于中国文化、语言和文学的那些知识，已经成为我信奉的理念和意识的一部分。我之所以认为中国古籍值得翻译，是因为我在现当代中国中发现了体现现代理念，证明人的伟大的天才般创举。是的，在现当

---

① 《论语》，[埃及]穆赫森·法尔加尼译，埃及最高文化委员会，2000，第11页。

代中国能发现更伟大的成就：在民族复兴的先驱者身上，在为国家进步奠定基础的几代知识分子和作家们身上，在那些追求知识和文明、抛弃过去的神话、拒绝落后传统的人们身上，在建设国家的"新长征"的壮举中，在梦想为人创造更美好未来的几代革命者的奋斗中……在这一切之中，在为创造明天而奋斗的所有人身上，有着比所有的过去、所有的遗产更持久、更永恒的成就。①

在《战国策》的译者《序言》中，他进一步阐明了自己对待古代遗产的观点——"任何古代遗产的价值，都在于其能否照亮当下"。他写道：

> 也许，翻译可以照亮那些文本背后的秘密，希望这能够释放我们借鉴他者的能量，让这种借鉴意识不断增强，让人的理性道路不断延伸。在我看来，任何古代遗产的价值，都在于其能否照亮当下。或许我的言辞略显唐突，但这点说明还是必要的，因为我们身处的时代，是一个膜拜遗产，神化过去和先人，甘愿躺倒在灵柩和坟茔之中的时代。②

穆赫森对中国文明在世界的地位及其与西方的关系也有独到的见解。他认为，中国古代思想很早就通过各种途径传到了欧洲，影响并滋养了西方文化和西方思想。但是，"西方对东方事物的关注，重点关注'形而下'的'术'和'技'，对东方'形而上'的人文精神只是持娱乐调侃的态度，殊不知东方的社会人文心理是人群根本价值的承载。西方试图将自身的'形而下'工具理性用暴力凌驾于东方人文价值之上，

---

① 《列子》，[埃及] 穆赫森·法尔加尼译，埃及国家翻译中心，2011，第33—34页。
② 《战国策·上卷》，[埃及] 穆赫森·法尔加尼译，埃及国家翻译中心，2008，第27页。

这是不可取的"①。他还认为，西方国家需要反思自我，东方古老思想的价值需要重新挖掘。中华文化内部具有务实而温和的调整机制，尤其体现为关注人类、自然和整体利益，这对于全球化时代的世界发展具有重要意义。

由上述可知，穆赫森博士是一位挚爱中国文化、深受中国文化影响的埃及"中国通"。中国前驻埃及使馆文化参赞陈冬云博士称赞他"是迄今翻译中国古代经典最多的阿拉伯学者，厚朴执着，学识渊博，学风严谨端正，翻译精益求精，是阿拉伯世界最了解古代中国的一人"②。对于这一评价，穆赫森博士当之无愧。

三、中国古代思想在阿拉伯的传播特点

《论语》是最早被译为阿拉伯文的中国典籍，马坚译本的出现结束了阿拉伯人通过游记和西方的介绍来认识中国的漫长历史，开启了近代阿拉伯世界探索中国哲学和中国文化的新阶段。纵观中国古代思想在阿拉伯世界的传播历程，可以发现其中呈现出以下特点。

第一，起步较晚，但发展迅速。阿拉伯世界对中国思想的研究和译介，迄今只有100多年历史，这和中阿源远流长的友好交往史很不相称。直到1935年，埃及才出版了马坚先生的《论语》阿拉伯文译本。在新中国成立前，阿拉伯世界关于中国思想的研究成果同样寥寥无几。新中国成立后，随着中阿外交关系的建立，特别是改革开放后中国国力的增强，阿拉伯学术界对中国文化和思想的关注度明显增加，不仅出版了转译自英、法、德文的有关中国哲学的译著，而且还出版了研究中国古代思想及思想家的专著。21世纪以来，中国的国际地位进一步提升，

---

① 黄学呈、张福贵、哈赛宁：《和合兼容的中华文明是"一带一路"的文化起源》，《华夏文化论坛》第22辑，第354页。
② 同上，第342页。

中阿关系得到不断巩固，精通汉语的阿拉伯汉学家也逐渐成长起来。由于阿拉伯汉学家的加入，中国古代思想史上的许多典籍被直译成阿拉伯文，其中老子《道德经》的阿拉伯文译本最多，迄今已有十个译本；《论语》也有至少四个阿拉伯文译本。此外，《尚书》《易经》《庄子》《孟子》《大学》《中庸》《孙子兵法》《孙膑兵法》《列子》《荀子》《韩非子》《战国策》《天工开物》等中国古代思想经典，也都有了阿拉伯文译本，而能体现相关研究深度和广度的专著以及博士、硕士论文等研究成果也不断面世。

第二，传播主体呈多元态势。中国古代思想源远流长，博大精深，吸引了阿拉伯世界各方人士的关注和探究。就国别而言，埃及是阿拉伯汉学的诞生地，来自埃及的学者、翻译家一直是中国古代思想文化传播的主力军；黎巴嫩、伊拉克、叙利亚、沙特阿拉伯等文化事业一向比较发达的阿拉伯国家，也有人一直重视中国思想的研究和译介。阿拉伯学者和翻译家哈迪·阿莱维、费拉斯·萨瓦赫、侯赛因·伊斯梅尔（اسماعيل حسين）、穆赫森·法尔加尼、阿卜杜勒·阿齐兹·哈姆迪、伊斯拉·哈桑（اسراء حسن）等人，在传播中国思想方面做出了重要贡献。部分中国学者也以向阿拉伯世界传播中国文化为己任，并取得不少成果，其中的代表人物首推马坚先生；中国翻译家王复、王有勇、薛庆国等人，也在中国思想经典的阿拉伯文翻译方面有过重要建树。

在阿拉伯世界传播中国思想的人士中，就社会身份而言，有思想家、作家、学者、翻译家、汉学家、外交官。就语言背景而言，早期研究中国思想的阿拉伯人，一般都借助英、法、德等西方语言；进入21世纪以来，汉语教学在阿拉伯多国逐渐普及，仅埃及就有十所大学设立了中文系，埃及、黎巴嫩、约旦、阿联酋、巴林、摩洛哥、苏丹、突尼斯等八个国家迄今已开设13所孔子学院，埃及、阿联酋和沙特阿拉伯已将汉语教学纳入其国民教育体系。在这样的背景下，通过汉语直接研究、译介中国思想，已成为新的趋势。

第三，体现东方视角，具有独特立场。从20世纪前半叶开始至今，阿拉伯学者总体上对中国文化和思想持论公允，能从不同于西方人的东方视角和身份出发，去理解、欣赏中国思想，意识到其中蕴含的重要精神价值。多位学者还注意到中国哲学的独特性，认为现当代中国取得的重要建设成就，在一定程度上应归功于中国传统文化和思想中的积极因素。譬如，埃及外交官西伯勒在《中国哲学》一书中，对西方学术界盛行的"西方文化中心论"予以批驳：

> 西方学者在谈论黑暗中世纪的文化衰落到极点的时候，却忘了中国在这个时候（即公元618—906年的唐朝），正在经历文明的启蒙，文化的昌盛达到了顶点。在这个朝代，第一本印刷的书籍问世了。西方学者偏爱希腊罗马的文明遗产，视之为人类文明之大全，却无视中东、远东的历代先人留下的灿烂的文明遗产。①

值得称道的是，西伯勒还能正确认识中国哲学的独特性，没有拿西方哲学的方法论、价值观、术语和目的作为唯一的标准，来衡量、评判中国哲学。他敏锐地指出，中国哲学家通常不是为纯粹求知而求知，不屑作无意义的诡辩，而是更看重把知识应用到日常行为中，以实现追求幸福的目的。他写道："中国哲学家中多数学派的目标，都是注重对'内圣外王'之道的追求。'内圣'，就是人要建立自身的美德；'外王'，就是在世界上成就伟业。人类的最高目标，就是集美德、智慧和君王之业于一身，成为圣人，或像柏拉图所说的'哲人之王'。"②因此，尽管从表面看中国哲学缺少西方哲学的方法论，但"从实际内容来看，中国哲学的方法论是强大而别致的，并不逊色于西方哲学"③。

作者还对社会主义在现代中国取得的成就表示钦佩，并认为中国传统哲学与这种成就之间存在着因果关系："中国社会主义取得巨大成功，

---

① ［埃及］西伯勒:《中国哲学·上卷》, 第6页。

② 同上, 第9页。

③ 同上, 第12页。

赢得了四分之一人类的拥护，这主要归结于领导人能娴熟应用中国哲学，而中国哲学是曾为人类作出巨大贡献的一个悠久文明的结晶。"①

由此可见，西伯勒先生在《中国哲学》中的立场，与某些贬低中国古代哲学的成就、对新中国怀有偏见的西方学者的立场，形成了鲜明的对比。

曾在华工作过的伊拉克思想家阿莱维酷爱中国文化，他认为中华文明和伊斯兰文明具有天然的亲缘性，二者都体现出"人文主义"的本质，不同于西方的精神虚无主义和物质主义。在其著作《中国拾珍》里，他认为中国哲学不像西方哲学那样追求逻辑的严密性，但是以辩证法见长，这尤其体现在道家思想中，他对道家思想中体现的辩证逻辑给予高度评价：

> 辩证逻辑在中国哲学的最大成就之一是道家。道家思想首先超越了事物间形式上的联系——正如亚里士多德的逻辑所描述的那种，认识到事物之间一方面相互交错、彼此互动，另一方面又相互对立。在道家思想中，任何事物都不能离开其他事物而存在，任何存在着的事物都有其对立面，这是事物与众不同的基础和得以存在的奥秘。一切存在的事物都是其对立面存在的结果，唯有事物的对立面保持存在，事物才能保持存在。道家逻辑不承认亚里士多德的无矛盾律，即便是在需要无矛盾律对事物进行必要区分的情况下。如果说，在亚里士多德那里，白是黑的对立，那么在道家那里，二者则是同一体。对立面相互转化的规律是道家逻辑的一个根本，死源于生，生源于死，一方的存在并不会根据亚里士多德的无矛盾律消灭另一方的存在，而是会唤起另一方的存在。同样，道家的学说中也没有排中律。在道家看来，山并不是非静即动，动和静是两个相对的状态，没有绝对的动，也没有绝对的静。正如后世的萨德尔

---

① ［埃及］西伯勒：《中国哲学·上卷》，第13页。

丁·设拉齐①所言，自然是流动的原质。道家和设拉齐都意识到掌握辩证法的困难。设拉齐曾说过，理解辩证法需要强大的洞察力，凭借其灵光可发觉消逝者乃是永恒者。道家则表示，对真理的觉察超越了人们对待事物惯常的方式，人类在变化中迷茫了太久，因而难以把握其背后的真相。这体现了研究对立与交错之间相互关系的困难。②

有的学者还将中国思想和阿拉伯伊斯兰思想进行对比，为未来中阿文明的深层次对话做了重要的理论铺垫。埃及汉学家穆赫森翻译了大量中国文化经典，还将其研究心得写入译本的序言和导读中，以微知著，独具慧眼。例如，在老子《道德经》的译本《序言》中，他比较了以道家哲学为代表的中国文化和埃及文化对于生命与死亡的不同认知，并对其原因做了很有新意的解读：

> 道家哲学和所有中国哲学一样，没有专注于对死亡的思考，"死亡"这个字眼对历代所有中国人来说都是一个忌讳。也许，中国和埃及两个古老文明相互间没有交集的原因，在于埃及文明一直被死亡之念纠缠着，直到被埋在泥土之中；而中华文明却坚执于生命，在喧嚣的生命之穴中孤独守望。也许，中国数目巨大的人口让中国人产生一种足以抗拒死亡幻影的心理机制，而埃及历史上艰辛、粗糙的生活，容易让人产生一种消极的抗争心理，不甘沉溺于安逸生活的危险之中。还可以得出一个自然且符合逻辑的看法：中国的人口增长为华夏大地生生不息提供了常燃的薪火，而尼罗河谷的人口增长却成为一种心理重负，让泥土之下的不朽灵魂难以承受。两大文明最鲜明的不同，体现为道家发明了旨在让人长生不老

---

① 萨德尔丁·设拉齐（1572—1640），出生于波斯名城设拉子的中世纪什叶派哲学家、苏非派大师。
② ［伊拉克］阿莱维：《中国拾珍》，第103页。

的中草药，而法老的埃及却发明了堪称"生命之面具"的木乃伊制作法。①

当然，也有部分学者习惯以伊斯兰教的概念和术语附会中国思想，其观点和立场值得商榷。2011年，毕业于沙特阿拉伯乌姆·古拉大学（即麦加大学）的纳赛尔·舍赫拉尼（ناصر الشهراني）博士出版了在其博士论文基础上完成的著作《儒家：历史、现状及伊斯兰对其立场》（الكنفوشيوسية: ماضيها، حاضرها، مقوفها من الإسلام）。这位博士曾来中国做过实地考察，但并不懂中文。值得一提的是，该书在一定程度上体现了伊斯兰宗教色彩较浓的阿拉伯学者对中国文化的观点，在此值得做一简介。

作者认为，儒学并非人们通常理解的一门哲学，而是一门宗教。不过，他的判断是基于用伊斯兰教的概念和术语附会儒家思想。比如他根据《论语》的阿拉伯文译文，将"圣人"理解为"先知"，将"顺天命"理解为"顺应神的命令"等②。因此，在全书的结尾部分，他归纳了几点结论：1. 孔子的学说是中国的古老宗教而不仅仅是哲学；2. 儒教对祖辈的亡魂过分尊崇；3. 孔子对形而上的事物持否定态度；4. 儒教对中国的影响深远而广泛，甚至连入侵者也信奉其学说；5. 为传教所需，17世纪、18世纪的欧洲传教士曾将基督教与儒教作调和；6. 儒教在其发展历史上多次试图革新，当代的"新儒家"也是这种革新的体现；7. 鉴于儒教是"人为宗教"，而非"天启宗教"，所以伊斯兰教并不接受儒教学说；8. 阿拉伯伊斯兰世界一向忽视研究中国的文化、宗教与哲学，此状况应努力改变；9. 伊斯兰教是当前人类唯一的精神栖息地和安全庇护所，为此，伊斯兰民族必须实现团结。③

---

① 《道德经》，[埃及] 穆赫森·法尔加尼译，埃及最高文化委员会，2005，第9页。
② [沙特阿拉伯] 纳塞尔·舍赫拉尼：《儒家：历史、现状及伊斯兰对其立场》，费萨尔国王伊斯兰研究中心，2011，第250页。
③ 同上，第520页。

由此可知，作者从狭隘的宗教观出发评判孔子学说和中国文化，其观点不乏牵强附会之处。需要指出的是，"伊斯兰教不接受儒家学说"这一说法，不仅在研究儒学和中国文化的阿拉伯学者中颇显另类，而且也有悖于沙特政府近年来大力提倡的"文明对话""文明互鉴"的理念。

第四，中国古代思想在阿拉伯世界的传播得到中阿双方各界的助力和推动。近年来，随着中国和阿拉伯国家友好合作关系的深入发展，中国思想文化经典的翻译得到中国和阿拉伯国家政府部门的大力支持。中国国家新闻出版署和阿拉伯国家联盟秘书处共同启动的"中阿典籍互译出版工程"、中国国家新闻出版署立项的"大中华文库"、中国五洲传播出版社和华文出版社等推出的"丝路文库"丛书等出版工程，都为中国思想典籍的阿拉伯文译介和出版起到重要的推动作用。多位阿拉伯汉学家获得中国政府颁发的各种奖项，如埃及汉学家穆赫森在2011年第43届开罗国际书展上获得中国新闻出版总署（国家新闻署前身）颁发的"中国文学翻译与出版奖"，2013年获得国家新闻出版署颁发的第七届"中华图书特殊贡献奖"，2016年作为10名为中阿友好做出杰出贡献的阿拉伯人士之一，受到正在开罗访问的习近平主席接见。在近几年的"中华图书特殊贡献奖"和"中华图书特殊贡献奖·青年成就奖"的获奖名单中，还有来自埃及、摩洛哥、黎巴嫩和沙特阿拉伯等国的多位作者、译者和出版人。

自21世纪以来，发展中阿友好和合作已成为阿拉伯知识精英和各界有识之士的普遍共识。叙利亚诗人阿多尼斯（أدونيس）、埃及作家黑托尼、埃及思想家欧斯福尔（عصفور رباج，1944—2021）等具有广泛影响力的阿拉伯文化名流，都呼吁重视中国文化和思想，视其为中国成功经验的一部分，从中汲取有益于当代阿拉伯文化发展的营养。中国思想文化经典的研究和翻译也得到阿拉伯国家政府部门的推动和支持，如埃及最高文化委员会设立的"国家翻译计划"、阿拉伯思想基金会资助的"同一文明"翻译工程，都资助出版了多部中国古代思想经典的译作。

随着"一带一路"倡议的推进，中国和阿拉伯国家的互利合作关系将日渐密切，双方精神层面的交流和理解也将越来越受到重视，中国思想与文化在阿拉伯世界的传播呈现出良好前景。

（薛庆国　北京外国语大学阿拉伯学院；
丁淑红　北京外国语大学阿拉伯学院）

海上丝绸之路

甘埋里考——兼论宋元时代海上丝绸之路*

□ 林梅村

甘埋里是中东地区一座古海港，宋代称"甘眉"或"甘眉流"，元代称"甘埋里"或"甘理"。晚清沈曾植（1850—1922）、藤田丰八（1869—1929）以来，研究者一直以为此地在波斯湾的忽鲁谟斯旧港［今伊朗米纳布（Minab）］。[①] 我们在阿拉伯地理学家伊第利斯（Muhammad al-Idiris，1099—1165?）绘制的《世界地图集》（*Kitāb nuzhat al-mushtāq fi ikhtirāq al-āfāq*）中发现，甘埋里实乃阿拉伯半岛南端古海港 al-Hammer［今阿曼苏哈尔（Sohar）附近］。甘埋里是宋元时代乳香和阿拉伯马的转运港，它在海上丝绸之路的重要性不亚于波斯湾忽鲁谟斯港。

一、《岛夷志略》的甘埋里

在中国史料中，甘埋里只见于宋元文献。正如研究者指出的，《诸

---

* 本文首发于《国际汉学》总第4期，2015年第3期。
① 汪大渊：《岛夷志略校释》，苏继庼校释，中华书局，1980，第364页。

蕃志》提到的"甘眉",就是《岛夷志略》的"甘埋里"。①《诸蕃志》下卷记载:大食在泉之西北,去泉州最远。番舶艰于直达,自泉发船四十余日,至蓝里(Lamuri,今印尼苏门答腊北端)、博……易住冬。②次年再发,顺风六十余日方至其国。本国所产,多运载与三佛齐(今印度尼西亚巨港)贸易,贾转贩以至中国。……番商兴贩,系就三佛齐、佛啰安(今马来西亚Beranang)等国转易。麻啰抹(麻啰拔之误,今阿曼萨拉拉海滨Mirbat)、施曷(今也门Shihr)、奴发(今阿曼多法尔)、哑四包闲、啰施美、木俱兰(今伊朗Makran)、伽力吉(今阿曼Qalhāt)、毗喏耶、伊禄、白达(今巴格达)、思莲(今伊朗设拉子)、白莲(今巴林岛)、积吉、甘眉(甘埋里之别称)、蒲花罗、层拔(今桑给巴尔)、弼琶啰(今索马里柏培拉)、勿拔、瓮篱(瓮蛮之误,今阿曼)、记施(今波斯湾基什岛)、麻嘉(今麦加)、弼斯罗(今伊拉克巴士拉)、吉慈尼、勿斯离(今埃及),皆其属国也。③《宋史·礼志》记载:

> 西蕃氏、西南诸蕃、占城、回鹘、大食、于阗、三佛齐、邛部川蛮及溪峒之属,或比间数岁入贡。层檀、日本、大理、注辇、蒲甘、龟兹、佛泥、拂林、真腊、罗殿、勃泥、邈黎、阇婆、甘眉流诸国入贡,或一再,或三四,不常至。

正如研究者指出的,《宋史》所载纳贡国名录中的"甘眉流",与《诸蕃志》的"甘眉"同,亦指甘埋里。

---

① 廉亚明、葡萄鬼:《元明文献中的忽鲁谟斯》,姚继德译,宁夏人民出版社,2007,第30—45页。
② 南宋周去非《岭外代答》卷三记载:"有麻离拔国,广州自中冬以后发船,乘北风行约四十日,到地名蓝里、博买苏木、白锡、长白藤,住至次冬,再乘东北风六十日顺风方到此国。"《诸蕃志》的"博……易"中的阙文,可根据《岭外代答》的"博买苏木、白锡"复原。
③ 赵汝适:《诸蕃志校释》,杨博文校释,中华书局,1996,第194页。有关地名考释,主要根据陈佳荣、谢方、陆峻岭编《古代南海地名汇释》,中华书局,1986。

《岛夷志略》两处提到"甘埋里"。

其一，甘埋里条：

> 其国迩南冯之地，与佛朗相近。乘风张帆二月可至小具喃。其地船名为马船，大于商舶。不使钉灰，用椰索板成片。每舶二三层，用板横栈，渗漏不胜，梢人日夜轮戽水不使竭。下以乳香压重，上载马数百匹，头小尾轻，鹿身吊肚，四蹄削铁，高七尺许，日夜可行千里。所有木香、琥珀之类，均自佛朗国来，商贩于西洋互易。去货丁香、豆蔻、青缎、麝香、红色烧珠、苏杭色缎、苏木、青白花器、瓷瓶、铁条，以胡椒载而返。椒之所以贵者，皆因此船运去尤多，较商舶之取，十不及其一焉。①

佛朗一词，源于古代阿拉伯人对欧洲的称谓 Franks（法兰克）。小具喃亦称"故临"或"小葛兰"，指今南印度西海岸的奎隆（Kollam）。②

其二，古里佛条：

> 当巨海之要冲，去僧加剌（今斯里兰卡）密迩，亦西洋诸马头也。……其珊瑚、珍珠、乳香诸等货，皆由甘理、佛朗来也。去货与小具喃国同。畜好马，自西极来，故以舶载至此国，每足互易，动金钱千百，或至四十千为率，否则番人议其国空乏也。③

古里佛，即南印度西海岸科泽科德（Calicut），《郑和航海图》称作"古里"，而"甘理"则为"甘埋里"简称。此外，《岛夷志略》的丹马令和八都马条还提到当地贸易货物中有"甘埋布"。美国学者柔克义

---

① 汪大渊：《岛夷志略校释》，第364页。
② 陈佳荣、谢方、陆峻岭编《古代南海地名汇释》，第162页。
③ 汪大渊：《岛夷志略校释》，第325页。

（William W. Rockhill，1854—1914）认为"甘埋里"来自"科摩罗群岛"（Comoro Islands）之名，而德国学者廉亚明（Ralph Kauz）、葡萄鬼（Rodrich Ptak）则认为，《岛夷志略》的"甘埋里"指忽鲁谟斯旧港。①殊不知，《岛夷志略》提到忽鲁谟斯旧港，称作"班达里"。文中说：

> （班达里）地与鬼屈、波思国（今伊朗）为邻。山峙而石盘，田瘠。谷少。气候微热，淫雨间作。俗怪，屋傍每有鬼夜啼，如人声相续，至五更而啼止。次日，酋长必遣人乘骑鸣锣以逐之，卒不见其踪影也。厥后立庙宇于盘石之上以祭焉，否则人畜有疾，国必有灾。男女丫髻，系巫仑布，不事针缕纺绩。煮海为盐。地产甸子、鸦忽石、兜罗绵、木绵花、青蒙石。贸易之货，用诸色缎、青白瓷、铁器、五色烧珠之属。②

班达里之名来自波斯语bandar（港口），指忽鲁谟斯旧港；波思国即波斯国，当时在伊利汗国统治下。班达里"地产甸子、鸦忽石"，分别指波斯松石、红蓝宝石（波斯语yāqut）。③湖北钟祥明代藩王梁庄王墓出土元代皇帝帽顶子上伊朗内沙布尔（Nishapur）出产的绿松石（见图1），就是从忽鲁谟斯旧港运到中国的。④

如果甘埋里不在波斯湾忽鲁谟斯旧港，那么，这个古海港又在何处呢？我们在阿拉伯古地图中发现，甘埋里实际上在阿拉伯半岛南端，今阿曼北部。

---

① 廉亚明、葡萄鬼：《元明文献中的忽鲁谟斯》，第30—45页。
② 汪大渊：《岛夷志略校释》，第364页。
③ 宋岘：《郑和航海与穆斯林文化》，《回族研究》2005年第3期，第6页。宋岘认为班达里在今阿巴斯港（Bandar Abbas），不一定正确，实际上在今伊朗米纳布。
④ 林梅村：《珠宝艺术与中外文化交流》，《考古与文物》2014年第1期，第87—99页。

图 1　湖北钟祥明代梁庄王墓出土元代皇帝帽顶子上的波斯松石

二、《伊第利斯世界地图集》所见 "甘埋里"

12世纪，阿拉伯地理学家伊第利斯绘制过一部《世界地图集》，名曰 Kitāb nuzhat al-mushtāqfīikhtirāq al-āfāq。马坚译作《云游者的娱乐》。① 此图亦称 "伊第利斯方形世界地图集"，以区别于 "伊第利斯圆形地图"，今称《伊第利斯世界地图集》。这部阿拉伯文地图集将世界划分为 70 个区域，并绘有 70 幅长方形地图描述世界各地区不同地貌，采用上南下北方向。该地图集全面总结了托勒密（Claudius Ptolemaeus，约90—168）和马苏迪（Abu Hasan Alial-Masudi，9世纪末—957）等地理学前辈的研究成果，并根据派往各地实测者的报告对世界地理进行全面描述。

《伊第利斯世界地图集》原本久佚，不过，法国国家图书馆藏有

---

① ［美］希提：《阿拉伯通史》下册，马坚译，商务印书馆，1990，第731页。

一个阿拉伯文古抄本。①牛津大学博德利图书馆（Bodleian Library）藏有另外两个阿拉伯文古抄本，其一为14世纪版阿拉伯文彩绘抄本（编号 MS Greaves 42）。其中两幅图可以相互拼接，描绘波斯湾及周边地区（见图2）。图上写有苏莱曼尼（Soleimanan）、伊斯法罕（Isbahan）、沙普尔（Shabur）、阿巴丹（Abadan）、设拉子（Shiraz）、哈莱克岛（Harak）②、尸罗夫（Shiraf）③、克尔曼（Kirman）、霍尔木兹（Hormuz）、阿巴卡文岛（Abar Kawan，格什姆岛别称）④、哈巴尔（Habar，加隆岛别称）、朱尔法（Julfar）、甘埋里（al-Hammar）、南冯（Dama）、龟屿（Kaish）、马斯喀特（Masqat）⑤、苏哈（Sohar）⑥、伽力吉（Qalhāt，亦称哈剌图）等波斯语或阿拉伯语地名。⑦

《伊第利斯世界地图集》在阿联酋朱尔法东南方向标出一座古海港，名曰al-Hammer。我们认为，这座海港才是《诸蕃志》的"甘眉"和《岛夷志略》的"甘埋里"。这座海港位于阿拉伯半岛南端，故《岛夷志略》说"其国迩南冯之地"。《岛夷志略》介绍古里佛说："其珊瑚、珍珠、乳香诸等货，皆由甘理（"甘埋里"简称）、佛朗来也。"众所周知，阿曼是乳香著名产地（见图3），而波斯不产乳香，那么，甘埋里应当在阿拉伯半岛阿曼湾而非波斯湾。

---

① 参见法国国家图书馆（Bibliothèque nationale de France）藏阿拉伯地图网页（http://gallica.bnf.fr/ark:/12148）。
② [波斯]伊本·胡尔达兹比：《道里邦国志》，宋岘译，中华书局，1991，第65页；A. W. Stiffe, "Persian Gulf notes. Kharag island," *Geographical Journal* 12（1898）：179–182.
③ 《中国印度见闻录》，穆根来等译，中华书局，2001，第7页。
④ 《中国印度见闻录》，第8页；《道里邦国志》第65页称作"伊本·卡旺岛"（Ibn Kawan）。
⑤ 《中国印度见闻录》，第7—8页。
⑥ 《道里邦国志》，第62页；《中国印度见闻录》，第8页。
⑦ 原图引自牛津大学博德利图书馆藏阿拉伯地图网页，承蒙努尔兰（Nurlan Kenzheakhmet）博士帮助解读图上阿拉伯文地名，谨致谢忱！

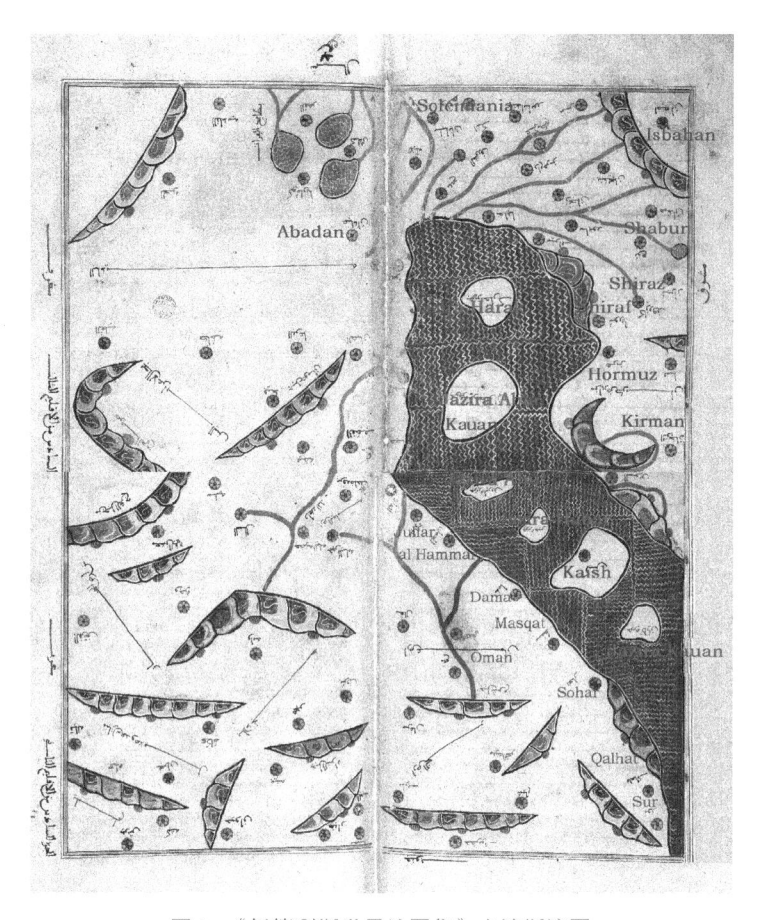

图 2　《伊第利斯世界地图集》之波斯湾图

图 3　阿曼的乳香林

海上丝绸之路国际贸易中的珊瑚主要来自"佛朗",其名来自阿拉伯人对欧洲的称谓Frank（佛郎机）。早在6世纪初,拜占庭商人、景教徒科斯马斯·印第科普莱特斯（Cosmas Indicopleustes,生卒年不详）,就开通了红海至印度马拉巴尔（Malabar）和斯里兰卡航线。他在《基督教世界风土志》(*The Christian Topography of Cosmas*)一书中甚至提到中国（Tzinitza或Tzinista）和印度洋的丝绸贸易。[①] 南印度泰米尔纳德邦（Tamilnad）出土过一枚拜占庭金币（见图4左）,现存马杜赖市立博物馆（Madras Government Museum）,以实物见证了拜占庭与印度之间的贸易往来。阿曼还出土过一枚"元丰通宝",现存阿曼国家博物馆（见图4右）,见证了宋代中国与阿拉伯半岛之间的贸易往来。印度古里（今印度西海岸科泽科德）商人从事阿拉伯马贸易。《岛夷志略》记载：古里佛"去货与小具喃国同。畜好马,自西极来,故以舶载至此国,每疋互易,动金钱千百,或至四十千为率,否则番人议其国空乏也"。

图4 南印度出土拜占庭金币与阿曼出土"元丰通宝"

阿拉伯马的原型可能是由阿拉伯半岛古代居民、今贝都因人（Bedouins）驯养的（见图5）。家马的原始故乡在南俄草原,很早就传入西亚新月沃土,但是伊斯兰教兴起之前阿拉伯半岛却很少见。研究者

[①] J. W. McCrindletr (trans.), *The Christian Topography of Cosmas, an Egyptian Monk* (The Hukluyt Society, 1897), pp. 368-370; H. Yule, *Cathay and the Way Thither. Vol. 1* (The Hukluyt Society, 1915), p. 25.

推测，7世纪波斯人成为伊斯兰教徒后，才将培育良马及训马术传给贝都因人，此后阿拉伯马才得以大规模繁殖。①

图5 阿拉伯热血马

宋代阿拉伯马贸易中心在阿曼海滨卡拉哈特（Qalhāt），《诸蕃志》称作"伽力吉"，冯承钧译《马可波罗行纪》称作"哈剌图"。早在元代初年，这座阿曼古城就见诸中国史料，元朝刘敏中《不阿里神道碑》称之为"合剌合底"。其文曰：

> 公本名撒亦的，西域人。西域有城曰合剌合底（Qalhāt），其先世所居也。远祖徙西洋。西洋地负海，饶货，因世为贾贩以居。父不阿里得幸西洋主，使与诸弟齿，弟有五人，不阿里称六弟。俄总领诸部，益贵富，侍妾至三百人，象床、黄金饰相称。不阿里没，公克绍其业，王益宠。凡诏命惟以父名，故其名不行，而但以

---

① 此书仅见网络版（htlp://www.frankhopkins.com/mustangs A. html），参见 Deb Bennett, *The Spanish Mustang*. The Horse of the Americas Registry, 2008.

父名称焉。圣朝之平宋也，公闻之喜曰：中国大圣人混一区宇，天下太平矣，盍往归之？独遣使以方物入贡，极诸环异。自是终岁不绝。复通好亲王阿布、哈斯二邸，凡朝廷二邸之使涉海道恒预为舟栈必济乃已。世祖熟其诚款，至元二十八年（1291）赐玺书命某部尚书阿尔班、侍郎拜特穆尔列名往谕，且召之。公益感激乃尽捐其妻孥宗戚故业，独以百人自随偕使入觐。既见，世祖加慰谕赐以锦衣及妻廪之公馆，所以恩遇良渥。圣上嗣位，特授资德大夫中书右丞商议福建等处行中书省事。前赐以巨万计，而宠数益隆矣。至是年来巢，遂以病薨，享年四十有九……于是有葬赠谥碑之命……大德四年（1300）二月日撰。①

据《马可波罗行纪》记载，穆斯林商人"亦从此港（指哈剌图港）运输阿剌壁种良马至印度，其数甚众"②。阿拉伯马贸易市场当然不止一处，甘埋里当为阿拉伯半岛另一个良马贸易中心。

三、海上丝绸之路上的绢马贸易

甘埋里只见于南宋《诸蕃志》和元代《岛夷志略》，不过，考古发现表明唐代阿拉伯半岛就从事中国陶瓷贸易。1988—1995年，法国考古队在阿曼苏哈尔的喀拉特（Qalat）古城发现许多中国陶瓷残片。据法国高等实验学院毕梅雪（Michèle Pirazzoli-T'Sestevens）教授考证，其中包括晚唐五代长沙窑瓷片、越窑青瓷、广东青瓷片、邢窑白瓷片和元代景德镇青白瓷片（见图6）。

2006年在阿曼考察时，笔者见到一件苏哈尔出土的景德镇湖田窑

---

① 此文传世少见，陈高华据北京国家图书馆藏本作过录文，本文所引根据陈高华录文。参见陈高华：《陈高华文集》，上海辞书出版社，2005，第362—363页。

② 《马可波罗行纪》，冯承钧译，上海书店出版社，2001年重印本，第477页。

甘埋里考——兼论宋元时代海上丝绸之路

青白釉褐彩文殊菩萨像（见图7左），[①]形制与景德镇湖田窑第三期（约1101—1127年）青白釉褐彩文殊菩萨像（见图7右）如出一辙。[②]

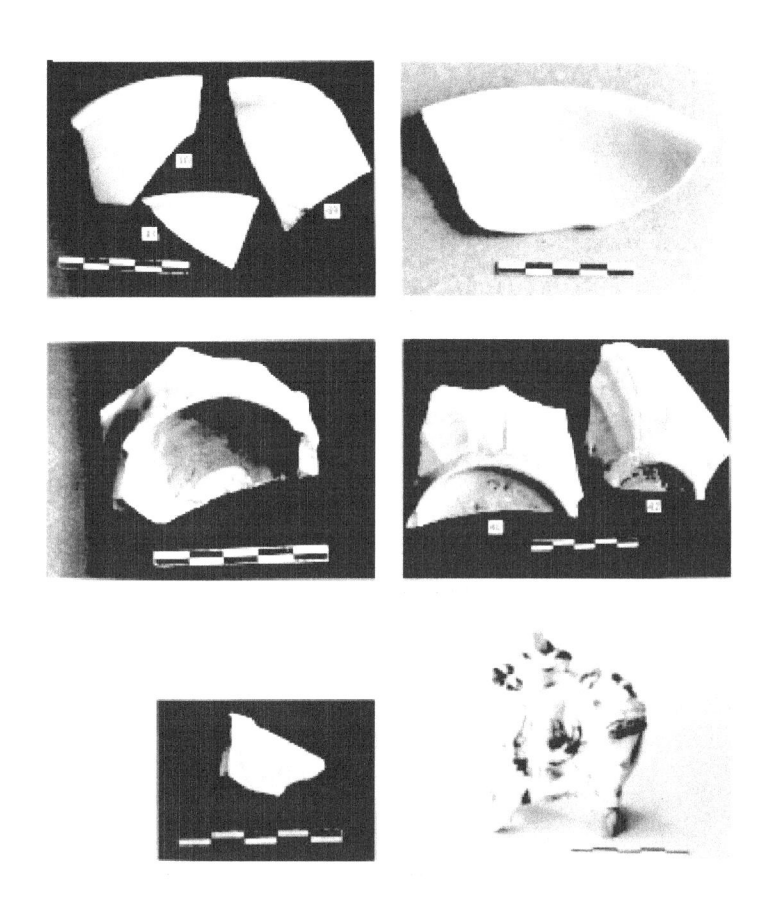

图6　苏哈尔遗址出土晚唐至宋元时代中国瓷片

[①] Michèle Pirazzoli-T'Sestevens, "La céramique chinoise de Qalat al uâr," *Arts asiatiques*. Tome 43 (1988):87-105.

[②] 江西省文物考古研究所、景德镇民窑博物馆编《景德镇湖田窑址》上册，文物出版社，2007，第454—455页。本文所用图版，引自该书下册彩版147—5。

115

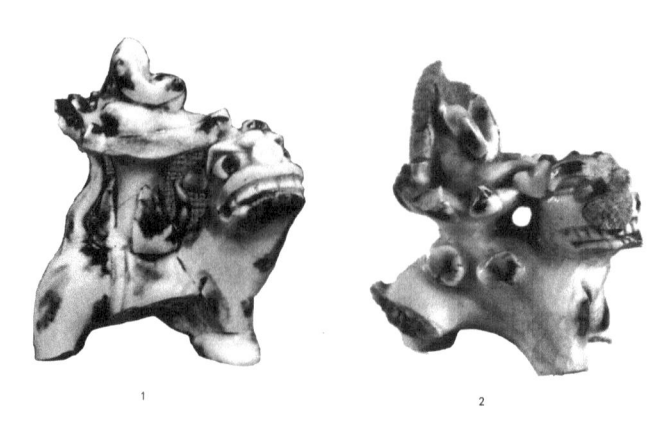

图 7　苏哈尔出土的青白釉褐彩文殊菩萨像与景德镇湖田窑第三期
青白釉褐彩文殊菩萨像

据佐佐木达夫等日本学者调查，阿联酋东北境阿曼湾的鲁略亚（Luluiyah）城堡遗址发现一批 13—14 世纪中国瓷片。[①] 据观察，这批中国瓷片实乃南宋浙江龙泉窑青瓷残片（见图 8）和南宋福建磁灶窑残片（见图 9）。

图 8　阿联酋鲁略亚城堡出土南宋龙泉窑青瓷片与南宋古墓出土龙泉窑青瓷碗

---

① Hanae Sasaki and Tatsuo Sasaki, "Trade ceramics from East Asia to the Arabian Peninsula," *Archaeology in the United Arab Emirates* (2011): 223.

甘埋里考——兼论宋元时代海上丝绸之路

图 9　阿联酋鲁略亚城堡出土南宋福建磁灶窑瓷片与南海 1 号沉船出水磁灶窑杜松罐

值得注意的是，鲁略亚城堡所在地科尔·法坝（Khor Fakkan）位于阿曼湾（见图 10），距《伊第利斯世界地图集》所标"甘埋里"不远。

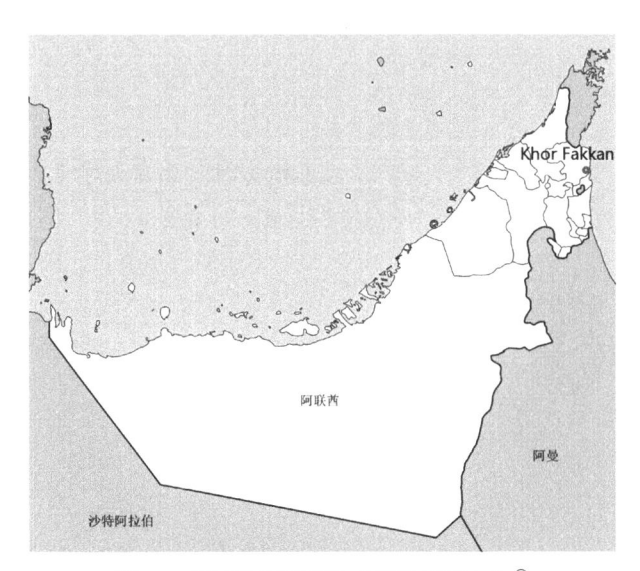

图 10　阿联酋阿曼湾鲁略亚城堡所在地[①]

---

① 参见维基百科 https://en.wikipedia.org/wiki/khor-Fakkan，访问日期 2015 年 4 月 16 日。

117

阿拉伯与中国之间的绢马贸易一直延续到郑和下西洋时代。郑和舰队的马船很可能仿造阿拉伯人发明的马船。马船又名"马快船",是明初大型快速水战与运输兼用船。《续文献通考·职官三》提到"马船"专司供送官物,它在郑和舰队主要用来运载马匹以及下西洋时输出或输入的大量物品。罗懋登《三宝太监西洋记》称马船长37丈,宽15丈,有8桅。这个尺度与马欢《瀛涯胜览》提到的中型宝船一致。据《南京静海寺残碑》和祝允明《前闻记》记载,郑和舰队所用船只分为两千料、一千五百料、大八橹和二八橹船。研究者推算,明代两千料船总长约60米,宽约15米,排水量约1500吨,而上海交通大学教授杨槱院士则认为:"郑和远航用的船舶的尺度不大于12丈长,3—4桅,可载200—300吨货物和200余人。"[1]

明嘉靖年间(1522—1566),闽浙海域海盗用马船进行走私贸易。据《筹海图编》记载,嘉靖二十三年(1544),王直加入许栋海盗集团,起初任出纳,因表现出色,后来为许栋领哨马船,随贡使赴日本进行贸易。[2]

(林梅村 北京大学考古文博学院)

---

[1] 杨槱:《现实地和科学地探讨"郑和宝船"》,《海交史研究》2002年第2期,第1—4页转第36页。
[2] 郑若曾著,李志忠点校:《筹海图编》,卷八下《寇宗分合始末图谱》,中华书局,2007年,第571页。

从《郑和锡兰布施碑》看海上丝绸之路上的文化共生*

□ 万　明

百年来，在中西交通史、中外关系史研究中，形成了诸多专门研究领域，诸如"陆上丝绸之路""草原丝绸之路""海上丝绸之路""南方丝绸之路"（也称"西南丝绸之路"）等。此外，还有不少是没有带"丝绸"二字的中外交往通道的研究，如"陶瓷之路""茶叶之路""茶马古道""瓷银之路"等等。实际上，丝绸之路早已超出了字面含义，成为后世对中国与西方各种来往通道的统称。不仅是一两条交通道路，而且是四通八达、辐射广远的中国与世界各国之间的交通网络；不仅是丝绸西传，西物东来，而且沉淀了东西方文明相互交往几千年的历史轨迹；不仅是一个地理概念，而且已扩展为一种历史文化的象征符号，构建的是一个多元共生互动的中外文明开放系统，凸显了古代诸文明之交流对人类的巨大贡献。明代郑和七下印度洋，贯通了陆海丝绸之路，就是一个典型范例。

---

* 本文首发于《国际汉学》总第17期，2018年第4期。

本文尝试超越以往静止的、孤立的中外关系国别史或局部区域史研究的框架，从文化共生的新视角出发，以《郑和锡兰布施碑》（以下简称"《郑和锡兰碑》"）为例，对海上丝绸之路上的文化共生现象进行探讨与研究。[①]

一、郑和七下印度洋与《郑和锡兰布施碑》

15世纪初郑和七下西洋，中国人以史无前例的规模走向海洋，在亲历下西洋的马欢笔下，当时明朝人所认识的西洋具体指"那没黎洋"，即今天的印度洋。郑和七下印度洋，打造了古代陆海丝绸之路全面贯通的新局面，联通了亚非欧，为区域史走向全球化做出了重要铺垫，对于海上丝绸之路上的文化共生具有重大意涵。[②]

斯里兰卡，明朝时称锡兰国（Ceylon），是印度半岛南端印度洋中的一个岛国，是镶嵌在广阔印度洋海面上的璀璨明珠，北临孟加拉湾，西濒阿拉伯海，是印度洋东西方海上交通的必经之地。斯里兰卡有文字记载的历史长达两千多年，很早已有人类定居及文化生活的连续记载。斯里兰卡的主体民族是僧伽罗族。"僧伽罗"（梵语名Simhalauipa）在本民族的语言中是"狮子"的意思，其始祖僧伽巴忽在神话传说中是狮子的后代，因此，在历史文献中又把斯里兰卡称为"狮岛"或"狮

---

① 本文由2017年12月1—2日由国际儒学联合会、斯里兰卡凯拉尼亚大学主办、北京外国语大学比较文明与人文交流高等研究院协办的"国际儒学论坛：科伦坡国际学术研讨会——海上丝绸之路的历史交往与亚非欧文明互学互鉴"上的发言稿修改补充而成。

② 2014年在加拿大维多利亚大学召开的"郑和下西洋及自古以来中国与印度洋世界的关系"上，笔者依据马欢等明代第一手文献全面论证了郑和下西洋的"西洋"即印度洋，参见万明：《郑和七下印度洋——马欢笔下的"那没黎洋"》，《南洋问题研究》2005年第1期，第79—89页；万明：《郑和七下"那没黎洋"——印度洋》，收入陈忠平主编《走向多元文化的全球史：郑和下西洋（1405—1433）及中国与印度洋世界的关系》，生活·读书·新知三联书店，2017，第119—152页。

子国"。

中斯两国虽然山海相隔,但是古代友好交往的历史悠久,可追溯到公元1至2世纪以前,派往奥古斯都朝廷的僧伽罗族使节曾谈起锡兰和中国之间有商业往来。[1]《汉书·地理志》记载"已程不国":"平帝元始中,王莽辅政,欲耀威德,厚遗黄支王,令遣使献生犀牛。自黄支船行可八月到皮宗,船行可二月,到日南、象林界云。黄支之南,有已程不国,汉之译使自此还矣。"[2]可推断这一"已程不国"是汉朝时中国对斯里兰卡的称呼。东晋时期的法显是中国第一个从陆上丝绸之路去印度取经,并由海上丝绸之路回国的高僧,著有《佛国记》,记载"泛海西南行,得冬初信风,昼夜十四日,到师子国"[3]。他在此国留居两年,并求得中国没有的佛教经律带回中国。此国在中国史籍中被称为师子国。《宋书》记师子国遣使献方物。《梁书》云"师子国,天竺旁国也"。《旧唐书》《新唐书》也作师子国。《大唐西域记》译作僧伽罗,意为狮子。宋代《岭外代答》《诸番志》作细兰;《宋史》作悉兰池、西兰山等,皆为阿拉伯语Silan的音译。明代称锡兰国。[4]

1911年发现于斯里兰卡加勒(Galle)的《郑和锡兰碑》,是郑和在锡兰布施寺院所立的石碑,现藏于斯里兰卡首都科伦坡国家博物馆(Colombo National Museum)。石碑上刻有五爪双龙戏珠精美浮雕,碑身正面长方体,周边均以中式花纹雕饰,中文铭文居右,从上至下正楷竖书,自右向左有11行,共275字;泰米尔文居左上端,自

---

[1] [锡兰]尼古拉斯·帕拉纳维达纳:《锡兰简明史》上册,李荣熙译,商务印书馆,1972,第22页。
[2] 《汉书》卷二十八《地理志》,中华书局,1962,第1671页。
[3] 法显:《佛国记注释》,郭鹏注释,长春出版社,1995,第124页。
[4] 参见马欢:《明钞本瀛涯胜览校注》,万明校注,海洋出版社,2005,第51页。

左向右横书24行；波斯文居左下端，自右向左横书22行。此碑以汉文、泰米尔文、波斯文三种文字记录了对三位航海保护神佛祖释迦牟尼（Sakyamuni）、印度教毗湿奴（Visnu）、伊斯兰教真主安拉（Allah）的尊崇，反映了印度洋航海者具有共同的航海保护神的历史事实，是中国与印度洋地区文化交流与融合的结晶，也是海上丝绸之路文化共生的真实体现。

德国近代法哲学理论创始人之一约翰·阿尔杜修斯（Johannes Althusius，1557—1638）逝世后留下《共生学》（Symbiotics）草稿，指出"共生"（symbiosis）是人们如何实现一种共同生活。[1]而一般认为，共生的概念，是德国著名真菌学奠基人德贝里（Anton de Bary，1831—1888）在1879年首创，其原意为不同生物之间密切生活在一起的共栖、共存的一种普遍存在的生物现象。[2]文化共生是多元文化之间紧密联结、共栖共存的文化状态，强调多元文化的依存理念，并强调多元文化的和谐发展。《郑和锡兰碑》正是文化共生的典型范例。

《郑和锡兰碑》在1911年由英国工程师托马林（H. F. Tomalin）发现于加勒克瑞普斯（Cripps）路转弯处的一个下水道口，当时碑面朝下成为盖板。发现以后，斯里兰卡考古学家将碑铭拓片寄给在北京的英国汉学家巴克斯（Edmund Backhouse，1873—1944）考证释读。1959年向达先生在英国看到此碑拓片，撰文介绍，这是中国学者的首次研究，引起学术界关注。诸多中外学者考证和研究了此碑，给出了越来越多的识别释文，主要有英国学者巴克斯、法国学者沙畹（Emmanuel-Edouard Chavannes，1865—1918）与伯希和（Paul Pelliot，1878—1945）、日本学者山本达郎、中国学者向达、德国学者伊娃·纳高（Eva

---

[1] ［法］高宣扬：《德国哲学通史》第1卷，同济大学出版社，2007，第59页。
[2] 参见洪黎民：《共生概念发展的历史、现状及展望》，《中国微生态学杂志》1996年第8期，第50页。

Nagel）等。①2011年，此碑被发现100年时，斯里兰卡学者查迪玛（A. Chandima）在以往诸位中外学者释文基础上，进行了综合研究，发表了最新释文。（查迪玛、武元磊:《郑和锡兰碑新考》，《东南文化》2011年第1期，第72—78页。）从比较完整的三种文字碑文，我们可以清楚了解到此碑永彪史册的，是郑和代表大明永乐皇帝，以汉文、泰米尔文、波斯文分别向佛祖释迦牟尼、印度教主神毗湿奴和伊斯兰教真主安拉的祈愿和奉献。《郑和锡兰碑》是郑和第二次下西洋时所立，碑的落款日期是永乐七年二月甲戌朔日。此碑通高四英尺九英寸，宽二英尺六英寸，厚五英寸，最上端是飞龙浮雕，碑文四周饰有边框，碑上刻有中文、泰米尔文和波斯文三种文字。为什么会有三种文字？而且是向三位神祇献礼？早在公元前247年，阿育王子将佛教传入锡兰，此后，锡兰逐渐成为一个主要信奉佛教的国家；公元前2世纪泰米尔人从印度南端渡过32公里的海峡，来到斯里兰卡的北部生活，他们与本土主要民族僧伽罗人都信奉印度教；从7世纪起，阿拉伯商人来到锡兰，在西海岸

---

① E. W. Perera, "The Galle Trilingual Stone," *Spaliza Zeilanica* 8:30 (1913): 122-127; Anonymous, "A Chinese Inscription from Ceylon," *Journal North China Branch of Royal Asiatic Soc*. 45 (1914); E. Chavannes, *Journal Asia*, 1 (1915): 380; S. Paranavitana, "The Tamil Inscription on the Galle Trilingual Slab," *Epigraphia Zeylanica*, 1933, vol. III, pp. 331-340; Pelliot, "Les Grands Voyages Maritimes Chinois au De'butdu 15eSiecle," *Tong Pao* 30 (1933): 237—452. 又见［法］伯希和:《郑和下西洋考》，冯承钧译，商务印书馆，1935。［日］山本达郎:《郑和西征考》，王古鲁译，《文哲季刊》第4卷2期，1935，第398—399页。明巩珍:《西洋番国志》附"郑和在锡兰所立碑"，向达校注，中华书局，1961，第50页。［英］李约瑟:《中国科技史》第1卷第2分册，科学出版社，1975，第475页。大隅晶子《コロリボ國立博物館所藏の鄭和碑文について》，《东京国立博物馆研究》1997年第551期，第53—72页。Eva Negas, "The Chinese Inscription on the Trilingual Slabstone from Galle Reconsidered, a Study Case in Early Ming Chinese Diplomatics," *Ancient Ruhuna: Sri Lankan-German Archaeological Project in the Southern province*, eds. H. J. Weisshaar, H. Roth and W. Wijeya Pala, V. I (Von Zabern ,2001), pp. 437-468. 龙村倪:《郑和布施锡兰山佛寺碑汉文通解》，《中华科技史学会会刊》2006年第10期，第1—6页。吴之洪:《郑和"布施锡兰山佛寺碑"碑文考》，《黑龙江史志》2009年第10期，第65—66页。沈鸣:《郑和〈布施锡兰山佛寺碑〉碑文新考》，《东南文化》2015年第2期，第89—95页。

定居，进行商业活动，他们信奉的是伊斯兰教。这就是当时锡兰多元文化共生的人文场景，也是明朝郑和为什么会在锡兰以三种文字向三位航海保护神祈求"人舟安利，来往无虞"和进行奉献的原因。依凭此碑的释文，我们对于15世纪初印度洋海上丝绸之路上的文化共生，可以有一个真切的了解。

著名的《郑和航海图》中，在锡兰山上端标有一座佛堂，在下端也标有一座佛堂。① 根据《郑和航海图》上南下北、左东右西的特征，在上端的那座佛堂，应该就是郑和供奉之所，也即《郑和锡兰碑》所立之处。《瀛涯胜览》和《西洋番国志》称"佛堂山"，《顺风相送》称为"大佛堂"，② 即指锡兰南部栋德拉角（Dondra Head）的佛教寺院。栋德拉，是锡兰重要港口城市，僧伽罗语作Devi-neuera 与 Duwundera，梵语为Devanagara，意为"神城"，位于锡兰岛的最南端，距离发现《郑和锡兰碑》的加勒不远。据1344年游历过这座城市的摩洛哥旅行家伊本·白图泰（ibn Batūtah，1304—1377）说："……抵廸耶脑尔城，那是海岸上的一大城市……以廸耶脑尔出名的大佛像就在城内的一大庙中，庙内的婆罗门、柱肯耶近千人，还有印度姑娘近五百人，他们每夜于佛前唱歌跳舞。"③ 这里的翻译没有清楚地说明"大佛像"是什么神祇，只是证明与僧伽罗语称其为"神城"的情况相契合。新译本在这里译为"一尊迪奈沃尔神像"，而下面的原注则说明了"那里的毗湿奴（visnu）佛像于1587年被葡萄牙人所毁"，④ 印证了栋德拉不但有佛教寺庙，而且自古以来那里也是锡兰人礼拜毗湿奴神（锡兰的保护神之一）的中心地，因此才被称作"神城"。郑和所布施的那座寺院，应

---

① 茅元仪：《武备志》卷二四〇《郑和航海图》，见《明钞本瀛涯胜览校注》附录，第244页。
② 佚名：《顺风相送》，见向达校注《两种海道针经》，中华书局，1961，第40、76、77页，书后附录地名索引说明确说："大佛堂即锡兰南端之Dondra Head"，第211页。
③ ［摩洛哥］伊本·白图泰：《伊本·白图泰游记》下册，马金鹏译，宁夏人民出版社，1985，第519—520页。
④ ［摩洛哥］伊本·白图泰口述：《异境奇观——伊本·白图泰游记》全译本，伊本·朱甾笔录，阿卜杜勒·哈迪·塔奇校订，李光斌译，海洋出版社，2008，第513页。

该是伊本·白图泰所说的既供奉释迦牟尼佛，又供奉毗湿奴神的巨刹。可惜此寺院在1587年为葡萄牙人所毁。葡萄牙历史学家费尔南·德·奎依柔士（Fernao de Queyroz，1617—？）曾记载，葡萄牙人在栋德拉发现了一块中国皇帝命人所立的石碑，碑上刻有中文。①斯里兰卡学者查迪玛指出，在斯里兰卡史书《大史》（Mahavamsa）中，栋德拉是朝拜Uppalavanna的圣地，而僧伽罗语中的Uppalavanna，在印度《史诗》（Purana）中写作Vishnu，即毗湿奴。毗湿奴是后期婆罗门教和印度教神话中三大主神之一，是世界的保护神。泰米尔文Tenavarai-nayinar意即栋德拉之神，也就是毗湿奴神Vishnu。由此，他认为郑和锡兰碑原本应是立于栋德拉的。②这一看法是很有说服力的。

笔者在这里还可提出一个中文文献的佐证：明人黄省曾在《西洋朝贡典录》中记载郑和去锡兰的针位云："又九十更，见鹦哥嘴之山。又至佛堂之山。又五更平牙里，其下有沉牛之礁鼓浪焉。"③所云佛堂之山，即佛堂山，也即栋德拉角，而记载中的牙里，应该就是加勒。

二、《郑和锡兰布施碑》诞生的人文背景

明朝永乐三年（1405）至宣德八年（1433）的28年间，郑和七下西洋，访问了当时印度洋周边30多个国家和地区，对促进当时中国与印度洋周边各国的经济文化交流起了重大作用。600多年来，中国与印度洋各国关系的佳话，流传不衰。

马欢是跟随郑和经历三次下西洋的通事。在他所撰的《瀛涯胜览》中，记述了亲身所至的20个国家的政教情况。下面一一说明，以便展

---

① S. Paranavitana, "The Tamil Inscription on the Galle Trilingual Slab," *Epigraphia zeylanica*, (London, 1928-1933), vol. iii, pp. 331-340.
② 查迪玛、武元磊：《郑和锡兰碑新考》，第72—78页。
③ 黄省曾：《西洋朝贡典录校注·锡兰山国第十五》，谢方校注，中华书局，2000，第80页。

现下西洋的人文环境，也为《郑和锡兰碑》的人文背景做一个概述。（见表1）

表1 所至20国政教背景表

国名	信息
占城	国王崇信释教
爪哇	国有三等人，一等回回人，是西番各国商人流落此地；一等唐人，多有归从回回教门；一等土人，崇信鬼教
旧港	人之衣饮、语言等与爪哇国同
暹罗	国王崇信释教
满剌加	国王、国人皆依回回教门
哑鲁	国王、国人皆是回回人
苏门答剌	风俗、言语与满剌加同
那孤儿	言语、行用与苏门答剌同
黎代	言语、行用与苏门答剌同
南浡里	皆是回回人
锡兰	国王崇信佛教
小葛兰	国王、国人崇佛信教
柯枝	国王崇奉佛教，国人一等南毗，与王同类，二等回回人
古里	国王崇信释教，大头目掌管国事，俱是回回人，国人皆奉回回教门
溜山	国王、头目、民庶皆是回回人
祖法儿	国王、国民皆回回教门人
阿丹	皆奉回回教门
榜葛剌	举国皆是回回人
忽鲁谟斯	国王、国人皆回回教门
天方	回回祖师始于此国阐扬教法，国人悉遵教规

资料来源：《明钞本瀛涯胜览校注》各国条。

跟随郑和亲历下西洋的马欢，在《瀛涯胜览》中记述的是他亲自抵达的诸国的宗教信仰情况。他身为通事，了解是比较全面的。值得注意的是，记述所访问的20个国家中，绝大部分属于伊斯兰国家，即16个国家是由穆斯林掌控，或穆斯林占重要地位的国家，如即使国王信奉佛教的古里国，其掌管国事的大头目也"俱回回人"。只有4个国家占城、暹罗、锡兰、小葛兰是信奉佛教的国家，印度文明影响至深，没有回回人的记载。然而我们知道，宋末元初著名海商、掌管市舶司事务的蒲寿庚（1205—1290），其家族正是来自占城，可见阿拉伯人早已有经商而定居那里的情况；因此，当时几乎遍布西洋的"回回现象"，是一个不容忽视的重要国际社会现象。

归纳起来，马欢所至的20个国家明显可分为三种类型：一是举国信奉一种宗教，包括国王、国人；二是国王信奉一种宗教，国人信奉另一种宗教；三是一个国家中有多种宗教并存。

关于锡兰，马欢的记载是"国王崇信佛教"。而锡兰的《郑和布施碑》，却明确说明当时明朝人了解的这个国家属于第三种类型，即有多种宗教并存。因此郑和代表大明永乐皇帝在锡兰寺庙布施，立碑采用了三种不同的文字，表明对三位神祇的尊崇。其主要目的，是向三位神祇祈求航海保佑，也就是向三位航海保护神祈求太平。这一行为充分展现了海上丝绸之路的多元文化内涵、海上丝绸之路文化发展的逻辑与特性，文化共生为海上丝绸之路的发展提供了广阔的对话与发展的空间。

三、《郑和锡兰布施碑》呈现文化共生特性

通过古代海上丝绸之路，印度洋周边族群密切交往与迁徙移居，这一地区诸国呈现了多元文明的交汇和融合现象。郑和下西洋所代表的中华文明，所到之处的人文环境，主要可分为两大类：一类是伊斯兰文

明,另一类是印度文明;郑和七下印度洋,中华文明与印度文明、伊斯兰文明在海上丝绸之路上进入历史上前所未有的大规模对话和交流。最好的历史见证,就是郑和在锡兰国(今斯里兰卡)所立迄今传世的汉文、波斯文和泰米尔文三种文字的石碑,反映了对多元文化的价值认同,使文化共生精神跃然其上。立碑时为永乐七年(1409),是郑和第二次下西洋期间。最早记述《郑和锡兰碑》的是曾随郑和两次下西洋的费信,费信在所著《星槎胜览》前集《锡兰山国》中,记述他于永乐八年(1410)到锡兰山时见到此碑,记曰:"永乐七年,皇上命正使太监郑和等赍捧诏敕、金银供器、彩妆、织金宝幡,布施于寺,及建石碑。"[1] 碑文印证了文化的多元共生是海上丝绸之路的特性之一。

宗教文化是印度洋文化的重要组成部分。宗教的影响上至国家政治生活,下至人们的意识形态、行为规范、日常生活,在其中都印下了深深的烙印。今天,佛教是斯里兰卡的国教,全国寺院和庙宇广布,信徒占全国人口一半以上;另有百分之二十的人信奉印度教;还有一些伊斯兰教徒和基督教徒。僧伽罗语为国语,它和泰米尔语同为民族语言,全国还普遍使用英语。首都科伦坡,扼印度洋东西航运要冲,《郑和锡兰碑》就存放在科伦坡国家博物馆中。此碑是郑和代表明朝永乐皇帝对佛教、印度教、伊斯兰教三大航海保护神的尊崇和奉献。从航海文明背景来看,共同的航海保护神,是在同一海洋背景和文化氛围之中产生的文化共生现象。文化共生是古老的海上丝绸之路精神的产物。

此碑的三种碑文中,汉文碑文是对佛世尊即释迦牟尼的赞颂和奉献,波斯文碑文与泰米尔文碑文则分别是对伊斯兰真主和泰米尔、僧伽罗两个民族都信奉的保护神毗湿奴的赞颂与奉献。这说明明朝人对锡兰当时存在的僧伽罗人、泰米尔人和锡兰的阿拉伯人后裔及其三种宗教信仰十分了解,所以才可能在碑文中体现了对三位神祇的尊崇有加。佛教在两汉之际传入中国,伊斯兰教在7世纪时传入中国,郑和出身于穆斯

---

[1] 费信:《星槎胜览·前集》,冯承钧校注,中华书局,1954,第29—30页。

林世家，而他又有佛教法号"福吉祥"，因此碑文中表现对释迦牟尼和真主安拉的敬奉是毫不奇怪的，可是碑文还以泰米尔文表达了对印度教保护神毗湿奴的敬奉与尊崇，而印度教当时并没有传入中国。这不能不说是郑和船队在出洋之前已经做好了"功课"，明朝人对印度洋上的神祇早已有所了解，并且对印度洋上的保护神都有所认同；笔者不同意有些学者提出的这是郑和的"外交智慧"的观点，笔者认为明朝永乐皇帝与郑和是了解印度洋上存在多元神祇的，他们真心诚意地敬奉海上神明，祈求所有神明保佑明朝航海使团。这种钦敬的心境，在碑文中充分表达了出来。

中文碑文云："大明皇帝遣太监郑和、王贵通昭告于佛世尊曰：仰惟慈尊，圆明广大，道臻玄妙，法济群伦。历劫河沙，悉归弘化，能仁慧力，妙应无方。惟锡兰山介乎海南，言言梵刹，灵感翕遵彰。比者遣使诏谕诸番，海道之开，深赖慈佑，人舟安利，来往无虞，永惟大德，礼用报施。"

泰米尔碑文云："皇帝陛下昭告，毗湿奴神的慈爱，保佑万民，安乐幸福。毗湿奴神的恩泽，为来往的人们扫平障碍。"

波斯碑文云："（□代表若干缺字）□/伟大的帝王□奉王命□明□/□被派来表示敬意□/□寻求帮助并□/□/□知道□/□为□/这些奇迹□/□被送给□/□知道□表达敬意/□。"[①]

以上三种文字所体现的内容大同小异，正是海上丝绸之路的文化共生实态；随此碑展现的，是明朝君臣对印度洋上所有神明恭敬有加的多元并蓄文化观。永乐皇帝与郑和的布施寺院与立碑，是真心诚意认同印度洋上这三位神明作为航海保护神，诚挚地敬奉，表明了明朝中国对印度洋文明的开放与包容心态，具有认同印度洋多元文明的广阔胸襟，并不是唯我独尊，只以中华文明为尊，而是一种平等开放的文化思想。与此同时，也表达了明朝皇帝与使臣对信奉这些宗教神明的各民族的尊重

[①] ［斯里兰卡］查迪玛、［中］武元磊：《郑和锡兰碑新考》，载《东南文化》2001年第1期，第72—78页。

和友好，绝不是今人揣测的所谓"外交智慧"。

通过碑文，我们可以了解到海上丝绸之路上的文化交流态势。锡兰处于中国至印度、阿拉伯，乃至印度洋海上丝绸之路的必经之地，在这里汇聚了佛教和伊斯兰教，还有印度教。可以看到印度洋上各种文明的融合与共生，形成了海上丝绸之路特点鲜明的多元文化共生格局。郑和七下印度洋，拓展了中外文明对话与发展的新空间，体现了海上丝绸之路上文化共生的特性，也充分表现出明朝对外关系的特质是包容和开放的；由此我们也可以了解到，15世纪在印度洋上，海上丝绸之路被极大地扩展，文化交流日益频繁，各种文明在印度洋相互交融、相互激荡，海上丝绸之路上各种文明的相遇、共生为各种文化相互吸收营养成分和信息交换提供了前提，也为航海发展提供了契机，文化共生的价值取向体现了各种文化的和谐发展，海上丝绸之路上的文明相互兼容并蓄，摒除冲突，形成了新的文化共生合力。特别重要的是，印度、中国、伊斯兰文化圈交错重叠。文化共生——印度洋共同的航海保护神为中国航海船队护航，中华文明融入了海上丝绸之路多元文化共生格局之中，郑和下西洋，推动印度洋文明进入到一个前所未有的繁荣时期，形成了中华文明、印度文明、伊斯兰文明共同影响作用的多元复合文化。更重要的是，中国航海文明吸收多元海洋文明的合理元素，经过交流、吸纳和融合、会通，成为自身航海文明的一部分。《郑和锡兰碑》就是证明之一。

总之，15世纪初印度洋海上丝绸之路上，呈现出多元、包容、和谐的文化氛围，具有鲜明的文化共生特性，这是西方东来之前印度洋海上丝绸之路发展的真实图景。

四、古代海上丝绸之路文化共生与当代中国"一带一路"倡议

"一带一路"是"丝绸之路经济带"和"21世纪海上丝绸之路"的

简称。中国这一倡议的提出，从历史纵深中走来，融通古今，连接中外，赋予了古老丝绸之路以崭新的时代内涵。

在全球化的今天，全球文明交流的广度、强度和速度都达到了前所未有的程度，重温15世纪初中国与锡兰以及印度洋周边国家之间的文化交流，特别是文化共生的历史，对于21世纪海上丝绸之路建设具有启示与借鉴意义。在中国"一带一路"的倡议下，印度洋多元文化共生格局的演进将有新的发展态势，在广度与深度上也都将进一步得到增强。

倡议在今天正在变成实践。在南亚国家中，斯里兰卡率先实行经济自由化政策，经过多年的经济改革，国有化经济管理模式已被打破，市场经济格局基本形成。加强中斯的经济合作大有可为，同时也要加强中斯的文化合作。文化线路是近年世界遗产领域中出现的一种新的遗产类型。和以往的世界遗产相比，文化线路注入了一种新的世界遗产的发展趋势，即由重视静态遗产向同时重视动态遗产的方向发展，由重视单个遗产向同时重视群体遗产的方向发展。世界遗产委员会在《行动指南》中指出，文化线路遗产代表了人们的迁徙和流动，代表了一定时间内国家和地区之间人们的交往，代表了多维度的商品、思想、知识和价值的互惠和持续不断的交流。历史上海上丝绸之路上文化多元共生，今天中斯合作发掘、保护和研究文化线路遗产，主动把中华文化与其他多元文化融通，创造出互相促进、互惠互利、合作共赢、造福未来的新型文化共生模式，将大力助推21世纪海上丝绸之路建设的发展。

（万明　中国社会科学院历史研究所）

从商人与鲸鱼故事的流播看海上丝绸之路多元文明的互动 *

□ 李效杰

中国史籍《岭表录异》载有一个商人与海鳅的航海故事,情节雷同的故事还见于阿拉伯游记《中国印度见闻录》等,古罗马史籍也有类似记载,佛教典籍同样载有一些情节相似的佛本生故事。

关于古代世界不同地区流传的情节相似故事,钱锺书先生在《管锥编》中多有提及,[①] 季羡林先生和刘守华教授曾做过比较研究,[②] 科妮莉娅·卡特琳·库尔特(Cornelia Catlin Coulter, 1885—1960)[③]、马克·谢尔(Marc Shell)[④] 对欧洲、阿拉伯和印度流传的大鱼传说也有过探讨。就笔

---

* 本文为国家社会科学基金项目"全球史视野下汉唐丝绸之路多元文明互动中的殊方异俗外来风研究"(项目号:17BZS007)的阶段性成果之一。本文首发于《国际汉学》总第29期,2021年第4期。

① 钱锺书:《管锥编》,生活·读书·新知三联书店,2001。
② 季羡林:《比较文学与民间文学》,北京大学出版社,1991,第152—154页;刘守华:《比较故事学论考》,黑龙江人民出版社,2003,第238—251页。
③ Cornelia Catlin Coulter, "The 'Great Fish' in Ancient and Medieval Story," *Transactions and Proceedings of the American Philological Association* 57 (1926): 32-50.
④ Marc Shell, *Islandology: Geography Rhetoric Politics* (Stanford University Press, 2014), pp. 35-38.

者所见，尚无学者对亚欧大陆流传的商人与鲸鱼故事进行专门研究。

商人与鲸鱼故事在亚欧大陆的广泛流播，与海上丝绸之路多元文明的互动有关。本文拟以全球史的视角，对商人与鲸鱼故事的历史源头、流传变异以及故事流播背后的海上丝绸之路多元文明互动等试作分析。

一、从唐至大食：不同海域的相似故事

海鳛是中国古代文献对鲸鱼的称呼，唐末五代成书的《岭表录异》载有一个商人在航海途中与海鳛相遇的故事：

> 海鳛，即海上最伟者也。其小者亦千余尺，吞舟之说，固非谬也。每岁，广州常发铜船，过安南贸易。路经调黎深阔处，或见十余山，或出或没。篙工曰："非山岛，鳛鱼背也。"双目闪烁，鬐鬣若簸朱旗，日中忽雨霡霂。舟子曰："此鳛鱼喷气，水散于空，风势吹来若雨耳。"近鱼即鼓船而噪，俄尔而没。交趾回，乃舍舟，取雷州缘岸而归。不惮苦辛，盖避海鳛之难也。乃静思曰："设使老鳛瞋目张喙，我舟若一叶之坠眢井耳！宁得不皓首乎？"①

引文中的"海鳛"有以下几个突出特点：一是体型大如山岛，"小者亦千余尺"，背部如"十余山"或"山岛"；二是口可吞舟，是一种"吞舟之鱼"；三是能向空中喷如"霡霂"的水汽；四是"双目闪烁"，有着明亮突出的眼睛；五是"海鳛"是过往船只的安全威胁，船上之人"近鱼即鼓船而噪"，采用发出巨大声音的方式进行驱赶。

五代之前文献关于海鳛的记载，重在表述其体型之大。《金楼子》："鲸鲵，一名海鳛，穴居海底。鲸入穴则水溢为潮来，鲸出穴则水入为

---

① 刘恂：《岭表录异》卷下，中华书局，1985，第19页。

潮退，鲸鲵既出入有节，故潮水有期。"①《初学记》引《水经》："海鰌鱼，长数千里，穴居海底，入穴则海水为潮，出穴则水潮退。出入有节，故潮水有期。"② 以上文献把海鰌的入穴出穴与海潮的涨落联系起来，目的是为了突出海鰌的巨大体型，并没有形成一个情节相对完整的故事。

与《金楼子》和《初学记》相比，《岭表录异》不仅描写了海鰌的巨大体型，还让海鰌与海上航行的商人产生了联系，商人与海鰌的互动及结果，形成了一个情节相对完整的故事，"调黎深阔处"、商人"鼓船而噪"、海鰌"倏尔而没"是故事展开的三个基本要素。"海鰌"虽看起来令人恐惧，但并没有真正攻击商人所乘船只，其可能带来的危险是"篙工"和"舟子"所言，"吞舟之说，固非谬也"也是以商人与"海鰌"的遭遇来说明古代中国"吞舟之鱼"③ 传说的真实性。

故事中的"调黎"属唐安南都护府，大致位于今越南中北部地区，④ 可见商人与海鰌故事发生在"调黎"之东的远海海域。为规避海鰌可能带来的危险，商人返回广州时选择"交趾回，乃舍舟，取雷州缘岸而归"，"交趾"是唐安南都护府所辖的交州，"雷州"位于今雷州半岛，即沿海岸线航行经交州、雷州返回广州。

情节相似的故事也见于阿拉伯游记《中国印度见闻录》：

> 在这片茫茫大海中，时而有一种海兽出现，它的背上杂草丛生，银壳闪闪发光。船员们往往误认为是一小岛，抛锚停泊，一旦发现不是岛屿，便立刻起锚张帆，迅速离开。每当这种兽张开它的腰部——鳍，就好似船帆一样。有时头部探出水面，宛如庞然大

---

① 梁元帝：《金楼子》卷五《志怪十二》，中华书局，1985，第93页。
② 徐坚：《初学记》卷三十《介鳞部》，中华书局，1962，第742页。
③ "吞舟之鱼"指体型极大之鱼，《史记·贾生列传》："彼寻常之污渎兮，岂能容吞舟之鱼。……【集解】淳曰：'大鱼也。'"见《史记》卷84，中华书局，2014，第2024—2026页。
④ 徐俊鸣：《岭南历史地理论集》，中山大学学报编辑部，1990，第177页。

物。有时口中喷水,好似一座巨大尖塔。大海沉静,鱼群流动,它用尾巴将鱼群卷到自己身边,然后张开大嘴,鱼群便冲进它的肚腹,好像跳进一口深井。海上船只望而生畏,夜间,船员们像基督教徒一样敲击木鱼,以防海兽靠近,将船撞沉。[①]

这里的"海兽"即鲸鱼,有以下几个特点:

第一,体型巨大。头部"宛如庞然大物",背部长满了杂草,船员们常误把其背部当成小岛并抛锚停泊。

第二,口部如深井。"海兽"进食时,鱼群"冲进它的肚腹,好像跳进一口深井",这一特点与《岭表录异》中的"海鰍"口如"罾井"相似。

第三,船上之人以发出巨大声音的方式驱赶"海兽"。船员们用"像基督教徒一样敲击木鱼"的方式防止"海兽"靠近,这一方式与《岭表录异》中商人"近鱼即鼓船而噪"相仿。

第四,"海兽"口中能喷如巨大尖塔的水柱,与《岭表录异》中的"海鰍"喷气如"霢霂"相似。

以上见于《岭表录异》和《中国印度见闻录》的航海故事在情节上高度相似:海上航行的商人遇到了体型巨大的鲸鱼,商人对鲸鱼非常恐惧,采用发出巨大声音的方式驱赶,最终鲸鱼离开,商人继续航程。鲸鱼虽是过往船只的巨大安全威胁,商人与鲸鱼的遭遇也险象环生,但均没有出现船毁人亡的结局。

季羡林先生曾指出,世界范围内许多情节雷同或内容完全相同的故事是不可能互不相谋地独立产生的,可能是互相学习、抄袭式模仿的结果。[②]《岭表录异》约成书于唐哀帝至五代梁末帝时期,《中国印度见

[①] 《中国印度见闻录》卷一,穆根来、汶江、黄倬汉译,中华书局,1983,第1、26页。《〈印度珍异记〉述要》关于"贡杜尔鱼"的记载与此类似,见费琅编《阿拉伯波斯突厥人东方文献辑注》,耿昇、穆根来译,中华书局,1989,第160—161页。

[②] 季羡林:《比较文学与民间文学》,第152—154页。

闻录》形成于9世纪末10世纪初的阿拉伯世界,两书形成之时,正是海上丝绸之路较为繁盛之时,"广州通海夷道"即广州通往大食的海上航线,[①]且与大食文献所载的巴士拉前往中国广州的航线可以相互印证,说明"广州通海夷道"是唐与大食之间较为成熟的海上航线,这一点王永平教授已有详细论述。[②]

成熟的海上航线促进了沿线国家之间的经济文化互动。《中国印度见闻录》记载,"广府"(广州)是"阿拉伯商人荟萃的城市",唐末黄巢起义军占领"广府"后,杀害了12万拜火教徒,[③]说明唐与大食之间的贸易往来和人口流动较为频繁,两地流传的商人与鲸鱼故事存在着相互借鉴的可能。《岭表录异》《中国印度见闻录》均成书于10世纪前后,但仅凭形成时间的相近性和故事情节的相似性,并不能确定不同版本商人与鲸鱼故事之间的关系。

二、商人与鲸鱼航海故事的历史源头:希腊还是印度?

季羡林先生认为,世界范围内情节雷同的故事可能"产生在希腊"或"产生在印度"。[④]在古代希腊—罗马世界的史籍中,确实存在着和商人与鲸鱼故事相似的记载。据《亚历山大远征记》,马其顿将领尼阿卡斯在印度海域遇到了巨大的鲸鱼:

> 离陆地较远的大洋里有大鲸鱼,还有比我们内海产的鱼大得多的各种鱼类。据尼阿卡斯说,他们离开苏伊扎后,天刚亮时,就

---

① 《新唐书》卷四三下《地理志》七下,中华书局,1975,第1153—1154页。
② 王永平:《从"天下"到"世界":汉唐时期的中国与世界》,中国社会科学出版社,2015,第72—86页。
③ 《中国印度见闻录》,穆根来、汶江、黄倬汉译,第15、96页。
④ 季羡林:《比较文学与民间文学》,第152—154页。

从商人与鲸鱼故事的流播看海上丝绸之路多元文明的互动

发现有一股儿海水往上窜,就像海里的龙卷风掀起的水柱那样。部队大吃一惊,他们就问舰上的那些领航员这是什么东西,是怎么回事。领航员回答说这是鲸鱼在喷水,它们在海里游来游去,能把水喷得很高。水手们却吓得连手里的桨都掉了。尼阿卡斯赶紧乘船到各舰艇去鼓励部队,给他们打气。每到一只舰艇旁边,就发信号叫他们把船头对准鲸鱼,全速向前冲去,就像要跟它们干一仗似的。在滔天巨浪的咆哮声中,船上的部队又高喊口号飞奔战场。于是部队的劲头上来了。在信号的统一指挥下,各船一齐向怪物扑去。接近目标时,水手们更是提高嗓子大声叫喊,喇叭也一齐吹得震天响,橹工们也用桨拼命拨水,真是翻江倒海、惊天动地。于是这些在船头上已经看得见的鲸鱼害怕起来并钻到深水里。①

尼阿卡斯见到的鲸鱼有以下几个特点:一是体型大,希腊人之前并未见过如此巨大的海洋动物;二是能喷很高的水柱,"就像海里的龙卷风掀起的水柱那样",与《岭表录异》中的"海䱜"喷水如"霏霂"、《中国印度见闻录》中的"海兽"喷水如"一座巨大尖塔"相似;三是水手们利用大声喊叫的方式驱赶鲸鱼,与《岭表录异》《中国印度见闻录》驱赶鲸鱼的方式相类;四是在叙事方式上,鲸鱼虽被描述成危险的巨大海洋动物,但并没有攻击尼阿卡斯的舰队,这一点与《岭表录异》《中国印度见闻录》中商人与鲸鱼故事的结局相仿。

《亚历山大远征记》约形成于2世纪前半期,比《岭表录异》《中国印度见闻录》早近800年。这是否能够说明,唐和大食文献所载的商人与鲸鱼故事,来源于《亚历山大远征记》呢?

《亚历山大远征记》关于鲸鱼的记载,是以尼阿卡斯与鲸鱼在印度海域邂逅的方式叙述的。尼阿卡斯发现鲸鱼的地点是印度"苏伊扎"附

---

① [古希腊]阿里安:《亚历山大远征记》卷八,[英]E. 伊利夫·罗布逊英译,李活汉译,商务印书馆,1979,第325—326页。

137

近海域，为尼阿卡斯领航的是"伽德罗西亚人"，为印度本土人。[①]尼阿卡斯在希腊并未见过如此巨大的鲸鱼，因此才询问印度领航员鲸鱼"是什么东西，是怎么回事"，希腊人发出巨大声音驱赶鲸鱼的方法应来自于印度的领航员，这一方式可能是印度人在航海时对付鲸鱼的常用方法。

综上可知，《亚历山大远征记》关于尼阿卡斯与鲸鱼遭遇的记载，并不是原生于希腊本土之事。因此，笔者认为《岭表录异》《中国印度见闻录》所载的商人与鲸鱼故事，历史源头并不是希腊。

印度佛经中有很多以商人和摩竭鱼为题材的故事，其中一类讲的是商人入海采宝时遭遇了巨大的摩竭鱼，并以诵念佛或菩萨之名的方式避免了摩竭鱼之难。这类故事在情节上与唐和大食流传的商人与鲸鱼故事非常相似。

据《大智度论》：

> 昔有五百估客入海采宝，值摩伽罗鱼王开口，海水入中，船去疾。船师问楼上人："汝见何等？"答言："见三日出，白山罗列，水流奔趣如入大坑。"船师言："是摩伽罗鱼王开口，一是实日，两日是鱼眼，白山是鱼齿，水流奔趣，是入其口。我曹了矣！"各各求诸天神以自救济。是时，诸人各各求其所事都无所益，中有五戒优婆塞语众人言："吾等当共称'南无佛'，佛为无上，能救苦厄。"众人一心同声称"南无佛"，是鱼先世是佛破戒弟子，得宿命智，闻称佛声，心自悔悟，即便合口，船人得脱。[②]

另据《大唐西域记》：

> 菩提树垣西北不远，有窣堵波，谓郁金香，高四十余尺，漕矩

---

① ［古希腊］阿里安：《亚历山大远征记》卷八，［英］E. 伊利夫·罗布逊英译，李活汉译，商务印书馆，1979，第322—328页。
② 《大智度论》卷七，《大正新修大藏经》第二五册，佛陀教育基金会，1990，第109页（a）。

从商人与鲸鱼故事的流播看海上丝绸之路多元文明的互动

吒国商主所建也。昔赡矩吒国有大商主,宗事天神,祠求福利,轻蔑佛法,不信因果。其后将诸商侣,贸迁有无,泛舟南海,遭风失路,波涛飘浪。时经三岁,资粮罄竭,糊口不充。同舟之人朝不谋夕,勠力同志,念所事天,心虑已劳,冥功不济。俄见大山,崇崖峻岭。两日联晖,重明照朗。时诸商侣更相慰曰:"我曹有福,遇此大山,宜于中止,得自安乐。"商主曰:"非山也,乃摩竭鱼耳。崇崖峻岭,须鬣也。两日联晖,眼光也。"言声未静,舟帆飘凑。

于是商主告诸侣曰:"我闻观自在菩萨于诸危厄,能施安乐。宜各至诚,称其名字。"遂即同声归命称念。崇山既隐,两日亦没。俄见沙门威仪庠序,杖锡凌虚而来拯溺,不逾时而至本国矣。[1]

"摩伽罗鱼""摩竭鱼"即鲸鱼,[2]以上两处提到的摩竭鱼有以下相似特征:

第一,体型大如山岛。《大智度论》中摩竭鱼的牙齿"白山罗列",《大唐西域记》中摩竭鱼的"须鬣"如"崇崖峻岭"。这一点与《岭表录异》《中国印度见闻录》中鲸鱼的特征相同。

第二,口可吞舟。从《大智度论》"水流奔趣,是入其口"和《大唐西域记》"舟帆飘凑"可知,摩竭鱼是一种口可吞舟的大鱼,而"吞舟之鱼"也是《岭表录异》所载"海鰌"的重要特征。

第三,有着如太阳般的眼睛。《大智度论》中的"三日"有"两日"是摩竭鱼的眼睛,《大唐西域记》也称摩竭鱼的眼睛如"两日联晖",而《岭表录异》中"海鰌"也有着"双目闪烁"的特征。

第四,避免摩竭鱼吞舟的方式是念诵佛或菩萨之名。《大智度论》中"众人一心同声称'南无佛'",摩竭鱼"即便合口,船人得脱",《大唐西域记》中众商人齐念"观自在菩萨",摩竭鱼"崇山既隐,两

---

[1] 玄奘、辩机:《大唐西域记校注》卷八,季羡林等校注,中华书局,1985,第681—682页。
[2] "摩伽罗鱼,亦云摩竭鱼,正么迦罗鱼,此云鲸鱼也。"见《一切经音义》卷21,《大正新修大藏经》第五四册,第433页(a)。

139

日亦没"。这一点与《岭表录异》《中国印度见闻录》以及《亚历山大远征记》中发出巨大声音驱赶鲸鱼的方式异曲同工。

《大智度论》为印度高僧龙树所著,龙树活跃于约2世纪中叶至3世纪中叶,说明商人与摩竭鱼的故事至晚在3世纪中期已在印度流传,7世纪前半期玄奘求法印度时仍为人熟知,可见这一类型的故事在印度流传时间较久。"漕矩吒国"的都城位于今阿富汗喀布尔以南155千米处的加兹尼,前正觉山即今印度东部比哈尔邦的莫拉山,① 西距漕矩吒国都城超过2000千米。漕矩吒国的大商主到海上经商,而将窣堵波建在了远离故国的摩揭陀国,说明商人与摩竭鱼的故事在印度流传地域较广。

《大智度论》和《大唐西域记》所载的商人与摩竭鱼故事为佛本生故事,佛本生故事是一个时间古老、规模庞大、流传极广的故事体系,其原本产生的时间不会晚于公元前3世纪,有些可能在公元前2000年前即已形成。② 商人与摩竭鱼故事也见于《中阿含经》《增一阿含经》《贤愚经》《杂譬喻经》《出曜经》等。③《生经》称"海有三难",排在第一位的是大鱼,④《双恩记》记载"摩竭大鱼"是商人入海采宝可能遇到的众难之一,⑤《根本说一切有部毘奈耶》也称"摩竭大鱼吞舟吐浪"是赡部洲大海中的"大怖畏"之一。⑥ 同时,摩竭鱼的一个重要特征就是"吞舟",《佛本行经》称"高幢大开口,犹如摩竭鱼",⑦《普曜经》有"愚人遭此如摩竭鱼吞于大舟"的文字。⑧

---

① 《大唐西域记校注》卷一二,第956页;卷8,第677页。
② 侯传文:《〈佛本生经〉与故事文学母题》,《东方丛刊》1996年第1辑,第194—207页。
③ 《中阿含经》卷三四,《大正新修大藏经》第1册,第642—643页;《增一阿含经》卷一八,《大正新修大藏经》第二册,第638页(b);《贤愚经》卷四,《大正新修大藏经》第四册,第379页(b-c)、第394页(c);《杂譬喻经》,《大正新修大藏经》第四册,第529页(a);《出曜经》卷二一,《大正新修大藏经》第四册,第719页(a-b)。
④ 《生经》卷一,《大正新修大藏经》第三册,第75页(c)。
⑤ 潘重规编《敦煌变文集新书》卷二《双恩记》,文津出版社,1994,第80页。
⑥ 《根本说一切有部毘奈耶》,《大正新修大藏经》第二三册《律部二》,第801页(a)。
⑦ 《佛本行经》卷三,《大正新修大藏经》第四册《本缘部下》,第76页(c)。
⑧ 《普曜经》卷四,《大正新修大藏经》第三册《本缘部上》,第505页(a)。

《岭表录异》中商人从广州出海"过安南货易"时，在"调黎深阔处"遇到了巨大的鲸鱼，广州前往印度、大食的海上航线经过此地。《中国印度见闻录》发现"海兽"的海域应是从巴士拉出发向东航行的第二个海"拉尔海"，即今阿拉伯海东部靠近印度西海岸的海域，刘半农翻译的版本称是"西印度"。[①]《〈印度珍异记〉述要》中商人遇到"贡杜尔鱼"的"哈尔干海"，[②] 大致相当于今印度半岛之东的孟加拉湾。《亚历山大远征记》中尼阿卡斯发现鲸鱼之地为"苏伊扎"附近，也是印度海域。

可见，唐代中国、大食流传的商人与鲸鱼故事以及希腊—罗马世界尼阿卡斯与鲸鱼故事，发生地点均与古印度有着千丝万缕的联系，且故事情节和印度商人与摩竭鱼的佛本生系列故事高度相似。笔者认为，《岭表录异》《中国印度见闻录》所载的商人与鲸鱼故事、《亚历山大远征记》中尼阿卡斯与鲸鱼的故事，历史源头均是印度，原型是佛本生故事中的商人与摩竭鱼故事。

陈寅恪先生曾指出，世界神话故事多起源于天竺，佛教传入中国后，印度神话故事亦随之传入。[③] 许多欧洲学者也认为，印度是大部分欧洲民间故事的故乡。[④] 埃尔文·罗德（Erwin Rohde，1845—1898）进一步指出，欧洲流传的大鱼故事，源头是古代东方（印度）的旅行故事。[⑤] 古代东至中国、西至希腊—罗马世界广泛流传的商人与鲸鱼故事，进一步印证了以上学者的判断。

---

① ［阿拉伯］苏莱曼：《苏莱曼东游记》，刘半农、刘小蕙译，中华书局，1937，第 2 页。
② 《阿拉伯波斯突厥人东方文献辑注》，第 160—161 页。
③ 陈寅恪：《西游记玄奘弟子故事之演变》，载《金明馆丛稿二编》，生活·读书·新知三联书店，2001，第 217—223 页。
④ ［美］斯蒂·汤普森：《世界民间故事分类学》，郑海等译校，上海文艺出版社，1991，第 14—17 页。
⑤ Cornelia Catlin Coulter, "The 'Great Fish' in Ancient and Medieval Story," p. 38.

三、吸收与变异：商人与鲸鱼航海故事在海上丝绸之路的流播

产生于印度的商人与摩竭鱼故事，在古代海上丝绸之路多元文明的互动中，先后传播至包括唐、大食、罗马等国家，并与接纳之地的文化相结合，在不同地域形成了既有相似情节、又各具特色的商人与鲸鱼航海故事。

商人与摩竭鱼故事向希腊—罗马世界的传播，应与公元前4世纪马其顿国王亚历山大（前356—前323）的东征有关。亚历山大东征之前，希腊关于印度的知识大都是从波斯间接得到的，《希罗多德历史》中关于印度的记载多称"根据波斯人的说法"。[1] 亚历山大东征返回时带回了大量关于印度的第一手资料，并为《自然史》（Natural History）等诸多希腊著作所引用。[2] 亚历山大东征客观上促进了希腊与印度的经济文化交流，商人与摩竭鱼故事应是随着亚历山大东征的军队从印度传播至希腊的，其中的一个版本以尼阿卡斯在"苏伊扎"海域与鲸鱼相遇并主动迎战的方式呈现出来。

但同时也应看到，亚历山大东征之前希腊关于印度的知识多来源于波斯，印度的商人与摩竭鱼故事也存在着经波斯传播至希腊的可能。

商人与摩竭鱼故事向大食的传播较为复杂。一方面，印度与波斯地区在公元前就存在着广泛的海上贸易，《史记·大宛列传》记载，安息人善于经商，"民商贾用车及船，行旁国或数千里"，[3] 安息东部的印度地区是其重要的贸易对象。印度佛本生故事中经常出现五百商人入海采宝的故事，也从侧面反映出当时印度海上贸易的发达。在安息与印度之间的经济文化互动中，包括商人与摩竭鱼故事在内的印度佛本生故事有可能传播至安息及周边地区，后又从安息地区传播至阿拉伯半岛。

另一方面，亚历山大东征后，大量与亚历山大有关的故事在希

---

[1] ［古希腊］希罗多德：《希罗多德历史》第1卷，王以铸译，商务印书馆，1997，第241页。
[2] Cornelia Catlin Coulter, "The 'Great Fish' in Ancient and Medieval Story," p. 32.
[3] 《史记》卷一二三《大宛列传》，中华书局，2014，第3839页。

腊—罗马世界广泛流传,在波斯和东方版本的亚历山大传奇故事中,亚历山大见到了"头如山,口如洞,牙齿闪着死亡的寒光,身上的甲壳像游动的大山"①的鲸鱼,说明希腊—罗马世界与鲸鱼有关的航海故事也流传至波斯及周边地区。东汉时期,波斯与印度、大秦之间的往来进一步加强,《后汉书·西域传》称大秦"与安息、天竺交市于海中,利有十倍",天竺国"西与大秦通,有大秦珍物"。②10世纪左右大食文献中经常出现的商人与鲸鱼故事,应是在西至地中海、东至印度洋的多元文明中逐渐形成的,并与大食商人的海上贸易和旅行相结合,最终形成了大食版本的商人与鲸鱼故事。

商人与鲸鱼航海故事向古代中国的流传,应得益于佛教的东传,陈寅恪先生认为佛教传入中国后,印度神话故事亦随之传入。③佛教传入中国后,许多印度高僧来到中国,一些中国僧人也前往印度求佛法,大量佛经在中国得到译行。在佛教深入发展的大背景下,包括商人与摩竭鱼故事在内的印度佛本生故事也在中国得到流传。

同时,中国版本的商人与海鳅故事,与海上丝绸之路跨海域的经济文化互动也密切相关。9—10世纪唐与大食之间的海上航线较为成熟,商人与摩竭鱼佛本生故事、大食版本的商人与鲸鱼故事,可能经海上丝绸之路流传至中国。《岭表录异》所载的商人与海鳅故事中,"海鳅"即鲸鱼,"吞舟之说"是与"吞舟之鱼"有关的传说,《庄子》即载有"吞舟之鱼,砀而失水,而蚁能苦之"④的寓言。因此,可能是基于中国原有的海鳅形象和"吞舟之鱼"的传说,嫁接以佛本生故事中商人与摩竭

---

① Richard Stoneman, Kyle Erickson, Ian Richard Netton, The Alexander Romance in Persia and the East. (Barkhuis, 2012), p. 196.(引文为笔者翻译。)
② 《后汉书》卷八八《西域传》,中华书局,1965,第2919、2921页。
③ 陈寅恪:《西游记玄奘弟子故事之演变》,载《金明馆丛稿二编》,第217—223页。
④ 郭庆藩:《庄子集释》卷八上,王孝鱼点校,中华书局,1961,第773—774页。《韩非子》《战国策》也载有类似故事,见《韩非子集释(增订本)》卷八《说林》下,陈奇猷校注,中华书局,1958,第476页;《战国策笺证》卷八《靖郭君将城薛》,刘向集录,范祥雍笺证,范邦瑾协校,上海古籍出版社,2006,第491页。

鱼的故事情节，再借鉴大食故事的叙述方式，最终形成了《岭表录异》中具有中国文化特色的商人与海鳅故事。

不同地区流传的商人与鲸鱼故事在内容上各有侧重。印度商人与摩竭鱼佛本生故事讲述了摩竭鱼的巨大体型及吞舟之险，千钧一发之际，以商人诵念佛或菩萨之名的方式脱险，重在宣扬佛教法力以争取信众。《岭表录异》描写了海鳅的巨大体型及潜在危险，表达了商人对海鳅极度恐惧的心情，为避免海鳅之难，商人采取沿海岸线航行的方式返回广州，这与古代中国重视陆地而对海洋关注不够的农耕文明类型有关。《中国印度见闻录》重在讲述商人海上航行时的见闻，较为生动地描写了商人与鲸鱼的遭遇，与大食人长于航海经商的传统相符。《亚历山大远征记》以史家的笔法还原了尼阿卡斯与鲸鱼相遇的过程，希腊舰队主动应对鲸鱼可能带来的威胁，体现了古希腊人的冒险精神，并对商人与鲸鱼故事其他版本在欧洲的传播有一定的影响。在海上丝绸之路多元文明互动中，情节相似的故事在更大范围内流传时，往往会在保留故事原有框架的同时，适应各自的文化背景进行一定改造，剔除一些故事原有而与本地区无关的"他者"文化因素，并增加一些与"我者"文化密切相关的新元素，赋予故事特定的讲述主旨。

结语

产生于印度的商人与摩竭鱼故事之所以能够在亚欧大陆广泛流播，与印度在古代海上丝绸之路的优越地理位置有关。在以古代中国为起点的海上丝绸之路交通网中，印度处在中国与阿拉伯半岛之间海上航线的必经之地；从地中海沿岸出发的海上航线，在东岸经内河航线或陆路交通可前往西亚，从波斯湾航海又可至印度等地区，印度以其独特的区位优势和便利交通，成为海上丝绸之路多元文明互动的策源地和中转站，为印度文化的对外传播创造了天然的条件。正是通过连接古代中国与罗马帝国的海上丝绸之路交通网，印度的商人与摩竭鱼佛本生故事通过船员、士兵、商人、使节、僧侣等群体，从印度先后传播到西至罗马、东至中国的亚欧大陆广大地区，并与接纳之地的文化相结合，形成了几个既有雷同情节、又各具特点的商人与鲸鱼故事。

10世纪前后，位于海上丝绸之路交通网两端的中国和罗马并未建立直接联系，但这并不影响两个相隔遥远国家之间的间接交流，中国与罗马之间的经济文化互动，海路多是以大食等民族为中介进行的。印度商人与摩竭鱼佛本生故事在亚欧大陆的流播与变异，一定程度上反映了海上丝绸之路交通网中古代中国、罗马、大食以及印度地区多元文明互动的基本格局。

商人与鲸鱼类型的航海故事篇幅较短、情节简单、内容单一，可能并没有很高的文学艺术价值，也不是古代中国、罗马、印度、大食之间经济文化互动中最具代表性的文化符号，但却可能是古代海上丝绸之路流传较广、持续较久的故事之一，它为理解古代中国、印度、大食以及希腊—罗马世界之间的文明互动提供了鲜活例证。

（李效杰　鲁东大学历史文化学院）

"一带一路"国别汉学研究

俄罗斯藏学研究的主要流派及其成就[*]

□ 陶　源

俄罗斯对于藏学文献的搜集和整理开始于 300 多年前，期间藏学研究经历了萌芽和发展，涌现了大批国际知名的藏学家，他们的研究成果是世界藏学研究不可或缺的一部分。

俄罗斯藏学可分为彼得堡学派和布里亚特学派，两学派具有学术上的传承关系和不可分割的联系。本文试图对俄罗斯藏学的发展脉络进行简单的梳理，对各阶段的主要研究成果进行介绍，并对彼得堡和布里亚特藏学研究的领域进行简要的叙述。

一、俄罗斯藏学的萌芽及其早期成就

世界藏学形成于 19 世纪，俄罗斯藏学研究的传统早于欧洲，可以说，俄罗斯对藏学的研究开始于 18 世纪。这一时期，俄罗斯学界已经

---

[*] 本文为国家社科基金重大项目"近代以来域外中国藏学研究经典整理与研究"（项目号：14ZDB115）的阶段性成果之一。本文首发于《国际汉学》总第 22 期，2020 年第 1 期。本文在写作和修改过程中得到陕西师范大学外国语学院王启龙教授的无私帮助，特此致谢！

有了一些与藏民和藏族文化交流和接触的记载。18世纪20年代，Г. Ф. 米勒（Г. Ф. Миллер，1705—1783）院士在额尔齐斯河沿岸阿普赖寺（Аб-лайн-Хит）废墟上发现了一本藏文抄本，并把手稿翻译成了拉丁文，并于1747年与藏文原稿一同发表，题为《西伯利亚唐古特抄本考释》。① 这也成为俄罗斯东方学界藏学研究的最初记载。18世纪70年代，П. С. 巴拉斯（П. С. Паллас 1767—1810）发表了他在色楞格河探险所收集的资料摘编。随后 Я. И. 施密特院士（Я. И. Шмидт，1779—1847）出版了藏语语法和第一部藏俄词典。

除此之外，施密特翻译和发表了一系列以佛教为主题的文章和译著，其中包括《佛教的主要原则》②《佛教基本论旨》《佛教的第三世界》和《大乘和般若波罗蜜》③。

А. А. 席夫内尔院士（А. А. Шифнер，1817—1879）翻译并出版了著名藏学家多罗那他（1575—1635）关于佛教在印度推广的作品《印度多罗佛教史》（Taranatha's Geschichtedes Buddhismus in Inden）④，出版了佛教寓言集《源于印度的西藏民间故事》⑤。В. П. 瓦西里耶夫院士（В. П. Васильев，1818—1900）出版了著作《佛教及其教义、历史和文献》

---

① 张晓梅：《俄罗斯藏学研究之起源探析》，《中国藏学》2011年第3期，第181页。

② Я. И. Шмидт, О некоторых основных положениях буддизма Чтения в Императорской Академии наук за 1829 и 1830 гг.

③ Я. И. Шмидт, Übereinige Grundlehren des Buddhismus; über die sogenanntedritte Welt der Buddhaisten; über das Mahajanaund Pradschnaparamita der Buddhen, in Memoires de l'Academie. 1815–1837. T. 3, 4.

④ Kunsnjing Taranatha, Taranatha's Geschichte des Buddhismus in Inden. Книга по Требованию, 2012 г. Воспроизведено в оригинальнойавторской орфографии издания 1869 годаиздательство"St. Petersburg, "Commisssionare der Kaiserlichenakademie der wissenschaften, Eggers et. co.

⑤ А. А. Шифнер, Tibetantales, Derived from Indian Sources. K. Paul, Trench, Trübner & Co. Ltd., 1906.

（Буддизм. Егодогматы, историяилитература）三卷本①，1857—1869年该书还被翻译为法语和德语。

1828年，比丘林（Н. Я. Бичурин，1777—1853）在彼得堡出版了译作《卫藏图识》的《西藏志》，1833年又出版了著作《青海西藏史（公元前2282— 公元1227）》（История Тибетаи Хухунора）。所有这些研究都为俄罗斯藏学的萌芽和发展奠定了基础，对后期彼得堡学派和布里亚特学派研究藏学具有重要的参考价值。

二、俄罗斯藏学的发展：19世纪末至20世纪初的彼得堡学派

19世纪末至20世纪初，俄罗斯藏学进一步发展并形成了彼得堡学派，该学派最著名的学者当数С. Ф. 奥登堡（С. Ф. Ольденбург，1863—1934）院士，他策划了大型系列丛书"佛学文库"。②这是一部佛学研究丛书，包括翻译或原创作品40多卷。"佛学文库"是奥登堡院士带头与俄罗斯科学院的藏学和佛学专家集体创作的成果，至今仍是世界佛学最为权威的丛书之一。彼得堡学派的著名学者还包括Ф. И. 谢尔巴茨科依（Ф. И. Щербацкой，1869—1942）院士③、О. О. 罗森博格（О. О. Розенберг，1888—1919）和Е. Е. 奥倍尔米勒（Е. Е. Обермиллер，1901—1935）等。

---

① В. П. Васильев, Буддизм, Его догматы, история и литература. Издательство: Типография императорской академии наук, 1857—1869.

② С. Ф. Ольденбург, Библиотека Буддика. Санкт-Петербург при Российской академии наук, 1897.

③ 谢尔巴茨科依是苏联佛学、藏学领域的领军学者。他一生致力于梵藏文佛典刊布、研究和注释工作，是俄苏佛学新学派的奠基者，在世界学坛上也颇有影响，曾担任英国、德国和法国等国多家学术团体的名誉会员。他开创了俄罗斯佛学的列宁格勒学派（与之相对的是以正统著称的莫斯科学派），在大乘、小乘佛教的研究上，均有辉煌的成就。

奥登堡院士是突厥斯坦东部系列考古活动的组织者，参加该活动的学者们考察了大量的古代洞穴寺庙，其中也包括敦煌和甘肃西部的一些寺庙，并发现了大量的珍贵文献。1916年起，奥登堡担任俄罗斯科学院亚洲博物馆（今彼得堡东方文献研究所）馆长。

谢尔巴茨科依院士具有世界性的声誉，他首先是一位杰出的印度学家和梵语专家，同时还创作和翻译了大量的藏学著作。谢尔巴茨科依院士主要作品有：《佛教中心概念和法的意义》[①]《佛教涅槃概念》[②]（又译《佛教涅槃论》）、《佛教因明》[③]（又译《佛教逻辑》）。谢尔巴茨科依的研究集中在佛教的哲学概念方面。1904年，系列丛书"佛学文库"发表了他翻译加注的藏学著作《佛教因明》。1907年在纪念В. И. 拉曼斯基（В. И. Ламанский，1833—1914）论文集中又发表了谢尔巴茨科依的论文《藏语词根的确定》[④]。1922年，系列学术著作《印度哲学纪念》中还发表了他的译作《另一种生命的根》[⑤]（Samtānāntarasiddhi Dharmakīrti и Samtānāntarasiddhitīkā Vinītadeva）。1930年，他翻译并出版了世亲的《俱舍论》，谢尔巴茨科依试图通过《俱舍论》的翻译，将佛教哲学融入欧洲语言和国际学术研究的视野中。谢尔巴茨科依还有一些没有发表的作品，其中包括与沃斯特利科夫合作编写的《藏语语法》。谢尔巴茨科依还积极参与了西藏考古研究院的筹建工作，但是当时的状况使得他的计划未能顺利实施。在考古研究院的计划框架内，他实现了自己的乌兰巴托之行，并且和十三世达赖喇嘛进行了会谈。

[①] Ф. И. Щербацкой, The Central Conception of Buddhism and the Meaning of the Word"Dharma", L. , Przyluski J. , Le bouddhisme, 1923.

[②] Ф. И. Щербацкой, The Conception of Buddhist Nirvana. Leningrad, the USSR Academy of Sciences, 1927.

[③] Ф. И. Щербацкой, Buddhist Logic, Vol. I. Leningrad, 1930.

[④] Ф. И. Щербатской, Определители корней в тибетском языке. Б. м.: б. и. , 1907.

[⑤] Ф. И. Щербатской, Обоснование чужой одушевленности. Изд. и предисл. Щербатского Ф. И. Пг.: Тип. им. И. Федорова, 1922.

奥倍尔米勒是谢尔巴茨科依的学生，他把《布顿佛教史》[①]从藏语译为俄语。他在自己的著作中对般若的传统和文本予以了特别的关注。[②]谢尔巴茨科依和奥倍尔米勒多次对沿贝加尔湖地区进行考察，在佛教寺院与喇嘛交谈，探访寺庙藏书。谢尔巴茨科依在1907年给奥登堡的信中写道：

> 我不知道我的研究思路是否过于狭窄，但是我总是希望能够在伊尔库茨克研究梵文的佛教文献。因为只有这样我们才能把欧洲文化带到东方。我自以为伊尔库茨克现在和将来都将是佛教研究的中心。[③]

但是后来的历史证明，乌兰乌德，而不是伊尔库茨克，成为佛教研究的中心。1922年，布里亚特—蒙古学学术委员会在乌兰乌德成立。随后俄罗斯的藏学—蒙古学研究在这里得到了长足的发展。

三、新时期的俄罗斯藏学研究

（一）布里亚特学派的研究

1929年成立了国立布里亚特—蒙古文化学院（БМГИК），该院是三所学院或研究所的前身，它们分别是：国立语言、文学、历史学院（ГИЯЛИ，成立于1936年）、布里亚特—蒙古文化经济研究所

---

① История буддизма (Индия и Тибет). Перевод с тибетского Обермиллера Е. Е., перевод с английского А. М. Донца. СПб: Евразия, 1999, Серия: «Пилигрим».

② Uttaratantra or Ratnagotravibhaga of Maitreya Asanga, "The Sublime Science of Great Vehicle to Salvation, "Acta Orientalia, Vol. IX, 1931, pp. 81–306; Analysis of the Abhisamayalamkara, Calcutta Oriental Series, 1933—1943, No. 27, Fasc. 1–3.

③ Л. Ш. Фридман, Индийская культура и буддизм, "Indian Culture and Buddhism, "Сборник статей памяти академика Ф. И. Щербатского, ИздательствоНаука, 1972.

（БМНИИКЭ，成立于1944年）和布里亚特文化研究所（БМНИИК，成立于1949年）。1957年，苏联科学院西伯利亚分院成立，在布里亚特文化研究所的基础上成立了苏联科学院布里亚特研究所（БКНИИ СО АН СССР），1966年布里亚特社会学研究所也加入其中，研究所开始改称苏联科学院西伯利亚分部（БИОН БФ СО АН СССР）。1997年，分部重组，成为俄罗斯科学院蒙古学—佛学—藏学研究所（ИМБиТ СО РАН）。[1]

Ц. 让姆扎兰诺（Ц. Жамцарано，1881—1942）、Б. 巴拉津（Б. Барадин，1878—1938）、Г. 齐比科夫（Г. Цыбиков，1873—1930）等学者的研究在布里亚特藏学的形成中起到了关键作用。让姆扎兰诺、巴拉津和齐比科夫等都是圣彼得堡大学的毕业生，他们都承袭了彼得堡学派的研究传统。在当时俄罗斯地理社会学的影响下，他们积极开展对中亚地区的研究，并多次到中国西藏和蒙古国进行考察调研。

根据考察搜集的资料，齐比科夫写成了《佛教徒的圣地——西藏》[2]《西藏中部》[3]，巴拉津写成了《拉卜楞寺游记》(7) 和《拉卜楞寺金殿弥勒菩萨像》(8)。这些著作很快获得了世界性声誉。布里亚特的下一代藏学家基本上也在列宁格勒大学学习，他们主要致力于史学研究，研究藏族和蒙古民族的文化，研究中亚和西伯利亚地区的考古和民族问题，探讨蒙古国、中国西藏及周边地区的历史，并从语文学、语言学、寓言等角度研究藏语和蒙古语以及佛教的哲学问题等。这一时期 Б. Д. 丹达隆（Б. Д. Дандарон，1914—1974）、Л. Ж. 亚姆比洛夫（Л. Ж. Ямпилов，1916—1989）和 П. И. 哈哈罗夫（П. И. Хахалов）等发表了

---

[1] 俄罗斯科学院布里亚特分部是俄罗斯科学院系统东方学研究中心之一，下设历史学、民族学、社会学分部，中亚历史文化分部，东方文献研究中心，语言学、文学、哲学、文化宗教分部，科学组织分部，外语教研室和哲学教研室。

[2] Г. Цыбиков, Буддист-паломник у святынь Тибета. М.: ЭКСМО, 2014.

[3] Г. Цыбиков, Избранные труды. Т. 2. О Центральном Тибете, Монголии и Бурятии. М.: Наука, 1981.

大量关于西藏抄本和木刻画的研究成果。

谢尔巴茨科依的学生 Б. В. 谢米乔夫（Б. В. Семичов，1932—1989）、А. Ф. 杰米尔曼（А. Ф. Гаммерман，1888—1978）、Ю. М. 巴菲欧诺维奇（Ю. М. Парфионович，1921—1990）和丹达隆还合作出版了多部藏俄词典（《印度医学—藏医学藏语—拉丁语—俄语药物词典》①《简明藏俄词典》②，且发表了一系列关于藏语语言学和佛教哲学的成果，③继谢尔巴茨科依之后又从藏语翻译了印度哲学家世亲的《阿毗达磨俱舍论》④。丹达隆和 Р. Е. 普巴耶夫（Р. Е. Пубаев，1928—1991）翻译了《贤愚经》⑤的部分章节。此后 А. А. 巴扎罗夫（А. А. Базаров）又翻译出版了该书的《逻辑学》⑥部分。1981年，在新西伯利亚出版了关于西藏起源、历史、文学和艺术的一系列成果：普巴耶夫的《十八世纪藏族史学的丰碑——松巴堪布〈如意宝树史〉》⑦、丹达隆的《青海湖历史——梵天女美丽的音符》⑧、К. М. 杰拉西莫娃（К. М. Герасимова，1919—2011）的《西藏规范汇编》⑨《喇嘛教体系下的藏民传统信仰》⑩、

---

① А. Ф. Гаммерман, Б. В. И Семичов, Словарь тибетско-латино-русских названий лекарственного растительного сырья, применяемого в тибетской медицине. Изд-во БНЦ СО РАН, 1963.

② Ю. М. Парфионович, Краткий тибетско-русский словарь, Государственное издательство иностранныхинациональных словарей, 1968.

③ Б. В. Семичов, Matter according to the «Visuddhimaggo» of Buddhaghosa and the «Abhidhammathsangaho» of Anuruddha. М.: Изд-во Акад. наук СССР, 1930, No. 5. C. 319—345.

④ Васубандху, Абхидхармакоша. Бурятское книжное издательство, 1980, 1988.

⑤ Б. Д. Дандарон и Р. Е. Пубаев, Источник мудрецов. Изд-во БНЦ СО РАН, 1968.

⑥ А. А. Базаров, Источник мудрецов. Раздел: Логика. Санкт-Петербург, 2001.

⑦ Р. Е. Пубаев, «Пагсам Чжонсан» - памятник тибетской историографии XVIII века. Наука, 1981.

⑧ Б. Д. Дандарон, История Кукунора, называемая «Прекрасные ноты из песни Брахмы». М.: Наука, 1972.

⑨ К. М. Герасимова, Памятники эстетической мысли Востока: Тибетский канон пропорций. Трактаты по иконометрии и композиции Амдо, XVIII в. Бурят. кн. изд-во, 1971.

⑩ К. М. Герасимова, Традиционные верования тибетцев в культовой системе ламаизма. Наука, 1989.

155

Д. В. 阿尤舍夫（Д. В. Аюшеева）的《现代藏传佛教在西方》①И. Р. 加里（И. Р. 加里（И. Р. Гарри）的《西藏传统中的大圆满和禅》②、И. С. 乌尔巴纳耶娃（И. С. Урбанаева）的《达兰萨拉与西藏流亡社区》③等著作。

印度医学—藏医学研究是布里亚特藏学的传统领域之一。该领域的成果值得关注的有《四部医典》④、Б. Д. 巴达纳耶夫（Б. Д. Бадараев，1929—1987）和Э. Г. 巴扎隆（Э. Г. Базарон，1931—2002）等发表的《四部医典》第三部分《秘诀续》⑤、巴扎隆等所著《蓝琉璃光——印度医学—藏医学手记》⑥、巴扎隆翻译的《神奇喜宴宝藏》⑦。另外，还有В. Н. 普贝舍夫（В. Н. Пупышев，1944—1998）发表的《藏医学：语言、理论和实践》⑧《藏医学资源导论》⑨、Н. Д. 波尔索赫耶夫（Н. Д. Болсохоева）发表的《藏医学在尼泊尔》⑩等。

1994年，布里亚特藏学家翻译出版了第司·桑吉嘉措的《医学广论药师佛意庄严四续光明蓝琉璃》⑪，这是俄罗斯藏学史上的一件大事。

---

① Д. В. Аюшеева, Современный тибетский буддизм на Западе. Изд-во БНЦ СО РАН, 2003.
② И. Р. Гарри, Дзогчен и Чань в буддийской традиции Тибета. Изд-во БНЦ СО РАН, 2003.
③ И. С. Урбанаева, Дхарамсала и мир тибетской эмиграции. БНЦ СО РАН, 2005.
④ Д. Б. Дашиева, «Чжуд-ши»: Канон тибетской медицины. пер. с тиб. М.: Изд-во Восточная литература РАН, 2001.
⑤ Б. Д. Бадараев, Э. Г. , Базарон Дашиев М. Д. и соавт. Лангтхабы и их корригирование: Острые заболевания органов брюшной полости. Бурят. кн. изд-во, 1976.
⑥ Э. Г. Базарон, Т. Асеева, «Вайдурья-онбо» - трактат индо-тибетской медицины. М.: Наука, 1984.
⑦ «Онцар гадон дэр дзод» - тибетский медицинский трактат. пер. с тиб. , Предисл. БазаронаЭ. Г. , Пупышева.
⑧ В. Н. Пупышев, Тибетская медицина: язык, теория, практика. Наука. Сиб. отделение, 1991.
⑨ В. Н. Пупышев, Introduction to the Studies of Tibetan Medical Sources. Mandala Book Point, 1993.
⑩ Н. Д. Болсохоева, ТибетскаямедицинавНепале. СПБ: Палитра, 1994.
⑪ Свод иллюстраций к тибетскому медицинскому трактату XVII века 'Голубой Берилл'. Перевод текста Асеевой Т. А. Н. Д. Болсохоевой, Т. Г. Бухашеевой, Д. Б. Дашиева, Пояснительный текст составил Парфионович Ю. М. М.: Галактика, Галарт, 1994.

2008年，Ю. Ж. 扎波（Ю. Ж. Жабон）编辑出版了《简明藏俄医学词典（附蒙古语）》①，该词典是第一部多语种插图版藏医学指南（其中包括藏语、蒙古语、梵语、拉丁语和俄语）。这是一本以古代藏医学和蒙古医学为基础，根据现代俄罗斯和国外学者在该领域的最新研究成果编撰而成的专业词典。词典不仅对藏医学和佛教术语进行了全面的语义解释，还对藏医学术语的宗教哲学体系进行了诠释。因为历史—哲学是俄罗斯科学院蒙古学、佛学和藏学研究所的主要研究方向，该方向的代表人物谢米乔夫也是彼得堡佛学研究流派的主要继承人。

丹达隆是布里亚特学派另一位具有世界级声誉的藏学家，他的主要成果包括《佛教百科全书》（Aginsky Monastery）②、《关于佛教和爱的99封信（1956—1959年）》③、《佛教》④以及"20世纪的俄罗斯哲学"系列丛书⑤等。

藏传佛教的哲学思想是俄罗斯藏学研究的又一重要领域其主要成果有巴扎隆的《藏传佛教的哲学辩论》⑥、С. Ю. 列别霍夫（С. Ю. Лепехов）的《大乘哲学和佛教文明》⑦、А. М. 东擦（А. М. Донец）的《藏蒙经院哲学理论》⑧《上乘哲学的信仰》⑨、Е. Л. 林波切（Е. Л. Ринпоче）的《战

---

① Ю. Ж. Жабон, Краткий тибетско-русский медицинский словарь с монгольскими эквивалентами. Изд-во БНЦСО РАН, 2008.

② Б. Д. Дандарон, Aginsky Monastery. Encyclopediaof Buddhism. Ceylon, 1961.

③ Б. Д. Дандарон, 99 писем о буддизме и любви (1956–1959 гг.). СПб.: Дацан Гунзэчойнэй, 1995.

④ Б. Д. Дандарон, Буддизм: Сб. статей. СПб, 1996.

⑤ Б. Д. Дандарон, Мысли буддиста. Черная тетрадь. СПб: Дацан Гунзэчойнэй, 1997 (сер. «Философы России XX века»).

⑥ Базаров А. А. Институт философского диспута в тибетском буддизме. М.: Наука, 1998.

⑦ С. Ю. Лепехов, Философия мадхьямикови генезис буддийской цивилизации. Изд-во БНЦ СО РАН, 1999.

⑧ А. М. Донец, Доктрина зависимого возникновения в тибето-монгольской схоластике. Изд-воБНЦ СО РАН, 2004.

⑨ А. М. Донец, Учение о верном познании в философии мадхьямики-прасангики. Изд-во БНЦ СО РАН, 2006.

斗法论：上乘派的思维变形》①。布里亚特学派在这一领域还出版了很多集体成果，如列别霍夫、东擦、С. П. 涅斯焦尔金（С. П. Нестеркин）等合著的《佛学诠释》②《（佛教的哲学问题》③（12）《佛教研究的心理学视角》④《佛教和东方民族的文化——心理传统》（14）⑤《中亚和东亚国家社会政治思想史》（15）⑥《藏传佛教：理论与实践》⑦《（东方精神文化研究的方法和理论》⑧。

从2007年起，俄罗斯科学院布里亚特蒙古学——佛教——藏学研究所出版了系列著作《佛教大同》（Pax Buddhica）⑨，该系列主要著作有：

1. 东擦的《喇嘛寺庙文献中的佛教冥想》（Буддийское учение о медитативных состояниях в дацанской литературе），2007；

2. 东擦的《格鲁派传统的中观应成派正理说》（Учение об истине в философии школы мадхьямика—прасангика традиции Гелуг），2007；

3. С. П. 涅斯焦尔金（С. П. Нестеркин）的《大乘佛教中的人格》（Личность в буддизме махаяны），2011；

4. 乌尔巴纳耶娃译自藏语并作前言和注释的寂天菩萨的《入行论》（āntideva. Bodhicaryāvatāra: Вступление в практику Бодхисаттв），2007；

---

① Е. Л. Ринпоче, Боеваячакра. Махаянское преображение мышления. Комментарии к тексту Дхармаракшиты. Изд-во Нютаг, 1999.

② В. В. Мантатов, (отв. ред.) Философские вопросы буддизма. Новосибирск: Наука, 1984.

③ С. Ю. Лепехов, Донец А. М., Нестеркин С. П. Герменевтика буддизма. Изд-во БНЦ. СО РАН, 2006.

④ Н. В. Абаев, (Отв. ред.) Психологические аспекты буддизма. 2-е изд. Наука, 1991.

⑤ Н. В. Абаев, Буддизм и культурно-психологические традиции народов Востока. Наука, 1989.

⑥ Л. Б. Алаев, Общественно-политической мысли стран Центральной и Восточной Азии. Изд-во БНЦ СО РАН., 1995.

⑦ Н. В. Абаев, Тибетский буддизм; теория и практика. Наука. 1995.

⑧ С. Ю. Лепехов, (Отв. ред.) Методологические и теоретические аспекты изучения духовной культуры Восток. Изд-во БНЦ СО РАН, 1997.

⑨ http://dharma.ru/product/search?series=Pax%20Buddhica，最后访问日期：2018年5月26日。

5. 东擦译自藏语并作前言和注释的《佛经选集》（Избранные места из разных Сутр），2008;

6. Н. В. 车立斌罗夫（Н. В. Цырempилов）译自藏语并撰写前言和序的晋美林巴（Гончог- Чжигмэд-Ванбо）的作品《伟大的嘉木样协巴生平》[（Гончог-Чжигмэд-Ванбо. Повествование о жизни Всеведущего Чжамьян-Шадбий-Дорчже, могущественного ученого и сиддха, называющееся（Брод, ведущий к удивительно благому уделу），2008;

7. 乌尔巴纳耶娃译自藏语并作注释的《拉姆利姆：菩提道次第掌中解脱论》[Ламрим: освобождение в наших руках（Lam rim rnam grol lag bcangs）] 第 1 卷，2008;

8. 东擦译自藏文并作注释的《上乘派哲学经文·般若波罗蜜的介绍》（Святая Сутра Махаяны"Вопросы Сувикранта—викрамина": Объяснение праджня—парамиты），2009;

9.《从敦煌到布里亚特：沿着藏文本的遗迹——俄罗斯藏学文集暨纪念普巴耶夫 80 岁诞辰》（От Дуньхуана до Бурятии: по следам тибетских текстов. Российские тибетологи к 80—летию со дня рождения Р. Е.），2009;

10. 东擦翻译并作注释的《中庸原则下的达摩思想结构》（Структура дхармы в свете принципа срединности），2010。

该系列丛书出版的目的在于展现佛学研究的丰富成果，将收藏在科学院蒙古学—藏学—佛学研究所的真迹面世，并翻译和保存佛教文化。

2008 年，乌兰乌德出版的《俄罗斯科学院西伯利亚分院蒙古学—藏学—佛学研究所的早期藏学收藏》[1]收录了收藏在该所 3500 多篇文稿，学者们对这些文稿进行了技术性的转写并分为两大类：时期之前

---

[1] A. Bazarov, Tsyrempilov N. Catalogue of the GSung' Bum Section of the Tibetan Collection of the Center of Manuscripts and Xylographs of IMBTS, *Non-d Ge lugs and early d Ge lugs*, Vol 1. Ulaanbaatar, 2008.

(格鲁派)和早期格鲁派(догелугпинского и раннегелугпинского)两个时期。第一类包括了藏传佛教的主要人物:先祖的传统,如萨迦和噶当、布顿和多罗那他;第二类介绍了早期格鲁派代表宗喀巴、贾曹杰·达玛仁钦和克主杰·格勒巴桑的作品。

俄罗斯科学院布里亚特蒙古学—藏学—佛学研究所的学者们(万齐科娃、列别霍夫、阿巴耶娃、巴扎罗夫、热布、涅斯焦尔金、车里姆比罗夫、阿尤舍娃、达什耶娃等)与冬宫博物馆、蒙古研究院历史档案馆等研究所的同行们一起,合著了《金刚手菩萨:贝加尔地区的佛教》。该著依托俄罗斯科学院蒙古学—藏学—佛学研究所(Институт монголоведения, буддологии и тибетологии СО РАН),是第一部关于佛学在贝加尔地区以及俄罗斯欧洲部分传播、普及和介绍其与西藏—蒙古文化传统紧密关系的著作,阐明了十月革命前后贝加尔地区的社会经济、政治和信仰状况,论述了佛教寺庙在布里亚特文化中的地位,研究了布里亚特寺庙的结构以及各寺庙在苏联和后苏联时期的相互关系。该著对很多未曾发掘的藏语和蒙古语文献进行了整理,发现了很多新的现象和事实,同时展示了很多稀有的布里亚特艺术的图片资料。

(二)新时期彼得堡学派在藏学领域的成就

现在的国立圣彼得堡大学和俄罗斯科学院东方研究所圣彼得堡分部仍然是世界公认的藏学研究中心,他们和布里亚特藏学家们保持着密切的学术联系。

1994年圣彼得堡出版了萨迦第二师祖索南孜摩(Соднам-Цзэмо, 1142—1182)《佛法入门》(Дверь, ведущая в Учение)的注释版译文。1995年出版了《萨迦》中的一章:《土观宗教源流镜史》("Хрустальное зерцало философских систем")。新时期圣彼得堡藏学研究的又一件大事是廓诺·迅鲁伯(Гой-лоцава Шоннупэл, 1392—1481)的《青史》(Синяя летопись)俄文版于2001年出版。这部著作最先是由俄罗斯著名藏学家罗列赫(Ю. Н. Рерих, 1902—1960)翻译而成的。罗列赫是彼得堡学派藏学研究的重要代表人物，其大部分学术生涯在国外度过，在国外他写成了《西藏绘画》《藏传佛教》《西藏考古问题》和《西藏艺术》等一系列藏学研究著作。1957年，他回到莫斯科后又开始了《藏英俄对照辞典》的编撰和出版工作，这一工作由莫斯科藏学家Ю. М. 巴欧菲诺维奇（Ю. М. Парфионович，1921—1990）、В. А. 博格斯洛夫斯基（В. А. Богословский，1911—1949）、В. С. 德雷科娃（В. С. Дылыкова）和布里亚特藏学家Б. Д. 巴达拉耶夫、Р. И. 普巴耶夫、Б. В. 谢米乔夫参与并合作完成。

2002年，圣彼得堡东方文献研究所的Е. А. 奥斯特洛夫斯卡娅（Е. А. Островская）写成了《藏传佛教》[①]一书。Р. Н. 克拉比维娜（Р. Н. Крапивина）翻译的《现观庄严论》[②]也在圣彼得堡出版，该书以上乘的方法研究了哲蚌寺郭芒扎仓的藏传佛教。这部作品对于理解佛教的上乘哲学具有关键意义。

克拉比维娜传承了彼得堡学派谢尔巴茨依和奥倍尔米勒的研究传统，他们曾经分别出版了该书的梵文和藏文版。并且，《现观庄严论》一书俄文版的出版本身也可以视为俄罗斯藏学史上的一件大事。值得指出的是，当时西藏寺庙中的教育体系完全源自印度，该体系本身也是研究佛学和教育学的独立课题。因此，克拉比维娜的译作对于佛学教育研究也具有巨大贡献。

А. А. 捷列季耶娃（А. А. Терентьева）的专著《檀香佛陀啰逝》（Сандаловый Будда раджи Удаяны）[③]也引起了学界的关注。该书根据传说对布里亚特众多的佛像的塑造和搬迁历史进行了研究，书中第一次展现了很多文献资料，并对这些资料进行了俄语和英语的双语注释。

[①] Е. А. Островская, Тибетский буддизм. Петербургское Востоковедение, 2002.

[②] Украшение из постижений (I–III главы «Абхисамаяаланкары»Перевод с тиб., предисловие, введение и комментарии Р. Н. Крапивиной. СПб: Наука, 2010.

[③] А. А. Терентьева, Сандаловый Будда раджи Удаяны. СПБ: Нартанг (Издание А. Терентьева), 2010.

结语

藏学和蒙古学是俄罗斯东方学研究的重要组成部分，俄罗斯的藏学研究经历了萌芽、发展，直到当代的彼得堡学派和布里亚特学派，撰写或翻译了近百部重要的藏学著作，它已经成为世界东方学研究的重要分支。通过对俄罗斯藏学发展历程和主要成就的梳理，我们可以对俄罗斯这一领域的研究进行如下总结：1. 俄罗斯藏学萌芽早，早期成果突出，施密特的《藏语语法》和《藏俄词典》是世界早期的藏学著作之一；2. 典籍翻译成就突出，《如意宝树史》《布顿佛教史》《青史》《俱舍论》等俄文全译本的翻译和出版是世界藏学研究的大事，其研究和翻译的精细程度也值得称道；3. 藏学研究集中在佛教和藏医学两大领域，其中佛教哲学是彼得堡和布里亚特学派共同的研究话题，而藏医学在布里亚特的藏学研究中独树一帜；4. 由于布里亚特人是蒙古人的后裔，信仰佛教，因此，布里亚特藏学更多结合了贝加尔地区的宗教和文化传统，借助俄语，该学派为佛教甚至藏学研究在俄罗斯甚至欧洲的推广起到了重要的作用。

了解俄罗斯藏学对于梳理整个西方藏学研究的脉络和成果具有重要意义，本文对于俄罗斯藏学研究的重要著作未做细致分析和深入研究，仅为该领域的深入研究抛砖引玉。

（陶源　陕西师范大学）

丝绸之路上中伊文明交流的历史叙事

□ 李 伟 马玉洁

伊朗位于亚洲西南部，北邻亚美尼亚、阿塞拜疆、土库曼斯坦，西与土耳其和伊拉克接壤，东面与巴基斯坦和阿富汗相连，南面濒临波斯湾和阿曼湾，素有"欧亚大陆桥"和"东西方空中走廊"之称，是"一带一路"的必经之地。在历史上，伊朗是亚洲最古老文明的中心之一，它曾创造了光辉灿烂的波斯文化，在哲学、历史、文学、艺术、医学、天文学、农业、建筑、手工业等方面都取得了巨大成就。波斯文明连续几个世纪，对世界各国的文化都产生了深远影响，从信德河岸到尼罗河，从中国到欧洲都留下了波斯文明的足迹。在很长一段时间里，波斯古老的文明把亚洲、欧洲和非洲连接在一起，形成了古波斯文明圈。有着数千年历史的丝绸之路，就是中伊两国友谊的最好见证。

据史载，公元101年，安息王朝向中国派遣了使节，并为中国皇帝带来了狮子、鸵鸟以及其他动物和礼品，狮子一词的汉语发音正是源于波斯语"sheer"一词，从此，伊朗与我国中原地区的交往不曾间断。唐代高宗上元年间，唐州刺史达奚弘通，因出使撰有《西南海诸番

---

* 本文首发于《国际汉学》总第33期，2022年第4期。

行纪》，自称经36国，经赤土（今苏门答腊至马来半岛）至虔那，被后世疑为已经抵达阿拉伯半岛南部。公元651年（唐永徽二年），大食国①第三任哈里发奥斯曼（Osman，574—656）派使臣抵达唐都长安，觐见唐高宗李治，向唐朝介绍了大食国的基本情况和伊斯兰教的基本教义。在此后的148年中，进入长安的大食使节多达41批。唐天宝十一年（752）十二月，黑衣大食（阿拔斯王朝）在取代伍迈叶王朝后，遣使觐见，被唐玄宗特意授以左金吾员外大将军的勋位。

1942年8月，伊朗与中华民国在罗马签订了第一个友好条约。1945年9月，伊朗在重庆建立公使馆，1946年2月该馆被提升为大使馆。1949年10月中华人民共和国成立后，伊朗和中国于1971年8月16日正式建立外交关系。两国建交以来，特别是伊朗伊斯兰共和国成立以来，中伊友谊翻开了新的篇章。丝绸之路上的中华文明与波斯文明的交流与交融从以下几个方面可以窥见一斑。

一、丝绸之路上的波斯文化对中华文化的影响

波斯人是伊朗的主要民族。我们今天通常所说的波斯语即达里波斯语，又称近代波斯语，目前仍是伊朗的通用语，也是阿富汗的两种通用语之一。在不同的历史时期，达里波斯语流行的地域包括中亚地区和阿塞拜疆、两河流域、小亚细亚、印度北部、阿富汗以及中国新疆西部某些地区。从历史和现实的角度看，波斯语言文化对中国影响最大的应首推新疆地区。在中国信仰伊斯兰教的10个少数民族中，塔吉克族是唯一信奉传自伊朗的什叶派伊斯玛仪勒派的民族，他们主要分布在新疆帕米尔高原以东地区，以及南疆的莎车、叶城、泽普和皮山等县的农村，现有信众4.1万人，他们使用的色勒库尔语属于伊朗语族帕米尔语支。塔吉克族大约在公元10世纪信奉了伊斯兰教，到16世纪末17世纪初，

---

① 大食是中国唐宋时期对阿拉伯帝国及伊朗地区的泛称。

开始尊奉什叶派伊斯玛仪勒派。塔吉克族伊斯玛仪勒派把他们的宗教首领称为"依禅",可世袭相传。塔吉克族的节日、婚姻、饮食、丧葬、礼俗等各个方面,都受到伊斯玛仪勒派教义的影响,如"拜拉特夜"在塔吉克族中就是赎罪节日。中国穆斯林传统经堂教育采用的教材一般为13种,通称为"十三本经",其中波斯语和波斯人著作占有十分重要的地位。在经堂教育发展形成的学派中,以常志美、舍起灵等为代表的山东学派,尤以重视阿拉伯文、波斯文十三本经并注重苏菲哲学见长。

我国《回回药方》里的不少医方原本来自波斯,展现了中古波斯人的医术特色。它们分为以下三类:一类是从波斯萨珊王朝直接流传下来的。比如,《回回药方》卷三十的"马竹尼虎八都里马里其方""古把的马准方"等,它们的原型方剂乃是《医典》(The Canon of Medicine)卷五里的"古把的国王的舐剂";一类是波斯医生自己制备的方剂。比如,《回回药方》卷二十九目录上的"大答而牙吉方",此方即《医典》卷五的"大的解毒剂方",是伊本·西那(Ibn Sina,980—1037)自己配制的;还有一类是原本由拜占庭罗马人、印度人创制的方剂,于伊斯兰时期之前即已传入波斯,并被波斯人加以利用、改变,后又流传到了黑衣大食王朝。比如,《回回药方》卷三十的"马竹尼阿傩失答芦方,此方是忻都人造的马肭",它就是《医典》卷五里的印度人的方子——"救命丹"。

在伊朗成为伊斯兰教国家之前,佛教大约在公元前1世纪初由中亚传入我国新疆地区,随后传入中国内地。可以说中国早期的佛教并不是直接来自印度,而是经伊朗和中亚其他波斯语国家传入中国的。琐罗亚斯德教大约在中国的南北朝时期从伊朗传入中国。摩尼教大约在公元4世纪从伊朗传入中国,在中国西北地区流传较广,敦煌、吐鲁番等地都发现有摩尼教寺院、绘画和文献。伊朗基督教聂斯脱利派是在唐朝初年传入中国的,时称景教,在中国流行二百余年。因此,在伊斯兰教传入中国以前,伊朗的其他宗教已在中华大地上留下了历史的足迹,并且在不同历史时期,对中国社会产生过不同程度的影响。

汉唐之际，伊朗的音乐、舞蹈、乐器、杂技等逐渐传入我国中原地区，深受中国人民喜爱。伊朗的绘画、雕塑、图案设计技艺也在汉唐之际传入我国中原地区，对我国工艺美术产生了一定的影响，中国一些地方保留下来的石雕狮子就是源于波斯古代的石雕艺术。唐朝是中伊交往最为密切的时期之一。当时，两国的史学家还合编史书《史集》，被称为"历史百科全书""中世纪最重要的文献之一"。该书是研究中世纪亚欧各国的历史，特别是蒙古史、元史和我国古代北方少数民族史，以及研究古代游牧民族社会制度、族源、民族学的重要文献。波斯等国的西域乐舞也盛行于汉唐长安，从汉代起流行于中国的琵琶是从波斯传入的。元代的蒙古人从中国内蒙古一直走到欧洲，最后在波斯——今天的伊朗一带，发现了一种画在瓷器上的原料"苏麻离青"。中国自己土产的画在瓷器上的蓝色颜料比较灰暗，原因是中国原料里含锰比较多，而伊朗出土的原料含锰少，所以烧制之后颜色特别清亮。正是蒙古大军带去的中国瓷匠和伊朗的陶工相遇之后，采用了当地的原料，才终于烧制成如今流传于世的美丽的青花瓷。

二、丝绸之路上中伊文明交流的历史叙事

在中伊文明交流中有一些典型的材料可以说明中国文化与波斯文化的相互影响与交融。

（一）怛罗斯之战与杜环的《经行记》

中国人对阿拉伯—波斯文化的记载和了解首先集中在杜环的《经行记》中。751年（唐玄宗天宝十年），唐朝军队与大食军队在中亚的怛罗斯发生了一场军事冲突。由于这次冲突是双方睦邻关系中的一次走火事件，并非双方最高层有意策划的战争，所以双方很快修好。真所谓"不打不相识"，在四年以后的"安史之乱"中，唐王朝向大食国求援，

得到实质性的军事援助,帮助平定"安史之乱"。史书记载"至德初,(大食)遣使朝贡。代宗时为元帅,亦用其国兵以收两都"。[1]大食援军在平乱中立下战功,获得唐朝嘉奖。

怛罗斯之战虽对双方睦邻关系的影响不大,但对中西文化的交流却带来了两个人们始料不及的影响。怛罗斯之战的一个直接后果是,推动了唐代高度发达文明的西传。在这次战役中,唐军士兵大约万人被俘,其中就有许多能工巧匠,如杜环在大食所见的"汗匠起作画者,京兆人樊淑、刘泚,组织者,河东人乐澴、吕礼"[2]。这些人把唐代高超的手工技艺教授给阿拉伯人,进而传到欧洲,在中西文化交流史上写下了光辉的一页。特别值得提出的是中国造纸术的西传,大食利用唐朝工匠艺人开设了造纸厂,生产的优质纸张很快通行大食各地并远销欧洲。后来这种造纸技术也传到了欧洲,为东西文化的传播提供了极为有利的条件。怛罗斯之战的第二个结果是伊斯兰—波斯文化开始有了系统的中文记载,这集中在杜环的《经行记》中。杜环是怛罗斯之战中被俘的唐朝将士之一,在阿拉伯生活了十余年时间。这段生活使他不仅多方面了解到阿拉伯—波斯的物质文化,而且也深刻懂得了其精神文化。归来后,他将自己所了解的阿拉伯—波斯的风土人情以及自己对伊斯兰教的认识等写进了《经行记》一书。

《经行记》是中国历史上第一本系统记录阿拉伯—波斯伊斯兰文化的书,可惜原著早已亡佚,只有部分文字在他族叔杜佑撰写《通典》时被引用,从而传了下来,其中有不少地方谈及大食国伊斯兰文化。"不食猪、狗、驴、马等肉,不拜国王、父母至尊,大信鬼神,祀天而已。"[3]"女子出门,必拥蔽其面。无问贵贱,一日五时礼天。食肉作斋,以杀生为功德。系银带,佩银刀。断饮酒,禁音乐。人相争者,不至殴击。又有礼堂,容数万人。每七日,王出礼拜,登高座为众说法,

---

[1] 《旧唐书》卷一九八,中华书局,1975年。
[2] 《通典》卷一九三,中华书局,2016年。
[3] 《通典》卷一九三,大秦条。

曰：人生甚难，天道不易。奸非劫窃，细行谩言，安己危人，欺贫虐贱，有一于此，罪莫大焉。凡有征战，为敌所戮，必得生天，杀其敌人，获福无量。"[1]这些对学者研究早期伊斯兰文化及其后来的演进具有非常高的价值。此外，在杜佑摘引的有限的文字中，杜环对伊斯兰教法律、丧葬的宽俭，字里行间也流露出欣赏之情。但其内容还不仅仅在此，杜环怀着极大的热情描写了大食国的都市、乡土风情及丰富的物品，使我们从中了解到当时中国和伊朗之间文化交流的信息。

杜环的族叔杜佑对后世伊斯兰教文化研究的贡献不仅仅在于他征引、保存了《经行记》有关伊斯兰文化的片段，在他撰写的《通史》第一九三卷中，还专门有波斯和大食的传。杜佑对大食的地理位置、国家创建、军事征服以及人民、出产、信仰等都做了概略的叙述。其《大食传》全文如下：

> 大食，大唐永徽中，遣使朝贡云。其国在波斯之西。或云：初有波斯胡人，若有神助，得刀杀人。因招附诸胡，有胡人十一来，据次第摩首受化为王。此后众渐归附，随灭波斯，又破拂菻及婆罗门城，所当无敌。兵众有四十二万。有国以来三十四年矣。初王已死，次传第一摩首者，今王即是第三，其王姓大食。其国男夫鼻大而长，瘦黑多须鬓，似婆罗门，女人端丽。亦有文字，与波斯不同。出驼、马、驴、骡、羖羊等。土多砂石，不堪耕种，无五谷，惟食驼、马等肉，破波斯、拂菻，始有米面。敬事天神。又云：其王常遣人乘船，将衣粮入海，经涉八年，未及西岸。于海中见一方石，石上有树，枝赤叶青，树上总生小儿，长六七寸，见人不语而皆能笑，动其手脚，头著树枝，人摘取，入手即干黑。其使得一枝还，今在大食王处。[2]

---

[1] 《通典》卷一九三，大食条。
[2] 同上。

（二）杨良瑶《唐故杨府君神道之碑》与出使黑衣大食

张广达先生在《海舶来天方，丝路通大食——中国与阿拉伯世界的历史联系的回顾》中对唐朝与大食关系史做了扼要的阐述。他在文章中提到："在唐代，确曾横渡印度洋且有姓名可考的中国人有二人。一为达奚弘通，一为杜环。"[①] 其实还应补充一个重要的人，就是唐德宗贞元初年出使黑衣大食的宦官杨良瑶，其事迹载于《唐故杨府君神道之碑》中，相关记录的文字虽然不长，但弥足珍贵。《唐故杨府君神道之碑》是1984年在陕西省泾阳县云阳镇小户杨村附近发现的，后移存泾阳县博物馆。2005年，咸阳市地方志办公室张世民先生发表《杨良瑶：中国最早航海下西洋的外交使节》一文，录出全部碑文，并对其中丰富的内容一一做了考释。[②] 杨良瑶，传世史传中尚未见到记载，由于《唐故杨府君神道之碑》的发现，其被湮没的名字才重现于世。据碑文，他出身弘农杨氏，曾祖为唐朝功臣，是帮助玄宗灭掉中宗皇后韦氏的禁军将领。肃宗至德年间（756—757），人为内养，成为宦官。代宗永泰时（765），因为出使安抚叛乱的狼山部落首领塌实力继章有功，授任行内侍省掖庭局监作。其后，代表皇帝四处出使，抚平乱局。这其中有不少重要的事迹，但最引人入胜的是出使黑衣大食一事。

关于杨良瑶出使黑衣大食之事，《唐故杨府君神道之碑》记载：

> 贞元初，既清寇难，天下人安。四海无波，九译入觐。昔使绝域，西汉难其选；今通区外，皇上思其人。比才类能，非公莫可。以贞元元年四月，赐绯鱼袋，充聘国使于黑衣大食。备判官、内傔，受国信诏书。奉命遂行。不畏于远。届乎南海，舍舟登陆。邈

[①] 张广达：《海舶来天方，丝路通大食——中国与阿拉伯世界的历史联系的回顾》，上海古籍出版社，1995。

[②] 文载《咸阳师范学院学报》2005年第3期，第4—8页。此前作者还撰有一篇介绍性文字《中国古代最早下西洋的外交使节杨良瑶》，载《唐史论丛》第7辑，陕西师范大学出版社，1998，第351—356页。

尔无悼险之容，懔然有必济之色。义激左右，忠感鬼神。公于是剪发祭波，指日示众。遂得阳侯敛浪，屏翳调风。挂帆凌汗漫之空，举棹乘灏淼之气；黑夜则神灯表路，白昼乃仙兽前驱。星霜再周，经过万国。播皇风于异俗，被声教于无垠。徒返如期，成命不坠。斯又我公扶忠信之明效也。（四年六月，转中大夫。七月，封弘农县开国男，食邑三百户。）[1]

据此碑文可知，唐朝于贞元元年四月，以宦官杨良瑶为聘国使，出使黑衣大食，杨良瑶一行带着国信、诏书，先到南海（广州），从广州登舟出发，经过漫长的海上旅行，到达黑衣大食。至少在贞元四年六月之前，使团回到长安。非常有意思的是，杨良瑶从广州出发下西洋，不仅与他本人曾经出使广州并熟悉那里的情形有关，可能还有一个原因，就是了解杜环在阿拉伯地区的见闻和他回程所经的海陆情况。当时杜环的族叔杜佑正担任广州刺史、岭南节度使，杜佑所掌握的杜环《经行记》是杨良瑶出使大食的最好指南，不仅所去的目的地是杜环刚刚游历过的地区，而且杜环所走的海陆也是杨良瑶选择的路线。关于杨良瑶出使的成果，《神道碑》虽只有简短的记载，但事实上杨良瑶出使的主要目的是为了在8世纪60年代末加强唐朝和大食之间的联系。从整个唐朝对外关系史来看，杨良瑶走海路出使黑衣大食，也大大促进了通过海路的东西文化交流，似乎从贞元初年开始，海上丝路日益繁荣兴盛起来。王虔休《进岭南馆王市舶使院图表》说："（贞元年间），诸蕃君长，远慕皇风，宝舶荐臻，倍于恒数"，"梯山航海，岁来中国"。到贞元末，"蕃国岁来互市，奇珠、瑇瑁、异香、文犀，皆浮海舶以来"。[2]大量物质文化产品源源运往东南沿海。

---

[1] 李之勤：《杜佑年谱新编》，三秦出版社，2014，第110页。
[2] 载《全唐文》卷五一五，上海古籍出版社，1990。

（三）入华波斯人李素：波斯文化与中国文化在唐朝的相互影响与交融

近年来，随着中国考古工作的进步和出版事业的发达，大量文物被挖掘出来，史料被刊布出来，为我们研究中古时期的外来文明提供了丰富的素材。其中一个典型的材料是近年才真正为学界所知的波斯人李素（743—817）一家的事迹。1980年，《波斯人李素墓志》及其夫人《卑失氏墓志》被发现，展示了一个波斯家族入仕唐朝的完整画面。据志文，李素出身贵胄，而且是波斯国王的外甥，家族"荣贵相承，宠光照灼"。他的祖父李益，天宝中（742—756）受君命而来通国好，作为质子，留在中国，宿卫京师，被授予银青光禄大夫、检校左散骑常侍的职衔，兼右武卫将军，赐紫金鱼袋，而且还特赐姓"李"，封陇西郡，与李唐皇家相同，以后子孙即以此为姓。李素的父亲李志，出任朝散大夫，授广州别驾、上柱国。李素早年随父在广州生活，大历中（766—779）被召到京师长安，任职于司天台，前后共五十余年，经历了代、德、顺、宪四朝皇帝，最终以"行司天监兼晋州长史翰林待诏"的身份，于元和十二年（817）去世。李素的六个儿子均先后在唐任职，并逐渐从中央或地方低级武官变成文职人员以及皇家礼仪中的配角。李素一族从波斯质子，最后成为太庙斋郎，甚至乡贡明经，这说明来到中国的波斯人一旦进入这样一个富有深厚文化传统的社会当中，必然受到中国文化的影响，逐渐脱离本来文化的束缚，最后变成面目虽异而心态相同的中国人。这一点也可以从波斯人采用李唐皇家的"李"姓作为自己的姓氏、作为融入中国社会的一条重要途径中可见一斑。

然而，文化的交融不是这样简单的过程，入华波斯人在很长时间里都在力图保持本民族的文化，并致力于把波斯文化传入中国的各项事业。宗教是一个民族传统文化中保持时间最久的文化因子之一。波斯人的正统宗教是琐罗亚斯德教（Zoroastrianism，中国称作祆教）。过去人们总是把波斯王卑路斯的正统祆教信仰与他要求建的寺院联系起来，认为波斯王建的寺必定是祆祠。但是，作为政治人物，特别是来到他国的亡国君主，流亡长安的波斯王卑路斯完全有可能应长安的波斯景教教团的要求而新建一所寺院。据《长安志》卷十，景龙年间（707—710），因宠臣宗楚客筑宅侵入波斯胡寺，所以将此寺移至布政坊祆寺之西。这里同样是把波斯寺（景寺）与祆祠处于同一坊中。景教属基督教一个支派，于唐贞观九年（635）传入中国，长安的景教在波斯人的维护下绵延了两百年。从对长安"景教碑"的考证中可以看出，李素和他的家族都是虔诚的景教徒，而且，李素把他六个儿子的名字与景教联系起来，说明了他对维护景教继续流传的愿望。到李素儿子一辈，李素一家已经在华繁衍四辈，经过七十多年漫长历程，已经成为唐朝中央或地方政府的官员，却仍然在宗教信仰上保持不变。而这种景教的信仰，并没有影响他们参与唐朝的政治运作，甚至礼仪活动。

两千多年前，我们的先辈穿越草原沙漠，开辟出联通亚欧非的陆上丝绸之路；扬帆远航，闯荡出连接东西方的海上丝绸之路，打开了各国友好交往的新窗口。在这条人类历史的文明之途，中伊两国之间的文明交流为人类发展进步书写了新的篇章，开启了许多新的文明智慧。

历史是最好的老师，中伊文明交流的历史表明，无论人类离人类命运共同体和人类共有精神家园的建成相隔还有多远，只要我们像两国的先辈们那样勇敢地迈出第一步，坚持相向而行，就能走出一条相遇相知、共同发展之路，走向幸福安宁、和谐美好的远方。

（李伟、马玉洁　宁夏大学政法学院）

当代印度汉学家的中国历史研究

□ 尹锡南

1962年中印边境冲突以后的半个多世纪以来，印度汉学界的中国研究发生了很大的变化，此前关注中印古代文化交流的学者如师觉月（Prabodh Chandra Bagchi, 1898—1956）已经仙逝，其他学者大多沉寂下来，或改换研究领域。随着中印关系逐渐改善，印度学者对中国历史、中印文化交流史的研究出现了很多新的情况。因此，观察、思考20世纪60年代至今印度学界的中国历史研究，特别是分析印度汉学界部分代表人物的中国历史研究，关注当代印度汉学家的成就，有利于加深国内学界对当代印度中国学研究的了解和认识。

一、基本研究概况

20世纪中期以来的很长一段时间，印度汉学研究者的关注重点是

---

* 本文为2015年度教育部人文社会科学重点研究基地重大项目"20世纪以来印度的中国学研究史"（项目号：15JJD810017）的阶段性成果。本文首发于《国际汉学》总第23期，2020年第2期。

中印关系史与中国现代史的各个领域。英语期刊《中国述评》(China Report)是印度学者发表中国研究成果的一个主要学术平台。

20世纪60—70年代，由于中印关系陷入历史低谷，学术交流与人员往来基本陷入停滞状态，许多印度学者如K. P. 古普塔（K. P. Gupta）、嘉玛希（Kamal Sheel）等只得远赴欧美，特别是去美国大学的中国研究机构攻读与中国研究相关的硕士、博士学位，有的则赴中国港台地区的大学与研究机构研修中国问题或攻读相关学位。20世纪70年代末，中印关系逐渐改善，狄伯杰（B. R. Deepak）和沈丹森（Tansen Sen，后入美国籍，现为印裔美国学者）等印度学者可以不必假道欧洲、美国，直接到中国（主要是北京）的大学或科研机构学习汉语或进行汉学研究。印度汉学虽然在成果的数量上无法与欧美等国的研究成果相匹敌，但却出现了前所未有的新气象，出现了不少功底扎实的学术著作（译著）与论文。其中值得注意的包括哈拉普拉萨德·雷易（Haraprasad Ray）、谭中和洛克希·钱德拉（Lokesh Chandra）等老一辈学者，也包括嘉玛希、玛妲玉（Madhavi Thampi）、狄伯杰、沈丹森等迅速成长起来的中生代与新生代学者。

20世纪60—80年代，在研究中印现代关系史的学者中，古普塔首先值得关注。尽管其观点较为偏激，但其视野宽广。古普塔的长文《从社会历史视角分析印度的现代中国观》("Indian Approaches to Modern China: A Social-Historical Analysis")可视为其代表作，它发表于《中国述评》1972年第4、5期。该文带有浓厚的意识形态偏见，但其将研究视野扩展为古代、近代到20世纪70年代的中国认知或中印相互认知，这是对中印学界的开创性贡献。[1]他说"：在中印相互认知这一点上，所有一般的解释完全无效。无法解释中印相互认知历史错位（historical

---

[1] 关于古普塔对中印双向认知史的研究，参阅尹锡南：《印度中国观演变研究》，时事出版社，2014，第124—131、167—168页。

asymmetry）或曰历史不对称的严酷现实。"①

印度学者潘翠霞（Patricia Uberoi）在《中国述评》1987年第4期发表文章《"科学""民主"与五四运动的世界观》，考察了西方科学、民主思想在现代中国的传播历程及其诸多复杂现象或问题。②此前的1981年，潘翠霞以《革命话语的认知研究：〈新青年〉与中国新文化运动》（"A Cognitive Study of Revolutionary Discourse: New Youth and the Chinese New Cultural Movement"）为题的论文，使她获得了德里大学博士学位。《"科学""民主"与五四运动的世界观》是对其博士论文进行加工与提炼而成。

这一时期，研究中国历史的著作较为少见，但仔细观察，还是可以发现少量著作。1966年11月24日至26日，K. P. S. 梅侬（K. P. S. Menon）在加尔各答发表三次系列演讲。在此基础上，他出版了《中国的过去与现在》（*China: Past & Present*, 1968）一书。梅侬在书中向印度读者介绍了中国近代以来的历史发展概况。他认为："没有什么比我们对中国历史无知更加难以置信、更加不可饶恕的了。"③

1970年，印度史学家高善必（D. D. Kosambi）的代表作《印度古代文化与文明史纲》（*The Culture and Civilization of Ancient India in Historical Outline*）出版。在书中，高善必将中国文明作为阐释印度历史的参照，以增强论述的说服力。他说："亚洲文化和文明的两个主要源泉，就是中国和印度。"④高善必不仅在书中大量引用玄奘、义净等人的著述或相关事迹，以陈述或佐证自己的观点，还以中国古代史学著述丰富来反衬印度古代史学欠发达的事实。

---

① Krishna Prakash Gupta, "Indian Approaches to Modern China-I: A Social-Historical Analysis," *China Report* 8, no. 4 (1972):31.

② Patricia Uberoi, "'Science', 'Democracy', and the Cosmology of the May Fourth Movement," *China Report* 23, no. 4 (1987):373-395.

③ K. P. S. Menon, *China: Past & Present* (Asian Publishing House, 1968), p. 7.

④ D. D. 高善必：《印度古代文化与文明史纲》，王树英等译，商务印书馆，1998，第10页。

1989年以来，中印现代关系史和中印古代文化交流史是印度学者探索的重点。例如，印度学者夏丽妮·萨克塞纳（Shalini Saksena）出版《印度、中国与革命》（India, China and the Revolution, 1992）一书，集中笔力探索印度社会各阶层如何看待1947年至1949年的国共两党以及印度独立后如何处理中印关系的问题。该书大量参考1947年至1952年印度各英语报刊的相关报道和述评。对于关注中印现代关系史的中国学者而言，该书具有特殊的重要价值。萨克塞纳在书中将对中国共产党进行观察论述的印度人分为三派，即以尼赫鲁（Jawaharlal Nehru, 1889—1964）为首的政治家、"左"派人士及新闻媒体、普通知识分子与群众。"就中国局势而言，一般观察家和印度知识界的认知往往与印度政府和'左'派人士的观点保持一致。"[1] 萨克塞纳在书中探索了大变局背景下的中印关系历史走向，为中印学界揭开了20世纪四五十年代的尘封往事。

印度国际大学中国学院中文教师余德烁（Yukteshwar Kumar，现在英国巴斯大学教授汉学）出版了探讨中印古代文化交流史的著作《公元1世纪至7世纪的中印关系史》（A History of Sino-Indian Relations: 1st Century to 7th Century A. D., 2005）。[2] 从大量脚注与书后所附参考文献看，余德烁高度重视对中文一手文献的详细征引。这本书的一个突出贡献是，将20世纪以来中国学者对中印古代文化交流的研究成果较为集中地介绍给印度学界。例如，作者对陈寅恪、常任侠、季羡林、金克木、冯承钧、汤用彤、饶宗颐、楼宇烈、王邦维、荣新江、薛克翘等中国现代学者的相关成果皆有参考。对于关注中印古代文化交流的印度学者而言，它具有重要参考价值。

---

[1] Shalini Saksena, *India, China and the Revolution* (Anmol Publications, 1992), p. 105.

[2] Yukteshwar Kumar, *A History of Sino-Indian Relations: 1st Century to 7th Century A. D* (A. P. H. Publishing Corporation, 2005).

二、主要学者及研究成果

以上是对当代印度汉学界中国历史研究概况的简介。接下来,笔者拟对当代印度汉学界几位重要学者的研究成果进行简要分析。

(一)谭中

20世纪60年代至80年代,由于前述各种复杂因素,印度汉学处于低潮期,当然其力量、底蕴也正在积聚。大部分印度学者如嘉玛希、玛姐玉等远涉重洋,到西方学习汉学,后来成为各自领域的佼佼者。在此背景下,深得国学真传并将其发扬光大的华裔印度学者谭中(具有印度与美国双重国籍)可谓一枝独秀。作为谭云山先生的长子,谭中具有中英文表达的双重优势,在中国史研究领域独领风骚。谭中是20世纪中后期印度汉学界的杰出代表。

1978年,谭中出版《中国与美好新世界:鸦片战争起源研究(1840—1842)》(*China and the Brave New World: A Study of The Origins of The Opium War: 1840—1842*,下文简称"《新世界》")。1986年,他出版长达640页的论文集《海神和龙:19世纪中国与帝国主义》(*Triton and Dragon: Studies on Nineteenth-Century China and Imperialism*,下文简称"《海神》")。此二书被印度各大学采用为中国历史的基本教材。

谭中在《新世界》一书开头即引出西方学者的观点。该学者认为,鸦片战争的起因是傲慢自负的中国皇帝坚持主张来华西人必须磕头觐见,是一场文化战争。谭中通过研究得出结论:"鸦片战争既非文化战争也非贸易战争。战争是国家之间不可调和的社会经济利益冲突的最终解决方式。"[1] 他还认为,英国在华的所作所为有力地驳斥了"文化战争"理论的荒唐。谭中还批驳了美国汉学家费正清(John King

---

[1] Tan Chung, *China and the Brave New World: A Study of The Origins of The Opium War (1840-1842)* (Allied Publishers, 1978), p. 222.

Fairbank, 1907—1991)的"中国中心主义"思想。

关于谭中的《新世界》,《中国述评》1978 年第 6 期（57—58 页）刊载了简短书评。①书评指出："这本书在鸦片战争起源背后动机的争论上引入一种新的观点，确实有助于建设性思考与争论。对学者们而言，书末附录的书目提高了书的质量。不过，人们存在这么一种印象：谭博士过于关注驳斥对方的理论，相反，他应该阐释自己的有效理论。"②客观地看，这一观点有些道理。谭中在书中的反驳甚至是讽刺非常犀利，但以自己的理论框架支撑其论点确实显得单薄甚或力不从心。这或许与谭中的治学风格有些关联，这在他后期甚至近期的某些文章、著作中仍然隐约可见。

1986 年出版的《海神》由多篇独立文章组合而成，相当于一本论文集。《海神》中的"美国门户开放政策与中国"一章为印度学者 D. N. 古普塔（D. N. Gupta）所撰，其他文章全部为谭中独撰。该书的一些文章曾经先后发表于《中国述评》。谭中在书中对英国历史学家汤因比（Arnold Joseph Toynbee，1889—1975）和美国汉学家费正清的中国历史观，亦即中国形象建构给予犀利的解构。两位西方学者认为，近代以来中国与西方的接触可以用"挑战与反应"的模式来解释。这影响了很多西方学者的中国观，甚至为许多中国历史学家不同程度所接受。对此谭中认为："费正清学派的最大缺陷是将中国装进一个与世界发展相隔绝的密封舱里……中国同样受到影响其他国家发展的内外动力的影响。将中国视为完全的异类是反历史的。"③谭中认为，应该与那种将中国与西方历史分为古典传统和现代转化时期的"费正清模式"决裂。循着上述思路，谭中对马克思关于中国历史的分析提出质疑。他还对近代史上闹得沸沸扬扬的 1793 年马戛尔尼（George Macartney，1737—1806）来

---

① Attar Chand, "China's First Confrontation with the West ," *China Report* 14, no. 6 (1978):57-58.
② Attar Chand, "China's First Confrontation with the West ," *China Report* 14, p. 58.
③ Tan Chung, *Triton and Dragon: Studies on Nineteenth-Century China and Imperialism*, "Introduction" (Gian Publishing House, 1986).

华事件进行回应。

(二)哈拉普拉萨德·雷易

除洛克希·钱德拉和谭中等少数人外,哈拉普拉萨德·雷易是印度健在汉学家中资格最老的人。1953年至1956年,他在加尔各答大学研习中文,导师为沈兰真(Satiranjan Sen)。《中印文化交流百科全书》称其为"印度中国语言和历史研究学者"。[1]

雷易的代表作为1993年出版的《印中关系中的贸易和外交:15世纪孟加拉之研究》(Trade and Diplomacy in India-China Relations: A Study of Bengal during the Fifteenth Century,下文简称"《研究》")一书,它把研究触角伸向中印古代贸易史。[2] 雷易的翻译代表作为中国古代史料中的南亚文献系列译本《中国典籍中的南亚史料译文:印中关系史研究资料》(Chinese Sources of South Asian History in Translation: Data for Study of India-China Relations through History),至2011年已出版四卷。他还主编出版了师觉月百年诞辰纪念文集《师觉月对中国学、印度学和藏学的贡献》(Contribution of P. C. Bagchi on Sino-Indo Tibetology,2002)。[3]

《研究》一书分为两个部分。第一部分为研究内容,其中有的章节提前发表于《中国述评》。第二部分为《西洋朝贡典录》选段的英译,并附录一篇作者自撰的论文。雷易精通古代汉语,因此在书中大量引述《西洋朝贡典录》《瀛涯胜览》《星槎胜览》《殊域周咨录》《明实录》和《诸番志》等中国古代典籍,也引述冯承钧翻译的法国汉学家伯希和

---

[1] 中印联合编审委员会编,邵葆丽撰:《中印文化交流百科全书》,王凌男译,中国大百科全书出版社,2014,第503页。

[2] Haraprasad Ray, *Trade and Diplomacy in India-China Relations: A Study of Bengal during the Fifteenth Century* (Radiant Publishers, 1993). 书名翻译遵从季羡林先生的译法。

[3] Haraprasad Ray, ed., *Contribution of P. C. Bagchi on Sino-Indo Tibetology* (The Asiatic Society, 2002).

（Paul Pelliot，1878—1945）的《郑和下西洋考》等，还参考梁启超、师觉月、费正清、王赓武、张星烺等中外学者的成果。他深感研究印度古代历史必然面临史料严重匮乏的窘迫，因此在前期资料收集上下足了功夫。他说："毋庸讳言，印度研究中国历史、文明所需的文献资料仍然极度匮乏。这些文献资料散布于美国、东南亚、日本、英国以及中国的许多中国学研究中心。这也意味着研究中国必须足够富裕，方可满世界跑，或依赖于各种机构或基金会的旅费资助。"[1]

正如标题所言，该书主要探索明朝时期郑和下西洋前后的古代印度（包括孟加拉在内）、中国之间的贸易往来与外交关系。在书中，雷易充分利用中外一手、二手文献，对古代孟加拉与中国的贸易和外交关系做了全面的探索，得出了一些可信或较为可信的结论。关于郑和七下西洋的目的，学术界曾有各种说法，雷易的解释是："（郑和船队的）几次航海开始是政治和军事行动，后成为贸易活动。在我们这一阶段的研究中，很难全面评价印度洋的贸易结构。就明代航海而言，需要理解的重要一点是，它们是在印度洋重新进行政治扩张（political expansion）和国家贸易的极佳一例。这是中国贸易长期以来的典型特征，它可有效地抗衡伊斯兰商人的自由与荣誉。"[2] 这种说法是对郑和船队根本目的即"朝贡贸易"的某种误读。雷易还认为，通过研究可以发现，孟加拉倾心于孟中接触，而中国显然缺乏足够热情，这是因为科泽科德（即现在印度的港口城市卡里库特）作为贸易集散地或转口港的地位对中国更有吸引力。孟加拉的商人使团在孟中贸易中更为积极，他们把政治交往与商业之旅合二为一。"中国船队的指挥官郑和从未访问孟加拉，而他几度访问卡利库特并亲自参与贸易协商，充分说明这个港口对于中国的重

---

[1] Haraprasad Ray, *Trade and Diplomacy in India-China Relations: A Study of Bengal during the Fifteenth Century*, p. 10.

[2] Ibid., p. 136.

要性。"①

1994年7月27日，季羡林先生完成《中国制造瓷器术传入印度》一文。他在文章中引述元代汪大渊《岛夷志略》印证元代时瓷器已输出国外时，以雷易《研究》一书的113页至116页所绘图表和第185页注14为例进行说明。雷易在表中认为孟加拉从中国输入"青花白瓷"，季先生对此表示认可，但他对雷易认为李东阳《大明会典》没有列入"青花白瓷"表示异议并举例说明。②雷易的这本书于出版次年即获梵学与中印古代文化交流史研究权威季先生的高度重视，这本身就是对其学术价值的首肯。迄今为止，国内尚无此书译本，期待有识之士弥补这一缺憾。

雷易沿着《研究》一书的探索路径继续前进，于10年后即2003年出版了两部新著，即《公元前140年至公元1500年的印中贸易和贸易路线》(Trade and Trade Routes between India and China, c. 140 B. C. —A. D. 1500)和《印度东北部在印中关系中的地位及其在印度经济中的未来角色》(Northeast India's Place in India-China Relations and Its Future Role in India's Economy)。前一书是作者几十年间发表的论文集萃，他们以四大主题进行串联：贸易路线、贸易内容、中国与印度洋、印度的移民现象。③该书还附录了作者对玄奘《大唐西域记》的研究和相关段落选译，及作者回顾印度中国学发展史的一篇论文。该书的标题显示，作者试图将中印古代文化交流史的探索从明朝时期推至公元前后。在后一书中，雷易结合自己多年研究中印古代文化交流史的特长，在书中介绍了历史上印度与中国跨越喜马拉雅山天险的物质交流和精神联系。他还介绍了"南方丝绸之路"，并呼吁中国西南与印度东北发挥各自的地

---

① Haraprasad Ray, *Trade and Diplomacy in India-China Relations: A Study of Bengal during the Fifteenth Century*, p. 137.
② 季羡林：《季羡林全集》第14卷，外语教学与研究出版社，2010，第602—603页。
③ Haraprasad Ray, *Trade and Trade Routes between India and China, c. 140 B. C. —A. D. 1500* (Progressive Publishers, 2003).

理区位优势和物产优势,开展经贸交流与合作。他说:"为了实现这一伟大的事业,印度和中国必须采取确立信心的措施,致力于建设真正繁荣幸福的国家。记住这句格言:有志者事竟成!"①

雷易关于中国古代南亚史料的系列译本《中国典籍中的南亚史料译文:印中关系史研究资料》,自2004年至2011年共出版四卷。这套译丛将有力地促进印度相对滞后的中印古代文化交流史研究。该译丛第一卷主要选译秦朝、西汉、东汉、三国、刘宋、南齐、北魏、东魏和西魏等公元前3世纪至公元6世纪的涉及南亚的文化经典,选译的典籍包括《史记》《汉书》等;第二卷的副标题为"中国典籍中的古代印度地理",选译康泰的《吴时外国传》和《水经注》;第三卷的副标题为"佛教三部曲",选译三部典籍即《高僧传》《洛阳伽蓝记》和《释老志》的片段;第四卷的副标题为"印度关系黄金期(公元6世纪至10世纪)",选的典籍包括《梁书》《齐民要术》《艺文类聚》《法苑珠林》《册府元龟》《酉阳杂俎》等。由此可见,雷易大体上按照中国学者耿引曾等人选编的《中国载籍中南亚史料汇编》上册所载内容进行选译。②雷易的上述四本译著,篇幅在130页至300来页之间,但却浓缩了中国文化典籍所载南亚史料的精华,他对中国典籍的翻译在印度是首屈一指的壮举。当然,我们也不能忽视中国学者耿引曾的相关编著对印度学者的引领示范,雷易在著作中不止一次地提到她的大名以表谢忱。

(三)玛妲玉

在研究中印近现代关系史或文化交流史的印度学者中,出生于印度外交世家的汉学家、现已退休的德里大学东亚研究系中文教授玛妲玉及其相关研究成果不能忽视。笔者在印度向其请教时获悉,她曾自取既契合其印度姓名发音,又带有一丝浪漫色彩的中文名"单玛薇"。她是曾

---

① Haraprasad Ray, *Northeast India's Place in India-China Relations and Its Future Role in India's Economy* (Institute of Historical Studies, 2003), p. 134.
② 北京大学南亚研究所编:《中国载籍中南亚史料汇编》(上),上海古籍出版社,1994。

经担任印度驻中华民国专员和首任驻华大使的 K. P. S. 梅侬先生的外孙女。或许是受其外祖父的影响,她似乎对中国与中国研究有一种特殊的感情。中国学者林承节研究过殖民主义时期中印人民友好交往史,但玛姐玉却比其中国导师与同行缩小了探索范围,她的系列研究成果具有独特的创新价值。

就汉学研究而言,玛姐玉崭露头角的时期是 20 世纪末。2005 年,她出版了基于德里大学博士学位论文修改而成的代表作《在华印度人:1800—1949》(*Indians in China: 1800—1949*,下文简称"《印度人》"),探讨殖民主义时期在华印侨坎坷起伏的复杂命运,也探讨他们在中印近现代关系史中的地位及对当代中印关系的深远影响。就近现代中印关系史研究而言,玛姐玉以其视角独特的钩沉和思考走在了中印学界的前列。①

19 世纪初到 20 世纪中叶,印度来华人士主要聚集在新疆、上海、广州和香港等地,他们有的在中国西部和东部从事商业贸易,有的在中国内地和香港担任士兵、警察和卫兵,充当替英国殖民者卖力卖命的雇佣兵。因此,在《印度人》一书中,玛姐玉把在华印侨分为三大群体进行研究。她在该书开头写道:"本研究探索相对被忽略的中印关系的一个时期,这便是 19 世纪和 20 世纪初。此外,它尝试从大体上无人探索的一种视角切入,这便是这一时期在中国居住的印度人群体。"② 她还指出:"19 世纪,最重要的一个发展是,中国人对印度的形象认知在逐渐地发生改变。"③ 玛姐玉不仅揭示了殖民主义时期一个特殊印度群体的历史命运,还解释了当代中印文化交流基础薄弱以致中印关系跌宕起伏的历史原因。该书虽为历史研究著作,但却包含着非常丰富的信息,值得研究中印关系史和世界现代史的学者关注。

---

① 关于此书的评述,参阅尹锡南:《在历史深处钩沉和思考中印关系:简评玛姐玉的〈在华印度人:1800—1949〉》,《东南亚南亚研究》2011 年第 2 期,第 84—88 页。

② Madhavi Thampi, *Indians in China: 1800—1949* (Manohar Publishers, 2005), p. 13.

③ Ibid., p. 221.

2009年，玛妲玉与夏丽妮·萨克塞纳合作出版《中国与孟买的建设》(China and the Making of Bombay)。此书着力考察中国、英属印度和大英帝国之间的鸦片贸易如何惠及孟买的经济发展、社会进步和文化变迁。二位作者在书中认为，与早期中印贸易伴随着文化价值观的对华传播不同，近代时期孟买和中国的关系却"呈现出一幅不同的风貌"[1]。这种"不同"便是中国文化借着贸易的风帆，对孟买的社会生活产生了微妙的影响。孟买人对中国纺织艺术的欣赏和吸纳改造，并非是对西方时尚完全的机械复制，而是"通过印度的情趣和传统进行过滤"[2]。

可以说，通过她们基于印度文献和中国文献的不断探索，一些似乎将永远沉入地表的历史真相正在逐渐被打捞出水。这为中印学界、特别是中印关系史研究界提供了弥足珍贵的参考资料，也使人们对中国文化如何影响近代印度社会生活的情况有了一点基本了解。

2005年，玛妲玉主编的论文集《殖民主义世界的印度与中国》(India and China in the Colonial World)在新德里出版。这是2000年新德里中国研究所与印度国际中心合作举办的"殖民与帝国主义时期印度与中国的交流"国际学术研讨会的论文集。玛妲玉在"引言"里指出："印度和中国的学者们在研究中印两国关系时，很少愿意关注19世纪。人们可以揣测，理由是这段历史总体上是不幸的。"[3]该文集的特色在于，它"在主流的印中关系研究领域填补了许多空白"[4]。

（四）嘉玛希

印度贝纳勒斯印度大学（Banaras Hindu University）人文学院前任院长、现已退休的中文教授嘉玛希也是参与《中印文化交流百科全

---

[1] Madhavi Thampi and Shalini Saksena, *China and the Making of Bombay* (The K. R. Cama Oriental Institute, 2009), p. 94.
[2] Ibid., p. 101.
[3] Madhavi Thampi, ed., *India and China in the Colonial World* (Social Science Press, 2005), p. 3.
[4] Ibid., p. 4.

书》的印方学者之一。他早年在美国威斯康星大学获得博士学位，导师为美国著名中国学家莫里斯·迈斯纳（Maurice Meisner）。1989年，嘉玛希在美国普林斯顿大学出版社出版其博士论文《中国的农民社会与马克思主义知识分子：方志敏和信江地区革命运动的起源》(*Peasant Society and Marxist Intellectuals in China: Fang Zhimin and the Origin of a Revolutionary Movement in the Xinjiang Region*，下文简称"《起源》"）。嘉玛希还主持过一些关于印度的中国认知的项目，发表过一些相关的论文。根据笔者2017年11月初在印度国际大学对嘉玛希的访谈得知，他与其他两位学者英译的《在华十三月》于2017年出版。[1] 该书是20世纪初来华印度士兵的印地语日记，国内学者林承节等早已介绍过此书，但它一直没有完整的中译本。这是嘉玛希等人对中印近现代关系史研究做出的新贡献，其功劳值得两国学界肯定。

从《起源》所附参考文献看，嘉玛希不仅引用了1949年以前中国出版的著作、发表的论文，还参考了1949年后的许多出版物，并大量参考美国出版的中国研究著作与未出版的博士学位论文。关于此书的写作旨趣，嘉玛希在"序言"中自述道："本研究聚焦方志敏的革命信仰和实践，我希望这将促进人们理解那些为基层革命做出贡献的领袖。"[2] 通观全书，前五章共130多页的篇幅探讨的是方志敏所在的江西地区农村经济发展史或乡村变化史，后几章共100多页的篇幅论述方志敏的理论发展及其领导的革命实践。这种结构安排似乎暗示，美国汉学家莫里斯·迈斯纳的马克思主义思想在某种程度上影响了嘉玛希的早期学术思维，它也说明，方志敏的革命思想及其实践是建立在中国农村具体的历

---

[1] Anand A. Yang, Kamal Sheel and Ranjana Sheel, tr., *Thirteen Months in China: A Subaltern Indian and the Colonial World, An Annotated Translation of Thakur Gadadhar Singh's Chin Me Terah Mas* (Oxford University Press, 2017).

[2] Kamal Sheel, *Peasant Society and Marxist Intellectuals in China: Fang Zhimin and the Origin of a Revolutionary Movement in the Xinjiang Region*, "Preface" (Princeton University Press, 1989), p. xiv.

史土壤之上的。关于方志敏的革命思想，嘉玛希认为，它有一个转变的过程。在详细介绍方志敏青年时代的曲折经历后，嘉玛希观察到这样一个事实："确信新的科学技术本身不能解决当代中国问题后，方的注意力更多地转向研究政治学和新的激进思想。"[1]他说，之所以研究方志敏的革命历史，主要是想说明这样一个道理：不能忽视革命运动中农民的核心作用。"因此，在中国共产主义革命及此后的时期，农民成为最终的胜利者。"[2]

嘉玛希借助马克思主义理论和葛兰西（Antonio Gramsci，1891—1937）、法侬（Frantz Fanon，1925—1961）等当代西方思想家的话语，对以方志敏为代表的一支中国农民革命力量做了力所能及的分析和论述，显示了印度学者对美国汉学的学习与继承。但是，客观地看，嘉玛希的论述存在一些缺憾，例如，他在结论中强调方志敏的个案，说明农民对于中国革命的特殊重要性，但却忽略了中国共产党对农民运动和革命军队的科学指导。这说明，印度学者若要深入研究中国革命与中国共产党人，尚需加深对中国共产党的认识，加深对中国革命历史语境的理解。

（五）狄伯杰

狄伯杰是尼赫鲁大学中国与东南亚研究中心教授、中印关系研究专家、《论语》和《孟子》的首位印地语译者。他的主要研究方向为中印关系、中国历史。其印度导师为哈拉普拉萨德·雷易，中国导师为林承节。他从研究中印近现代关系史起家，后不断拓展研究范围，涉猎了中国农业经济、中印政治关系等领域，并不间断地从事中国古代文学经典翻译。2017年5月，狄伯杰的英文传记《中国情缘》（*Tryst with China*）在北京翻译出版，他因此成为健在的印度汉学家中第一位在华出版传记

---

[1] Kamal Sheel, *Peasant Society and Marxist Intellectuals in China: Fang Zhimin and the Origin of a Revolutionary Movement in the Xinjiang Region*, "Preface" (Princeton University Press, 1989), p. 149.

[2] Ibid., p. 241.

的人。目前，狄伯杰还是中印两国政府联合设立的"中印经典和当代作品互译出版项目"的印方负责人，他将协调印方人士以印地语翻译25种中国经典和当代作品。

狄伯杰正处于中青年学者的学术黄金期，其治学之路前景可期，目前对其已有成果进行归类或对其学者身份进行严格界定，均为时尚早或非常不妥，因此，此处主要对其两部中印关系史代表作略做介绍。

《20世纪前半叶的中印关系》(India-China Relations in the First Half of the 20th Century)出版于2001年。狄伯杰在书中引用和参考了曾国藩、谭云山、季羡林、耿引曾、张星烺等人的汉语文献，也引用了《中央日报》等民国报刊，并参考了印度与西方的大量英文资料，参考资料丰富广泛。作者借助大量一手历史文献，力求客观而理性地叙述中印近现代友好交流史，此种治学风格与作者的中国导师林承节相当接近。狄伯杰在书中形象地指出："解放以后的中印关系，是一部友好、倒退、正常（friendship, setbacks and normalization）的历史。"①

2005年，狄伯杰出版了涉及范围更广的史学著作即《1904—2004年的印度与中国：一个世纪的和平与冲突》(India & China: 1904—2004, A Century of Peace and Conflict)。该书除"引言"外，正文共十章。从作者所附参考文献看，他一如既往地重视中西文资料的参考利用，将中国学者王宏纬和吕昭义的著作均纳入参考范围。该书与2001年出版的《20世纪前半叶的中印关系》差异明显，因为后者重在梳理20世纪前半叶的中印友好交往史，前者则集中笔力探讨英属印度时期至21世纪初的中印百年政治关系。狄伯杰认为20世纪的中印关系仍旧面临两国学界几乎达成共识的三大"顽症"：边界问题、西藏问题和中巴友好关系问题。②

---

① B. R. Deepak, *India-China Relations in the First Half of the 20th Century* (A. P. H. Publishing Corporation, 2001), p. 16.

② B. R. Deepak, *India & China: 1904—2004, A Century of Peace and Conflict* (Manak Publications, 2005), pp. 438-450.

（六）沈丹森

印裔美国学者沈丹森与狄伯杰一样，也有长期留学中国的经历。他是印度著名知华派学者沈纳兰（Narayana C. Sen，1955年为唯一的在华印度留学生，1982—1992年在北京外文出版社工作）的儿子。他曾在北京大学学习汉语多年，完成了本科和硕士学业后赴美继续求学，在美国宾夕法尼亚大学获得博士学位，其博士论文《佛教、外交与贸易：公元600—1400年中印关系的转型》(*Buddhism, Diplomacy, and Trade: The Realignment of Sino-Indian Relations, 600—1400*，下文简称"《佛教》"）2003年在美国出版。这本书涉及中印古代宗教联系与贸易关系，是其在中国、日本和印度三地进行学术调研的基础上完成的。

《佛教》主要研究唐代至明代时期以佛教为纽带的中印关系，属于典型的佛教史和中印古代关系史著作。沈丹森精通中文、日文和梵文等涉及佛教研究的重要语言，并掌握了大量第一手资料，这些都充分保证了该书的学术质量。他在书中引述了汪大渊、刘欣如、许理和（Erik Zurcher）、冉云华等古代和现代学者的观点。沈丹森以佛教和贸易作为释读800年中印古代关系史的两把"金钥匙"，逻辑非常清晰。

沈丹森认为，公元7世纪至15世纪之间的中印关系，已经发生了重要的结构性调整。公元10世纪前，佛教是中印交流的轴心，而11世纪以后，中国的商业市场和不断发展的大陆贸易逐渐成为"双边关系的主要动力"[1]。沈丹森说，他的书主要就是探讨跨越800年的中印交流转型的原因。

在论述11世纪前后中印关系开始转型或进入所谓的重组、调整（realignment）阶段时，沈丹森敏锐地观察到宋代佛教翻译出现的怪相，即译经质量下降和译经事业大幅衰落的历史事实。他发现，在宋代，官方而非佛教徒可以决定译经的内容。到了后来，儒家士大夫阶层和一

---

[1] Tansen Sen, *Buddhism, Diplomacy, and Trade: The Realignment of Sino-Indian Relations, 600—1400* (University of Hawai Press, 2003), p. 2.

些信佛的译经师也要求终止官办的译场。此外，宋朝时期，来华的印度佛教徒并未绝迹，而翻译佛教经典的合格人手缺乏，但他们并未参与其中。另一些来华的印度佛教徒则为贸易盈利而来。此外，宋代佛教徒倾向于开宗立派，促进佛教中国化，这也是宋代佛经翻译质量不佳的一个重要原因。① 本土的各派中国佛教开始流行，佛教徒们开始自觉或不自觉地与印度佛教的原始教义拉开某种距离，因此，就佛教经典翻译而言，它对传播印度佛教新教义没有什么实质性的意义。沈丹森继而指出，此后佛教在中印文化交流中的作用下降，宋代中印贸易往来却呈现出一些新的重要特征：非佛教商人来华，贸易路线发生变化，与伊斯兰教有联系的海路贸易地位上升，非宗教的奢侈品与大宗贸易显著增加。②

换句话说，公元11世纪至12世纪，中印贸易开始活跃，在14世纪至15世纪达到高峰。"因此，在第二个千年的开头，中印关系不再以佛教信仰（Buddhist theology）为轴心，也不再以佛教在中国的传播来定义。奇怪的是，佛教在中印交流中的作用下降，对中印两地的贸易规模影响甚微。"③ 沈丹森指出，公元11世纪至15世纪不断增长的"洲际贸易"（intercontinental trade），促进了印度和中国的经济发展，为中印手工制造业的发展做出了贡献，也给亚洲人民的社会文化生活带来了巨大的变化。"然而，与第一个千年的商业活动不同，这种全球贸易（global trade）没有在印度和中国之间产生理想的文化思想交流。"④ 除了在印度马拉巴海岸可以看见一些中国渔网的历史遗迹外，五百年间频繁的中印贸易，似乎没有激起什么重要的思想交流。佛教联系的断裂，负责阐释和学习对方文化传统的机构缺失，以前伴随商业贸易所进行的改

---

① Tansen Sen, *Buddhism, Diplomacy, and Trade: The Realignment of Sino-Indian Relations, 600—1400* (University of Hawai Press, 2003), pp. 105-126.

② Ibid., p. 142.

③ Tansen Sen, op. cit., p. 197.

④ Ibid., p. 242.

宗信仰和礼佛活动风光不再，这些是中印思想交流几乎陷入停滞的重要原因。"因此，尽管在第二个千年的头五百年间，中印交流仍令人瞩目，但社会变化与思想融合（syncretism）的进程不再重现，此前中印佛教交流时期便以这一变化和融合为标志。"[1]

沈丹森书中的相关思考，为中印古代文化交流史和中外关系史研究注入了新的元素，给国内相关领域的学者以不同程度的启示。

综上所述，半个多世纪以来，印度汉学界对中国历史的探索和研究逐渐增多，成果质量显著提高。迄今为止，国内对印度学界的中国历史研究少人问津，这在当今中印学术互动、人文交流不断增加的时代背景下，显然是不理想的。中印学界应以关注、思考印度的中国历史研究为契机，加强学术沟通、思想对话，为"一带一路"建设背景下的中印人文交流做出应有的贡献。

（尹锡南　四川大学南亚研究所）

---

[1] Tansen Sen, *Buddhism, Diplomacy, and Trade: The Realignment of Sino-Indian Relations, 600—1400* (University of Hawai Press, 2003), p. 2.

韩国关于丝绸之路的研究述评*

□ 吴　浩　欧阳骞

一、韩国丝绸之路研究的历史分期

德国地理学家李希霍芬（Ferdinand von Richthofen，1833—1905）在其著作《中国——亲身旅行的成果和以之为根据的研究》（*China, Ergebnisse eigener Reisen und darauf gegründete Studien*，1877）一书中，首次提出"丝绸之路"（Seidenstraße）概念。李希霍芬将丝绸之路定义为："从公元前114年到公元127年间，连接中国与河中（指中亚阿姆河与锡尔河之间）以及中国与印度，以丝绸之路贸易为媒介的西域交通路线。"①

---

* 本文为2021年度教育部人文社会科学研究一般项目"促进民心相通构建人文共同体路径研究"（项目号：21YJCZH177）阶段性成果。本文首发于《国际汉学》总第33期，2022年第4期。

① Ferdinand von Richthofen, *China, Ergebnisse eigener Reisen und darauf gegründete Studien*, Bd. 1 (Berlin, 1877), p. 454. 转引自林梅村《丝绸之路考古十五讲》，北京大学出版社，2006，第2页。

随着对丝绸之路研究的不断深入，林梅村、郑守一（Jeong suil）等中外学者对丝绸之路的定义提出了不同的理解。中国学者林梅村认为丝绸之路是"古代和中世纪从黄河流域和长江流域，经印度、中亚、西亚连接北非和欧洲，以丝绸贸易为主要媒介的文化交流之路"[①]。韩国学者郑守一认为："'丝绸之路'是人类自古以来就利用的远程贸易通道和文明交流通道的标志性名称。"[②]

丝绸之路作为东西方文明交流之路的概念得到丰富和拓展，丝绸之路研究在国际学术界成为一门显学。韩国丝绸之路研究在国际学术界亦占有一席之地。经过几代学人的不懈努力，韩国丝绸之路研究已形成较完整的学术体系，在学术研究与人文交流方面取得丰硕成果。

韩国外国语大学丝绸之路研究中心金贤珠（Kim Hyun-Joo）以韩国国会图书馆、韩国学术期刊数据库 RISS，DBpia 收录的丝绸之路相关文献为基础，将1951年至2018年的韩国丝绸之路研究分为三个时期进行考察：萌芽时期（1951—1990）、发展时期（1991—2005）、扎根时期（2006—2018）（见图1）。[③]

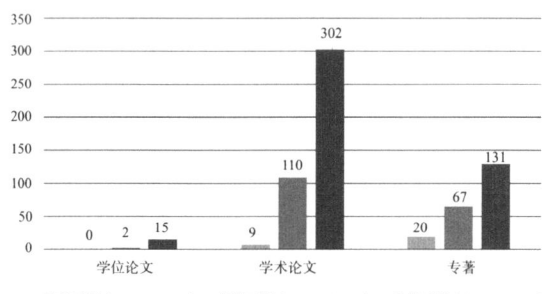

资料来源：根据金贤珠论文《韩国丝绸之路研究的现状与展望》中的部分内容整理而成。

图1　韩国丝绸之路研究成果阶段性数量变化对比图

---

① 林梅村：《丝绸之路考古十五讲》，第4页。
② ［韩］郑守一：《丝绸之路学》（《실크로드학》），创作与批评社，2001，第17—31页。以下版本同。
③ ［韩］金贤珠：《韩国丝绸之路研究的现状与展望》（〈한국 실크로드연구의 현황과 전망〉），载《韩国文明交流研究所创立10周年纪念国际学术大会论文集》，2018，第47页。以下版本同。

金贤珠认为,韩国大韩蚕丝会于1954年创办《丝绸之路》(《실크로드》)定期刊物,是萌芽时期的标志性事件,对丝绸之路历史和文化的考察成为这一时期韩国丝绸之路研究的主流。发展时期,韩国学界提出"丝绸之路学",韩国丝绸之路研究聚焦艺术、经贸等领域。扎根时期,韩国丝绸之路研究在理论研究的基础上不断推进人文交流实践,跨学科交叉研究成果不断涌现,"丝绸之路学"学科地位得以确立:"通过对丝绸之路概论性的理解和研究,推进体现文明交流精神的实践探索,并关注与各领域的联系,实为扩大韩国丝绸之路研究的基础。"[1]

由此可见,20世纪中叶以降,韩国学界从探究朝鲜半岛与丝绸之路的历史联系出发,对丝绸之路概念范畴进行界定,倚重跨学科交叉研究与比较研究方法,推进丝绸之路主题人文交流实践,推动建立韩国"丝绸之路学",在国际学术界产生影响。

近年来,韩国社会各界对丝绸之路的关注度增强。韩国的丝绸之路研究呈现出高校科研机构与民间学术团体比翼齐飞的特点,丝绸之路作为宏大的跨学科知识体系和概念集合得到广泛研究和普及。

从20世纪80年代开始,韩国多所高校在考古学、敦煌学、佛学等丝绸之路相关领域研究的基础上,成立二级学院或研究机构,致力于在人才培养、科学研究、社会服务和人文交流方面推进韩国丝绸之路研究。随着韩国丝绸之路理论研究与人文交流的不断推进,韩国海路研究会、敦煌学会、中亚学会、文明交流研究所、"一带一路"研究院等民间学术团体也成为韩国丝绸之路与"一带一路"研究的重要力量。

---

[1] [韩]金贤珠:《韩国丝绸之路研究的现状与展望》(〈한국 실크로드연구의 현황과 전망〉),载《韩国文明交流研究所创立10周年纪念国际学术大会论文集》,2018,第47页。以下版本同。

二、韩国丝绸之路研究的代表人物

（一）郑守一

郑守一是韩国"丝绸之路学""文明交流学"的重要奠基人，在对丝绸之路进行史地学考察的基础上，他探讨朝鲜半岛与丝绸之路的历史联系，明确丝绸之路研究的学术宗旨，推动韩国丝绸之路研究的理论体系建构。

郑守一对丝绸之路的研究源于对东西方文明交流史中朝鲜半岛与丝绸之路关系的考察，致力于推动丝绸之路概念的丰富与拓展，为韩国"丝绸之路学"奠定理论根基。

1.丝绸之路地理概念的延伸与拓展

郑守一从文明交流的角度出发，阐述丝绸之路地理概念的拓展。他认为文明在空间意义上的变化移动构成了文明交流，而这种交流的途径具体表现为丝绸之路概念的拓展。"广义上，丝绸之路在2—3万年前随着人类迁徙而开始开拓，但直到120多年前才被发现其真实存在。丝绸之路不仅是单线的延长，还是复线和网状的扩大。"[1]

郑守一认为，丝绸之路作为一条覆盖新旧大陆的环地球性文明交流通道，其地理路线经历了四个阶段的延伸与拓展：

> 第一阶段为中国—印度路线，以李希霍芬的相关研究为代表。第二阶段为中国—叙利亚路线，以德国学者赫尔曼（Albert Hermann，1886—1945）的相关研究为代表。第三阶段丝绸之路分别向东、西延长至中国东南沿海和意大利罗马，成为名副其实的四通八达网状通道。第四阶段发展为环地球海路。作为文明交流的海上通道，海上丝绸之路是由海的一体性和连贯性所衍生的必然现

---

[1] ［韩］金贤珠:《韩国丝绸之路研究的现状与展望》(〈한국 실크로드연구의 현황과 전망〉)，载《韩国文明交流研究所创立10周年纪念国际学术大会论文集》，2018，第47页。

象，其航路从未间断，这就是海上丝绸之路特有的环地球性。郑和七下西洋、哥伦布四次跨大西洋航行、麦哲伦环球之旅等皆可印证通往新大陆的环地球海路已经形成。①

2.陆海视角下对朝鲜半岛与丝绸之路关系的探讨

丝绸之路作为欧亚大陆文明交流与友好往来的重要通道，向西延伸至地中海区域，向东延伸至朝鲜半岛，无论是通过史料文献研究还是地下考古发现都可以得到很好的印证。

郑守一的丝绸之路研究包含对陆上与海上丝绸之路所涵盖地理空间和功能概念的认知和拓展，并将其应用于对朝鲜半岛与丝绸之路的关系探讨之中。

在陆上丝绸之路层面，郑守一认为："在汉唐时期，朝鲜半岛和西域之间的往来交流之路，是西域至中原或蒙古草原一带横贯东西的丝绸之路绿洲路和草原路的东向延长线。"②

在海上丝绸之路层面，郑守一从东北亚海域与海路问题研究出发进行论证：

> 唐与新罗、宋与高丽之间往来的东北亚海路的发现，不仅突破了陆上丝绸之路的传统观念，为海路延长至朝鲜半岛提供例证，还为探究东北亚海域内最为活跃的中韩文明交流提供重要借鉴。对东北亚

---

① ［韩］郑守一:《东北亚三国对丝绸之路基本概念的认识》(〈실크로드의 기본개념에 관한 동북아 3 국의 인식〉)，载《韩国文明交流研究所创立 10 周年纪念国际学术大会论文集》，2018，第3—5页。

② ［韩］郑守一:《高句丽与西域关系试考》(〈高句麗와 西域關係試考〉)，载《高句丽渤海研究》(《고구려발해연구》) 2002 年第 14 期，第 11 页。

195

海域与海路问题的研究成为探究海上丝绸之路环地球性的重要内容。①

通过对史书文献的考察，郑守一将唐与新罗间的往来海路分为"南北沿海路""北方横断路"和"南方斜断路"。"南北沿海路"是沿着朝鲜半岛的西南海沿岸和中国的东北海及东南海沿岸向南北延伸的海路。"北方横断路"是从朝鲜半岛的西南海沿岸连接中国黄海及山东半岛沿岸。"南方斜断路"是从朝鲜半岛的西南海沿岸连接中国东南沿海的海路。②

郑守一认为，北宋与高丽的往来海路基本继承前一时期的路线，到南宋时期，由于南宋政权偏安一隅，"南方斜断路"成为东北亚地区的核心海路。例如，郑守一通过对高丽初期阿拉伯商人涌入开城的考察，认为这是由于阿拉伯商人途径"南方斜断路"西端城市明州（今宁波）、泉州，并沿着东向既有海路到达朝鲜半岛，这也为海上丝绸之路在朝鲜半岛的延伸提供了很好的例证。③

3. 推动建立韩国"丝绸之路学"

郑守一将丝绸之路看作文明交流的媒介，认为丝绸之路推动文明产生，对丝绸之路的研究是对文明尤其是对文明交流研究的前提。

郑守一将东西方文明交流命名为"丝绸之路学"。郑守一的著作《丝绸之路学》（《실크로드학》，2001）即从朝鲜半岛与丝绸之路的关系探讨出发，对丝绸之路的概念范畴、功能范畴、构成范畴等进行系统的阐述，在此基础上推动建立韩国"丝绸之路学"。

---

① ［韩］郑守一：《第一部：通过海上丝绸之路的韩中海上交流；东北亚海路考——以罗唐海路与吕宋海路为中心》（〈제1부：해상 실크로드를 통한 한, 중 해상교류；동북아해로고（東北亞海路考）- 나당해로와 여송해로를 중심으로 -〉），载《文明交流研究》（《문명교류연구》）2001 年第 2 期，第 63 页。

② ［韩］郑守一：《第一部：通过海上丝绸之路的韩中海上交流；东北亚海路考——以罗唐海路与吕宋海路为中心》（〈제1부：해상 실크로드를 통한 한, 중 해상교류；동북아해로고（東北亞海路考）- 나당해로와 여송해로를 중심으로 -〉），载《文明交流研究》（《문명교류연구》）2001 年第 2 期，第 43 页。

③ 同上，第 61—62 页。

此外，郑守一编撰了一系列著作，如《丝绸之路文明纪行》(《실크로드 문명기행》，2006)、《文明谈论与文明交流》(《문명담론과 문명교류》，2009)、《走向草原丝绸之路》(《초원 실크로드를 가다》，2010)、《丝绸之路词典》(《실크로드사전》，2013)《海上丝绸之路词典》(《해상 실크 로드 사전》，2014)等，为推动建立韩国"丝绸之路学"提供重要的理论基础与学术支撑。其中，《丝绸之路词典》对丝绸之路的历史、地理、人文、宗教等进行详细梳理，成为韩国丝绸之路研究乃至国际丝绸之路研究学界的重要工具书。

基于早期对朝鲜半岛与丝绸之路关系的考察，郑守一致力于推进对丝绸之路概念的重新定位与理论体系的建构，为韩国丝绸之路研究奠定理论基础，并从文明交流研究的视角推动建立韩国"丝绸之路学"，也对陆海视角下韩国与丝绸之路的关系探讨提供理论参考。

中国"一带一路"倡议提出以来，韩国"欧亚倡议""新北方政策""新南方政策"开启与"一带一路"倡议对接进程，为韩国"丝绸之路学"的丰富与发展提供新的契机，研究领域和主题多元化，应用型成果凸显。

（二）高炳翊（Go Byeong-Ik）

"丝绸之路引领了东亚历史学的近代化，而高炳翊对东亚历史的研究成为重新审视丝绸之路的基础。"[1] 这是金贤珠对高炳翊在丝绸之路研究领域贡献的评论。作为韩国第一代东亚史研究学者，高炳翊将东亚地区看作一个单位进行研究，重点考察东亚各民族在中国唐宋元时期的交往对韩国历史学研究的启蒙意义。高炳翊的研究不仅为韩国丝绸之路研究提供重要史料参考和历史研究视角，也为海上交流史框架下的丝绸之路研究、东亚区域合作研究等奠定重要基础。

高炳翊从对慧超《往五天竺国传》的研究开始，关注朝鲜半岛与包

---

[1] ［韩］金贤珠：《韩国丝绸之路研究的现状与展望》，第49页。

括中国在内的亚洲其他地区的交流与往来，尤其注重对海上交流史的研究，为韩国以及亚洲学界关于海上丝绸之路的考察提供历史研究的视角。

1. 对新罗僧人慧超西行路线的考证

对新罗僧人慧超西行的考察，是高炳翊从东亚与中亚地区交流史研究逐步转向亚洲海上交流史以及东亚交流史研究的重要内容。

高炳翊 1959 年撰写《慧超往五天竺国传研究史略》(〈혜초왕오천축국전연구사략〉)一文，对国际学术界关于慧超《往五天竺国传》的研究进行了系统梳理，引发韩国史学界对东亚海上交流史的关注和讨论。

1983 年，作为韩国放送社（한국방송공사）的学术顾问，高炳翊沿着慧超的足迹实地探访了东南亚和印度。此次实地考察对其校勘、释译慧超《往五天竺国传》，了解当地风土人情有很大帮助。在结束考察之后，高炳翊撰写《对慧超印度往路的考察》(〈혜초의印度往路에 대한 고찰〉, 1987) 一文，提出了以下观点：慧超在前往印度的途中曾到访印度支那半岛，从那里经过苏门答腊岛室利佛逝国、马来半岛西边的裸行国（一说是尼科巴群岛），在印度加尔各答附近耽摩栗底港登陆。[①]

高炳翊实地勘察慧超西行路线，在此基础上对相关文献中所记载的慧超通过海路抵达天竺国的历史进行考证，为亚洲海上交流史研究提供参考。此后，高炳翊进一步聚焦东亚交流史，将海上丝绸之路研究置于东亚史研究的框架之下，尤其注重高丽与宋元的交流考察。

2. 对高丽与宋朝经海路往来的考察

高炳翊通过文献研究，考证高丽与宋朝的使者往来与通商贸易：

> 高丽与宋无论是使者往来，还是通商贸易，都是通过海路实现的。根据高丽和宋之间使者往来的记录，北宋近 200 年间，高丽出使北宋约 60 次，北宋出使高丽约 30 次。在高丽和宋代往来的 320 年间，官方断绝往来的时间约占一半，但商人来往从未断绝。仅从

---

① ［韩］高炳翊：《七十自述》，载《韩国史市民讲座》1994 年第 14 期，第 171 页。

现有的记录来看，1012年至1278年，高丽与宋共有120多次通商的记录，往来人员约5000名，其中福建泉州人居多。苏东坡写道"窃闻泉州多有海船入高丽，往来买卖"，这些商人中部分人留了下来，因此有"王城有华人数百，多闽人"的说法。①

有鉴于此，高炳翊在进一步研究中提出，高丽与宋朝贸易往来主要依靠宋朝的商人和商船：

《宋史·高丽传》中曾提及：高丽海船到达过中国东海岸的明州、登州等地，但几乎看不到高丽商船的踪迹。徐兢说高丽人不会养蚕，所以丝绸织品都来自于中国山东、浙江的商贩。高丽货物出口到宋朝也有很多，但我认为主要还是依靠宋商和宋船。②

3. 对高丽与元朝经陆路往来的考察

高炳翊认为，高丽和元朝的官方关系超越了以往任一历史时期。这一时期，高丽与元朝的往来主要通过陆路实现。他认为主要有两方面原因：

一是因为元朝成立，北方统一，两国首都间的其他反对势力不再存在，使者、官吏、商人以及高丽王的行旅均通过陆路。二是首都作为政治经济中心，元朝首都大都位于北方，从距离上来看通过陆路往来两国首都更近。虽然陆路运输不便，但更加安全。③

然而，与宋不同，高炳翊发现史籍中几乎没有元朝商人来到高丽的记录，他认为主要原因可能是两国没有海上的交流与往来。而在高丽商人去往元朝贸易的记录中有："忠烈王二十一年（1295）派遣中郎

---

① ［韩］高炳翊：《历代东亚的海上交通》，载《震檀学报》1991年第71、72期，第303页。
② ［韩］高炳翊：《历代东亚的海上交通》，载《震檀学报》1991年第71、72期，第304页。
③ 同上，第304—305页。

将宋瑛,渡海前往山东益都交易高丽布匹一万四千匹(《高丽史》卷七十九)。忠肃王元年(1314)派遣学者前往中国江南购买书籍(《高丽史》卷三十四)……"①

高炳翊认为,宋代商人往来高丽除通商贸易外,还肩负着维系两国关系的政治使命,因此在史书中记录颇多。然而,元朝商人往来高丽的目的在于单纯的贸易往来,政治意义色彩淡薄,因此在官方文献中鲜有记载。总体而言,元朝商人前往高丽的积极性和能力都大不如前,相比之下,南海贸易更具吸引力。

(三)权宁弼(Gwon Young-Pil)

权宁弼在韩国国立中央博物馆就职时,对当时馆内收藏的各类中亚文物产生学术兴趣,由此开始其中亚研究学术生涯,致力于推动韩国中亚美术研究的革新。权宁弼将韩国中亚研究分为三个阶段,他认为:"韩国中亚研究的第二阶段(1946—1979)形成了以西域学、东西交流史和中亚史学为代表的研究大类,且体现出与丝绸之路学融合的趋势。"②

权宁弼以中亚研究为基础,从考古美术学的视角出发,探讨丝绸之路与韩国的历史联系,强调丝绸之路文化的"共通性"与"交流性"。

1.考古美术学视角下对丝绸之路与韩国关系的研究

权宁弼从中亚美术研究出发,探讨丝绸之路在韩国与中亚艺术交流中的作用,并以考古美术学为研究视角,提出将丝绸之路的东段延长至韩国庆州。

权宁弼通过对比各历史时期韩国与中亚文物的艺术风格与造型样式,找出其内在联系,并将中亚美术与韩国美术的共有特征概括为"朴素主义",质朴简单、崇尚自然的艺术理念正是丝绸之路赋予韩国美术

---

① [韩]高炳翊:《历代东亚的海上交通》,载《震檀学报》1991年第71、72期,第305页。
② [韩]权宁弼:《韩国中亚学的渊源》(《한국중앙아시아학의연원》),载《中亚研究》(《중앙아시아연구》)2015年第20期,第5页。

的内在品格与特质。

权宁弼经美术考古研究发现，中亚地区的艺术特色在新罗时期文物中多有体现：

> 如古时作为化妆器具的"奁"，中亚地区和朝鲜半岛出土的奁都少有装饰和绚丽的色彩，体现了共同追求的朴素淡泊之美。再如三国时期的琉璃制品，考古资料显示出土的公元2到6世纪的琉璃材质多属于罗马琉璃，且琉璃制品的造型样式也与西方琉璃制品有巨大的相似性，在皇南大冢出土的凤首瓶便是其中的代表文物。琉璃制品以初期的草原丝绸之路为中心，是与古代朝鲜文化最具相关性的文物，可以看作探寻从草原到庆州路线的一大线索。①

权宁弼认为，作为"丝绸之路"概念的提出者，李希霍芬对东亚美术的研究有着近乎美术史学家的审美眼光。在权宁弼看来，李希霍芬的研究中多次涉及韩国，在李希霍芬所引证的阿拉伯文献中也有对新罗的记载，这表示丝绸之路的东段可以延长至新罗，这为韩国丝绸之路研究与中亚研究的结合提供了新的视角。②

2. 对丝绸之路文化"共通性""交流性"的认识

作为韩国中亚文化研究的代表人物，权宁弼改变了此前韩国学界将中亚文化研究边缘化的倾向，强调中亚文化的独特性对于探讨丝绸之路文化特质的意义，进而说明中亚文化研究在韩国丝绸之路研究中的重要地位。

---

① ［韩］权宁弼：《韩国丝绸之路美术研究的新开始——读〈丝绸之路与庆州〉（闵丙勋著）有感》（〈한국 실크로드 미술연구의 새로운 시작—『실크로드와 경주』（민병훈저）를읽고서〉），载《中亚研究》2015年第20期，第153—162页。

② ［韩］周秀完（音）：《评〈丝绸之路的精神气质——凉爽的风气〉（权宁弼著）》（〈［서평］『실크로드의 에토스 - 선하고 신나는기풍』（권영필지음）〉），载《中亚研究》2018年第23期，第183页。

以中亚文化研究为基础,权宁弼将唯物主义美术史观运用于丝绸之路美术研究之中。他重视围绕美术的客观环境和历史条件,认为美术范式被特定时空背景下的艺术功能所支配。

拉丁语"Lentus"是权宁弼丝绸之路美术研究的关键词和核心概念,"Lentus"的含义是"长期持续的传统"。权宁弼在研究中着重考察丝绸之路在历史长时段对民族文化艺术的影响。①

他认为,丝绸之路在促进不同文化之间交流与融合的同时,也塑造了深入民族品格的艺术追求。此种"共通性"不是单纯的由东向西或由西向东移动的概念,而是经丝绸之路创造并散播的概念。权宁弼在此基础上摆脱了单线文化传播论,不以二分法区分韩国文化中的外来要素和内在要素,而是将丝绸之路文化视为"不断沟通的、人类普遍的精神产物"②。

以上述理论为基础,权宁弼进一步探讨了丝绸之路的黄金文化及其所反映出来的丝绸之路文化的"交流性"特质:

> 丝绸之路沿线国家对黄金的普遍偏好无法在某个特定民族的历史文化沿袭中找到依据,而黄金文化最早主要在丝绸之路的游牧文化中体现出来,黄金偏好文化的扩大也是丝绸之路文化交流性特征所带来的影响。这种黄金文化原本在古代东西方各地区都不占据优势地位,位处中间位置的黑海周边的黄金产地也只停留在供给黄金的角色上,而黄金具有的等价性质使其可以在丝绸之路沿线流通,东西方相互往来和交流才使得黄金工艺技术得到飞跃发展,逐渐提高其在经济社会和艺术创作中的比重。③

---

① [韩]周秀完(音):《评〈丝绸之路的精神气质——凉爽的风气〉(权宁弼著)》(《[서평]『실크로드의 에토스-선하고 신나는기풍』(권영필지음)》),载《中亚研究》2018年第23期,第178页。
② 同上,第184页。
③ 同上,第180—181页。

在郑守一、高炳翊、权宁弼等学者的推动下，越来越多的韩国学者开始对丝绸之路概念进行研究和探讨，韩国"丝绸之路学"影响力逐步扩大，韩国"丝绸之路学"延伸至东西方文明交流研究领域，学科地位得以确立。

近年来，韩国学界在"丝绸之路学"宏观理论框架的基础上，结合历史、音乐、美术、宗教、饮食文化等研究视角，倚重交叉研究和比较研究方法，出版了大量丝绸之路研究、文明交流研究主题的学术专著，例如：权五申《历史中的东西文化交流》(《역사 속의 동서문화교류》，2014）、李京信《海洋丝绸之路的历史》(《해양실크로드 의 역사》，2018）、洪柱熙《中国新疆维吾尔音乐的传播与受容》(《중국 신장 위구르음악의 전파 와 수용》，2016）、金圣勋《敦煌莫高窟初期密教美术》(《돈황 막고굴 초기밀교미술》，2016）、锦江大佛教文化研究所《宗教与民族：丝绸之路》(《종교와 민족，실크로드》，2016）、李源宗《丝绸之路饮食文化》(《실크로드 음식 문화》，2016）等，从微观层面丰富和拓展了韩国丝绸之路研究。

三、韩国丝绸之路研究的主旨：文明交流

在丝绸之路发展的历史长河中，古丝绸之路沿线各地区形成了具有本地区特色的丝路文明，为世界文明发展和人类社会的进步做出了不可磨灭的贡献。丝绸之路历史是欧亚文明交流史乃至世界文明交流史的重要组成部分，韩国学者对丝绸之路的研究以及在此基础上形成的丝绸之路史观，凸显出韩国学界对全球史视角下丝绸之路文明交流的认知。在韩国丝绸之路研究与实践发展过程中，文明交流的主旨贯穿始终。

"丝绸之路具有人类文明交流的桥梁作用和推动历史进步的中枢作用，承载着世界主要文明的散播与交流，而这主要和丝绸之路的贸易功能和交通功能相关。"[1] 郑守一在对丝绸之路地理概念拓展的基础上，提

---

[1] ［韩］郑守一：《丝绸之路学》，第7页。

出丝绸之路两大功能概念的延伸：贸易功能脱离了单纯的丝绸贸易概念，贸易内容拓展至经济、文化、艺术及人员往来，融汇文明交流的各个领域；交通功能区别于一般的交通运输路线，而成为人类文明交流和沟通的重要通道。

韩国学界以史料文献和考古发现为依据，在丝绸之路概念、功能及构成研究的基础上，推动建立"丝绸之路学"，从理论研究层面论证文明交流在丝绸之路历史上的重要意义。韩国丝绸之路研究的范式体现出文明交流的主旨。

与此同时，韩国政府与学界以文明交流精神为引领，以庆尚北道的庆州为节点城市，发挥比较优势，体现国际视野，在实践层面推动丝绸之路主题人文交流。

位于韩国庆尚北道的庆州是拥有近千年历史的新罗王朝（前57—公元935）的都城，也是新罗文化的发源地。大约在公元5世纪，佛教传入朝鲜半岛，丝绸之路的文化元素开始从中亚地区通过中国到达新罗。公元668年，朝鲜半岛进入统一新罗时代，新罗都城庆州致力于吸引外域商人，中国和阿拉伯商人开始通过陆上和海上丝绸之路进入庆州，带来丝绸之路上的商品，例如孔雀翎、宝石、贝壳等。从7世纪开始，庆州发展成为朝鲜半岛的贸易中心。新罗和中亚地区国家进行贸易往来，中亚人曾在新罗生活、服从新罗条例管辖等均在史书文献中有记载。同时，在庆州找到的一些玻璃器皿，例如贵重的凤凰头形状的玻璃器皿，用地中海区域特殊技艺制成的镶嵌玻璃珠的项链，都证实中亚的商品通过人员流动和贸易往来曾到达朝鲜半岛南端的庆州。

为了纪念庆州在丝绸之路文明交流中的历史地位，庆尚北道政府、学界与媒体以文明交流为主旨，于2012年发起"KOREA丝绸之路项目"，致力于推动国际社会对丝绸之路与庆州在历史文化方面联系的认知，确立韩国丝绸之路研究的国际学术地位，彰显丝绸之路对于朝鲜半岛与欧亚大陆交流与合作的重要意义。

韩国庆尚北道政府和韩国外国语大学还于2015年发起成立"世界

丝绸之路大学联盟",旨在复兴象征东西方文明交流的"丝绸之路精神",打造联合丝绸之路沿线国家大学的学术研究、交流与合作共同体,增进丝绸之路沿线国家互知互信、互学互鉴,促进多元文化交流及不同文明的和谐相处。北京外国语大学是联盟初创成员之一。

韩国各界积极推动丝绸之路主题人文交流活动,促进丝绸之路沿线国家围绕丝绸之路及其催生的新兴学术热点开展国际合作研究、学术交流与平等对话,从文明交流的角度促进丝绸之路研究的兴盛与繁荣,凸显丝绸之路研究跨地域性的全球意义,从国际丝绸之路研究的角度深刻诠释丝绸之路所蕴含的文明交流精神的当代价值。

余论

以郑守一等为代表的韩国丝绸之路研究学者,从探究朝鲜半岛与丝绸之路的历史联系出发,在东西方文明交流史的视域下,对丝绸之路的概念范畴进行界定,积极推动建立韩国"丝绸之路学"。诚如郑守一所言:"我认为我们面向的未来是普遍文明的创造,对此,我提出文明应对论——文明交流,就是对文明世界的回答。文明超越矛盾,只有文明是人类跨越国别的共同分母。"[1]韩国丝绸之路研究的范式体现出文明交流的主旨,在这一主旨的引领下,韩国各界进一步推动丝绸之路主题学术研究与人文交流,这无疑体现了全球史视域下对人类发展、联系与互动的关照与冀望。

(吴浩 北京外国语大学区域与全球治理高等研究院、丝绸之路研究院;
欧阳骞 北京外国语大学国际新闻与传播学院、丝绸之路研究院)

---

[1] 郑守一:《丝绸之路的新理解》(〈실크로드의 새로운 이해〉),载 *e-Eurasia 2009年第19期,第4页。

中国文化典籍在『一带一路』的传播

宋元小说在俄罗斯的翻译和研究 *

□ 高玉海

相对于明清小说名著而言，宋元小说在俄罗斯翻译的不是很多，这与国内古代小说研究的分布情况是一致的，国内古典小说研究也明显倾向于明清时期。但是，在苏联时期还是出版了一些关于宋元小说的译著的，近些年还出现了阿利莫夫（И. А. Алимов）等专门研究宋代笔记小说的汉学家。近些年国内学者开始关注中国古典文学在俄罗斯的传播情况，如阎国栋《俄罗斯汉学三百年》、李明滨《中国文学俄罗斯传播史》等，但这些著作中介绍宋元小说的字数寥寥无几。本文将按时代先后顺序，对俄罗斯翻译出版和研究的宋元通俗白话小说和文言笔记小说分别论述，以引起学界对俄罗斯汉学的更大关注。俄罗斯对中国古代小说的分期与国内不尽相同，他们习惯把10—13世纪作为一个阶段来研究，而且有时把宋、元、明三个时代统称为中世纪。

---

* 本文为国家社科基金项目"俄罗斯的中国古代文学史料编年"（项目号：16BZW085）的阶段性成果。本文首发于《国际汉学》总第9期，2016年第4期。

一、宋元白话小说在俄罗斯的翻译和研究

宋元白话小说主要指的是宋元时期的话本小说，这些话本小说的认定一般是根据明初洪楩编的《清平山堂话本》和民国时期缪荃孙编的《京本通俗小说》中的篇目，以及明末冯梦龙编撰的《喻世明言》（也称《古今小说》）、《警世通言》和《醒世恒言》中的一些篇目。

在苏联时期，较早被译为俄文出版的宋元小说大概是《京本通俗小说》了。1962年，汉学家佐格拉夫（И. Т. Зограф）翻译出版了《十五贯：中国中世纪短篇小说集》①，该书由莫斯科东方文学出版社出版，同时印有中文书名《京本通俗小说》字样。内容包括《错斩崔宁》《碾玉观音》《菩萨蛮》《西山一窟鬼》《志诚张主管》《拗相公》《冯玉梅团圆》等7篇小说，实际上即是《京本通俗小说》的全部篇目，只是把原来第六篇的《错斩崔宁》改题为《十五贯》并放在首篇位置，作为俄文书名刊行。该书前面有译者佐格拉夫撰写的《序言》，《序言》中说："近些年，中国出版了不少古代短篇小说的集子，比如1954年上海《京本通俗小说》、1955年上海《宋元话本集》、1956年北京《古代白话短篇小说选》、1959年北京《话本选》等，本译本是根据1954年的本子翻译的。"《京本通俗小说》到底是否是真正的"影元人写本"，在学术界一直没有定论，但俄文译者佐格拉夫是把它作为中古汉语来翻译的，1962年他以《十二至十四世纪汉语的语法特点——以〈京本通俗小说〉为依据》②的论文获得副博士学位。不过，1962年的译本删去了原小说中的许多诗词，小说故事情节也多有删节，所以并不是严格意义上的全译本。1995年老一辈汉学家孟列夫（Л. Н. Мерьшиков，1926—2005）与佐格拉夫合作翻译出版了《京本通俗小说》的新译本，也是全译本，孟列夫翻译其中的诗词部分，该书俄文书名也恢复了原书名《京本通俗小

---

① 俄文书名：Пятнацать тысяч монет：Средневековые китайские рассказы。
② 俄文书名：Грамматические особенности китайского языка XII-XIV вв. (по памятнику "Цзин бэнь тунсу сяошо")。

说》①，由俄罗斯圣彼得堡东方学中心出版。

1972年，苏联文学艺术出版社出版了由罗加乔夫（А. П. Рогачёв，1900—1981）翻译和编辑的宋代小说译文集《碾玉观音》②，副标题"宋代传奇与话本小说（10至13世纪）"，共选译宋元通俗白话小说12篇，其中宋代传奇小说6篇，宋元话本小说6篇。其《前言》中说："本书传奇小说几乎都选自北京1956年出版的鲁迅1927年至1928年编辑的《唐宋传奇集》，张齐贤的《白万州与剑客》选自上海1957年出版的吴曾祺在1910年编辑的《旧小说》，话本小说选自北京1957年1958年出版的冯梦龙17世纪上半叶编辑的《古今小说》。"6篇宋代传奇小说包括：乐史《杨贵妃》（即《唐宋传奇集》之《杨太真外传》）、张实《红叶》（即《唐宋传奇集》之《流红记》）、秦醇《飞燕》（即《唐宋传奇集》之《赵飞燕别传》）、佚名《梅妃》（即《唐宋传奇集》之《梅妃传》）、佚名《李小姐》（即《唐宋传奇集》之《李师师外传》）、张齐贤《白兄弟与剑客》（即《洛阳搢绅旧闻记》卷三之《白万州与剑客》）。6篇宋元话本小说分别是：《奇异的相会》（即《古今小说》卷二十四之《杨思温燕山逢故人》）、《仙人张老》（即《古今小说》卷三十三之《张古老种瓜娶文女》）、《好儿赵正》（题陆显之作，即《古今小说》卷三十六之《宋四公大闹禁魂张》）、《讲信义的汪革》（即《古今小说》卷三十九之《汪信之一死救全家》）、《碾玉观音》（即《京本通俗小说》之《碾玉观音》）、《志诚主管》（即《京本通俗小说》之《志诚张主管》）。

1983年，当时苏联的加盟共和国乌克兰出版了乌克兰语的《10至13世纪：宋代小说与话本选》③，由乌克兰汉学家契尔科（И. К. Чирко，1922—　）翻译，李福清（Б. Л. Рифтин，1932—2011）编辑，基辅第聂伯文艺出版社出版。该书选译了宋代文言小说6篇，包括张实《红叶》（即《唐宋传奇集》之《流红记》）、秦醇《飞燕》（即《唐宋传奇

---

① 俄文书名：Простонародные рассказы, изданные в столице。
② 俄文书名：Нефритовая Гуаньинь: Новеллы и повести эпохи Сун (X-XIII вв.)。
③ 乌克兰语书名：Нефритова Гуань'інь. Новели та оповідки доби Сун (X-XIII ст.)。

集》之《赵飞燕别传》)、佚名《梅妃》(即《唐宋传奇集》之《梅妃传》)、佚名《李小姐》(即《唐宋传奇集》之《李师师外传》)、刘斧《小莲记》(见《青琐高议》后集卷三)、《陈叔文》(见《青琐高议》后集卷四);宋元话本小说8篇,包括《卖油客和花仙子》(即《醒世恒言》卷三之《卖油郎独占花魁》)、《奇异的相会》(即《古今小说》卷二十四之《杨思温燕山逢故人》)、《菜农的魔法》(即《古今小说》卷三十三之《张古老种瓜娶文女》)、《死去的价值》(即《古今小说》卷三十九之《汪信之一死救全家》)、《玉观音》(即《京本通俗小说》之《碾玉观音》)、《老实的仆人》(即《京本通俗小说》之《志诚张主管》)、《冤鬼崔宁》(即《京本通俗小说》之《错斩崔宁》)、《冯玉梅见到丈夫》(即《京本通俗小说》之《冯玉梅团圆》)。书前有李福清撰写的《序言》。

苏联时期还对宋元讲史话本《新编五代史平话》、说经话本《大唐三藏取经诗话》进行了翻译和研究。1984年,苏联科学出版社出版了巴甫洛夫斯卡娅(Л. К. Павловская,1926—2002)翻译的《新编五代史平话》[1],该书包括翻译和注释,译者写有《前言》;1987年,巴甫洛夫斯卡娅又翻译出版了另一部元代平话《大唐三藏取经诗话》[2],体例同上书。两书均属苏联"东方文献纪念文集"丛书,书前均有篇幅宏大的研究性文章,前者题目为《平话——民间历史长篇小说》[3],后者题目为《诗话——佛教民间故事的样板》[4]。国内学者李时人先生说:"通俗小说话本,过去不为藏书家所重,所以保存下来的宋刻本极少,可信者仅《五代史平话》和《大唐三藏取经诗话》两种,今日堪称稀世之宝。"[5]巴甫洛夫斯卡娅早在1975年就以《平话:民间历史长篇小说》为副博

---

[1] 俄文书名:Заново составленное пинхуа по истории Пяти династий。
[2] 俄文书名:Шихуа о том, как Трипитака Великой Тан добыл священные книги。
[3] 俄文书名:Пинхуа—народный исторический роман。
[4] 俄文书名:Шихуа—как образец буддийского народного повествования。
[5] 李时人、蔡镜浩:《大唐三藏取经诗话校注·前言》,中华书局,1997,第1页。

士论文[①]研究中国古代平话,她选取这两部话本进行研究和翻译,可见其深远的学术眼光和深厚的汉学功底。

综上,宋元白话小说的俄文翻译集从1962年到1995年共出版了《十五贯》(即京本通俗小说)《碾玉观音》《宋代小说与话本选》《新编五代史平话》和《大唐三藏取经诗话》五种,见表1:

表1 宋元白话小说在俄罗斯翻译出版情况

出版时间	书名	出版社	主要内容	翻译者
1962年	《十五贯》	莫斯科东方文学出版社	《京本通俗小说》中7篇话本	佐格拉夫
1972年	《碾玉观音》	文学艺术出版社	传奇小说6篇;话本小说6篇	罗加乔夫
1983年	《宋代小说与话本选》	第聂伯文艺出版社	传奇小说6篇;话本小说8篇	契尔科
1984年	《新编五代史平话》	科学出版社	《新编五代史平话》全部	巴甫洛夫斯卡娅
1987年	《大唐三藏取经诗话》	科学出版社	《大唐三藏取经诗话》全部	巴甫洛夫斯卡娅
1995年	《京本通俗小说》	圣彼得堡东方学中心	《京本通俗小说》中7篇话本	佐格拉夫;孟列夫

在宋元白话小说研究方面,除了上述小说译本中的前言和后记之外,还有一些专门的学术论文,比较早的研究《新编五代史平话》的是索夫罗诺夫(М. В. Софронов),他在1960年发表了题为《关于〈新编五代史平话〉的编辑史料和年代问题》[②]的文章,载于《东方学问题》,主要从历史学的角度对《新编五代史平话》进行了史料和编撰年代的推断。

在宋元白话小说研究方面取得突出成就的是李福清、巴甫洛夫斯卡娅、热洛霍夫采夫(А. Н. Желоховцев)等三位汉学家。1969年,李福

---

① 俄文书名:Пинхуа-на родный истор ический роман
② Об источнике и времени составления Синьбянь Удай ши пинхуа. —Проблемы воссктоковедения. 1960. 1. с. 144-149.

清发表了三篇关于中国平话的论文，分别是《论中国说书的艺术结构》（载《亚非人民》1969 年第 1 期）[①]、《论中国传统评话中的诗文》（载莫斯科出版的《东方文学》）[②]、《〈武王伐纣平话〉——中国民间读物（平话）的范本》（载《中国和朝鲜文学的体裁与风格》文集）[③]。这些文章都是从文学角度论述中国宋元平话的学术论文，其中关于《武王伐纣平话》的研究文章是笔者所见到的对《武王伐纣平话》进行研究的唯一学术论文。

巴甫洛夫斯卡娅既翻译中国宋元时期的平话，同时也发表了一系列关于《五代史平话》的论文，主要有：1971 年发表《关于〈五代史平话〉——独特的结构及其在平话史上的地位》，载《东方国家与民族》第 11 辑[④]；1976 年发表《历史事实与文学事例——关于〈新编五代史平话〉的材料》，载《远东文学研究的理论问题：列宁格勒第七次学术会议论文集》[⑤]；1977 年发表《〈新编五代史平话〉中的官方文件》，载《远东文学研究的理论问题》[⑥] 等。

热洛霍夫采夫也是研究中国宋元话本小说的汉学家，1964 年发表《论传奇与话本两种体裁的相互关系》，载《亚非人民》杂志 1964 年第

---

① О художественной структуре китайского устного прозаического сказа. —Народыи Азии и Африки. 1969. 1. с. 87-106.

② О стихотворных вставках в китайском тредиционном прозаическом сказе-пинхуа. —В книге Литература Востока. М. 1969. с. 200-220.

③ Пинухуа о походе У-вана против Чжоу Синя как образец китайской народной книги. —В книге Жанры и стили литератур Китаи и Кореи. М. 1969. с. 104-117.

④ Пинухуа по истории Пяти династий. (О композиционных особенностях и месте среди других пинхуа). —В книге Страны и народы Востока. 1971. 1. с. 160-165.

⑤ Факт исторический и факт литературный (на материале Заново состовленного пинхуа по истории Пяти династий). —В книге Теоретические проблемы изучения литератур Дальнего Востока. (Ленинград. 1976). М. 1976. с. 66-68.

⑥ Официальнйые документы в тексте Заново состовленного пинхуа по истории Пяти династий. —В книге Теоретические проблемы изучения литератур Дальнего Востока. М. 1977. с. 98-105.

3期①；1965年发表《宋代话本的各家流派》，载《亚非民族研究所简报》第84期②；同年发表《从研究中世纪的小说话本看中国文学的分期问题》，载《亚非人民》杂志③；1967年发表《中国中世纪小说中的人权》，载《东方国家文学中的人道主义思想》④等学术论文，讨论了中国话本小说诸多方面的问题。

关于宋元话本小说研究的专著不多，1969年，科学出版社出版的热洛霍夫采夫的学术专著《话本——中国中世纪的市民小说》⑤是该领域的主要成果。该书除前言和附录外，包括"中国散文传统和民间小说""宋代小说《碾玉观音》""说话：话本小说的源头""作者和文本""中国文学体裁中的话本小说"五部分内容，分别论述了宋元话本的叙述特点、话本的源头、话本的作者、现存话本文本以及话本在中国文学体裁中的贡献等诸多方面的问题。在前言中，热洛霍夫采夫结合中国学者的研究成果对《今古奇观》、《京本通俗小说》、《六十家小说》（《清平山堂话本》）、《三言》、《拍案惊奇》等关于话本小说的文献进行了梳理和论证。附录部分则罗列了作者参考的俄文、英文、日文及中文著作，资料十分丰富。

---

① О взаимоотношении двух жанров –чуаньци и хуабань –Народы и Азии и Африки. 1964. 3. c. 91-100.

② Школы сунского оказа. —Краткие сообщ. Ин-та народов Азии АН СССР, 84. М. 1965. c. 62-70.

③ Вопросы периодизации китайской литературы в свете изучения средневековой повести хуабэнь. -- Народы и Азии и Африки. 1965. 1. C. 116-123.

④ Права человека в китайской средневековой повести. —В книге Идеи гуманизма в литературах Востока. М. 1967. c. 26-37.

⑤ 俄文书名：Хуабэнь-городская повесть средневекового Китая: Некоторые проблемы происхождения и жанра。

二、宋元文言小说在俄罗斯的翻译和研究

中国文言小说的两个高峰期分别是唐代传奇和清代以《聊斋志异》为代表的文言小说创作，宋元是文言小说发展的平缓期，没有产生思想和艺术成就颇高的作品。但宋元时期的文言小说不但数量众多，而且问题复杂，近些年国内出版的关于古代小说史的著作对宋元文言小说开始梳理，不少学位论文也开始对宋元文言小说进行专题研究。[①]一般认为：唐代以前的文言小说多志人、志怪；唐代多传奇、志怪；宋元则三者混淆现象益重。上述1972年出版的《碾玉观音》即包含6篇宋代传奇小说，1983年出版的乌克兰语的《宋代小说与话本选》也包括6篇宋代文言小说。女汉学家戈雷金娜（К. И. Голыгина，1935—2009）、年轻汉学家阿利莫夫对宋元文言小说研究用力颇勤，成果也极为丰富。

1988年，苏联女汉学家戈雷金娜出版了题为《剪灯新话》的文言小说译文集[②]，该书选译了元刘斧的《青琐高议》（据上海原古典文学出版社1958年6月版），明瞿佑的《剪灯新话》、李昌祺的《剪灯余话》、邵景詹的《觅灯因话》（均据1962年上海中华书局本）等文言小说集中的作品。其中刘斧编辑的《青琐高议》为宋代小说，依次包括《王谢》（别集卷四）、《张浩》（别集卷四）、《远烟记》（前集卷五）、《杀鸡报》（后集卷三）、《猫报记》（后集卷三）、《彭郎中记》（前集卷一）、《骊山记》（前集卷六）、《温泉记》（前集卷六）、《谭意歌》（别集卷二）、《赵飞燕别传》（前集卷七）、《王幼玉记》（前集卷十）、《越娘记》（别集卷三）、《西池春游》（别集卷一）、《陈叔文》（后集卷四）、《卜起传》（后集卷四）、《李云娘》（后集卷四）、《温琬》（后集卷七）17篇文言小说。另据吴曾祺《旧小说》翻译了廉布《王生》（《旧小说》，上海，1957年，第四册）、佚名（韩偓）《迷楼记》（《旧小说》，上海，1957年，第

---

① 参看郑继猛《近年来宋代笔记研究述评》，《甘肃社会科学》2008年第4期。
② 俄文书名：Рассказы у светильника—Китайская новелла XI - XVI веков。

三册)、乐史《绿珠传》(《旧小说》,上海,1957年,第四册)、佚名《李师师外传》(《旧小说》,上海,1957年,第四册)4篇文言小说。另据《绿窗女史》翻译了陆粲的《洞箫记》。全书共译介22篇宋代文言小说。

该书中其余的《剪灯新话》等三种则是明代文言小说,其中《剪灯新话》翻译了1962年上海中华书局版《剪灯新话》的全部小说;李昌祺《剪灯余话》翻译了卷一之《长安夜行录》、卷二之《连理树记》《青城舞剑录》、卷四之《芙蓉屏记》、卷五之《贾云华还魂记》5篇;邵景詹《觅灯因话》翻译了卷一之《姚公子传》、卷二之《卧法师入定录》2篇。

1994年,俄罗斯宋代诗词研究专家谢列布里亚科夫(Е. А. Серебряков,1928—2014)撰写了《陆游和他的〈老学庵笔记〉》一文,并翻译了《老学庵笔记》卷一、卷五,对其进行注释后发表在《圣彼得堡东方学》杂志第六期上。①

近些年,俄罗斯科学院的年轻汉学家阿利莫夫对宋代文言笔记的研究颇为用力,他1997年以论文《笔记:宋代中国历史与文化的资源》②获得了副博士学位,在此前后他出版了一系列关于宋代笔记小说的研究成果,主要有1996年出版的《宋代笔记研究与翻译》第一卷③,书前有"作者的话",目录如下:

---

① 俄文译名:Записки из "Скита где в старости учусь"。发表在Петербургское востоковедение1994年第6期。按:谢列布里亚科夫只翻译了《老学庵笔记》第一卷和第五卷,阎国栋《俄罗斯汉学三百年》误认为谢列布里亚科夫"完成了《老学庵笔记》的翻译和注释,在《圣彼得堡东方学》第一卷和第五卷上发表",见该书第159页。

② 俄文名称:Авторские сборники бицзи как источник по истории и культуре Китая эпохи Сун。

③ 俄文书名:ВСЛЕД ЗА КИСТЬЮ:материалы к истории сунских авторских сборников бицзи. исследования и переводы.——часть 1. Центр «Петербургское Востоковедение», 1996. 272 с.

第一章　宋代以前的情节散文
　　第一节　唐代以前的情节散文
　　第二节　唐代情节散文
　　第三节　笔记集
第二章　宋代笔记：笔记集及其作者
　　第一节　宋祁和他的《宋景文公笔记》
　　第二节　孙光宪和他的《北梦琐言》
　　第三节　王德臣和他的《麈史》
　　第四节　欧阳修的《归田录》
　　第五节　刘斧和他的《青琐高议》
　　第六节　朱彧和他的《萍洲可谈》
　　第七节　曾敏行和他的《独醒杂志》

该书后附有"参考文献""人名索引"和"引书索引"等研究资料。2004年，阿利莫夫和谢列布里亚科夫合著出版了《宋代笔记研究与翻译》第二卷①，这是阿利莫夫在宋代笔记研究领域的又一重要成果，篇幅比第一卷增加了一倍多，书前有谢列布里亚科夫撰写的题为《智慧、天才、知识的见证》②的引言，目录如下：

一、阿利莫夫：关于欧阳修的《六一诗话》（附：《六一诗话》选译）

二、阿利莫夫：程毅中的《青琐高议补遗》（附：《青琐高议》选译）

---

① 俄文书名：ВСЛЕД ЗА КИСТЬЮ:материалы к истории сунских авторских сборников бицзи. исследования и переводы. часть 2. Центр «Петербургское Востоковедение», 2004. 448 с.

② 俄文名称：Свидетельства ума, таланта и знаний。

宋元小说在俄罗斯的翻译和研究

三、阿利莫夫：沈括和他的《梦溪笔谈》（附：《梦溪笔谈》选译）

四、阿利莫夫：陈师道的《后山诗话》（附：《后山诗话》选译）

五、阿利莫夫：龚明之的《中吴纪闻》（附：《中吴纪闻》选译）

六、谢列布里亚科夫：范成大——政治家、大诗人、著名的旅行笔记《吴船录》的作者（附：《吴船录》选译）

七、阿利莫夫：关于范成大的《桂海虞衡志》

八、阿利莫夫：元好问和他的《续夷坚志》（附：《续夷坚志》选译）

该书后面附有"参考文献""人名索引""宋代皇帝年表"和"引书索引"等资料。这两部书对宋元笔记的涉及比较广泛，有些笔记国内小说研究界也极少关注，可见阿利莫夫对此领域的涉猎之广和探索之深。

2000年，阿利莫夫还在圣彼得堡的阿兹布格（Азбука-классика）出版社出版了一部《玉露：中国10至13世纪的笔记选译》[①]，中文书名"笔记"，选择了孙光宪《北梦琐言》、欧阳修《归田录》、刘斧《青琐高议》、朱彧《萍洲可谈》、曾敏行《独醒杂志》、沈括《梦溪笔谈》、龚明之《中吴纪闻》、元好问《续夷坚志》8部宋代文言笔记，内容选自1996年和2004年出版的《宋代笔记研究与翻译》，可以看作《宋代笔记研究与翻译》的普及本。

2008年，阿利莫夫在科学出版社出版了《中国宋代文献中的魔鬼、狐仙、魂灵》[②]一书，内容依次为：代前言、论《太平广记》中的死亡魂灵、论中国狐仙崇拜（附：李献民《云斋广录》之《西蜀异遇》译文）、论《青琐高议》（附：刘斧《青琐高议》选译）、附录一：关于《宋东京考》中的祠和庙、附录二：论刘斧和他的集子、参考文献等。

---

① 俄文书名：НЕФРИТОВАЯ РОСА: из китайских сборников бицзи X - XIII веков。
② 俄文书名：Бесы, лисы, дучи в текстах сунского Китая. 。

经笔者查对，本书翻译了《青琐高议·序》和正文中大量笔记小说，依次包括：《李相》《东巡》《善政》《明政》《柳子厚补遗》《葬骨记》《丛塚记》《丛塚记续补》《彭郎中记》《紫府真人记》《玉源道君》《王屋山道君》《书仙传》《高言》《寇莱公》《李诞女》《郑路女》《任愿》《名公诗话》《远烟记》《流红记》《吕先生记》《续记》《欧阳参政》《何仙姑续补》（以上《青琐高议前集》）《大姆记》《大姆续记》《陷池》《议画》《狄方》《唐明皇》《王荆公》《李太白》《李侍读》《直笔》《王荆公》[①]《司马温公》《张乖崖》《汤阴县》《张齐贤》《韩魏公》《时邦美》《小莲记》《巨鱼记》《异鱼记》《化猿记》《杀鸡报》《猫报记》《李云娘》《羊童记》《陈叔文》《卜起传》《龚球记》《陈贵杀牛》《汾阳王郭子仪》《一门二相》《鳄鱼新说》《朱蛇记》《袁元》（以上《青琐高议后集》）《骨偶记》《董过》《张华相公》《薛尚书记》《马辅》《白龙翁》（以上《青琐高议别集》）《泥子记》《吴大换名》《李生白银》《寇相毁庙》《张谊赤光》《陈公荆南》《颐素及第》《吕宪改名》《从政延寿》《张女二事》《贤鸡君传》《隆和曲丐者》（以上《青琐高议补遗》）77篇文言小说，约占《青琐高议》总数的一半。[②]

2009年，阿利莫夫在圣彼得堡又出版了厚达900多页的宋代文言笔记翻译和研究的著作——《笔记森林：10至13世纪中国作家笔记概论和翻译》[③]。该书可以说是阿利莫夫在宋代笔记研究和翻译方面的集大成之作或总结性成果，其目录除了前面"简短的引言"和后面"结语"之外，主要包括：

第一部分　　中国散文：从小说到笔记
一、基本名词术语

---

① 此篇《王荆公》与前面的《王荆公》为篇名相同但内容不同的两篇小说，中文名称原文如此。

② 此统计根据（宋）刘斧撰辑《青琐高议》，上海古籍出版社，1983。

③ 俄文书名：Лес записей: китайские авторские сборники X - XIII вв, в очерках и переводах。

二、唐代以前的情节散文

三、唐代的情节散文

第二部分　　宋代的笔记世界

一、孙光宪的《北梦琐言》(附:《北梦琐言》选译;《北梦琐言》人名索引)

二、宋祁的《宋景文公笔记》(附:《宋景文公笔记》选译)

三、欧阳修的《归田录》(附:《归田录》选译;《归田录》人名索引;《六一诗话》全译)

四、沈括的《梦溪笔谈》(附:《梦溪笔谈》选译;《梦溪笔谈》人名索引)

五、王得臣和他的《麈史》(附:《麈史》选译;《麈史》人名索引)

六、苏轼的《东坡志林》(附:《东坡志林》选译;《东坡志林》人名索引;苏轼《仇池笔记》选译)

七、苏辙的《龙川略志》(附:《龙川略志》选译;《龙川别志》选译)

八、陈师道的《后山谈丛》(附:《后山谈丛》选译;《后山谈丛》人名索引)

九、朱彧的《萍洲可谈》(附:《萍州可谈》选译;《萍州可谈》人名索引)

十、龚明之的《中吴纪闻》(附:《中吴纪闻》选译;《中吴纪闻》人名索引)

十一、曾敏行和他的《独醒杂志》(附:《独醒杂志》选译;《独醒杂志》人名索引)

十二、费衮的《梁溪漫志》(附:《梁溪漫志》选译;《梁溪漫志》人名索引)

在第一部分"从小说到笔记"中，阿利莫夫先是辨析了"笔记"的概念，然后以刘叶秋《历代笔记概述》、郑宪春《中国笔记文史》和苗壮《笔记小说史》三部著作中对"笔记"的论述为例，深入辨析了笔记文体的特征。接着在阅读大量国内学者关于唐前小说论述的基础上，把唐代以前的笔记小说分为志怪类、志人类，前者包括博物志怪、记怪小说、神仙小说、佛教志怪四类；后者包括笑话小说、琐言小说、逸事小说三类。对唐代笔记小说的分类基本同上，只是志怪类中缺少了佛教志怪。唐代逸事小说则细分为朝野人物小说、唐明皇小说、艺人妓女小说、趣闻逸事小说等四种。最后详细梳理和研究了宋代笔记的类型和特点。第二部分是全书的主体，共论述了十二部宋代笔记的主要内容和基本特征（加上附录部分共计十五种），每种笔记均有概述、选译，有的还附有"人名索引"，堪称完备。全书在"结语"之后还附有"宋代笔记简介""本书参考文献""汉语人名索引""宋代帝王年表""中文引书索引"等丰富而严谨的学术资料。

综上所述，宋元文言笔记小说的俄文翻译和出版主要有《剪灯新话》（其中《青琐高议》等宋元部分）、《宋代笔记研究与翻译》（第一卷）、《老学庵笔记》（卷一和卷五）、《玉露》《宋代笔记研究与翻译》（第二卷）、《中国宋代文献中的魔鬼、狐仙、魂灵》《笔记森林》七部，具体见表2：

表2 宋元文言笔记小说在俄罗斯翻译出版情况

出版时间	书名	出版社	主要内容	翻译者
1988年	《剪灯新话》	科学出版社	刘斧《青琐高议》；瞿佑《剪灯新话》等	戈雷金娜
1994年	《老学庵笔记》	圣彼得堡东方学	陆游《老学庵笔记》卷一、卷五	谢列布里亚科夫
1996年	《宋代笔记研究与翻译》（一）	东方学研究中心	宋人笔记7种	阿利莫夫
2000年	《玉露》	阿兹布格出版社	宋人笔记8种	阿利莫夫

（续表）

出版时间	书名	出版社	主要内容	翻译者
2004年	《宋代笔记研究与翻译》（二）	东方学研究中心	宋人笔记8种	谢列布里亚科夫；阿利莫夫
2008年	《中国宋代文献中的魔鬼、狐仙、魂灵》	科学出版社	李献民《云斋广录》1篇；刘斧《青琐高议》77篇	阿利莫夫
2009年	《笔记森林：十至十三世纪中国作家笔记概论和翻译》	东方学研究中心	宋人笔记15种	阿利莫夫

相对于宋元白话小说，俄罗斯对宋元文言小说的研究成果不多，小说的俄文翻译者往往也是研究者，戈雷金娜和阿利莫夫是这些汉学家中当之无愧的佼佼者。在1988年出版的《剪灯新话》前言中，戈雷金娜概述了宋元文学明三个时期文言笔记小说的发展历史，尤其关注宋代的刘斧、乐史、秦醇、柳师伊、钱希白等文言小说作家，对刘斧《青琐高议》、乐史《绿珠传》、秦醇《温泉记》、柳师伊《王幼玉记》、钱希白《月娘记》等均有论述，并对《李师师外传》进行了详细描述。在阿利莫夫翻译的宋元笔记小说著作中都有较详细的文献描述和考证，如1996年出版的《宋代笔记和研究》第一卷和2004年出版的《宋代笔记研究与翻译》第二卷中除了文本选译之外，几乎都是阿利莫夫的论述文字，前者包括"宋代笔记集及其作者"，后者则包括"关于欧阳修及其《六一诗话》""沈括和他的《梦溪笔谈》""元好问和他的《续夷坚志》"等诸多研究文章。第二卷中还有合作者谢列布里亚科夫撰写的近60页的前言，详细论述了宋代文言笔记小说的渊源及成就。此外，1980年戈雷金娜在其研究著作《中国中世纪的传奇小说》（中文书名《传奇》）[①]中也对宋元文言小说进行了专门论述。

以上介绍了宋元白话小说和文言笔记小说在俄罗斯的翻译出版和研

---

① 俄文书名：Новелла среднекового Китая—Истоки сюжетов и их эволюция VIII - XIV вв。

究情况。除了专门的宋元小说译文集之外，宋代小说也多次被选入俄罗斯出版的各种中国文学作品选集中，重要的有1959年玛玛耶娃（Р. М. Мамаева，1900—1982）编选的《中国古代文学作品选》[①]，其收录了费什曼（О. Л. Фишман，1919—1986）翻译的《梅妃传》，但该文是被误作为唐代传奇小说选入的。1975年出版的世界文库第一辑第18册《远东古典小说和散文》[②]收有刘斧《青琐高议》中李福清翻译的《陈叔文》和《小莲记》两篇宋代笔记小说。1989年斯米尔诺夫（И. С. Смирнов）编选的《云门之路》[③]选入了乐史《杨贵妃》、秦醇《飞燕》、佚名《李小姐》、张齐贤《白兄与剑客》、佚名《十五贯》五篇宋代文言小说作品。1993年华克生（Д. Н. Воскресенский）编译的《中国色情》[④]中收录了戈雷金娜据刘斧《青琐高议》翻译的《迷楼记》和据周密《齐东野语》翻译的《宜兴梅冢》两篇宋代笔记小说。2004年克拉夫佐娃（М. Е. Кравцова）编选的《中国文学作品选》[⑤]收录了《京本通俗小说》中的《志诚张主管》。

（高玉海　浙江师范大学人文学院、浙江省江南文化研究中心）

[①] 俄文书名：Китайская литература: Хрестоматия。
[②] 俄文书名：Классическая проза Дальнего Востока。
[③] 俄文书名：Путь к Заоблачным Вратом。
[④] 俄文书名：Китайский Эрос。
[⑤] 俄文书名：Хрестоматия по литературе Китая。

《古代至13世纪中国古典文学史》：
俄罗斯汉学的新成就*

□ ［俄］白若思（Rostislav Berezkin）著
□ 张诗洋 译

译者按：原文出处为：Rostislav Berezkin, "*Istoriia kitaiskoi klassicheskoi literatury s drevnosti i do XIII veka: Poeziia, Proza* (History of Chinese Classical Literature from Antiquity to the 13th Century: Poetry, Prose). By Marina E. Kravtsova and Igor A. Alimov. Saint Petersburg: Peterburgskoe Vostokovedenie, 2014, 2 vols, 1407pp." *T'oung pao* 103-1-3（2017）:1-7。作者白若思（Rostislav Berezkin），俄罗斯圣彼得堡人。俄罗斯圣彼得堡国立大学副博士，美国宾夕法尼亚大学博士，现为复旦大学文史研究院研究员。主要研究方向为明清时期中国讲唱文学、中国宗教与社会史、中俄交往与文化交流史等。著有2部俄文专著，1部英文专著《多面目连：明清时期宝卷》（*Many Faces of Mulian: Precious Scrolls of Late Imperial China*. University of Washington Press, 2017），发表中、英、俄三种语言的论文30多篇。本文对俄罗斯知名学

---

* 本文为国家社科基金重大项目"中国文化域外传播百年史"（项目号：17ZDA195）的阶段性成果。本文首发于《国际汉学》2020年增刊。

者玛丽娜·克拉夫佐娃和伊·阿利莫夫共同编写的《古代至13世纪中国古典文学史：诗歌与散文》（*History of Chinese Classical Literature from Antiquity to the 13th Century: Poetry, Prose*）做了详细介绍。该书是俄罗斯汉学史上第一部综合性的中国古代文学史，补充研究了俄罗斯学术界以往忽略的中国古代作家作品，并用传统文献学和语言学分析方法，对中国13世纪以前的诗歌与散文文学史进行梳理、解读，是俄罗斯汉学的新成就。该书曾荣获俄罗斯"人文领域年度最佳图书奖"，但出版以来，尚未有英文或中文文章对该书进行介绍，致使俄语读者之外的广大研究者无从了解这一国际中国文学研究的新成就。因此，译者将白若思先生所撰首篇英文书评翻译为中文，读者可借此对该书有个整体了解。

《古代至13世纪中国古典文学史：诗歌与散文》（以下简称"《中国文学史》"）一书，2014年由圣彼得堡东方学中心出版。该书由玛丽娜·克拉夫佐娃（Marina E. Kravtsova）和伊·阿利莫夫（Igor A. Alimov）共同编写，是俄罗斯汉学史上第一部综合性的中国古代文学史，它包含了今存最早至13世纪之前的中国文学作品，以金朝南侵为时间下限。该书两位作者均为俄罗斯研究中国文学和文化的著名学者，隶属圣彼得堡研究和教育机构。他们根据自己的研究专长，将该书分成了两个部分：诗歌部分（第3、4、5、7、9、10、11、13、14、17、19章，以及理论介绍的两个章节）由克拉夫佐娃撰写，散文部分（第6、8、12、15、16、18、20、21章）由阿利莫夫撰写。

俄罗斯汉学传统悠久，早期研究中国文学的汉学家，以瓦西里耶夫（V. P. Vasiliev, 1818—1900，汉名"王西里"）和阿列克谢耶夫（V. M. Alekseev, 1881—1951，汉名"阿翰林"）对这个领域的贡献最大。瓦西里耶夫院士是全世界首位运用西方方法论对中国文学进行研究和评论的学者，他的《中国文学史纲要》（*Ocherk istorii kitaiskoi literatury*, 1880）已有中文译本。[①] 阿列克谢耶夫院士研究并翻译了许多中国古典文学作

---

① ［俄］瓦西里耶夫：《中国文学史纲要》，阎国栋译，中央编译出版社，2016。

品，让普通俄国读者也能够阅读了解中国文学。他还曾计划撰写一本研究专著，但由于种种原因，最终没有实现。[①] 此后，还有几本教科书、参考书[②]试图对中国文学史进行概述，但是尚未出现较完整的关于中国古典文学史的俄文论著。

克拉夫佐娃和阿利莫夫所编写的《中国文学史》这本书，是俄罗斯汉学研究中第一本兼具综合性研究和个案研究的专著，可为不同专业程度的学生和读者提供参考和指导，为俄罗斯的汉学研究做出了重要的贡献。作者在该书中，以非常易于理解的方式总结了俄罗斯前辈所做出的成绩（西方世界对俄罗斯的研究绝大部分都是完全未知的，因为许多研究成果都没有外文翻译）。此外，作者介绍并分析了众多中国文学作品，包括南北朝时期的许多诗歌以及1—10世纪的散文选集，不少作品不仅在俄罗斯，甚至在整个西方汉学研究中都未曾涉及。对于古代文献的引用与研究，他们也参考了新近发现的抄本和其他出土文献。

《中国文学史》这本书具有以下几个方面的价值：（1）对材料的择取；（2）描述文学发展历程的历史研究方法；（3）坚实的理论基础；（4）对文学名著的语言学分析。

首先，面对数量浩繁的作家作品，如何在一部书中充分呈现中国古典文学史，本身就是一项巨大工程。作者选择文献的方法尤其值得称赞，书中首先通过简短的序言，对其选择方法进行了阐述：将范围限定在韵律诗（也包括赋）、小说和叙事散文范围内，而不考虑非叙事性散文这个巨大的资料库，也即通常被定义为"功能型"的文体，比如奏、

---

① V. M. Alekseev, Trudy po kitaiskoi literature (Works on Chinese Literature) (Vostochnaia literatura, 2002).

② Literatura Drevnego Vostoka (Literature of the Ancient Orient), ed. V. B. Nikitina et al (Moscow University, 1962);Literatura Vostoka v srednie veka (Oriental Literature of the Middle Ages), ed. N. I. Konrad et al (Moscow Univ. , 1970);Duhovnaia kul'tura Kitaia:entsiklopediia, vol. 3:Literatura, iazyk i pismennost' (Chinese Spiritual Culture, vol. 3:Literature, Language, and Script), ed. M. L. Titarenko (Vostochnaia literatura, 2009).

表、悼文、墓志铭、书信等。并且，经学、历史、哲学等作品，也基本被排除在这本书之外。

此外，该书的作者主要选择俄罗斯学术界未曾研究过，或很少被研究的中国作家作品进行讨论，尽量避免前辈汉学家所关注的著名诗人，对现有学术研究内容进行了"补充"。也就是说，这本书讨论了3—6世纪的许多作家，其中许多人在中国、日本、西欧和北美都很知名，但俄罗斯的读者此前几乎并不了解，诸如陆机（261—303）、王戎（234—305）、颜延之（384—456）、谢朓（464—499）、萧纲（503—551）、鲍照（约414—466）等。反过来说，对于唐宋时期的诗人，尤其王维（701—761）、李白（701—762）、杜甫（712—770）、白居易（772—846），还有孟浩然（689—740）、元稹（779—831）、欧阳修（1007—1072）、苏轼（1037—1101）、陆游（1125—1209）等著名诗人，书中只进行了简要的讨论。同样地，唐宋时代的几位重要的女诗人在《中国文学史》一书中也未曾涉及。

克拉夫佐娃花了数百页的篇幅在西晋和南朝时期的诗歌方面，但整个唐宋时期的诗歌（第19章）只占了不到百页。书中花了一整章（第17章）专门讨论隋朝这个短暂王朝的诗歌，这部分是俄罗斯学术界以前没有详细分析过的。在涉及唐宋的篇章中，"盛唐"的诗歌（包括李白和杜甫的作品）只占了十页，"中唐"和"晚唐"（著名人物包括白居易、元稹、李贺、韩愈、杜牧、李商隐等）的篇幅也很少。

这种选择和补充是很有道理的。在诗歌概论方面，克拉夫佐娃的一个原则是追溯诗人在个性表达方面的突破与变化。"近体诗"在唐代出现并得到了显著的发展，且在格律方面有严格的规则。克拉夫佐娃指出，范式和模仿导致了唐晚期和宋代诗歌中创造性表达的减少。在她看来，这也是宋词快速发展的原因之一（她在概述中对"词"的发展也进行了简要介绍）。克拉夫佐娃的研究专长是晋代和南朝诗歌，因此这一时期也占据了书中大量的篇幅。

在介绍南朝诗歌的章节中（第13章为主要作品和作者，第14章对主题进行详细分类），作者揭示出南朝一些诗作预示了唐诗的主题和风格。由于俄罗斯之前的翻译和研究较多涉及唐代文学，一般读者对唐诗都比较了解。因此，这些章节着重阐述唐诗的起源和背景，将南朝名家名作与相关背景进行了融合，并吸纳了其他有关南朝文学的俄语专著。另外，在介绍隋代诗歌的章节中，作者首先对北朝留存下来的诗歌进行论述。相比南朝，这部分诗歌更加鲜为人知。克拉夫佐娃还论证了隋朝的官员和文人（包括隋朝第一位皇帝杨坚自己）对南朝宫廷诗的批判倾向，而北朝诗人坚持"简明""清晰"和"复古"的风格。在这方面，隋朝文人对唐代诗人陈子昂（656/661—702）和韩愈（768—824）起到了重要的影响，他们的名字在之前的俄罗斯作品中一直和"复古"相关。不过，尽管克拉夫佐娃比较关注不太知名的作者以及一些重要趋势的早期发展状况，但唐宋时期的诗人对中国文学史意义重大，值得更多篇幅的阐述，不应该完全遗漏他们的重要诗文。

《中国文学史》这本书值得称赞的还在于，它为文学研究提供了坚实的史实背景，这在俄罗斯早期的学术研究中并不常见。例如书中第1章介绍了各个时期发生的重大历史事件，将重要作家传记及主要的文学倾向、风格与相关历史背景进行了结合。这一点在作者对中国古代文化多中心结构发展的理论中得到了进一步论证，该理论也体现在克拉夫佐娃早期的研究中。例如，克拉夫佐娃注意到了楚辞延续下来的诸多特征，强调了南方地域文化传统对中国古典文化形成的重要性。

在有关西晋、南朝诗歌（第10、11和13章）的章节中，作者运用历史研究的方法更加突出，对诗人（一般都是知名的历史人物）的社会和文化活动背景进行了分析。此外，克拉夫佐娃和阿利莫夫还简要介绍了一些代表作的传播史。这对于最早留存下来的小说体散文来说尤为重要，因为很多前代作品先已散佚了，再重新由后期文人搜集整理。特别是对非专业读者来说，通过这些章节会更加了解这一时期文学史的发展背景及其在中国文化史上的地位。

借鉴了俄罗斯汉学的悠久传统，[1]《中国文学史》这本书也密切关注中国古代文学理论。该书展现了古代中国文人对"雅文学"的看法，被大多数俄罗斯汉学家所认同。从曹丕（187—226）的《典论·论文》（克拉夫佐娃翻译为"经典与基础文论"）开始，她指出文学与政治之间的密切关系。另外，她还强调诗歌与音乐的联系，在研究《诗经》的章节，她提出相较于民间音乐和民间文学之间的联系，吟诵和宫廷音乐对《诗经》的形成更为重要，并且后来的文献也证实了宫廷音乐的重要性。该书还用相当多的篇幅阐述了从汉代到唐代礼仪祝词的发展。这些祝词通常是由知名的政治人物所编写的，往往由于文化差异和"等级"偏见而被俄罗斯学者所忽视，但是克拉夫佐娃则阐述了此类作品对社会的重要性。她还强调南朝"宫体诗"的价值（后来在隋唐时期被批判），并概述了宫体诗与"普通士大夫"所作的诗歌之间的区别，对俄国之前的研究进行了补充与提高。

在概念上，作者阐释了许多与文学相关的中国传统文化观念，包括"礼""德""气""神""风""雅""俗"等。值得赞赏的是，作者谨慎地处理经典文学思想作品的分类，经常能够从新的角度对关键术语进行解释。作者区分了中国古典文学"类"与西方文学"体裁"的概念差异，强调前者的功能和形式上的定义。

在有关散文作品的章节中，阿利莫夫概述了自1世纪以来中国古典小说的起源和发展。他的重点之一就是评估中国早期小说中纪实部分（历史）与虚构部分之间的比例。虚构部分的增加被认为是中国叙事方式演变发展的一个重要方面，让中国小说更接近现代西方观念。在对

---

[1] V. M. Alekseev, Kitaiskaia poema o poete:stansy Sykun Tu (A Chinese Poem about Poetry: Stances of Sikong Tu). (Vostochnaia Literatura, 2008) (first ed. 1916); V. M. Alekseev, "Rimlianin Goratsii and kitaets Lu Tszi o poeticheskom masterstve" (Roman Horatius and Chinese Lu Ji on Poetic Mastery), rpt. in Alekseev, Trudy po istorii kitaiskoi literatury, 1. 347-380;I. S. Lisevich, Literaturnaia mysl'Kitaia na rubezhe drevnosti i srednih vekov (Chinese Literary Thought on the Eve of Middle Ages). (Nauka, 1979).

唐代传奇和唐宋笔记进行分析时，阿利莫夫对这些形式的特征进行了定义。

两位作者强调儒家务实思想的重要性，同时也关注道教与佛教思想对诗歌和散文作品的影响。在对楚辞和汉赋的讨论中引入了道教的观念，其中包括贾谊（前200—前169）的《鸟赋》。克拉夫佐娃进一步将东晋的"玄言诗"与当时的道教教义进行了联系。此外，她还论证了佛教对南朝以及唐朝诗歌的影响。在对唐朝诗歌的讨论中，她引用了王梵志的例子，而更为知名的王维作品的佛教内涵，在很大程度上被忽略了。阿利莫夫还分析了道教和佛教故事，比如葛洪（283—343）的作品集《神仙传》。他还提到了南朝时期"志怪小说"合集中的佛教元素。此外，该书有几个特别的章节，阐述了南朝和唐代佛教中的"奇迹故事"（灵验或应验）。阿利莫夫将这种类型的文学作品归类为"志怪小说"，虽然其为中国学术界所普遍接受，但在西方一直受到争议。大多数情况下，《中国文学史》这本书在"三教"的框架内对文学作品进行了语境化分析。

本书的另一优势是两位作者对古典文本本身的关注。这种方法可以大概定义为文献学和语言学的方法，这源于俄罗斯对本国和西方文学的经典研究。比如，克拉夫佐娃概述了不同历史时期的各种诗歌体裁（格律）的发展情况，并以中文原文作为例证。本书目标读者的重要组成部分是学习中文的学生，因此不仅有译文，还保留了汉字，有利于他们更好地提升阅读和研究的能力。此外，作者对许多历史和文学典故进行了解释，论证了中国传统文学的连续性。他们还提到某些文学作品对汉语的发展所做出的贡献：许多短语在这些文学杰作中甫一出现，便成为常用成语。

另外，还要说几句关于这本书中引文的俄文译文。如上所述，在许多情况下，作者可以引用大量的现有翻译。中国古典诗歌的俄文译本，很多实际上是专业诗人翻译的，他们并不了解古典中文，而是以汉学家逐字逐句的俄语翻译为基础，并遵循俄罗斯的传统诗歌规范译成的。我们可以在这本书中看到对此类翻译的引用，比如阿赫玛托娃（A. A. Ahmatov, 1889—1966）和季托维奇（A. I. Gitovich, 1909—1966）这样优秀的诗人的译文。还有著名汉学家按照俄罗斯诗律规则完成的精确翻译，例如舒金（A. A. Shtukin, 1904—1963）、艾德林（L. Z. Eidlin, 1909—1985）、切尔卡斯基（L. E. Cherkasskii, 1925—2003，汉名"车连义"）和孟列夫（L. N. Menshikov, 1926—2005），均以高超的文学品质著称。本书作者克拉夫佐娃和阿利莫夫二人也翻译了许多作品，有很高的文学水平。对中国古典文学各种不同类型的译文的参考引用增加了一些内容，有助于作者对中国文学传统采取多方面的研究。特别是对"古典"俄语翻译的引用，使这部书对读者更有吸引力。

该书参考引用了大量的资料文献和研究著作，令人震惊。除了参考俄罗斯的学术研究和翻译之外，作者还引用了许多来自中国和西方的研究。这符合俄罗斯早期汉学家的研究规范，比如阿列克谢耶夫一直密切关注对当代西方和中文本土的研究，他的学生们又继承了这一传统。该书中包含的西方作品参考书目有500多种。考虑到日本学术研究对中国文学研究的重要性，参考书目唯一的严重缺点是没有"日本研究"的部分。在某种程度上，这种缺失通过一些最重要的日本（甚至韩国）作品的中文翻译进行了补偿，其中包括阿部泰记、小南一郎和宋伦美的作品。此外，该书也引用牧田谛亮（1912—2011）的作品《古逸六朝观世音应验记の研究》（平乐寺书店，1970），它介绍了南朝时期的一些佛教奇迹故事，这些故事在中国没有留存，但在日本收藏的一些集子中得以保存。奇怪的是，该书出现在《中国文学史》中文部分的参考书目中。

我们不能奢求这样一部内容广泛的中国文学史著作完全没有缺点。相当多的原始资料和二手文献都没有涉及，比如上文提到的与唐宋时期重要诗人相关的西方著作。其他没有涉及的还有在敦煌发现的唐五代时期的通俗文学作品，包括变文（讲唱文学）和缘起（讲述各种因缘的故事），这些对后期的文学，包括小说以及戏剧的发展都非常重要。

还有就是对西方研究的引述方面，有可补充之处。例如，虽然这本书有较大篇幅讨论诗人王绩（580—643 或 590—644）的作品，但作者却没有引用西方对王绩诗歌的重要研究，如丁香（Ding Xiang Warner）的《鸾凤群飞，忽逢野鹿：王绩诗词研究》（*A Wild Deer amid Soaring Phoenixes: The Opposition Poetics of Wang Ji*. Honolulu: Univ. of Hawai'i Press, 2003）。该书还遗漏了一项关于中国古典文学传播的研究，如田晓菲（Xiaofei Tian）的《尘几录：陶渊明与手钞本文化研究》（*Tao Yuanming and Manuscript Culture: The Record of a Dusty Table*. Seattle: Univ. of Washington Press, 2005）。该书的参考书目部分也漏掉了一些经典的英文作品，比如余宝琳（Pauline Yu）编写的《中国传统诗歌中的意象阅读》（*The Reading of Imagery in the Chinese Poetic Tradition*. Princeton: Princeton Univ. Press, 1987）、魏玛莎（Marsha L. Wagner）的《莲舟：词在唐代民间文化中的起源》（*The Lotus Boat: The Origins of Chinese Tz'u Poetry in T'ang Popular Culture*. New York: Columbia Univ. Press, 1984）、吴经熊（John C. H. Wu）的《唐诗四季》（*The Four Seasons of T'ang Poetry*. Rutland, Vt.:C. E. Tuttle, 1972）等。该书也没有通用的索引（基本术语和主要名称），而这些在一本共计 1400 多页的学术研究著作中，对中国语言文学专业的学生来说将是非常有帮助的。

  总而言之，《中国文学史》这部书吸引了众多对中国文学和文化感兴趣的俄罗斯读者，包括许多专家以及中国文学爱好者。当然，这部书也可作为俄罗斯大学教授中国文学史课程的教材被使用。遗憾的是，这部书还没有简短的英文或中文摘要予以推介，不懂俄语的学者不便了解。有鉴于此，笔者希望本书评可为国际上的汉学研究者做出简要介绍。

（张诗洋　中国人民大学文学院）

"航行在中保文化的两岸"——《红楼梦》保加利亚文版译者韩裴访谈录[*]

□ 受访人：[保] 韩　裴（Petko Todorov Hinov）
□ 采访人：林温霜

访谈按语：韩裴（Petko Todorov Hinov），保加利亚翻译家、作家、汉学家，外语教学与研究出版社设在保加利亚东西方出版社的"中国主题编辑部"主编。翻译出版了多部古代和近现代中国文学的经典作品，包括《三十六计》、《红楼梦》（已出版第一、二卷，共四卷）、《七侠五义》、王永彬的《围炉夜话》、林语堂的《吾国与吾民》、《徐志摩诗选》、莫言的《生死疲劳》等。韩裴先生此次是应北京外国语大学欧洲语言文化学院邀请，来华开展"国外知名学者讲堂"项目交流。笔者对韩裴的采访，主题是《红楼梦》的翻译研究。韩裴在翻译《红楼梦》的过程中，汲取了国内红学研究的最新成果。他对《红楼梦》的理解和文字转化方式，远远超越了传统的维度——在古汉语和古保语之间游走的艰难被他轻描淡写一带而过；对《红楼梦》当获国际认可的必要性被他一言否定；翻译方法和策略不是斟酌着应用，而是在他的两个文化"容

---

[*] 本文首发于《国际汉学》总第4期，2018年第1期。

器"中自然地溢出；他认为中国古代文化经典翻译的一个最有害的成分就是"欧洲思维"。

林温霜（下文简称"林"）：我知道您从中学就开始自学汉语。那么最初是什么吸引您对汉字和汉语产生兴趣？您是如何开始自己的汉学之路的？

韩裴（下文简称"韩"）：中国究竟何时第一次出现在我的生命里，这一点很难说。也许是我对世界地图的第一印象，那里面中国是一个巨大的用淡黄色标注的国家。又或者是安盖尔·卡拉利切夫（Ангел Каралийчев，1902—1972）和尼古拉伊·拉伊诺夫（Николай Райнов，1889—1954）笔下的中国故事。我对神秘复杂的文字很着迷。小时候我甚至自创过一种与汉字颇为神似的符号，用它们替换保语字母，我行我素地用自己的"汉语"写作。我初识中国是通过电影《少林寺》，片中有三样东西给我留下了深刻的印象：李连杰的功夫、中国姑娘丁岚的美以及汉语之美。最开始鼓励我学汉语的人是我的父母。他们永远都是我坚定的支持者。当时，他们通过大学里的熟人，给我买了四卷本的《汉俄大词典》，我珍藏至今。每一次翻开，都回想起自己最初学习汉语时的痴迷状态。可以说汉学中我最爱的一直都是汉字。

林：我明白了，是汉字之美开启了您的汉学之路。那也就不难理解您对《红楼梦》的钟爱——汉字的多样美在这部小说中发挥到了极致。2015年保加利亚东西方出版社出版了您从中文翻译的《红楼梦》全译本第一卷，并因此获得了保加利亚文化部对文化贡献最高者颁发的"赫里斯托·格·达诺夫"文学奖（Национална награда Христо Г. Данов）。我猜想，大部分读过《红楼梦》的汉学家都有过翻译它的冲动，但真正动笔的人很少，动笔后能坚持下去并让我们看到译本出版的就更少。那么您翻译这部中国文学的鸿篇巨制，一定有一种按捺不住的力量在推动吧？

韩：我第一次读到《红楼梦》是在1987年保加利亚出版的文学年鉴《图书世界》（Книгосвят）上，这本书详尽介绍了中国文学的历史，其中有一篇小文单独写了《红楼梦》。书上说"中国人会反复阅读《红楼梦》，用心学习，并且像读诗一样去大声朗读"。我知道了《红楼梦》是唯一一本演化出一门特别学问的中国文学（可能在世界文学中也是独一个），这门学问叫作红学，而且有一个专门的红学机构研究这本小说里人物的原型、族谱和《红楼梦》对中国文化的影响。①

《红楼梦》的标题在保加利亚语中被译作"Блян сред алени чертози"。请让我解释一下这个绝妙的翻译，它也是我爱上曹雪芹小说的第一个原因：这三个词里都充满了诗意，代表着一种惆怅，一种对于不可捉摸的、遥远的美丽的向往。"блян"是保加利亚语中的"梦"，不是指"睡眠中的幻象"，而更像是一种对于无法实现的、不真实的美好的渴望；"ален"对应"红"，是一个充满诗情画意的民俗词汇；还有чертог（复数是чертози）指的是"宫殿"和"富丽堂皇的大厅"，这个字主要是在诗歌、教会赞美诗以及童话故事中使用。之后，当我开始翻译这本小说的时候，我将"блян"改成了"сън"，它指的仅是不真实的景象，刚好对应着梦中的"现实"。"блян"仅有诗意，相比而言，这个词更接近哲学和宗教意义。我同样也用"покои"替换了"чертози"，这个复数词天然带着贵气，用来描述富贵人家的内室，多为未婚女性的房间。

因而，从这个标题开始，我成了这部小说热忱的读者。从读第一回开始，我就被那独一无二的绝妙语言吸引："锦衣纨绔之时，饮甘餍肥之日……虽今日之茅椽蓬牖，瓦灶绳床，其晨夕风露，阶柳庭花，亦未有妨于我之襟怀笔墨者。"我目不转睛，每个人物身上都闪耀出诗意的精巧。我必须承认一点，在我很小的时候，是保加利亚语言的美引领我走入文学的殿堂（这里指的是保加利亚文学）。从青年时期开始，我最爱读的是诗歌，它就像是童话故事里的长生不老药，聚集宇宙各个角落的滴滴精华，涵盖天与地、人与自然。

---

① 《图书世界》（*Книгосвят*），人民文化出版社，1987年第6期，第67页。

林：斯洛伐克文《红楼梦》的译者玛丽娜·黑山（Marina Čarnogurská）女士对《红楼梦》极其推崇，认为其中包含着人生哲理，甚至还建议"中国应该为曹雪芹申请诺贝尔文学奖。因为世界上再也没有一部文学作品比《红楼梦》更天才的了"。您怎么看《红楼梦》在文学和汉学两方面的价值？

韩：无论我怎么评价曹雪芹的这部小说，都只是锦上添花而已。不过，借您的提问我想表达一下我对玛丽娜·黑山这个建议完全不同的看法：曹雪芹不需要借助诺贝尔文学奖获得承认，我个人认为，获奖不能来证明作品的价值，获奖更多时候只具有象征意义，它是对一部作品不朽性的部分认可，但不是作品不朽性的化身。而且，诺贝尔奖是诞生于中国文化圈之外的产物，而中国文化不需要外部认可就足够伟大。我认为，最好设立一个跟诺贝尔文学奖类似的奖项，比如"曹雪芹文学奖"，以此来对某部作品的价值进行中国视角的评价。它应该具有诺贝尔文学奖同等的权威性。中国有着令人叹服的古老文学传统，完全有条件自行为文学订立标准和设置奖项。更进一步说，中国文化是一种罕见的、独立特殊的文化存在，很难包括在西方人和西方文明的思维范畴中。

对我而言，《红楼梦》是一个奇特的宝库、一座神奇的宫殿和一面神秘的镜子——以它清晰而又难以言喻的角度映照着博大精深的中国文化。它是精确的中国灵魂的诗意表白，是古老的中国智慧的自我凝视，跳动着中国脉搏。《红楼梦》获得中国人以其作者命名的奖项才是最恰当的——是中国人民赋予了曹雪芹的作品不朽的力量，任何其他外来奖项，包括诺贝尔奖，都不可能做到这一点。

林：欧洲语种的《红楼梦》120回全译本中，霍克斯（David Hawkes，1923—2009）的英译本、杨宪益和戴乃迭（Gladys Yang，1919—1999）的英译本、帕纳休克（В. А. Панасюк，1924—1990）的俄文译本都有很大的影响力，很多其他语种都是从这些译本翻译的。而罗马尼亚文译本是汉学家杨玲（Ileana Hogea-Velişcu）翻译的。我知道，除了汉语外，您还通晓英语、俄语和罗马尼亚语。那么您在翻译的过程中，是否参考过其中的一些译本？您对这些译本又有怎样的评价？

韩：最初我找到了三种英译本，除了您提到的霍克斯和杨宪益译本外，还有乔利（H. Bencraft Joly，1857—1898）的节译本。[①] 帕纳休克的译本我也熟悉，我曾经把它与中文原版拿来对照，发现其实他用的底本跟我的不谋而合。但是，尽管这个译本的俄语精雕细琢，我仍然倾向于坚持我的唯一标准，即忠实于中文原著，包括参考脂砚斋的评本及当代红学家的解读。这样一来，我翻译第一卷时还参阅并对这些译本做一些比较，后来便逐渐放弃了这种做法，转而在二至四卷的翻译中纯粹参考中国红学家的评本。也正是这个原因，我不允许自己对这些译本妄加评论，因为除了阅读片段（出于了解小说存疑处的翻译处理手法的目的）外，这些译本的完整版，我基本都没有读完。

林：《红楼梦》作为一部中国古典文学的巅峰之作，对翻译者的要求达到了一种至高的境界。因为它要求的已经不仅仅是对两种语言的把握，而且是对其中牵涉的包罗万象的百科知识的掌握和运用。最难处理的是那些只存在于一种文化之中，另一种文化的受众却完全无从领会的内容，比如作品中出现的大量有关中草药、古代服饰，甚至饮食的名称及其描述。您在翻译过程中是怎么处理和传递这些内容的？

韩：曹雪芹创作这部小说时涵盖了浩如烟海的百科知识，这是翻译中最困难的地方。有时候，人物的服装描写细致入微，让我格外苦闷直至无奈；此外，所有的这些描述都有着丰富的隐义，作者融入其中的不仅是艺术观察，还有一些读者匆匆翻阅时不曾注意到的符号象征。有些符号需要译者给出回应，要么就弱化处理，不让这些符号发声，要么就译出，让它们与读者对话。对于有些无法译为保加利亚语的文化元素，我的处理方式一般有两种：音译和脚注解释。《红楼梦》中的大部分的角色姓名都具有象征意义，应当予以恰当的解释。传统中草药、服

---

① 英国前驻澳门副领事乔利的《红楼梦》英文节译本，只出版了两卷。第一卷24回，1892年由香港凯利·沃尔什出版社出版；第二卷32回，1893年由澳门商务排印局出版。两卷共56回，无删节。

"航行在中保文化的两岸"——《红楼梦》保加利亚文版译者韩裴访谈录

饰及其元素、建筑名词、首饰、珠宝等,这些物品的名字在保加利亚语里找不到真正的对应词。这里,我还将隐藏在诗中的想法、对历史事件和数字的暗指都在给读者的注解中说明了。整个第五回是一个寓言。在这本书的开头,作者提到了这本书的另一个名字:《风月宝鉴》,这是警幻仙子创造的一面魔镜,从镜子的正面会看到一个美人,反面则是一具枯骨。这个镜子落到生性放荡的贾瑞手中,引他走向了毁灭。像这样的例子,如果不用脚注解释,读者可能无法理解曹雪芹在小说中的比喻所隐含的意义。另一方面,我相信译者不应该把自己个人的解释强加给读者,除非这种符号意义在特定语境的确是一致的。曹雪芹倾注在《红楼梦》中的大量学问、知识并非都可以用脚注或尾注来说明,而且全部加注可能会影响译作排版的美观。不过,我已经竭尽全力去让读者尽可能地"品尝"这其中的"中国元素"。

林: 我注意到您的译本中熟练地在两种翻译策略中切换——将源语本土化的"归化法"(foreignization)和译者向作者靠拢并采用源语表达方式的"异化法"(domestication)。比如您经常举的"貌似潘安"这个例子,究竟是译成"潘安"还是"像阿波罗一样英俊",这就面临异化和归化的选择问题。显然,要在《红楼梦》这样一部大部头著作中完成这种切换,既需要考虑原著携带的文化内涵,又要关照读者的接受习惯,很不容易。您在翻译的过程中有没有为归化和异化制定一定的标准?

韩: 首先,我不是在"翻译",也就是说,我并不把学过的方法、技巧和策略用在文本的转换中。如果一个人对待文学作品翻译采用这样专门的方式,他就偏离了翻译原本的方向,也会丢失作品中不能解释的维度。我指的是直觉,就是超越语言,不是通过良好的专业训练和语言组织性,而是通过文化和精神世界感知并进入领域。我曾经在给学生们讲的一堂课中提到过这个翻译的秘诀,这里总结一下:翻译《红楼梦》的时候,我从自己的文化场域中走出来,迁移到曹雪芹建立起的语言世界中。在这个"迁移"的过程中,所有运用翻译技巧的想法都消失了。

只剩下两个世界和两个心灵——作者的和我的。我把自己想象成作者，他引导着我，对我讲述着。然后我再从他的世界里走出来，重新沿着他引导我的那条路，把他用母语讲述的故事讲给我的人民听。

通常在经过成千上万页的翻译之后，译者一瞬间就不再是一名译者了。他从别人认为的那些范畴，直白点说，就是那些妨碍他们发挥的翻译艺术评论家们的窠臼里跳出来，成了一个独断专行的语言魔术师，在某种意义上获得了在语言之上进行创作的权利。翻译是一种真正意义上的魔术。

还有另一个问题，大多数人都没有意识到——译者首先是一个属于某种文化的人。在这个意义上，我们这些爱上文字的译者，不仅仅是把文字经过深思熟虑从一种语言表达成另一种语言，而是在两种文化中溢出文字。文字溢出的同时还溢出思维，溢出两个民族之间的精神养分——这种界定比给它确定一个名号更宽泛、更有价值。我们被认为是在翻译精神世界，翻译文化。研究一个民族及其语言文化的人被称为这个文化的容器。而译者的工作则更令人惊叹，因为他有时候要同时成为两种截然不同的文化（好比中国文化和保加利亚文化）的容器。中国典籍翻译中最有害的成分之一就是"欧洲思维"。要想阅读和翻译中国古典文本，需要对中国作者的思维方式予以充分的信任，而反之对自己的思维方式不信任。这是一段很长的路。这里，我不得不将其归纳为"中国典籍不能从第三种语言（尤其是欧洲语言）重译"的重要原因。

因此，就翻译艺术的表面性策略而言，您提到的以上两种方法我都视情况不同在运用，但从不以它们为基础，它们更多的时候是在配合大脑的工作，同时也是多年读书和写作实践形成的深刻直觉的一个结果。我的头脑就像汪洋中的一条小船，航行在中国和保加利亚的两岸。

林：《红楼梦》中人物语言翻译的难度也可想而知。黛玉的文雅，贾政的官腔，王熙凤的尖刻，焦大的粗鄙，薛蟠的无赖……都是一些风格用到极致的语言。您在翻译中怎样区分这些迥异的风格？这些方法能否帮助读者更好地领会这些人物的语言特点？

"航行在中保文化的两岸"——《红楼梦》保加利亚文版译者韩裴访谈录

韩：在所有的文学翻译中，都有一个进入作者世界的适应期。从这个角度说，我必须承认，在翻译前五回的时候是最艰难的：这是全新的一种体验，我不得不去研究在大语境下词语、短语和引喻的意义，这可能会花费几个小时，甚至几天的时间。当翻译一部伟大的作品时，也会有这么一段时间，译者需要去掌握原作者的写作风格和技巧，并且学着用他自己的语言表现出来。一旦译者习惯了作者的思维方式，他的思想慢慢地就与文本交融在一起了，并且在一定程度上屈从于作者的思想，这其中蕴含着作者与译者之间密切的联系。达到这种状态是译者的理想境界，因为这就意味着对原作者表述的最大还原。

《红楼梦》一个突出的特征就是文体的多样性。对于翻译出来的文本，我一般要检查三遍。第一遍的初稿是最费时的，目的是最精准地传达出作者的思想。在这一阶段，我会强迫自己放弃自己在遣词造句方面的文体和审美习惯。从这个层面来说，先不理会言语的优美是非常重要的，这是为了避免失掉原文的信达。风格的完美和雅致在这一点上是不可保留的，译者必须忍受这样的差距和偶尔的"含糊"，目的仅有一个：忠实于原作者的思想。

我的原则是在第一层翻译中绝不闪烁其词，正因如此，我才会在翻译过程中不断咨询研究曹雪芹的学者。我购买了大量的研究资料，读了不少电子书和文章的扫描版，探索《红楼梦》文本中每个可能的趣味层级。我为每一回中存有疑问的字词建了单独的文件夹，有时候为了弄懂某个字词的意思或是需要阐明的文化角度，我需要读更多的文章，只有这样，我才能将原文的意义诚实、准确地用保语表达出来。

保语语言在动态结构上和语法风格上都是博大精深、极具可塑性的，可以自然且真实地再现中国通俗小说中的语言和白话小说。我相信各种中国文化习语（如对话、方言、措辞、箴言与俗语）用保语来说比翻译成英文要更加恰当和自然。我的母语多姿多彩、生动自然、热烈奔放且包含着内心深处对生活的热爱，也许正是有了这些品质，它才与中国文化语言格外贴近。

另一方面，却也很难用保语体现《红楼梦》中"贵气"的情况：在高贵的保加利亚古都大特尔诺沃陷落后，这类"皇家气派"与贵族阶级以及文人便也一同消失了。这就是将曹雪芹的小说翻译成保语的一个主要困难，保语中的高层级中世纪语言已经失落，再也没有可与那个时代匹敌的崇高超群、高度诗意、威严智慧又与岁月同老的保加利亚语言了。奥斯曼统治时期，保加利亚文学语言的传承中断了；后来到保加利亚民族复兴时期，再至今日，希腊、土耳其、俄罗斯和西方起源的冲击和影响，已经让我们的文学和文化传统式微。每当我想将《红楼梦》的皇家语言转化为保语时，我必须去古代保加利亚文学宝藏中寻觅。在我们的土地上仍有一种不可或缺的语言——教会斯拉夫语，通过这一语言和用它写作的书我才得以真正掌握了古代保加利亚文学。这种珍贵的教会语言在很大程度上保存了我们曾经辉煌灿烂的王国文化。《红楼梦》中的文言文只有通过使用华丽的古保加利亚语言才能恰如其分地呈现。这样的高雅是一般读者难以企及的，但这恰恰是同水平高度的中国文学的魅力所在。我认为不该把这样的贵气庸俗化，曹雪芹在向读者娓娓道来中未用过的语言，译者也不该用。这的确就是翻译的难处，但对于这本整个中国文学史上最佳且意蕴丰饶的小说来说，若只是简单地把它的高贵的语言弃之不顾的话，就磨灭了它该有的高雅恢宏。

林： 您提到教会斯拉夫语是在基里尔字母的基础上发展而成的一种教会文学语言，又被保加利亚人称为"古保加利亚语"。在保加利亚民族复兴时期形成标准语的过程中，教会斯拉夫语的词汇的确被大量借用以弥补方言的语汇缺陷。您把这些中世纪的书面语汇用到《红楼梦》的翻译中，为的就是在语言上更靠近原著的时代语言，让读者仿佛置身18世纪。这相当于您在用古保加利亚语来充实现代保语。那您是不是也会用《红楼梦》"充实"保语？

韩： 教会斯拉夫语实际是语音上俄语化的古保加利亚语。从语法上讲它与圣基里尔和麦托迪兄弟及他们的弟子为南部斯拉夫部落翻译宗教典籍时所用的语言如出一辙。那种主张我们本土的古保加利亚语是在民族复兴时期通过俄罗斯"引入"保加利亚的论调，主要因为古代宗教典籍的出版物正是从俄罗斯传到保加利亚的。但我们不能因此忽视另一个现象：这些典籍的中世纪保加利亚语版早已靠手写版传播开来——这是一个异常艰难的过程，也恰好可以解释本土的手写版本很快就被外来的印刷版取代的事实。

我用这样一个简短的导入来作答，是为了强调古保加利亚语的词汇和短语的使用不是将某种新的语汇引入到翻译中，而是对本土的、已经被遗忘的语汇的复兴。根据我自己的阅读感受和读者的反馈，这种复活古代词汇的做法令《红楼梦》的保加利亚读者很愉悦，并且在一定程度上让我们重新获得了民族自信，因为我们也拥有而且可以使用本民族高贵的语言来表达曹雪芹崇高的思想。

从根本上说，译者必须拥有比作家和诗人还要丰富的词汇。这反过来又意味着译者必须有大量的阅读，以吸收尽可能多的文学经验和表达，才能从先于他存在的作家们的谷仓里舀出尽可能多的谷粒。译者在翻译一部巨著之前经历的积累、记忆和个人语汇的丰富过程不见得为人知晓，但正是这些积累决定了他所呈现出来的作品所具备的面貌。您知道吗？自卑是让这项工作免于停滞和漫不经心的最好的方式。永远觉得"还不够好"，这对精神上的弱者来说是逃避和落败的借口，但对于强者来说，则是燃起他内心的勇敢之火，在世人看来甚至会有些鲁莽和疯狂。

林：《红楼梦》虽然是一部小说，但其中的诗词数量可观。中国古代诗词本就难译，中国清代诗歌又十分讲究用典，红楼诗词中还要隐含人物的身世、结局，言此及彼，明修暗度，实在是对译者的巨大挑战。但您似乎很享受译红楼诗的过程。您本人是诗人，自己用保语写诗，发表诗集，而且您说过《红楼梦》最吸引您的就是"诗化"的语言。那么《红楼梦》的诗词翻译，您怎样做到"达意"又"达雅"？

韩：虽说裴效维教授已经对原著中的诗歌做了绝妙的解释，但我还是针对小说中的诗歌专门做了些研究，我研读了蔡义江的《红楼梦诗词曲赋鉴赏》、刘耕路的《红楼梦诗词解析》和王士超的《红楼梦诗词鉴赏辞典》。我深信一名中国文化的译者应该怀着一颗谦卑之心，跟随杰出的中国专家学者的步伐，也研究自己的文学文化。这些学者有着举世无双的学识和常人难以超越的勤勉，而这些品质都融入到了他们的作品中。中国文化产生于强有力的社会和学术传统中，这一传统崇尚文学（特别是诗歌），崇尚语言的美和思想的教化。

不管是在这部小说中还是在其他经典的中国小说中，我都倾向于把诗歌与其他叙述分开翻译。我完成了文本的主体翻译后，单独把诗拎出来，在考虑它们语境的前提下将它们在每卷末翻译出来，然后再将它们放回其在各章回中原来的位置。通常在我开始翻译中国诗之前，我就开始只读诗歌——那些精心挑选的保加利亚经典诗歌，这是为了让我自己适应融入这一独特的文学体裁，以便在自己的翻译中重现。

在我看来，中国古诗最有趣的一个特点在于：无论是解读，还是相应的翻译，都不可穷尽原诗的意义，得到一个确定的答案。对中国文学里任一经典作品的理解受到几个因素的影响，其中最主要的一个就是读者对背景文化的熟悉程度。在某种程度上，译者的目的不在于给予一个译本单一的意义解答，更多的是去提供一个基于文本的空间，这样读者就有更大的自由，拥有自己的理解，解释性注释就是起这么一个作用。我相信，一个有意识的译者会尽力避免阻挠作者与读者的交流，而是努力架起他们之间的桥梁。人们走到一座桥上，并不会关注脚下踩着什么，而是一心想着目的地。在演绎《红楼梦》的过程中，我总是更喜欢去传达中国专家学者对文本的理解，当这样的理解无法转为字词的时候，我就会加上脚注。

林：米乐山（Lucien Mervin Miller）把《红楼梦》开头的创始神话与《旧约》中《约伯记》的约伯受难故事进行比照指出，和创造世界柱石的耶和华一样，当天惊石破时，女娲也炼石补之。这两部作品都涉及祸福报应和善恶倚伏。您怎么看待《红楼梦》中的善恶观？这与《约伯记》中的信仰考验有什么样的关联？

韩：米乐山只是据此做一个诗意的比喻，因为《红楼梦》的哲学和宗教基础与《约伯记》有着根本性的不同。一个具有神韵的比喻而已，距事实却相去甚远。我认为，当我们试图去比较属于不同文化的文本时，需要认识到，我们的比较是更趋向诗意和梦幻的，而不是可信和可考的。其次，我认为曹雪芹在创作小说时，并没有本着某种道德设定；相反，他甚至有意忽视他那个时代普遍的道德指示。从这一点上看，他的小说引起官方的不安甚至一度被列为禁书也就不足为奇。宝玉的人物设定就是对当时正统儒家思想的颠覆。他与其父贾政形成了巨大的人物反差——父亲是恪守道德礼法的封建卫道士，儿子却在追求自由的灵魂方面远远超出了道德礼法所能理解和接受的范畴。我不是由此要将宝玉定位为离经叛道或者是自由主义、自由思想的先驱。正相反，对我而言，《红楼梦》中所有神学观点都只是曹雪芹所处时代中国的生活方式及文化哲学的诗化表现形式。这部小说的不凡之处则完全从另一个层面体现出来：曹雪芹天生是一个明达而敏锐的诗人，一个如同莎士比亚一样的天才。这里我想引用一位我非常推崇的塞尔维亚作家、哲学家、神学家——尼古拉伊·维里米洛维奇（Николай Велимирович，1881—1956）主教的一段话："我不认得莎士比亚，也不可能认识他。但他认得我，他描写过我，他把我心里的秘密都描绘出来，当我读到他的描写，我就能在其中发现自己。"我想，对曹雪芹也可以这样评价——他可能是中国文化及语言最出色的鉴赏家，他把身为中国人的所有典型分类放进自己的小说，因此《红楼梦》就把所有读者囊括其中。读者走进小说，同时也就走进了自己。这就是为什么《红楼梦》能够成为超越历史的读本。

基于这些判断，我不倾向于在《红楼梦》与任何欧洲文化的代表作品中寻找宗教或哲学的相似之处。曹雪芹的天赋可以用这两个问句来概括：第一，这个中国的莎士比亚如何能在自己的内心和头脑中包含他的整个民族，他的整个文化、精神世界以及善恶美丑？第二，这怎么可能做到？！

林：在您翻译《红楼梦》之前，保加利亚没有《红楼梦》的全译本。这种现象在很多对文学相当重视而且文学成就很高的欧洲国家都存在。比如在中东欧，目前出版过《红楼梦》全译本的有捷克、匈牙利、罗马尼亚，加上保加利亚。当然必须承认，《红楼梦》的语言之难、规模之大，牵涉领域之广，都令一般翻译者望而生畏，所以这种局面其实是可以理解的。那么您认为《红楼梦》对于一个不了解中国文学和文化生态的外国读者而言，在理解和接受方面存在什么样的阻碍？

韩：翻译《红楼梦》的难度对我来说并非语言层面的。其实沈复的《浮生六记》比起曹雪芹的语言，阅读起来难度更大。难度更多体现在作者的博学和读者的准备欠缺（这点完全可以解释）。但这不就是一部作品的魅力所在吗？博古通今、欧洲的逻辑思维、叙述的合理性，如果所有这些都不费吹灰之力，那么魅力从何而来呢？而如果突然在读者面前打开一扇《红楼梦》之门，带他们在一个陌生又奇幻的世界里游走，这不是最令人振奋的吗？

我觉得，这部小说现在而不是更早在保加利亚出版，是隐藏着某种缘分的——当中国向全世界敞开大门，吸引了大多数年轻人的目光。相比我开始学习中文的年代，现在保加利亚有更多的读者，尤其是年轻的读者，他们带着一种热爱，试图了解中国和中国文化。我已经收到来自读者的很好的反馈，主要是年轻人，他们都在焦急地等待后两卷（61—120回）保语版的问世。

谈到小说理解方面的困难，我在第一卷的"后记"中这样描述过：

> 从某种意义上说，《红楼梦》不应该是一本容易"理解"的书。"理解"这个词用在这里不太合适。让我来明晰一下。试想，你住在风景如画的湖边，周围群山环绕，远处树林错落有致。每天清晨你打开窗户，一定不是为了"理解"，而是要欣赏这一切。
>
> 读《红楼梦》就像是用心欣赏和感受中国的过程——每个人都可以在书中找到他的"中国梦"。每一个章回，读者都会被带入

不同的"楼"中，在那里做不同的石头梦。如果说通过读曹雪芹的书，中国读者回到的是那些闪烁着明媚光亮的过去，对保加利亚读者而言则会是一个令人称奇的美丽梦境的参与者……未知的过去时光，让他拾级而上，对崇高、简约、纯净而又难以接近、举世无双的中国文化有全新的认识。

我希望为读者打开"红楼之窗"，能够引导他们在曹雪芹创作的中国文化的恒镜面前凝视、冥思。

（林温霜　北京外国语大学欧洲语言文化学院）

捷克东方学家德沃夏克及其《道德经》译本[*]

□ 徐伟珠

老子的道家学说进入捷克公众视野要归功于鲁道夫·德沃夏克（Rudolf Dvořák，1860—1920）教授翻译的《老子道德经》（*Lao-tsiova kanonická kniha O Tau a ctnosti*）。1920年，其捷克语译本由出版商雅·施耐德（Jaroslav Šnajdr）在克拉德诺城筹备出版。然而在排版、印制过程中，德沃夏克于2月1日突然辞世，在书后随即附上了其弟子、闪米特语和阿拉伯语专家鲁道夫·鲁齐奇卡（Rudolf Růžička，1878—1957）撰写的长篇悼词作为后记。1930年，该译本在布拉格再版时略去了前言和后记。

德氏《道德经》译本是依据河上公《老子道德经》四部丛刊注解本从汉语直译的，他秉承了19世纪以来东方学术译本的出版惯例，以详尽的引言开篇，阐述道家乃古代中国最核心的思想体系之一。

在德沃夏克之前，从事东方哲学与宗教研究的捷克学者弗·楚伯尔（František Čupr，1821—1882）早在1878年就从德语转译了《道德经》，

---

[*] 本文为中央高校基本科研业务费专项资金资助项目"捷克汉学的学院形成及成就"（项目号：2012XJ023）的阶段性成果。本文首发于《国际汉学》总第9期，2016年第4期。

取名《通往神与德之路经》(Tao-Te-King:cesta k Bohu a ctnosti)，收入其《古印度教义文集》(Učení staroindické)第二部，但反响不大。借用德沃夏克的评语，楚伯尔"完全复制了"1870年德国学者普兰克内尔(Reinhold von Plaenckner)的德语译本。

在德沃夏克之后，一系列《道德经》的捷克语和斯洛伐克语译本相继问世，迄今已达18种，某些译本一再重版。可以说，《道德经》在捷克成为20世纪译介最多的中国著作。其中既有汉学家的直译本，如贝尔塔·克列布索娃[1]（Berta Krebsová，1909—1973）、奥·克拉尔[2]（Oldřich Král）以及戴维·塞赫纳尔[3]（David Sehnal），也不乏出自"道"的热诚推崇者之手的转译和意译本（2013版），较著名的有巴耶洛娃（Ema Bayerlová）转译自严钦舜的俄语译本（1954版），伊·纳夫拉基尔（Jiří Navrátil）转译自德、英、俄语的译本（1969、2003版），哲学家兼作家埃贡·篷迪（Egon Bondy，1930—2007）与斯洛伐克汉学家黑山女士（Marina Čarnogurská）的合译本（斯洛伐克语，1993、1995、1996版），瓦·齐列克（Václav Cílek，从英语转译的王弼注解释本（2005、2007版），岑德里赫（Josef A. Zentrich）的译本（2008、2013版），等等。译者们各不相同的职业和学术兴趣，让译本呈现各自鲜明的特点。直接从汉语直译的汉学家的翻译，在阐释老子学说时显得谨慎和内敛，而非专业人士参考各类外语版本而集成的转译本，往往更多掺入个性的感悟，甚至图文并茂。最典型的要属捷克画家扬·科基克（Jan Kotík，1916—2002）在2000年推出的《道德经》转译本，十几年里他历览诸多译本，加注自己逐年积淀的诠释和插图，在译本发行的同时举办专题展览。在译本前言里他这样写道："当下的译本可以帮助中欧的读者们——即便在前期没有深入接触的情况下——较全面地解读中国

---

[1] Berta Krebsová, *Tao te Ťing. O Tao a ctnosti*. Odeon, 1971; DharmaGaia, 1997, 2003.

[2] Oldřich Král, *Tao – texty staré Číny*. Československý spisovatel, 1971, 1994; Mladá fronta, 2009.

[3] David Sehnal, *Kniha Laozi -Překlad s filologickým komentářem*. FFUK, 2013.

经典哲学思想的细微差别，同时认识到，这是一部投影于日常生活的精神法典，解读和遵循乃是通往'道'的最直接的方式，也是直接指向上帝的精神路径。"①事实上，科基克点出了《道德经》对于20世纪捷克艺术家的意义所在，他同时指出，在比对和吸纳诸多译本的经验里，德沃夏克翻译的《道德经》在他看来是"非常尽责和忠实的"译本，让他产生由衷的敬意。

一、德沃夏克生平及其东方学研究

捷克百科全书把德沃夏克定义为"捷克东方学的创始人"②。这意味着他是捷克第一位从事东方语言和非欧洲文化研究的学者。19世纪初的捷克，关于东方国家的文献及其文学译介，在杂志上仅零星出现。直至19世纪末，得益于德沃夏克的学术贡献，捷克的有识之士们逐渐接触到东方文化最具代表性的作品。作为布拉格查理大学的第一位东方语言教授，德沃夏克广泛的学术视野几乎涵盖19世纪末发展起来的所有东方学科，他在国内外刊物发表东方主题的研究论文共计27篇，出版译著和专著17部，他还为捷克《奥托百科辞典》(*Ottův slovník naučný*)编写了大部分涉及东方的词条。作为成果卓著的东方学学者、通识各类东方文化的专家，这样的人才在19世纪和20世纪交替的年代，即使在有着较长东方研究传统的欧洲国家，也已不复存在，逐渐被更狭窄地专长于某一领域的专家们取代。

1860年11月12日，德沃夏克出生于南捷克州的乡村教师家庭，在其父任职的小学毕业之后就读于德国教会中学，随后转到州城的捷克高中。捷克爱国人士、日后成为南捷克州主教的伊尔斯克（Jan valerián

---

① Jan Kotík, *Tao-te-ťing*. Galerie Jiří Švestka, 2000.

② *Ilustrovaný encyklopedický slovník*. Akademia, 1980.

Jirsík，1798—1883）神父，曾给他授业解惑。1879年秋，高中毕业的德沃夏克在布拉格查理—费迪南大学文学院注册，开始学习古典东方语言。那个时期，查理大学仅开设闪米特语。他的老师雅·科舒特（Jaromír Košut，1854—1880）是捷克第一位东方学副教授，在近东语言学和伊斯兰研究方面极有造诣，可惜26岁英年早逝。作为弟子的德沃夏克于是肩负起捷克东方研究的重任，教书育人，进一步推动东方文化的研究和普及。

他师从布拉格拉比、中世纪希伯来诗歌研究专家坎普夫（Saul isaak Kämpf，1818—1892）学习希伯来语和阿拉伯语，随后学习波斯语和土耳其语，研究伊斯兰文化。1882年，年轻的德沃夏克获得国家奖学金，前往莱比锡深造，扩充东方学知识。他遍访莱比锡著名的东方学专家，对东方专业表现出全方位的兴趣。他继续研读《圣经》和阿拉伯语，在闪米特语基础上开始涉猎科普特语，并把研究范围拓展至亚述学和印度学。重要的是，他开始跟随著名的语言学家、《汉文经纬》（*Chinesische Grammatik*）的作者甲柏连孜（Geogvon der Gabelentz，1840—1893）学习汉语。一年后，德沃夏克获得哲学博士学位，作为助教在慕尼黑工作一学期，同时开展埃及学研究。

1884年，德沃夏克以论文《〈古兰经〉外来词问题之研究》（"Ein Beitrag zur Frage über die Fremdwörter im Korán"）顺利通过答辩，成为布拉格捷克大学的阿拉伯语编外副教授。自1885年起，他在捷克和欧洲的刊物上发表了一系列语言学、文化和历史方面的论文，尤其在汉学领域启动了开拓性工作，中国文化和中国宗教研究构成他对东方文化广泛兴趣的组成部分。他在1887—1889年先后出版《中国人孔子的生活和教义》I—II（*Číňana Konfucia život a nauka* I—II）两部文集。他在1890年成为资格教授，1896年被正式聘为东方语言学教授。

除了学术研究活动外，德沃夏克还热忱参与查理大学的行政和组织工作。在1900—1901学年，他当选为哲学院院长。在他的努力倡议和推动下，哲学院在1903年成立了东方语言图书馆，他和古印度学、比较语言学教授祖巴迪（Josef Zubatý，1855—1931）共同监管图书购置，图书馆的建立为开展捷克东方学研究奠定了良好基础。他还负责哲学院"捐助勤奋贫困生"资助项目的运作。1915年至1916年出任捷克大学校长。同时他是捷克学术界享有盛誉的两大协会——捷克学会和捷克皇家科学艺术院的正式成员。1904年他入选弗朗茨·约瑟夫皇家科学、文学和艺术学院（Česká akademie císaře Františka Josefa pro vědy, slovesnost a umění）院士，1907年被任命为捷克民族议会外务委员会成员，1914年担任捷克科学院总秘书长。

德沃夏克还积极参与国外的学术交流，自1866年起他定期参加每一届国际东方学会议，在会上发言并主持宗教主题分会场。回国后在捷克科学院公报上全面而深入地介绍世界东方学的最新动态，这些信息凸显了他宽广的学术视野和研究高度。当时捷克的学术圈相对闭塞，东方学科相比西方国家尤其法国滞后很多。然而，德沃夏克的学术研究并没有囿于狭窄的国内环境，他用德语发表论文与著作，由此赢得国外同行的注目和尊敬，获得国际荣誉。他的研究成果在国外不断被刊发和引用，欧洲著名的学术期刊甚至登载他学术出版物的书评。

此外，德沃夏克投身捷克民族复兴的普及教育和宣传运动，把学习古老的东方文化理解为在精神层面复兴捷克民族的重要途径。19世纪末，捷克盛行英国发起的推广大学教育和公共讲座运动，旨在实现教育民主化。德沃夏克秉承复兴"全民教育"的理念，投身启蒙和教育运动，给普通大众传播自己的东方学知识。1889年至1904年，德沃夏克用捷克语推出关于中国哲学、宗教以及中国经济、习俗和日常生活的普及性读物，它们成为公众教育课程和公开讲座的书面教材。1895年，其著作《中国宗教I，孔子及其教义》（*Chinas Religionen I. Confucius und seine Lehre*）的德译本在德国明斯特出版。

他的学术权威同样体现在"奥托百科辞典"的组织编撰工作上。1892年至1898年，他出任捷克"奥托百科辞典"的项目主编，并承担东方条目的编撰工作。他编写的"中国"词条，以其详尽概括及学识水准，让后来出版的百科辞典无法超越。

纵览德沃夏克的出版书目索引，不难发现其中以文学研究居多，文学翻译尤其引人瞩目。有别于对近东语言的学术性研究，德沃夏克在汉学领域的出版物，其专业研究糅入了教育普及化的动机，普及性知识胜过专业文献。1900年后，他专注于翻译各类东方语言的诗歌，介绍东方各国的文学作品。除了波斯、土耳其、阿拉伯和希伯来语的诗歌翻译外，他和捷克著名诗人雅罗斯拉夫·沃尔赫利茨基（Jaroslav Vrchlický，1953—1912）合译了《诗经》"风"160首，分别于1897年和1912年结集出版。1898年捷克弗朗茨·约瑟夫皇家科学、文学和艺术学院把其中第一册收入《世界诗歌集》（Sborník světové poesie）第58辑。忠实的原文直译加上专业诗人的韵味润泽，原诗的诗意光辉得以完美展现。这种模式开启了捷克汉学界翻译中国古典诗歌的先河。

德沃夏克在多家捷克杂志和论坛上撰写文章，宣传中国哲学和文化，他还专门撰文介绍中国大诗人李白。他的翻译立足于对原作品深入的语言分析，他仔细收集和审阅现有的评注，同时大胆阐述自己对原有文学价值的理解和感觉，他注重凸显异国文学的独特情调，尤其是文学的魅力和影响。这种翻译方式呈现了捷克东方学的典型特征，与捷克民族复兴运动的根源和宗旨一脉相承——让捷克民众凭借母语白话最大程度地接触和接受世界文学宝藏。

在这种广阔的学术和社会背景之下，德沃夏克的研究兴趣转向老子《道德经》，这也是他最后一部翻译巨作，构成他毕生学术研究的巅峰。

二、翻译《道德经》

德沃夏克在汉学研究领域的造诣，在国际上知名的是他对中国两大思想——儒家和道家的研究。留存的捷克档案资料显示，德沃夏克最初学习汉语的动机，缘自他的忘年交、东方文化的推崇者纳普尔斯特克①（Vojta Náprstek，1826—1894）。1887年初，德沃夏克的第一部文集《中国人孔子的生活和教义》出版时，他在扉页上赫然题写"献给中国文化的景仰者维特·纳普尔斯特克"。他潜心研究儒学和道教，1904年出版儒学著作《东方伦理史1：孔子》(*Dějiny mravouky v Orientě1.:Konfucius*)，1910年出版《中国：帝国、民族及礼仪习俗志》(*Čína. Popis říše, národa, jeho mravů a obyčejů*)。随着这两部最重要的著述问世，德沃夏克在欧洲的声望开始突起上升。

第一次世界大战后，德沃夏克侧重于把学术研究渗透到普及大众的爱国教育活动中，他更加重视东方哲学的研究。在《道德经》的序言里，他以个性化的抒情语言，把东方哲学誉为拯救现代人的希望所在，认为东方哲学是治愈残酷战争暴露出来的西方文明诟病的良药。

《道德经》译本凝聚了德沃夏克毕生的心血积淀和追求，堪称其汉学研究及翻译艺术之大成。在欧洲当时的汉学家眼里，这部中国哲学的经典著作始终如一个难以归类、艰深而奇妙的传奇故事。德沃夏克的翻译不失为首次触碰中国思想文化的笨拙尝试。虽然在翻译过程中，他参照了卫礼贤（Richard Wilhelm，1873—1930）1911年问世的德译本《老子道德经：关于理智与生命之书》(*Laotse Tao Te king：Das Buch des Alten Vom Sinn und Leben*)及其他法、英译本，然而在那个年代，《道德经》尚不存在被普遍接受的公认解释，也缺乏道家思想研究的权威性成果的参考，连较新颖的道教和《道德经》中文研究资料也是凤毛麟角。值得注意的是，在1900年前后，西欧大部分针对这一专题的研究掺杂了传教士以及后续研究者们的利益驱动，他们强调从基督教教义的角度去研究中国的宗教，探寻《道德经》在近东的根源。譬如在德沃夏克时代的欧洲学术界，曾严肃考虑是否接受首次于两百年前提出的有关猜测，弄清《道德经》第十四章开头的那三个字"夷""希""微"②（当时

---

① 1862年他在布拉格创建纳普尔斯特克亚非美文化博物馆（Náprstkovo muzeum asijských, afrických a amerických kultur）。

② "视之不见，名曰夷；听之不闻，名曰希；搏之不得，名曰微。"

的拼音标注为 yi, hi, wei），是否与希伯来文"耶和华"的音译相关联，从而证明《旧约》对古代中国的影响。

《道德经》的翻译佐证了德沃夏克汉学研究的洞察力，他没有屈从于模棱两可的猜测和暗示，他以务实的态度面对老子的著作，在历史背景下深入文本研究，用他自己的话说，"与老子的教义互惠"。这种做法彰显了德沃夏克对现有文献史料的深度把握，对老子生活年代、历史和哲学知识的透彻了解，对中国文字特性，包括格式和文体特征的感悟。德沃夏克对《道德经》的早期解读，如后来他在前言和翻译绪论里所写，是他对老子著作"独特性"和"中国性"的诠释，同时是在中国的文化语境之外清醒探索不同哲学传统的认知方式。德沃夏克的这种方法不仅有别于后期传教士们的推测，也有别于新兴的倾向，即把《道德经》视为东方神秘主义的体现，视为凌驾于理性之上的著作。德沃夏克的注释立足于时代精神，把古代中国和现代欧洲关联起来，体现出他那个年代对东方文明的崇尚。即便如此，德沃夏克的理性姿态并没有妨碍他洞察《道德经》内含的复杂性、多义性及其诗意特质。

汉学在德沃夏克之后已历经百年的发展和进化历程，21世纪的汉学家们不难发现德沃夏克的译本在许多方面已经过时，存在不准确和诸多不足之处。但从翻译的整体理念和设计而言，它依然是一部令人称道的具有预见性的作品，始终切合时代，令人鼓舞，并且给后人以启示，德氏《道德经》译本自始至终被推荐为捷克汉学专业的大学生们阅读原文《道德经》的辅助文本。

档案资料显示，德沃夏克对道教和《道德经》的研究始于19世纪90年代末。在他1898年刊登在《捷克论坛》（*Česká revue*）第二期的《中国的思想本质》（"Myšlenková povaha Číny"）一文里，他称老子为"中国最著名的思想家"，同时强调要抵抗暴力和战争。1899年10月在罗马举行的第十二届国际东方学会议上，德沃夏克就老子和孔子学说之比较做了发言，该论文1900年发表在《捷克思想》（*Česká mysl*）杂志第一期，名为《孔子和老子：中国哲学比较研究》（"Konfucius a Lao-tsï. Srovnávací studie z filosofie čínské")。同年他在"奥托百科辞典"的"老子"词条里，把老子誉为世界上最伟大的思想家之一，是"道教、伦理、和平"的传播者。1903年，他应德国出版商之约，在明斯特出版《中国宗教2：老子及其教义》(Chinas religionen II: Lao-tsï und seine Lehre)。1904年，他摘录《道德经》捷克语译本的部分章节，刊登在弗朗茨·约瑟夫皇家科学、文学和艺术学院公报上。

在《道德经》译本个性化的序言中，德沃夏克突出强调老子学说是对一战后艰难岁月的及时救赎。他援引尼采（Friedrich Wilhelm Nietzsche，1844—1900）、托尔斯泰（Leo Nikolayevich Tolstoy，1828—1910）以及当代中国思想家辜鸿铭的观点，认为《道德经》是克服西方文明危机的希望所在。他认为，老子和托尔斯泰一样，告诫人们要抛弃虚假教育，在简朴的生活里寻求寄托。德沃夏克倾向于视亚洲文明为理想文明，认为它在人人平等的基础上构建精神文明，抵制暴力和战争。他还写道，老子主张自然、谦虚、仁慈和无为而治，这些价值取向恰恰蕴含了医治西方文明痼疾的良药。他认为《道德经》第80章为全书的核心，它勾勒出了人类自由、平等的无政府主义理想，以此摆脱西方享乐主义和盲目唯物论的影响。德沃夏克的诠释沿袭了19世纪和20世纪交替年代那些伟大的理想主义者和道德家们谋求纠正西方社会的主张。

可以看出，德沃夏克所倡导和坚持的思想价值在于，立足当下时代思考和展开自己的学术研究，与捷克本土思潮紧密结合。这种出发点促使德沃夏克对中国思想史保持了持久的兴趣——从对人类社会具有建设性作用的儒家思想到怀疑悲观、对社会压迫持批判态度的道家学说。正是由于他善于把时代热点问题融入学术研究范畴，从而使得《道德经》译本出版后立刻在捷克社会引发不同凡响，产生了超越具体时代的影响力，至今依然激励人心，具有深远的借鉴意义。

《道德经》的文本解读在诸多层面可谓意蕴深邃，存在多种开放的解释。也因此它吸引译者不断跃跃欲试，试图推出一个"更真实"的翻译版本，其结果往往新译本依然折射出新时代的问题。有别于德沃夏克，后来的译者和转述者对其主观主义的投影大都避而不谈。

高度关注西方文明危机，把东方智慧理想化，这两点在很大程度上导致德沃夏克对《道德经》以及整个道家教义进行道德化的解释，此种做法存在不同争议，但德沃夏克的翻译始终是独立和别具一格的，不附带译者的主观诠释，令人钦佩。他十分谦恭地面对那些原始的文字，没有试图在捷克语译本中做任何添加或在精神上完善其解释。

他的翻译忠实于原文，近乎直译。虽然为了使读者更清晰地理解，他在译文中补充了若干文字，但这些文字都放在括号中，以此让文本保留其原有的简洁和纯净。可以说，德沃夏克的译本是温和的、不施美化的。他力图保持原文的诗歌形式，呈现那种特殊的文体格式，最终达到紧凑、迫切和神秘的效果，这恰好也是原文的表述特点。

德沃夏克创建了一个永恒的关于"道"的捷克语译本，一个发人深省、对于后来的翻译者充满启迪的开放的版本。他的译介把东方哲学和东方文化引入捷克环境，由此激发捷克读者对遥远、陌生的中国的想象，在东方精神和神秘的艺术审美中看到东方主义的某些特征。德沃夏克由此也成为真正意义上捷克汉学的源起。

（徐伟珠　北京外国语大学欧洲语言文化学院）

1900—1930年明清小说在越南的翻译与出版*

□ 王　嘉

在中国与越南悠久的交流历史中，中国文化对越南产生了深刻的影响，在越南语言、文化、风俗习惯乃至生活的方方面面都可见中国文化的烙印。其中，越南文学自然也不可避免地受到了中国古典文学——从诗、赋到散文、小说的极大影响。而明清小说在越南也有着广泛而深远的传播，深深影响了越南的文学、戏曲创作。明清小说在越南的传播可以大致分为20世纪前、后两个时期，本文将集中探讨明清小说在20世纪初期在越南的传播情况。

一、20世纪之前明清小说在越南的传播情况

在魏晋时期，中国已经出现了"志怪小说"，经过几个朝代的发展，到明清时，中国古典小说已经发展得十分成熟。在明清时期，中国

---

* 本文首发于《国际汉学》总第10期，2017年第1期。

出现了大批不朽的文学著作，而这些著作也通过各种途径流传到了越南，对20世纪之前的越南文学、戏曲等都产生了深远的影响。

说到明清小说传到越南的途径，除了通过中国的官员、僧侣、士兵、商人带入越南外，越南使者也是中国小说进入越南的一个重要媒介。由于中越两国在历史上有着密切的联系，因此两国也常互派使者出访。而正是这些使者在中越文化交流上起到了巨大作用。通过查阅中国和越南的历史材料，我们可以发现，每次越南使者出访中国时，都会购买大量的中国图书回国，其中明清小说占有很大的比重。如黎贵惇曾在《北史通录》中记载了清乾隆二十六年（1761）十一月初七，越南赴清贡使团经广西桂林返回越南时，被中国官府没收了在中国采购的20部中国书籍，其中超过1/3是小说，如《封神演义》《山海经》《今古奇闻》《贪欢报》，等等。[1] 由此可见，当时越南的士大夫对中国小说之喜爱。

明清小说流传到越南后，深深影响了20世纪以前越南汉字与喃字文学的创作活动，有众多的越南作家或仿照明清小说或借用明清小说的题材创作出了一部部优秀的文学作品。如越南大文豪阮攸创作的喃字文学杰作《翘传》正是根据他出访中国时带回的清朝小说《金云翘传》改编创作而成，此外还有根据明朝小说《剪灯新话》写成的《传奇漫录》，根据清朝小说《忠孝节义二度梅》写成的《蓼云仙》等。

此外，明清小说对越南的戏曲创作也产生了影响。越南传统戏曲从剧中就有不少剧目都是取材于中国的明清小说。据孟昭毅在《东方文学交流史》中的研究，"在英国博物院收藏的50多种越南木刻板剧本中，有9种是关于三国故事的。它们虽然未刻明年代，但据其用喃字夹杂汉字写成的形式分析，估计为19世纪前的剧本。剧目有《三顾茅庐》《江右求婚传》《花烛传》《荆州赴会》《华容道》《截江传》《当阳长坂》

---

[1] 陈益源：《中国明清小说在越南的流传与影响》，《上海师范大学学报（哲学社会科学版）》2009年第1期。

等"①。

虽然当时中国明清小说已经流传到了越南，也出现了一些根据中国小说改编创作的越南本土喃字作品，但对于广大不识汉字和喃字的越南民众来说，这些小说还是比较有距离的。而戏曲作为十分贴近普通民众生活的艺术形式，起到了很好的桥梁作用，越南民众通过观看这些改编自中国明清小说的剧目，熟知了很多中国小说中的人物及故事情节，由此可见，中国明清小说通过戏曲这个间接的媒介在越南民众中得到了深入的流传。

二、1900—1930年越南明清小说翻译风潮②

进入20世纪以后，在法殖民者的主张下，在越南本地学者的推动下，在越南出现了将中国明清古典小说翻译成拉丁国语字的风潮。在此风潮的带领下，明清小说在越南得到了比以往更广泛、深入的传播，并对越南的社会、文学创作产生了巨大的影响。可以说，越南文学现代化正是从用国语字翻译包括明清小说在内的中国古典小说风潮开始的。

翻译中国明清古典小说的风潮是从越南南方开始的。1901年8月1日，在越南西贡出版的报纸《农贾茗谈》发刊第一期上刊登了由法国主编卡纳瓦乔（Canavaggio）翻译的《三国志俗译》，并进行了连载。这是在越南出现的第一个有关三国故事的国语字译本，从此，在越南拉开了用国语字翻译中国古典小说风潮的序幕，在这些古典小说中，绝大部分是明清小说。而《农贾茗谈》也成为翻译中国小说的一个重要阵地。

由于越南民众对中国明清小说内容的高度接受与喜爱，大大刺激了

---

① 孟昭毅：《越南中国文学研究面面观》，载夏康达、王晓平编《二十世纪国外中国文学研究》，天津人民出版社，2000，第134页。

② 越南成为法国殖民地后，殖民当局开始推行一种被称为"国语字"的文字，从而代替汉字。在本文中所涉及的明清小说翻译是指用国语字对明清小说的翻译活动。

明清小说翻译与出版需求，大量的明清小说得以在20世纪初期翻译成越南国语字。基于中越两国学者的研究、统计以及笔者对各类译本的寻访，[①]笔者根据初步统计认为在1900—1930年，在越南翻译了明清小说72部，共出版了136个不同译本（再版小说不计在内）。[②]其中越南南方翻译了32部作品，共出版了94个译本。

单单从1901年到1910年的十年间，越南就翻译出版了51个明清小说译本（不包括再版）。在最初的四五年里，这种翻译活动只是零星出现。到了1906年，一年就出版了16部明清小说。在20世纪前十年里，越南南部出版的明清小说翻译作品数量大大多于北部，在51个明清小说译本中，除了1907年潘继秉翻译的《三国志演义》是在河内出版以外，其余50部都在西贡出版。自此，明清小说翻译工作从越南南部蓬勃发展起来。

那为什么这次明清小说的翻译潮是从越南南部开始的呢？

在越南北、中、南圻中，南圻受法国的影响最早，也最深，南圻接受国语字的时间也要远远早于北方。在19世纪末的时候，国语字在南方就已经十分发展。19世纪末，一些为法国人工作的越南人就开始着手用国语字翻译中国经典的工作。代表人物有张永记、张明记、黄净古三人。张永记用国语字翻译了《四书》《五经》等中国儒家经典以及中国古诗，张明记则翻译了《诗经》（1886）并刊登在越南第一份国语字报纸《嘉定报》上，而黄净古则是从《庄子》《战国策》《史记》《聊斋志异》等作品中摘译了部分作品合编成《解忧故事集》（1885）。这三位的共同点是认为国语字会给国家带来好处，并让国家进步、文明，因

[①] 数据统计依据：1. 颜保《中国小说对越南文学的影响》；2. 裴德静《1866—1930南方与西贡的文学目录》；3. 武文仁在《1945年以前在胡志明市国语字文学》；4. 阮圭《19世纪末20世纪初南圻国语小说形成过程初探》；5. 刘红山《〈三国演义〉的影响以及20世纪初南圻对该小说的接受》；6. 美国哈佛、康奈尔等学校图书馆的藏书书目；7. 笔者个人收藏的明清小说越南语译本。

[②] 其中有12个译本的具体出版年份不详。

此他们希望通过各种手段寻找普及国语字的方法。他们将翻译中国经典作为普及国语字的方式：所选择翻译的作品大多是老百姓本已十分熟悉、符合老百姓审美爱好的作品，以让老百姓在快乐中学习国语字。

当时，南部的经济要强于北部，报业、出版业得以大发展。1865年4月15日，由法国人发行的第一份国语字报纸《嘉定报》面世，此后在南部陆续出现了《农贾茗谈》《南圻六省》等报纸。许多明清小说的翻译作品都是在这些报纸上首次面世的，供广大读者消遣、娱乐。

除此之外，越南南方居住着大量华人，数量也远远多于北方，因此明清小说早已进入了越南南部，并得到了一定的流传。

正是因为上述这些原因，使得20世纪初的明清小说翻译潮从南部开始出现。

在20世纪前30年里，全越南有56位译者参与了翻译明清小说的工作，这些译者有的翻译了一部小说，有的翻译了几部、十几部小说，也有几个人共同翻译了一部小说。在这些译者中，陈丰色（Trần Phong Sắc）、阮正瑟（Nguyễn Chánh Sắt）、阮安姜（Nguyễn An Khương）是这一时期的"南圻三大翻译家"[1]，他们翻译的范畴广泛，从诗、赋到小说，都有翻译，但翻译最多的仍然是小说，其中阮正瑟翻译了19部小说，陈丰色翻译了包括《封神演义》在内的17部小说。

三、越南明清小说翻译风潮出现的原因

（一）法国殖民者推广国语字的需要

1862年6月5日，潘清简和林维浃代表阮朝和法国海军少将普纳签订了丧权辱国的《西贡条约》。这个条约的签订，不仅使越南丧失了边和、嘉定、定祥南圻东三省和昆仑岛，并且也被迫打开了长期封闭的门

---

[1] 见《三合宝剑》（陈功名译本，Imp. J. Nguyễn Văn Viết & Files，西贡）封底的广告语。

户,开放岘港、广安、大叻三埠供法国、西班牙自由通商。这个条约的签订也就意味着越南开始沦为法国的殖民地。

法国殖民者来到越南后,"为了消除越南人民的民族意识和民族文化,他们有意限制汉文化的传播和发展,而宣传西方的思想文化"[1]。他们妄图彻底切断越南与中国在文化上的联系,削弱中国对越南的影响。而消灭作为传播汉文化媒介的汉字就成为法殖民者迫切要解决的问题。他们希望可以用传教士于16、17世纪前后创造的拼音文字——国语字逐步代替汉字,之后再用法语替代国语字,以达到在越南法语化的目的。皮吉尼尔主教(Puginier)1887年5月4日在写给法国殖民大臣的信中建议道:

……应取缔汉字,并首先由以欧洲字母所写成的、被称为"国语"的安南字取代,之后再过渡到使用法语。

但此事只宜慢慢地、逐步进行。为避免触犯那些习惯于使用汉字的民众,以及出于政治上的考虑,避免冒犯中国,此事不宜大肆宣张。

…………

需尽早教授安南人用欧洲字母来拼写他们自己的语言,使他们能读会写,因为这种文字相比汉字而言要更加简单便利。

不需几年就可强制规定正式公文禁止使用汉字书写,而须使用本国文字,所有的公职人员都须学会读写用欧洲文字拼写的安南字。其时,教授法语一事就会初见成效,并培养出整整一代公职人员通晓我们的语言(法语)。由此,也许经过20年或25年,我们有可能可以强制用法文来书写全部公文,这样即使不禁止学习汉字,汉字也必将会被逐步废弃。

当我们实现这一巨大成就后,我们就可以削弱中国在安南的很

---

[1] 何成轩:《儒学南传史》,北京大学出版社,2000,第365页。

大一部分影响，并取而代之，而那些痛恨法国势力的安南儒士们也会逐渐消失殆尽。

这是一个具有重大意义的问题。在天主教的地位得到确立之后，我认为取缔汉字并先用国语字代替汉字，继而逐步完全使用法文的政策将有助于我们在北圻建立一个远东地区的小法国，这是具有政治眼光的有效方案。①

为了达到上述目标，法国殖民者对越南的教育体系也做出了相应调整，如在科举考试里，某些科目须用国语作答；大幅度减少学校的汉文课程，学生们升到高年级（第二级）后就不再学习中文，而法文和国语的教育比重大幅度增加，使学生很快掌握法文和国语，而忘记中文。

自1880年开始，在越南南圻的乡村都出现了一些教授国语字的学校，并且规定升迁、工作等诸多事情都需通晓国语字。但在国语字推行初期并没有得到越南民众的认可，一是因为国语字被认为是法国殖民者侵略、同化的工具，因此，国语字被当时的士大夫阶层坚决抵制；二是因为法国殖民者将国语字视为一种过渡性文字，最终目的还是要普及法文。因此，那些在教授国语字学校学习的学生，除了可以看懂一些政府文书以外，无其他文章可读，文化知识匮乏、伦理道德修养差，使得这批学生常常遭到周围人的耻笑。这也造成了越南人不愿意学习国语字的现象。

为解决上述问题，法国殖民者想到了以翻译中国文学作品吸引民众阅读，从而学习国语字的办法，有官员建议"如果我们用国语字代替安南语言翻译中国一些基础或经典作品，那么人们将不再反抗学习用拉丁字母拼写的文字"②。颇具讽刺的是，法国殖民者本是想通过普及使用国语字，而切断越南在文化上与中国的联系，但是，毕竟中国文化已经深

---

① Nguyễn Văn Trung: Chữ, văn, quốc ngữ thời kỳ đầu Pháp thuộc. Nam Sơnxuất bản, 1974, tr. 21-22.

② Nguyễn Văn Trung: Chữ, văn, quốc ngữ thời kỳ đầu Pháp thuộc. Nam Sơnxuất bản, 1974, tr. 109.

深融入了越南文化中，在他们推广越南国语字的过程中，仍然无法绕开中国文化。因此，明清小说的翻译成为了法国殖民者推广学习国语字的途径，小说翻译潮的出现推动了国语字在越南的普及，而国语字的普及为明清小说读者群的形成又提供了基础。因此，20世纪初在越南出现的明清小说翻译潮与国语字的普及有着紧密的联系。

四、1900—1930越南翻译出版明清小说的特点

第一，进入20世纪后，越南报业和出版业的发展为明清小说译本的刊登与出版提供了便利的条件。当时，明清小说的译本大都是在报纸上连载，或印成单行本，受到欢迎后才印成书出版。这种形式更加接近于老百姓的平常生活，对于国语字的传播也起到了很有利的作用。另外，正是因为以连载、单行本的形式与读者见面，所以译文的文字需简练、生动、口语化，这对日后越南语言的发展也起到了一定的推动作用。这些明清小说的翻译作品，因书中人物及所体现的忠孝节义等传统思想，十分贴近越南人民，因此受到越南人民的喜爱，也由此开始对国语字产生了亲切感。

第二，明清小说翻译作品得到畅销。20世纪初期，明清小说的翻译作品在越南得到畅销主要可以体现在以下几个方面：

1. 一部小说出现多个译本。由于明清小说的读者群稳定，译作都有良好市场，因此，为了满足读者的需求，出于一定的商业目的，译者争相翻译。一本畅销书往往会出现多个译本的情况。如《三国志演义》在1900—1930年先后出现了由5个不同译者翻译的译本（1907年两个译本，1912年一个译本，1928年两个译本），而《东周列国志》也在1911—1930年先后四个不同的译本（1911年、1914年、1928年、1929年），《万花楼演义》《北宋志传》《五虎平南》《五虎平西》《反唐演义传》《说唐演义全传》等在1900—1930年都曾被不同译者多次翻译

出版。

2. 一部小说在短期内被再版多次，如《西游演义》一书在1914年至1928年就再版了4次。

3. 翻译小说的发行量大。了解越南图书出版情况的人都知道，越南的图书印数都比较少，但是笔者在考察旧书的过程中发现，20世纪初的明清小说译本发行量很大，如出版于1928年的《飞龙演义》（黄公觉译）译本一次就印刷了4000册，放在今日，这个印数在越南都是十分罕见的。

从上述三个方面可见20世纪初期明清小说在越南受欢迎的程度，为什么明清小说能在越南如此畅销呢？

中国明清小说在越南的影响历史悠久。如上所述，越南20世纪以前的文学作品深受中国明清小说的影响，越南人民都十分熟悉明清小说中的内容和人物，甚至一些著名人物的名字都可以作为形容词在日常生活中使用。因此，明清小说无疑是最能被越南民众快速接受的文学翻译作品。

在刚刚开始使用国语字时，由于越南本国的文学创作还是一片荒芜，没有什么像样的作品出现，因此中国明清小说自然是比本国的小说更能吸引读者。这也是为什么很多越南作家选择先翻译明清小说，后创作的原因。

另外，越南南方人，"特别是西贡人血管里流着那种英雄侠义的血液"，[①]明清小说中演义小说、侠义小说十分受到南方人的欢迎。而小说中捍卫的忠、信、义的传统道德，也得到了南方读者赞同。因此明清小说逐渐成为越南南方人民的精神食粮。

在20世纪初，"明清小说的译作出版大概占据了书籍市场一半的份

---

① Vũ Hạnh, "Nghĩ về sự ham đọc các sách truyện Trung Hoa của người Sài Gòn", Tạp chí Văn (1973), tr. 24.

额",①读者散布在各个阶层,不分职业、不分城市还是农村,大家都被明清小说深深吸引,对越南人的生活、文化、语言都产生了巨大影响。

第三,这段时期翻译的明清小说主要有6个题材:历史演义小说(《三国演义》《东周列国志》《隋唐演义》等)、英雄传奇演义(《岳飞传》等)、神魔小说(《西游记》《封神演义》等)、公案侠义小说(《三侠五义》《绿牡丹》等),也有世情小说,才子佳人小说,等等,其中英雄传奇小说和历史演义小说被翻译得最多,分别翻译了18部和17部。

第四,通过中国明清小说更好地保存传统文化,向那些不精通汉文的阶层传播传统文化,为传统和现代之间搭建桥梁。越南历史上长期使用汉字和喃字作为国家的通用语言,但因为两种文字的复杂性等原因,一直没有得到普及。为了更好地保存传统文化,在翻译时,译者常常会选择翻译那些有着忠孝节义、刚直等优秀道德传统的小说,在介绍传统文化的同时,在传统和现代之间搭建桥梁,并兼具一定的教育作用。有一些翻译作品中还会添加注解和评论,以方便公众理解作品。

第五,这一时期明清小说译本的语言简练、朴实,接近老百姓的生活口语。以黄净古的《解忧故事集》为例,在故事集中有112篇作者选译自《聊斋志异》,其中大部分为因果、劝善惩恶的故事。为了使故事好读、易懂,黄净古将原文的形式改成符合越南百姓习惯的民间叙事形式,并使用南方平民日常口语的语言将故事讲出,使人们毫无困难地接受这些中国故事。

以往很多中越学者认为在20世纪初期所翻译的中国明清小说,常常只是翻译原作的大意,或是主要故事情节以便读者理解,而并不忠实于原作,"读者也并不注意译文是否准确,对这些作品是否忠实于原

---

① Tôn Th t Dụng, Sự hình thành và vận động của thể loại tiểu thuyết văn xuôi tiếng Việt ở Nam Bộ giai đoạn từ cuối thế kỷ XIX đến 1932. Luận án phó tiến sĩ Đại học Sư phạm I Hà Nội, 1993, tr. 52.

作也并不关心"。①但笔者在通过比对《东周列国志》《绿牡丹》《三侠五义》《粉妆楼全传》等 15 部小说的译本后发现这些译本内容翻译准确翔实,除有译本将原作中的诗歌省略不翻外,基本都将原作的内容完整地翻译了出来。这些译本的语言都十分贴近老百姓的日常口语,很好理解。使用简单的口语语言来翻译中国明清小说,多多少少可降低作品本身的艺术价值,但却有利于越南本地读者对中国明清小说的接受,这也大大加快了中国小说在越南的传播与普及。

第六,1900—1930 年出现的明清小说翻译潮为日后越南国语字文学的发展提供了很好的养分,建立了良好的基础。此次翻译潮大大激发了越南南方作家的创作热情,他们开始使用章回小说的形式创作大量历史、侠义小说,向越南民众普及越南的历史知识,激发殖民统治下的越南人民的爱国之情。

综上所述,在 1900—1930 年,越南翻译了大量的中国明清小说。这些明清小说的译本在越南受到了民众的欢迎,盛行一时。越南人民也通过阅读这些小说,加深了对中国文化的了解,而这些小说也深深影响了 20 世纪初越南人民的生活以及国语文学的创作活动。

(王嘉　北京外国语大学亚非学院越南语教研室)

---

① Tôn Th t Dụng, Sự hình thành và vận động của thế loại tiểu thuyết văn xuôi tiếng Việt ở Nam Bộ giai đoạn từ cuối thế kỷ XIX đến 1932. Luận án phó tiến sĩ Đại học Sư phạm I Hà Nội, 1993, tr. ,第 51 页。

朱熹的经学与解经语言在古代越南的沿革：从《四书章句集注》到《四书约解》的案例研究*

□ ［越］阮俊强（Nguyễn Tuấn Cường）

南宋时期，朱熹（1130—1200）采用经典注解方法中的"章句"与"集注"两种方法来诠释《四书》，撰写出《四书章句集注》（以下简称《集注》）。这本书问世后，立刻引发了一场起于南宋并一直持续至今的"四书学"学术运动。[1]

据蔡振丰的评价，《集注》可以说是朱熹最重要的事业，其意义可以从以下三点体现出：（1）建立起孔子（《论语》）、曾子（《大学》）、子思（《中庸》）、孟子（《孟子》）的道统传承；（2）朱熹借由诠释《大学》《中庸》，确立了他自己的"性理世界观"，并由这个"性理世界观"形成了他自己的儒学体系；（3）补足儒学的不足，以《中庸》的形而上学思想响应由佛学所带来的思想挑战。[2]

钱穆对《集注》做过如下评论：

---

* 本文首发于《国际汉学》总第7期，2016年第2期。
[1] 详见陆建猷《〈四书集注〉与南宋四书学》，陕西人民出版社，2002。
[2] 蔡振丰：《朝鲜儒者丁若镛的四书学——以东亚为视野的讨论》，华东师范大学出版社，2012，第1—2页。

自朱子以来八百年，四书成为中国社会之人人必读书，其地位实已越出五经之上。而读四书，则必兼读朱子之《论》《孟》集注与《学》《庸》章句，已定为元明清三代朝廷之功令。据此事实，朱子四书所影响于后代之深且大，亦可想见。①

由此可见，《集注》是朱子一生最大贡献，是朱子在经学方面上最突出的成就。历史上，朱子《集注》"深且大"的影响，实际上不仅限于中国，而早就超越了国境，传到东亚"儒教文化圈"的其他国家，并且得到了各国儒者的学习、精研、诠释与发展。在日本，据黄俊杰的研究，《集注》已被古代日本的伊藤仁斋（Ito Jinsai，1627—1705）、中井履轩（Naikai Riken，1732—1817）、山田方谷（Yamada Hokoku，1805—1877）等有名学者作出再诠释性的研讨。②在古代朝鲜，据蔡振丰的专著，③朱子《集注》已通过丁若镛（Jeong Yak-yong，1762—1836）得到重新诠释与发展。

由此可证，中国、日本、朝鲜三个东亚国家的研究作者，对朱子《集注》及以此名作为诠释对象的古代著作都作出了比较精深的研究，不过因为缺乏材料，直到现在，关于越南的朱子学研究还是处于空白。本文将从诠释学的角度就《四书约解》（以下简称《约解》）对《集注》的沿革（保留与变革）问题进行研究，从而探讨《约解》解经的目的、观点及方法，就朱子学在古代越南的接受进行案例研究。本文尝试弥补这个不足。

---

① 钱穆：《朱子学提纲》，生活·读书·新知三联书店，2010，第183—184页。
② 详见黄俊杰《东亚儒学史的新视野》，台大出版中心，2006，第125—264页。
③ 蔡振丰：《朝鲜儒者丁若镛的四书学——以东亚为视野的讨论》。

朱熹的经学与解经语言在古代越南的沿革：从《四书章句集注》到《四书约解》的案例研究

一、《集注》在古代越南：《四书约解》简介

朱子《集注》重要的社会影响早已传到越南。据越南信史《大越史记全书》所载，于越南陈朝（1225—1400）元丰三年（癸丑年，1253）："九月，诏天下儒士诣国子院讲《集注》《六经》。"[1]

由此可见，最晚是在朱熹卒年后50年左右，《集注》已占据古代越南的官学地位。《集注》开始传到越南的时间，应当比这个年代还早。

朱子学在古代越南的情况，《大越史记全书》记载了陈朝光泰九年丙子（1396）一事："十一月，季犛[2]作《国语诗义》并《序》，令女师教后妃及宫人学习。《序》中多出己意，不从朱子《集传》。"[3]

这个记载已经体现出译者反对朱熹的翻译思想，胡季犛想要努力摆脱朱子学的影子，证明了越南15世纪初已有反对朱子学的思想。可惜的是，由于现存没有《国语诗义》，笔者这个臆断不能得到验证。[4]

《集注》在古代越南的流行已经影响到越南儒者著作，现存最早的书籍就是《四书约解》。《约解》把朱子的汉字汉文的《四书》翻译成喃字越文，并加以汉文注解，是一部汉字喃字兼用的古书籍。

（一）《约解》的版本问题

唯一版本现存于汉喃研究院（越南河内），馆藏编号：AB. 270/1-5，全19卷，现存12卷，总页数达897页。越南阮朝明命二十年（1839）刊，郁文堂藏版。（图1）这个版本已经通过越南著名经学家1752年乡试、会试、廷试三元的延河县榜眼官黎贵惇（Lê Quý Đôn，1726—

---

[1] 《大越史记全书·本纪全书》，内阁官板，1697年木刻，第5卷，第19页。
[2] 季犛：胡季犛（Hồ Quý Ly, 1336—？），越南胡朝（1400—1407）第一任国王。
[3] 《大越史记全书·本纪全书》，内阁官板，1697年木刻，第8卷，第27页。
[4] 关于《诗经》在古代越南的翻译与接受，详见拙文《经学与文学：〈诗经〉在古代越南的翻译与接受》，于北京2012年11月在中国人民大学举办的"第三届世界汉学大会"上宣读的论文。

1784）的校订。这个现存的唯一版本虽然在1839年刊出（"皇朝明命贰拾年桂月吉日重刊"，见图2），但是据笔者已在越南发表的《约解》的版本学研究，这个翻译作品的成书年代拟达17世纪，并且成书后到19世纪末已经被木刻至少5次，证明这个作品受到众多读者的欢迎。[1]可惜的是能保留到现在的只有这一版。这也是越南古文献保存的共同状况。

图1 《四书约解》封面[2]　　　　图2 《重刊四书约解序》首页[3]

[1] Nguyễn Tuấn Cường（阮俊强），"Tiếp cận văn bản học với Tứ thư ước giải"（《〈四书约解〉的版本学研究》），Tạp chí Hán Nôm（《汉喃杂志》）2014年第2期，第27—45页。
[2] 《四书约解》，越南汉喃研究院馆藏编号：AB. 270/1，封面。
[3] 同上书，第1a页。

（二）《四书约解》分卷总结（见表1）

表1 《四书约解》分卷总结

馆藏编号	内容	页数	经典部分
AB.270/1（123页）	《四书约解》封面	1	
	延河榜眼官黎贵惇《重刊四书约解序》	6	
	《四书约解目录》标明全19卷：卷1:《大学约解》、卷2:《中庸约解》、卷3—12:《论语约解》、卷13—19:《孟子约解》	6	
	《四书约解·〈大学〉解国音义增补大全备旨卷之一》	42	《大学约解》
	《四书约解·〈中庸〉解国音义增补大全备旨卷之二》	68	《中庸约解》
残缺7卷（卷3—9）			
AB.270/3（188页）	《四书约解·〈论语〉解国音义增补大全备旨卷之十·卫灵公第十五、季氏第十六》	36	《论语约解》（缺7卷）
	《四书约解·〈论语〉解国音义增补大全备旨卷之十一·阳货第十七、微子第十八》	36	
	《四书约解·〈论语〉解国音义增补大全备旨卷之十二·子张第十九、尧曰第二十》	26	
AB.270/4（180页）	《四书约解·〈孟子〉解国音义增补大全备旨卷之十三·梁惠王上下》	90	《孟子约解》
	《四书约解·〈孟子〉解国音义增补大全备旨卷之十四·公孙丑上下》	90	
	《四书约解·〈孟子〉解国音义增补大全备旨卷之十五·滕文公上下》	90	
AB.270/2（188页）	《四书约解·〈孟子〉解国音义增补大全备旨卷之十六·离娄上下》	94	
	《四书约解·〈孟子〉解国音义增补大全备旨卷之十七·万章上下》	94	
AB.270/5（218页）	《四书约解·〈孟子〉解国音义增补大全备旨卷之十八·告子上下》	104	
	《四书约解·〈孟子〉解国音义增补大全备旨卷之十九·尽心上下》	114	
	总页数	897	

《约解》中的每一部经典的原名是《四书约解××国音义增补大全备旨》，其中"××"分别是《大学》《中庸》《论语》《孟子》。本文以下分别简称为《大学约解》《中庸约解》《论语约解》《孟子约解》。根据《四书约解目录》所载，此四者之中，只有《论语约解》少了《论语》20篇中的《学而第一》《为政第二》《八佾第三》《里仁第四》《公冶长第五》《雍也第六》《述而第七》《泰伯第八》《子罕第九》《乡党第十》《先进第十一》《颜渊第十二》《子路第十三》《宪问第十四》等14篇，相当于《四书约解》的7卷（卷3—9）。

与《约解》对照，本文使用中华书局1983年出版的竖排版《四书章句集注》，这一版本是中华书局"新编诸子集成丛书"之一。

二、《约解》目的对象：黎贵惇《重刊四书约解序》解读

（一）《重刊四书约解序》原文

圣贤言行载之四书备矣！读者体认而力行之。修身、齐家、治国、平天下，举此而措之，非难也。是故河南紫阳两夫子迭出而发明之，理学诸儒又从而剖析之，一字一句靡不坦然明白。然而后之学者犹或以为难读，又何也？

造化生才，往往得雄之分多，得英之分少。高明之人见闻敏洽，一经耳目自然融液贯通，有何窒碍。若夫中人以下，涉猎未多，识悟不到，宁无全牛之病。至于龆龀之子，又有甚焉者矣。彼于五六七岁时仅解寻常言语，父母教之三四七八之数、春夏秋冬之序，尚未能一一领会，矧其诲之以古人之微旨大义而遽能了了然耶！况我国音语又与中国不同，教之尤有难者。是故先代师儒縯①

---

① "縯"与"演"通。

朱熹的经学与解经语言在古代越南的沿革：从《四书章句集注》到《四书约解》的案例研究

方土之音为《四书约解增补大全备旨》，豪①厘秒忽无所不用其力焉。其为此辈虑也远矣。

余少壮从戎，中年受政，《诗》《书》《语》《孟》之训亦有志而未之能及。公事之暇，时或往来家塾，与子女弟侄辈游衍于其间。每取四书约解诵之辄能辦②句读，识音义。其视就傅之初，严父师谆谆乎其前，而听之茫如卒莫之觉。语其功效，盖十一而千百也。呜呼！是书之便于诵读，如此其至。昔之人所以待夫中人以下及龆龀之子者，不已多乎！惜其行之有年，渐有展览生憎之叹。故复登诸剞劂，与后生晚进共之。又为之《序》，以志余官游之宝，且为子孙弟侄辈喜也。④

(二)《约解》及其越南的"汉越双语"与"汉喃双字"的入门儒学教育方法

通过《重刊四书约解序》可以看出，从黎贵惇看来，入门儒学教育的对象分为"成人"与"孩童"（龆龀之子）两组。

"成人"一组又分为认识能力不等的"高明之人"与"中人以下"两种。这两种人对儒家经典的学习与通晓能力有天渊之别："高明之人见闻敏洽，一经耳目自然融液贯通，有何窒碍。若夫中人以下，涉猎未多，识悟不到，宁无全牛之病。"⑤

至于5—7岁的孩童，不能读懂儒家经典中的"微旨大义"。黎贵惇提出，孩童的抽象思维还接受不了外国语言文字的挑战：

至于龆龀之子，又有甚焉者矣。彼于五六七岁时仅解寻常言语，父母教之三四七八之数、春夏秋冬之序，尚未能一一领会，矧

---

① "豪"与"毫"通。
② "辦"与"辨"通。
④ 《四书约解》，越南汉喃研究院馆藏编号：AB.270/1，第1a—3b页。
⑤ 同上书，第1b页。

其诲之以古人之微旨大义而遽能了了然耶！况我国音语又与中国不同，教之尤有难者。[①]

越南"中人以下"的成人与"龆龀之子"的孩童的这两种人学习儒家经典时都碰到困难。黎贵惇大力推荐这个解法：通过越南喃字书写的译品、加以汉文注解的类似《约解》的材料而学习儒家经典，其中当然不可缺少老师的指导。关键是要有越南语译品，因为异语异字的越南学生，很难直接就接受外来的艰涩的汉语儒家经典的"微旨大义"。

就在儒学的家乡中国，从汉代起，平民百姓已经难以解读儒家经典，遑论初学的孩童。时间流逝，汉语的变化也愈来愈多，与经典所用的先秦文言的差别愈来愈大，导致了中国人愈来愈难读懂先秦诸子的著作。所以，近100年来，中国人屡次把先秦的文言文文献"翻译"成现代汉语，好让现当代的中国人能够读得懂。连中国人都有这种翻译活动，对于越南目不识汉字、口不讲汉语的孩童，就更不用说了！

因此，《约解》是为"入门儒学的学生"而编写的，好让初学者把握儒家经典的大体内容，容易推广"圣贤之道"；而不是为帮助学者通晓儒家经典的佶屈聱牙而编写的，更不像中国儒学史上，对经典的注疏论解的诠释与发扬。

三、《集注》与《约解》的注解的定量比较

《约解》的排版（请看图3、图4）：

经典内容原文一段（大汉字）

用喃字书写的越南语的翻译内容（两脚字），结束于一个圈子（o）

汉字注解（两脚字），这个部分可以缺少

---

① 《四书约解》，越南汉喃研究院馆藏编号：AB.270/1，第1b—2b页。

朱熹的经学与解经语言在古代越南的沿革：从《四书章句集注》到《四书约解》的案例研究

图3 越南17世纪《孟子约解》[①]

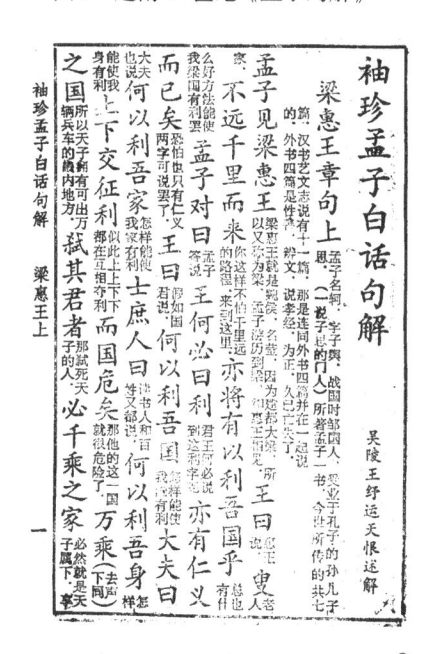

图4 中国1934年《四书白话句解》[②]

---

① 《四书约解》，越南汉喃研究院馆藏编号：AB.270/3，第1a页。
② 王天恨：《四书白话句解》(1934年)，成都古籍书店，1988。

本文把《约解》中每三个部分叫作"三合段"。《集注》与《约解》之间，时时分段不同，比如《集注》常对一个长段加注，但《约解》就把那一长段分成几个小段分别加注。对这样的场合，本文以《约解》的分段为标准，从而与《集注》中相应的章节内容进行比较。

由此计算，《大学约解》有349个"三合段"，《中庸约解》有766个，总共有1115个"三合段"。以"用来注解的语言"与"被注解的意义"为标志，来对这1115个"三合段"做统计，《集注》与《约解》的注解统计见表2：

表2 《集注》与《约解》的注解统计

场合分类		大学约解	中庸约解	总	%	分组	
（1）	《约解》全同于《集注》	51	85	136	12%	37%	A
（2）	《约解》基于《集注》，但比《集注》更简略	11	77	88	8%		
（3）	《约解》与《集注》都无注解	35	154	189	17%		
（4）	《约解》全异于《集注》	110	128	238	22%	63%	B
（5）	《约解》基于《集注》，但比《集注》更详细	60	65	125	11%		
（6）	《约解》有注，《集注》无注	65	95	160	14%		
（7）	《约解》无注，《集注》有注	17	162	179	16%		
总计		349	766	1115	100%	100%	

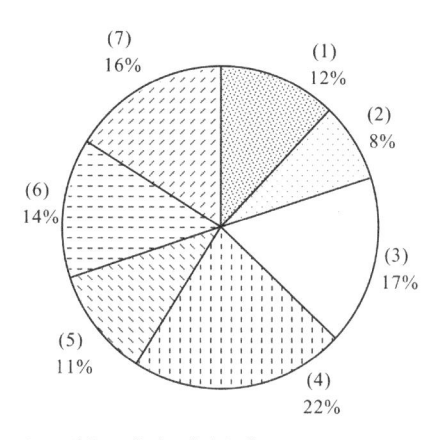

图5 《集注》与《约解》的注解对比分析

在图5的统计中，所属A组的（1）、（2）、（3）三类（图表中有点部分）表示从《集注》到《约解》注解的"沿"；所属B组的（4）、（5）、（6）、（7）四类（图表中画线部分）表示注解的"革"。当然每个指数表现出的价值都不同。比如B组中，"《约解》基于《集注》，但比《集注》更详细"的第（5）类，一方面体现《约解》把《集注》的注解保留下来，另一方面对《集注》的注解已经加以补充，本文为了强调这个补充而把第（5）类列入"革"的B组而不是"沿"的A组。分析了上述的定量统计指数，可以得出，《约解》保存了《集注》至少37%的注解内容，其与《集注》相别最多达63%。

四、《集注》与《约解》的注解的语言形式比较

本文此部分对《集注》与《约解》注解内容的语言形式做出定量与定性的比较。由于篇幅有限，本文集中对《大学约解》与《中庸约解》的开头一章进行分析研究，这两章是《大学》与《中庸》最重要的部分。

(一)《集注》与《约解》的《大学》《中庸》首章注解对照

表3 《集注》与《约解》的《大学》《中庸》首章注解对照表

朱熹《四书章句集注》[1]	越南17世纪《四书约解》[2]（阮俊强校点）
大学章句大，旧音泰，今读如字。 子程子曰："大学，孔氏之遗书，而初学入德之门也。"于今可见古人为学次第者，独赖此篇之存，而论、孟次之。学者必由是而学焉，则庶乎其不差矣。 **大学之道，在明明德，在亲民，在止于至善。**程子曰："亲，当作新。"大学者，大人之学也。明，明之也。明德者，人之所得乎天，而虚灵不昧，以具众理而应万事者也。但为气禀所拘，人欲所蔽，则有时而昏；然其本体之明，则有未尝息者。故学者当因其所发而遂明之，以复其初也。新者，革其旧之谓也，言既自明其明德，又当推以及人，使之亦有以去其旧染之污也。止者，必至于是而不迁之意。至善，则事理当然之极也。盖必其有以尽夫天理之极，而无一毫人欲之私也。此三者，大学之纲领也。**知止而后有定，定而后能静，静而后能安，安而后能虑，虑而后能得。**后，与後同，后放此。止者，所当止之地，即至善之所在也。知之，则志有定向。静，谓心不妄动。安，谓所处而安。虑，谓处事精详。得，谓得其所止。**物有本末，事有终始，知所先后，则近道矣。**明德为本，新民为末。知止为始，能得为终。本始所先，末终所后。此结上文两节之意。 **古之欲明明德于天下者，先治其国；欲治其国者，先齐其家；欲齐其家者，先修其身；欲修其身者，先正其心；欲正其心者，先诚其意；欲诚其意者，先致其知；致知在格物。**治，平声，后放此。明明德于天下者，使天下之人皆有以明其明德也。心者，身之所主也。诚，实也。意者，心之所发也。实其心之所发，欲其一于善而无自欺也。致，推极也。知，犹识也。推极吾之知识，欲其所知无不尽也。格，至也。物，犹事也。	\<1a\> 大学大，旧音泰，今读如字。子程子曰："大学，孔氏之遗书，而初学入德之门也。"于今可见古人为学次第者，独赖此篇之存，而论、孟次之。学者必由是而学焉，则庶乎其不差矣。 **大学之道，**大学者，大人之学也。**在明明德，**在明明德者，己之德本明也，而不能不昏于气禀物欲。故学者当因其所发而遂明之，以复其初也。**在亲民，**程子曰："亲，当作新。"民之德本新也，而不能不污于习俗，又当推吾之所明，立法圣教，使革其旧而自新焉。**在止于至善。**止者，必至于是而不迁之意。至善，则事理当然之极也。言明明德、新民，皆当至于至善之地而不迁。此三者，大学之纲领也。 \<1b\> **知止而后有定，**止者，所当止之地，即至善之所在也。知之，则志有定向。**定而后能静，**静，谓心不妄动。**静而后能安，**安，谓所处而安。**安而后能虑，**虑，谓处事精详。**虑而后能得。**得，谓得其所止。**物有本末，**明德为本，新民为末。合而观之，明德、新民皆物也。然必明德方可新民，物不有本末乎！事有终始，知止为始，能得为终。合而观之，知止、能得皆事也。然必知止方才能得，事不有终始乎！**知所先后，**本与始所该先，末与终所该后。此结上文两节之意。**则近道矣。**近道是近大学之道。 \<2a\> **古之欲明明德于天下者，先治其国；**治，平声，后放此。古人欲明明德于天下者，使天下之人皆有以明其明德而自新也，必先治其国，使无紊乱焉，盖远由于近也。**欲治其国者，先齐其家；**欲治其国者，必先以齐其家，使无参差焉，盖疏由于亲也。**欲齐其家者，先修其身；**欲齐其家者，必先有以修其身，使不陷焉，盖人由于己也。**欲修其身者，先正其心；**心者，身之主宰也。欲修其身者，必先敬以育内，虚以应物，以正其心。**欲正其心者，先诚其意；**意者，心之发端也。欲正

---

[1] 朱熹：《四书章句集注》，中华书局，1983，《大学》第3—4页、《中庸》第17—18页。
[2] 《四书约解》，越南汉喃研究院馆藏编号：AB. 270/1，《大学约解》第1卷第1a—3a页、《中庸约解》第2卷第1a—2a页。

(续表)

朱熹《四书章句集注》[1]	越南17世纪《四书约解》[2]（阮俊强校点）
穷至事物之理，欲其极处无不到也。此八者，大学之条目也。**物格而后知至，知至而后意诚，意诚而后心正，心正而后身修，身修而后家齐，家齐而后国治，国治而后天下平**。治，去声，后放此。物格者，物理之极处无不到也。知至者，吾心之所知无不尽也。知既尽，则意可得而实矣，意既实，则心可得而正矣。修身以上，明明德之事也。齐家以下，新民之事也。物格知至，则知所止矣。意诚以下，则皆得所止之序也。**自天子以至于庶人，壹是皆以修身为本**。壹是，一切也。正心以上，皆所以修身也。齐家以下，则举此而措之耳。**其本乱而末治者否矣，其所厚者薄，而其所薄者厚，未之有也！** 本，谓身也。所厚，谓家也。此两节结上文两节之意。 右经一章，盖孔子之言，而曾子述之。凡二百五字。其传十章，则曾子之意而门人记之也。旧本颇有错简，今因程子所定，而更考经文，别为序次如左。凡千五百四十六字。凡传文，杂引经传，若无统纪，然文理接续，血脉贯通，深浅始终，至为精密。熟读详味，久当见之，今不尽释也。	其心者，必先戒其自欺，求其自慊，以诚其意。**欲诚其意者，先致其知**；致，<2b>推极也。知，犹识也。欲诚其意者，必先推吾心之良知，以尽其量而知，无不致也。**致知在格物**。格，至也。物，犹事也。欲致其知，只在即物以穷其理，而物无不格，可也。此八者，大学之条目也。**物格而后知至**，物格者，物理之极处无不到也。**知至而后意诚**，知既尽，则意可得而实矣，**意诚而后心正**，意既实，则心可得而正矣。**心正而后身修，身修而后家齐，家齐而后国治，国治而后天下平**。治，去声，后仿此。**自天子以至于庶人，壹是皆以修身为本**。<3a>壹是，一切也。自天子以至庶人，凡有国家天下之责也，一切皆以修身为本。盖能格致、诚意、正心以修身，则齐家、治国、平天下，举此而措之耳。所以人之尊卑虽不同，都该以修身为本也。**其本乱而末治者否矣**，若不能修身，是本先乱，却要家齐、国治、天下平，必无是理矣。**其所厚者薄，而其所薄者厚，未之有也！** 若不能齐家，是所厚者薄，而国与天下薄者反厚，未之有也！ 右经一章，盖孔子之言，而曾子述之。其传十章，则曾子之意而门人记之也。
中庸章句中者，不偏不倚、无过不及之名。庸，平常也。 子程子曰："不偏之谓中，不易之谓庸。中者，天下之正道，庸者，天下之定理。"此篇乃孔门传授心法，子思恐其久而差也，故笔之于书，以授孟子。其书始言一理，中散为万事，末复合为一理，"放之则弥六合，卷之则退藏于密"，其味无穷，皆实学也。善读者玩索而有得焉，则终身用之，有不能尽者矣。 **天命之谓性，率性之谓道，修道之谓教**。命，犹令也。性，即理也。天以阴阳五行化生万物，气以成形，而理亦赋焉，犹命令也。于是人物之生，因各得其所赋之理，以为健顺五常之德，所谓性也。率，循也。道，犹路也。人物各循其性之自然，则其日用事物之间，莫不各有当行之路，是则所谓道也。修，品节之也。性道虽同，而气禀或异，故不能无过不及之差，圣人因人物之所当行者而品节之，以为法于天下，则谓之教，若礼、乐、刑、政之属是也。盖人之所以为人，道之所以为道，圣人之所以为教，原其所自，无一不本于天而备于我。学者知之，则其于学知所用力而自不能已矣。故子思于此首发明之，读者所宜深体而默识也。**道也者，不可须臾离也，可离非道也。是故君子戒慎乎其所不睹，恐惧乎其所不闻**。离，去声。道者，日用事物当行之理，皆性之德而具于心，无物不有，无时不	<1a>中庸中者，不偏不倚、无过不及之名。庸，平常也。子程子曰："不偏之谓中，不易之谓庸。中者，天下之正道，庸者，天下之定理。"郑云：以其记中和之为用也。庸，用也。孔子之孙子思作以照明圣祖之德也。 **天命之谓性**，命，犹令也，即锡予意。性，即理也。仁义礼智，乃人所受于天之理，以为健顺五常之德，所谓性也。**率性之谓道**，率，循也，犹言依也。率性言此心随吾本然之性发出来。道是日用当然之理，莫不各有当行之路，是则所谓道也。**修道之谓教**。修是品节栽成意。教示人法则意。**道也者**，道字承命于天，率于性来。不<1b>**可须臾离也**，离，去声，下同。须臾是一刻间。盖道者，日用事物当然之理，皆性之德而具于心，无物不有，无时不然，所以不可须臾离也。**可离非道也。是**

(续表)

朱熹《四书章句集注》①	越南17世纪《四书约解》②（阮俊强校点）
然，<u>所以不可须臾离也。若其可离，则为外物而非道矣。是以君子之心常存敬畏，虽不见闻，亦不敢忽，所以存天理之本然，而不使离于须臾之顷也。</u>**莫见乎隐，莫显乎微，故君子慎其独也。**见，音现。隐，暗处也。微，细事也。独者，人所不知而己所独知之地也。<u>言幽暗之中，细微之事，迹虽未形而几则已动，人虽不知而己独知之，则是天下之事无有着见明显过于此者。是以君子既常戒惧，而于此尤加谨焉，所以遏人欲于将萌，而不使其滋长于隐微之中，以至离道之远也。</u>**喜怒哀乐之未发，谓之中；发而皆中节，谓之和。中也者，天下之大本也；和也者，天下之达道也。**乐，音洛。中节之中，去声。喜、怒、哀、乐，情也。<u>其未发，则性也，无所偏倚，故谓之中。发皆中节，情之正也，无所乖戾，故谓之和。大本者，天命之性，天下之理皆由此出，道之体也。达道者，循性之谓，天下古今之所共由，道之用也。此言性情之德，以明道不可离之意。</u>**致中和，天地位焉，万物育焉。**致，推而极之也。位者，安其所也。育者，遂其生也。<u>自戒惧而约之，以至于至静之中，无少偏倚，而其守不失，则极其中而天地位矣。自谨独而精之，以至于应物之处，无少差谬，而无适不然，则极其和而万物育焉。盖天地万物本吾一体，吾之心正，则天地之心亦正矣，吾之气顺，则天地之气亦顺矣。故其效验至于如此。此学问之极功、圣人之能事，初非有待于外，而修道之教亦在其中矣。是其一体一用虽有动静之殊，然必其体立而后用有以行，则其实亦非有两事也。故于此合而言之，以结上文之意。</u> 右第一章。子思述所传之意以立言：<u>首明道之本原出于天而不可易，其实体备于己而不可离，次言存养省察之要，终言圣神功化之极。盖欲学者于此反求诸身而自得之，以去夫外诱之私，而充其本然之善，杨氏所谓一篇之体要是也。其下十章，盖子思引夫子之言，以终此章之义。</u>	故君子，是故承上二句来，君子是体道之人。**戒慎乎其所不睹**，戒慎是敬谨不忽意。不睹未及见之时。**恐惧乎其所不闻**。恐惧是敬畏不忽意。不闻是未及听之时。**莫见乎隐**，见是着见，隐是暗处，指曲中言。**莫显乎微**，显是明显，微是细事，指一念之动言。**故君子慎其独也**。故，承上章二句来。慎，兼上戒惧。独者，人所不知而己所独知之地也。**喜怒哀乐之未发**，乐，音洛。未发是未发见。**谓**<2a>**之中**；中是无偏倚意。**发而皆中节**，中去声。发是喜怒哀乐之见。中节是合于当然之节度也。**谓之和**。**中也者，天下之大本也**；大是无所不统意。本是根源。**和也者，天下之达道也**。达是无所不通意。道是人所共由之路。**致中和**，致，推而极之，是克尽此本然之中，和非中和之外。**天地位焉**，位是安其所，<u>如三光明，五气顺，川岳咸宁之类</u>。**万物育焉**。育是遂其生，<u>如百性宁，兆民殖，品汇咸亨之类</u>。 右第一章。子思述所传之意以立言。

注：1. 粗大字：《大学》与《中庸》的经文
　　2. 细大字、小字：注解部分
　　3.《集注》与《约解》都无下画线：表现两者的"沿"（相同部分）
　　4.《集注》或《约解》有下画线：表现两者的"革"（相异部分）

如果把《集注》与《约解》这两章的经文都拿掉，并且拿掉《约解》的喃字翻译部分，即只把两者的注解内容保留下来，此时《集注·大学章句》首章剩下691个字，《大学约解》首章剩下744个字（比《大学章句》稍多），两者的共同部分只有367个字。关于《中庸》的情况，《集注·中庸章句》首章剩下949个字，《中庸约解》首章只剩下

450个字（少于《中庸章句》的一半），两者的共同部分只有163个字。以下图6和图7可以明显表现出这些关系：

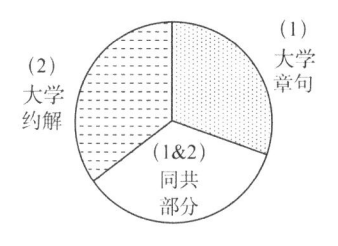

图6 《大学章句》与《大学约解》首章字数对比图

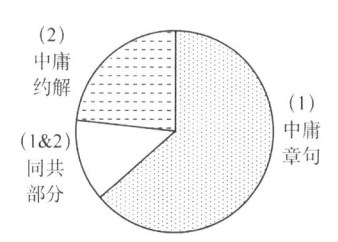

图7 《中庸章句》与《中庸约解》首章字数对比图

由此可见，《约解》注解部分的详疏水平在每一章都是不同的，随着注者的观点而有所增减。关于上述两章，《约解》用来注解的文字在《大学》里多于《中庸》。尤其是在《大学》里，《约解》所用来注解的文字比《集注》还多，但是对于《中庸》，《约解》的注解文字比《集注》少了一大半。在以上两种情况中，注解文字的共同部分比较少（见图中空白部分），证明了在定量比较上，《约解》与《集注》有较大差别。

（二）注解语言的分析（词法，句法）

对注解部分的具体分析，可以从"用来注解的语言"的角度去考察《集注》与《约解》的差别。朱子《集注》主张使用文言文作注，越南《约解》则偏向于使用中古汉语白话。

关于词法方面，《约解》使用了一系列中古白话："是"当系词用，"所以"表示结果，"都"是范围副词（代替了文言文的"皆"），"该"当能愿动词用；又有当作趋向补语的"来"和"出来"；还有"只在""却要"等用法。

《约解》中"是"当系词用的例子：①

近道是近大学之道。
道是日用当然之理。
修是品节裁成意。
须臾是一刻间。
君子是体道之人。
戒慎是敬谨不忽意。
恐惧是敬畏不忽意。不闻是未及听之时。
见是着见，隐是暗处。
显是明显，微是细事。
发是喜怒哀乐之见。中节是合于当然之节度。
大是无所不统意。本是根源。
达是无所不通意。道是人所共由之路。
位是安其所。
育是遂其生。

《约解》中"所以、都、该、出来、来、只在、却要"的例子：②

所以人之尊卑虽不同，都该以修身为本也。
率性言此心随吾本然之性发出来。
道字承命于天，率于性来。
欲致其知，只在即物以穷其理。
若不能修身，是本先乱，却要家齐、国治、天下平，必无是理矣。

---

① 出自《四书约解》，越南汉喃研究院馆藏编号：AB. 270/1，第 1 卷第 1—3a 页、第 2 卷第 1a—2a 页。
② 出自《四书约解》，越南汉喃研究院馆藏编号：AB. 270/1，第 1 卷第 1—3a 页、第 2 卷第 1a—2a 页。

关于句法方面，对于完全相同的语义内容，《约解》屡次把《集注》的文言文句法"翻译"成中古汉语的白话。有关这一点的最明显例子就是《约解》把《集注》的"A者B也"的结构"翻译"成"A是B"的结构，见表4。

表4 《集注》与《约解》语法例子对照

《集注》	《约解》
位者，安其所也。	位是安其所。
育者，遂其生也。	育是遂其生。
隐，暗处也。	隐是暗处。
微，细事也。	微是细事。

上述的词法、句法特点，证明《约解》的注者已经接受了中古汉语的白话。这种白话使得当时读者更加容易读懂《约解》注解部分，因为"四书五经"所用的文言文越来越难懂。就像黎贵惇在他的《序》中所说的"呜呼！是书之便于诵读，如此其至"一事。

五、《集注》与《约解》的注解的内容比较

（一）注解的手法

与《集注》中注解相比，《约解》所用的有"原注""补注""略注"等三个注解手法。

1. 原注：据表2所列，"（1）《约解》全同于《集注》"的第一个场合有注解总数的12%，意味着在1115个"三合段"中有了136个。剩下的88%中，《约解》还是经常在某一程度上沿用了《集注》的注解。所以，"原注"的注解手法的使用频率至少是12%。例如，给《大学》的"意诚而后心正"的经文作注时，《约解》则全部再用了《集注》中的"意既实，则心可得而正矣"的注解。

补注：为了给儒家经典的原文加以讲解。

2.《约解》补充了在《集注》没有的注解。这种现象在《大学约解》比较多（详见表3）。例如，给《大学》的"物有本末，事有终始，知所先后，则近道矣"的经文作注时，《集注》简短写道："明德为本，新民为末。知止为始，能得为终。本始所先，末终所后。此结上文两节之意。"①

而《约解》注解做了更加详细，但不外于朱子的大体意义的注解：

> ［物有本末］，明德为本，新民为末。合而观之，明德、新民皆物也。然必明德方可新民，物不有本末乎！［事有终始］，知止为始，能得为终。合而观之，知止、能得皆事也。然必知止方才能得，事不有终始乎！［知所先后］，本与始所该先，末与终所该后。此结上文两节之意。［则近道矣］，近道是近大学之道。②

又如，给《大学》的"自天子以至于庶人，壹是皆以修身为本"的经文作注时，《集注》简短写道："正心以上，皆所以修身也。齐家以下，则举此而措之耳。"③

而《约解》补充了较长的文字，但也没有新意："自天子以至庶人，凡有国家天下之责也，一切皆以修身为本。盖能格致、诚意、正心以修身，则齐家、治国、平天下，举而措之耳。所以人之尊卑虽不同，都该以修身为本也。"④

《约解》这样的"补注""增注"大部分都是加用了语言文字来再次讲解儒家经文和《集注》的注解。可以判断，注解者无意通过注解的方式在经学史上自成一家。

---

① 朱熹：《四书章句集注》，第3页。
② 《四书约解》，越南汉喃研究院馆藏编号：AB.270/1，第1卷，第1b页。
③ 朱熹：《四书章句集注》，第4页。
④ 《四书约解》，越南汉喃研究院馆藏编号：AB.270/1，第1卷，第3a页。

朱熹的经学与解经语言在古代越南的沿革：从《四书章句集注》到《四书约解》的案例研究

3. 略注：《约解》去掉或简化了《集注》中的义理方面上的注解。这个现象在《中庸约解》中比较多（详见表3）。例如，在下面一段，朱子对《中庸》中的抽象性较高的天命论、人性论等问题做了较为详细的注解，但《约解》把这一段全部去掉：

> 修，品节之也。性道虽同，而气禀或异，故不能无过不及之差，圣人因人物之所当行者而品节之，以为法于天下，则谓之教，若礼、乐、刑、政之属是也。盖人之所以为人，道之所以为道，圣人之所以为教，原其所自，无一不本于天而备于我。学者知之，则其于学知所用力而自不能已矣。故子思于此首发明之，读者所宜深体而默识也。①

又如，给《中庸》的"天命之谓性"的经文作注时，朱子《集注》对天、性、理、气之间的关系进行了较为详细的注解："命，犹令也。性，即理也。天以阴阳五行化生万物，气以成形，而理亦赋焉，犹命令也。于是人物之生，因各得其所赋之理，以为健顺五常之德，所谓性也。"②

但是《约解》已经切除了抽象的理气论内容："命，犹令也，即锡予意。性，即理也。仁义礼智，乃人所受于天之理，以为健顺五常之德，所谓性也。"③

《约解》虽然简略了朱子《集注》的注解，但是大体上还保留了"性即理"的朱子学的关键观点。

---

① 朱熹：《四书章句集注》馆藏编号：第17页。
② 同上。
③ 《四书约解》，越南汉喃研究院馆藏编号：AB.270/1，第1卷，第1a页。

（二）对儒家经典的义理方面的注解

1. 朱子学特征：《约解》对"心"与"理"之间关系的理解

朱子学家黄俊杰肯定，"心"与"理"的关系在朱子学体系中具有极为重要的地位：

> 以上所分析朱子学中"心"与"理"之关系，极为重要，不仅朱子以后六百年来东亚儒者之是否可归属为朱子学派，可据此以为衡断，而且，东亚近世儒者之反朱、诤朱、翼朱、阐朱，均与此一问题密不可分。[①]

本文对《孟子约解·孟子·尽心上》中有关"心"与"理"的关系进行分析，以便比较《集注》与《约解》的观点。

给《孟子》中的"尽其心者，知其性也。知其性，则知天矣"的经文作注时，《集注》与《约解》写道：

《集注》：

> 心者，人之神明，所以具众理而应万事者也。性则心之所具之理，而天又理之所从以出者也。人有是心，莫非全体，然不穷理，则有所蔽而无以尽乎此心之量。故能极其心之全体而无不尽者，必其能穷夫理而无不知者也。既知其理，则其所从出，亦不外是矣。以大学之序言之，知性则物格之谓，尽心则知至之谓也。[②]

《约解》：

> 心者，人之神明，所以具众理而应万事者也。性则心之所具之

---

① 黄俊杰：《东亚儒学史的新视野》，第220页。
② 朱熹：《四书章句集注》，第349页。

理。知性是即事穷理。天是理之所从出，即性之源头处。①

由此可见，《约解》的注解虽然字数少于《集注》，但有关"心"与"理"关系的问题，大体上还是依据《集注》的思想。这一点体现了《约解》的朱子学的特征。

2. 吸取王阳明的"心学"

给《大学》中的"致知"概念作注时，《集注》写道："推极吾之知识，欲其所知无不尽也。"②《约解》却有别的讲解："欲诚其意者，必先推吾心之良知，以尽其量而知，无不致也。"③

在这一段注解中，《约解》不仅接受了朱熹《集注》的思想，而且还吸取了王阳明（1472—1528）"心学"思想中"致良知"之说，来解释"致知"的概念。朱子《集注》认为，"知"就是属于理学的认识范畴的"知识"，《约解》却把"知"解释成属于心学的"心之良知"。王阳明已经写道："夫心之本体，即天理也。天理之昭明灵觉，所谓良知也。"④

不过，《约解》吸取心学的地方很少。《约解》的注解虽然相对《集注》有一定的增减，但是在义理方面不违反《集注》的精深，根本上还是属于朱子理学的学派思想。这就是后来黄侃（1886—1935）所说的"疏不破注"的儒家经典注解方法的一种表现。

通过本文第五部分的分析，可以看出《约解》给《大学》首章那样具体性的学问范畴作注，而减少了给《中庸》首章那样抽象性较高的学问范畴的注解。这个作注方法的特征就是"易懂"。这个"易懂"带有正反两个作用：一方面让读者容易把握儒家经典的内容；另一方面却

---

① 《四书约解》，越南汉喃研究院馆藏编号：AB.270/5，第9卷，第1a页。
② 朱熹：《四书章句集注》，第4页。
③ 《四书约解》，越南汉喃研究院馆藏编号：AB.270/1，第1卷，第2b页。
④ 王阳明：《王阳明全集（上册）》，吴光、钱明、董平、姚延福编校，上海古籍出版社，1992，第190页。

不能启发读者用心于抽象的问题。证据在于，被评为儒家经典中哲学抽象性最高的《中庸》的开头一章，《约解》去掉了朱子对天命论、人性论、理气论等问题进行较为抽象的理解的一些段落。《约解》虽然加减了《集注》的注解内容，但主要精神上还是赞成朱子学说。这里也要承认，《约解》不仅限制于朱熹的理学的解经观点，而且在某一程度上还融合了王阳明的心学的观点。

关于导致《约解》"易懂性"的原因，本人认为在于：《约解》主张给孩童关于儒学的初学教育，应该要简单易懂。黎贵惇在其《序》写道：

> 至于龆龀之子，又有甚焉者矣。彼于五六七岁时仅解寻常言语，父母教之三四七八之数、春夏秋冬之序，尚未能一一领会，矧其诲之以古人之微旨大义而遽能了了然耶！况我国音语又与中国不同，教之尤有难者……公事之暇，时或往来家塾，与子女弟侄辈游衍于其间。每取四书约解诵之辄能办句读，识音义。其视就傅之初，严父师谆谆乎其前，而听之茫如卒莫之觉。语其功效，盖十一而千百也。呜呼！是书之便于诵读，如此其至。①

我们可以看出，这个引文的主张完全同于上述的《约解》注解方法。黎贵惇的《序》强调了"通晓语言"与"通晓义理"②的双重困难。《约解》内容就是"更新"了《集注》中的文言文，简单化了《集注》的复杂的义理问题。

《约解》注解主张的目的，就是让儒家经典更加易懂，为了学习经典服务，而不是对儒家经典的内容与思想进行深入研究、发挥义理以及重新诠释。从儒学教育的角度来讲，这个主张就是一种进步，因为越南

---

① 《四书约解》，越南汉喃研究院馆藏编号：AB.270/1，第1-b—3a页。
② 《序》："况我国音语又与中国不同，教之尤有难者。""矧其诲之以古人之微旨大义而遽能了了然耶！"

的学生能较为容易地学习经典内容。不过，从儒家经学史的角度来看，越南儒学不能因此而自豪，因为没有创新，就是一种退步。这里也要注意，本文这个论点，只限于在古代越南为了汉字与儒学的初学教育而撰写的喃文翻译，兼汉文加注的《四书约解》的儒学作品。

结语

通过运用定量与定性研究，本文得出结论，《约解》把《集注》中至少37%的注解保留下来，剩下的63%的变革可能是从文言文到中古白话的语言变革，也可能是对儒家经典义理阐释方法的义理变革。《约解》批注内容的主要特征是原注、补注、略注，沿着朱子思想，略参王阳明的心学思想。因此，一方面《约解》有一部分白话化了《集注》的文言，并且简单化了《集注》的义理诠释，其目的是让初学汉字与儒学的越南孩童更加容易把握儒家经典的语言和内容，这也说明了《约解》在儒家经典的初学教育中起了积极作用。另一方面，在这种批注宗旨下，《约解》并不企图在经学历史上"着书立言""别为一家"，而是基本尊重所谓"疏不破注"的儒家经典诠释宗旨，意味着《约解》大部分偏于跟从旧注而进行诠释，因此还是在朱子学的影响之中，尽管受到王阳明心学的些许影响。

（阮俊强　越南社会科学翰林院所属汉喃研究院）

中国文化在马来西亚的传播——以《三国演义》为例*

□ 韩　笑

马来西亚是海外华文教育最为系统的国家，也是中华文化保存得最完整的国家之一。[①]下南洋的中国人带到马来亚的中国文化无疑是多样的，文学艺术就是其中重要的组成部分，而文学作品中最具代表性的则是我国四大古典名著之一——《三国演义》。这部极富魅力的伟大作品，经过一代代华人的翻译、传播，已经在马来西亚焕发出强大的生命力。《三国演义》所宣扬的中国传统价值观，如忠、义、仁、信、勇不仅在华人社会深具影响，在非华裔群体中也产生了极大的共鸣。马来西亚前首相丹斯里·慕尤丁·亚辛（Muhyiddin Yassin）就曾公开表示，忠诚、团结和孝义等蕴含在《三国演义》中的价值观值得马来社会学习与借鉴。本文将尝试解析《三国演义》在马来西亚的传入、翻译、出版与传播之路。

---

* 本文首发于《国际汉学》总第4期，2015年第3期。
① 林祥雄：《全球第二分会大马成立炎黄国际文化协会》，南洋网，2013年11月17，http://www.nanyang.com/node/579318?tid=722，访问日期：2015年5月17日。

一、《三国演义》传入马来亚

中国与马来半岛的往来源远流长，最早可追溯到汉代。据《汉书·地理志》记载："自日南障塞、徐闻、合浦，船行可五月，有都元国。"经考证，"都元国"正位于今马来半岛东岸克拉（Kra）地峡一带。据史料记载，唐宋时期就有不少中国人来到马来群岛进行频繁的商业活动。元明时期则已有明确的史料能够佐证中国人在当地定居的事实。然而，华人大量移居马来亚则是在清朝鸦片战争后开始的。

19世纪下半叶来到马来亚的中国人大多是被迫出国谋生或是被抓来当"猪仔"的闽粤地区没有文化的劳苦大众。背井离乡的他们无法直接阅读到中国书籍，只能通过欣赏家乡地方戏曲团在当地的表演来重温祖国的文化艺术。这些戏曲大多取材于中国古典和通俗小说。据记载，福建高甲戏三合兴班于1840—1843年到过今马来西亚、新加坡一带，在那里上演《三气周瑜》。[1] 19世纪70年代以后，英国殖民地政府为了发展马来半岛的经济，大量引进中国华南地区的劳工。[2] 这些被称为"新客"的新移民，带来了很多当时中国流行的通俗小说，《三国演义》就是在这个时期传入马来亚的。

二、《三国演义》的翻译与出版

（一）峇峇马来语译本

一部文学作品在另一个国家生根发芽的重要途径就是翻译。通过翻译，一国文学在另一国得到新生，使它的文学生命在另一国得到延续；对于接受国来说，翻译文学使本国原有的文学生命增生了新的血液和成

---

[1] 赖伯疆：《东南亚华文戏剧概观》，中国戏剧出版社，1993，第177—179页。
[2] 黄靖芬：《〈三国演义〉在马来西亚的传播》，"中国文学的传播与接受"国际学术研讨会会议论文集，吉隆坡，2009，第3页。

分。①中国文学作品在马来亚开始被翻译成马来语是19世纪80年代的事情。中国古典和通俗小说的译改和传播需要具备三种条件：一是需要有掌握汉语和当地语言的译改人才；二是需要有传播的媒体和渠道；三是需要有懂得当地语言的读者群。②

据《马来纪年》（Sejarah Melayu）记载，中国明朝公主汉丽宝（Puteri Hang Li Po）下嫁给马六甲苏丹曼苏尔·沙（Sultan Mansor Shah）。500名随行侍者与当地马来人通婚产生了一个独特的族群——峇峇娘惹（Baba Nyonya）③。虽然明朝公主远嫁马六甲的说法并没有在中国史料中得到证实，然而不可否认的是峇峇娘惹族群确是数世纪以来远到南洋谋生的中国人与当地人结婚繁衍的后代。他们的语言既不是汉语也不是马来语，而是由闽南方言与马来语混合而成的峇峇马来语（Bahasa Melayu Baba）。经过数代人的努力奋斗和艰苦创业，这些"土生华人"（Peranakan Cina）在经济上有了一定基础，子女的教育便成为他们关注的问题。有的家庭从家乡请来私塾先生，给自己的子女传授四书五经之类的中国文化知识，有的则让子女就读于当地办的学堂或西方人办的教会学校，受当地或西方语言文化的教育。这样，峇峇娘惹中便产生了一批有一定文化知识的人，他们具有使用双语的能力，能使用中文与当地语言，少数人还掌握了西方语言，④这满足了第一个条件。19世纪下半叶，为推进殖民地资本主义市场经济的发展，西方殖民者加快了完善各种基础设施建设的步伐，印刷业悄然兴起。华人经营的印刷业和出版业为中国古典和通俗小说在当地的翻译、出版提供了重要的渠道，从而满足了第二个条件。随着峇峇娘惹受教育程度的提高，他们逐渐产生阅读中国古典和通俗小说的需求，然而经历了数代人后他们大多早已不谙中文而是把峇峇马来语当成自己的母语，这就需要有专门的

---

① 孙景尧：《简明比较文学》，中国青年出版社，2003，第171页。
② 梁立基、李谋主编《世界四大文化与东南亚文学》，经济日报出版社，2000，第112页。
③ "峇峇"（Baba）指男性后代，女性后代则称"娘惹"（Nyonya）。
④ 梁立基、李谋主编《世界四大文化与东南亚文学》，第112页。

人将这些小说翻译成峇峇马来语以供他们阅读,这就促使第三个条件成熟。

峇峇最早出现在马来半岛的《三国》(Sam Kok)峇峇马来语译本是由杰出的翻译家——槟城峇峇曾锦文(Chan Kim Boon,1851—1920)翻译的。这部译本长达4622页,在1892—1896年分30册在新加坡陆续出版(见图1)。当时,在新加坡出版的峇峇马来语《三国》,也传销到峇峇聚居的马六甲和槟城等地区,但其流通范围并不十分广泛,仅在峇峇族群内传播,其阅读对象主要还是通晓峇峇马来语的"土生华人",而"新客"华人则选择阅读中文版原著。①

图1 《三国》峇峇马来语译本

曾氏的《三国》并非完全按照罗贯中(约1330—约1400)的章回小说《三国演义》逐句翻译而来,而是采用节译和意译的方式对小说进行翻译。在30卷译文中有很多插图(见图2),而且在每卷译文开头都附上英文诗以吸引读者。此外,在每卷的前言中,他还针对读者阅读时可能遇到的语言难点进行了必要的解释和说明。曾锦文是一位非常认真的翻译家,他甚至还不厌其烦地把中国皇帝的年号转换成基督教的公

---

① 黄靖芬:《〈三国演义〉在马来西亚的传播》,第4—5页。

历。他还在难懂的地方加注脚，从第10卷起，专有名称、头衔和职务都附有汉文。① 读者对曾氏《三国》译本有着很高的评价，这可以从大量的祝贺信得以证实。这些信件有汉语的，有马来语的，也有英语的，被收录在每卷的前言中。该版本已经被制作成数码光碟，现收藏于马来西亚国民大学图书馆中。

图2 《三国》峇峇马来语译本的插图

20世纪30年代以后，峇峇翻译文学开始蓬勃发展。仅10年间就出版了40余部翻译作品，比起过去40年内仅出版32部翻译作品有了显著的发展。马来西亚华人有机会阅读更多的中国小说译本，尽管范围还不算太广，但也足够丰富。当地华人对故国祖先的传统文化存有一定的好奇心，他们怀着浓厚的兴趣阅读中国小说译本。刚开始出版这些小说时，每版只出200—500本。到了20世纪30年代，根据《海峡殖民地政府官报》（*Straits Settlements Government Gazette*）的记载，每版的发行量增加到了2000册。② 在曾锦文的长子曾衍派（Chan Yen P'ai）的提议下，《三国》于1932年由方恒出版社（Kim Sek Chye Press）再版。这

---

① ［法］克劳婷·苏尔梦（Claudine Salmon）编著《中国传统小说在亚洲》，颜保等译，国际文化出版公司，1989，第334页。
② ［法］克劳婷·苏尔梦（Claudine Salmon）编著《中国传统小说在亚洲》，第348页。

次再版同样以分册的方式发行，每本分册都附有前言，解释各个词汇的中文含义，绘有三国人物的肖像、故事内容等插图，并把汉字标注在以华语读音直译的物品、地区、事件、事物旁，加以解释，因为文化背景的差异，某些中华文化、物品、地区、事件、事物等，并没有对应的马来语词汇。①

然而，令人惋惜的是由于第二次世界大战的爆发，峇峇族群没有将中国文学的翻译延续下去。战火严重影响了马来亚的经济，导致许多峇峇娘惹家道中落，四处散离，在自身难保的情况下，他们没有多余的闲情去翻译或阅读中国古典和通俗文学作品。更何况，以当时日本政府"亲巫恶华"的态度，留着华人血统的峇峇人不敢过于强调本身的"中华文化"色彩。②于是，到了20世纪50年代初，峇峇翻译作品便逐渐从市面上消失了。不可否认，峇峇族群留下的翻译遗产具有极高的文化价值和历史意义。它证明马来西亚华族早在数世纪前，就已经通过翻译的方式在多元种族和多元文化的社会中为华族语言文学增添光彩。

（二）马来语译本

《马来西亚联邦宪法》第152章规定，马来语是马来西亚的国语。1957年马来亚独立后，越来越多的华人受政府教育政策的影响开始接受马来语教育，这使得能够从事汉语—马来语互译的华裔人才日渐增加。1992年马来西亚十方出版社（Canfonian Pte Ltd）出版了一部马来语《三国演义》连环画——《三国故事》[*Riwayat Tiga Kerajaan*（*Sam Kok*）]，译者是C. C.罗（C. C. Low）等。全书共3册，收录了18个精彩的三国故事，如桃园结义、空城计、舌战群儒、三顾茅庐等，每个故事由百余幅黑白素描画来讲述，每页有4幅图画。画面下方不仅有马来语解说，同时还加以英文说明（见图3）。人名和地名的标注方面，峇

---

① 黄靖芬:《〈三国演义〉在马来西亚的传播》，第5页。
② 同上，第6页。

峇娘惹的家乡话译音已被标准的汉语拼音所取代。每卷封面的图画色彩鲜艳、形象生动，封底印有连环画的广告（见图4）。第二、三卷的封底内页还附有《三国演义》的背景、主要人物介绍以及诸葛亮的计谋分析等说明。总体来说，《三国故事》是一套图文并茂、老少皆宜的连环画。

图3　马来语《三国故事》连环画内容

图4　马来语《三国故事》连环画封面与封底

2005年，马来西亚翻译与创作协会①着手策划将《三国演义》翻译成马来语，领衔翻译工作的是大马译创会的两位理事严文灿（Yuen Boon Chan）和胡德乐（Woo Tack Lok）。从开始策划到翻译、校对、包装和出版，该译本的诞生共历时7年。《三国演义》马来语译本一共4册，共120回，所选用的翻译版本为罗贯中的文言文原著。4册书的封面设计都采用小说中3个主要人物的形象，封底则印有原著的简介及其在其他国家的翻译情况。附录部分包含小说中70余个主要人物的名字、字号、两位译者的简历以及专用名词表。由于一些中国三国时期独有的术语或文化，如计量单位、文化和宗教名词等很难在现有的马来词汇中找到适合、对应的用语，因此译者在翻译中十分严谨地保留了部分专有术语并使其以汉语拼音的形式在译文中出现，在专用名词表中再用马来文加以详细解释，以使读者理解中国特有的文化。例如：

qilin　sejenis haiwan dongeng, bersisik dan bertanduk yang membawa tuah.②

麒麟　一种身上有鳞片、头上长角的神兽，会带来好运。③

为力求达到"信、达、雅"的境界，两位译者在翻译过程中翻阅并参考了大量讲解《三国演义》的资料和书籍，如《〈三国演义〉词典》和《〈三国演义〉诗歌解析》等，最终成功将这部中国文学经典用精准、地道的马来语呈现给广大读者，并在减少文化隔阂的基础上让大马各族人民认识和了解这段历史、人物精髓以及中国传统文化。

2012年5月17日，《三国演义》马来语译本首发仪式在马来西亚国

---

① 简称大马译创会。该组织成立于1986年，是马来西亚翻译工作者与文学家的组织，其宗旨是促进翻译与文学创作及文学理论研究，以提高马来西亚的文学水平。

② Yuen Boon Chan dan Woo Tack Lok, *Hikayat Tiga Negara Jilid IV* (Dewan Bahasa dan Pustaka, 2012), hlm. 2171.

③ 笔者译。

家语文出版局隆重举行，马来西亚前首相丹斯里·慕尤丁亲自主持了推介仪式（见图5）。这套书的发行可谓中华文化在马来西亚传播的一大盛事，丹斯里·慕尤丁在致辞中表示，中国传统名著《三国演义》马来语译本的发行，有助于马来社会将中国传统的价值观，比如忠诚、团结和仁义等加以借鉴和推崇。① 大马各界对这套译本的发行反响热烈，马来西亚首相前政治秘书、新加坡南洋理工大学著名学者胡逸山（Ei Sun Oh）博士指出，这套书的出版将加深马来语使用者对博大精深的中华文化的理解，无形中会促进中、马两国的良好民间关系，并创造崭新的文化商机。他希望书中的一些典故，比如刘备"三顾茅庐"、关羽"不越雷池半步"、曹植"七步成诗"、诸葛亮"鞠躬尽瘁"等，皆能成为新一代领袖的典范，作为他们处世治国时的借鉴。②

图5 《三国演义》马来语译本发行仪式（左四为马来西亚前首相丹斯里·慕尤丁）

---

① 《〈三国演义〉马来文译本在吉隆坡首发》，中国新闻网，2012年，http://www.chinanews.com/cul/2012/05-17/3897046.shtml，访问日期：2012年9月20日。
② 《〈三国演义〉马来文译本在吉隆坡首发》，中国新闻网，2012年，http://www.chinanews.com/cul/2012/05-17/3897046.shtml，访问日期：2012年9月20日。

三、《三国演义》的多渠道传播

马来西亚人口约为3000万，华人占总人口数量的23.8%。[①] 成熟的华人社区为《三国演义》在马来西亚的多渠道传播提供了有力保障。

1994年，应马来西亚《三国演义》研究会邀请，中国著名古典文学研究专家李希凡赴马来西亚作《三国演义》专题讲座。1997年10月，马来西亚《三国演义》研究会会长拿督陆垠佑（Loke Yuen Yow）一行到达运城进行学术交流，其主要内容之一便是探讨《三国演义》及关公在马来西亚的影响。1998年，中国著名评书表演艺术家连丽如受邀到马来西亚五大城市表演评书《三国演义》，此行引起了巨大轰动，每场演出都是数个小时，场场座无虚席。2012年，为配合《三国演义》马来语译本的发行，马来西亚国家语文局举办了《三国演义》研讨会及三国文化产业展览，展品包括刺绣、邮票、书法和国画等。2014年，马来西亚雪隆刘关张赵古城会青年团、马来西亚华人文化协会直辖区分会以及青运口才圈主办了第一届《三国演义》演讲比赛，宣传三国人物的英雄事迹，推广中华文化，也弘扬忠、义、仁、勇的精神。

值得一提的是，进入21世纪后，电子媒体特别是电视媒体对《三国演义》在大马的进一步传播起到了重要的推动作用。随着中、马两国政治关系的不断加强以及经贸关系的迅猛发展，教育、文化领域的交流也水涨船高，来自中国的电视剧越来越多地出现在马来西亚国营和私营电视台，这些电视剧在当地华人社会中拥有庞大的观众群。此外，一些电视剧在中国国内的热播，也为其在马来西亚的迅速走红做了很好的铺垫。1994年版的电视剧《三国演义》正是因为当年在中国有着较高的收视率，之后才很快被引入马来西亚国营电视台播放，播放时配有马来文字幕。根据文学名著改编、拍摄的《三国演义》较真实地反映并还原

[①] 《马来西亚国家概况》，中华人民共和国外交部，2015年3月，http://www.fmprc.gov.cn/mfa_chn/gjhdq_603914/gj_603916/yz_603918/1206_604426/，访问日期：2015年5月17日。

了历史，拍出了气势恢宏的画面，受到包括华族和其他族群观众的高度评价。2010年马来西亚Astro至尊HD[①]重磅推出了电视剧新版《三国》（2010年版）。该电台斥巨资购入95集高清《三国》电视剧的播映权，从2010年11月10日起至次年3月18日，每周一至周五傍晚5点播放该剧，将这个家喻户晓的中国历史传奇搬上荧屏，再掀三国风云。该剧一经播出就获得热烈的反响并引发追剧热潮。为满足广大观众的要求，Astro至尊HD从2011年2月5日开始，每周六和周日下午2点30分对新版《三国》进行5集连播，让"三国迷"们有机会从第1集开始追看，过足戏瘾。该剧还备有3种语言字幕，观众可根据个人喜好进行选择。

结语

《三国演义》于19世纪末，由下南洋的中国移民带到了马来半岛。一个多世纪以来，这本中国古典名著先后被翻译成了峇峇马来语和马来语，并通过多种传播渠道在异国他乡大放异彩，不仅深受马来西亚华人的追捧和喜爱，同时也吸引了大量的非华裔读者。蕴含在书中璀璨的中国文化和优秀的传统价值观也得到了当地社会的认可和推崇，无形中加深了非华裔对华人文化和价值观的理解，从而促进了马来西亚各种族之间的团结。正如马来西亚国家语文局局长拿督阿旺·沙利延（Awang Sariyan）博士在为《三国演义》马来语译本所撰写的序言中所表示的，中国古代典籍的翻译和出版，将会加强马来西亚社会对中国文化及传统价值观的了解。马来西亚各种族对友族历史、文化及价值观的理解将有助于构建和谐社会，并促进不同文化背景的各种族团结友爱。

笔者相信《三国演义》将继续以丰富的形式在马来西亚——这个

---

① 马来西亚首个高清中文频道，媒介语为华语和粤语。

拥有多元种族和文化的国家中流传。无论是华人社会还是其他族群都将领略和感受到中国文学的无穷魅力和中国文化的博大精深。

（韩笑　北京外国语大学亚洲学院）

"一带一路"汉学文献

俄罗斯圣彼得堡大学东方系中医汉籍藏书*

□ 李 民

俄罗斯圣彼得堡大学东方系是19世纪乃至今日俄罗斯东方文献主要集藏地之一，其中包括中医汉籍藏书。[①] 而这部分藏书一直没有被挖掘，甚至没有像样的书目。本文在实地调查的基础上，对这部分藏书做一比较详细的梳理，对汉籍在俄国的流传和中医药文明在俄国的传播做出说明。

根据我们的调查，圣彼得堡大学东方系中医汉籍藏书共有38种645册，不到这里所藏全部汉籍的2%。其中，24种（485册）的目录出现在王西里（В. П. Васильев, 1818—1900）[②] 的《中国文献史资料》(Материалы по истории китайской литературы, лекции, читанные заслуженным проф. СПб ского-университета В. П. Васильевым. , СПб)

---

* 本文首发于《国际汉学》总第6期，2016年第1期。
① 俄国从18世纪就开始有计划地收集中国图书。19世纪，随着中俄关系的发展，中国图书的流入达到了高峰。这些书现在多藏于俄罗斯科学院东方文献研究所、圣彼得堡大学东方系、俄罗斯国家图书馆。而汉籍医学类藏书也主要在这些图书馆中。
② 俄国19世纪汉学家，曾随第十二届俄国东正教使团来京10年，回国后主持彼得堡大学东方汉、满语教研室。详见 Скачков П. Е., Очерки истории русского китаеведения, М.: Наука, 1977, с. 204-230。

附录中（下称《王氏目录》①），另外14种160册在《王氏目录》中并未提及。《王氏目录》对厘清这部分图书的入藏时间和传播途径具有重要意义。

研究俄国汉学的中外学者一般认为，这部分藏书是在1855年帝俄国民教育部在对东方语言教学机构进行重新调整，将重心放在彼得堡之后，随喀山大学东方系几乎整体移至圣彼得堡大学的。而收藏者的信息主要是根据王西里的《彼得堡大学东方图书纪事》(Записка о восточныхкнигахв С. -петербургском университете, 1857)（下称《纪事》）一文中所提到的：喀山大学中医汉籍图书主要归功于第十届俄国驻北京东正教使团随团医生沃伊采霍夫斯基（О. П. Войцеховский, 1793—1850）。②

其实，这里是将沃氏藏书和从其他渠道入藏的图书混在一起了。如果说这部分图书适用于《王氏目录》中所列出的那24种485册的话，那另外的14种160册又如何判定呢？即使是《王氏目录》中所列出的那24种485册也未必都是沃氏所藏。理由是，王氏的《纪事》发表于1857年，而《王氏目录》石印本大概发表于19世纪70年代末。③ 这里面有两种可能：一种可能是这24种书均是沃氏藏书，或绝大部分是沃氏藏书。这种可能性较大。因为，《中国文献史资料》是王西里的讲座汇编，而讲座是在王西里任东方系主持（1855年）以来一直在进行的，

---

① 王西里在《目录》中将33种书籍列为医学类，而我们确定为24种。究其原因：王西里将《原体广类集》《增补原体广类集》《增订修身第一书》也归入了医学类；将《名医杂著》《正体类要》《外科发挥》《保婴撮要》《妇人浪方（良方——笔者注）》独立于《薛氏医案二十四种》；将《兰台轨范》独立于《徐氏医书六种》而著录了。

② Васильев В. П. , Записка о восточныхкнигах в С. -петербургском университете, СПб. 1857, с. 325, 339. 关于沃伊采霍夫斯基, 详见斯科奇科夫（СкачковП. Е.）的 "Русские врачи при российской духовной миссии в Пекине"，Советское китаеведение, М. , 1958, №4, с. 140-142. 蔡鸿生：《俄罗斯馆纪事》，中华书局，2006，第105页。沃氏回国后，曾任喀山大学汉语教研室第二任主持、俄国第一位满语教授。

③ СкачковП. Е. , 1977, с. 224.

虽然石印本是在19世纪70年代末才出版的；另外一种可能是，在20多年的过程中又有新的图书入藏而被王氏列入目录中了，而这部分图书并不属于沃氏藏书。但无论如何，彼大的这部分藏书最早的收藏者应该还是沃氏，因为在19世纪中期以前，这里没有像样的汉籍收藏。

至于另外的14种160册图书的传播途径，现在很难查到有说服力的证据，彼大东方系1933—1934年、1991年的登记簿中没有这方面的信息。但可以推测，这部分藏书应该与这里的其他藏书一样，来自某些机构和个人的收藏。[①]其中至少有3种是王西里的个人收藏（详见下文馆藏号为B. У. 的藏书）。

正因为沃氏是这部分藏书的最早收藏者，所以，有必要在这里描述一下他的这部分藏书在喀山大学的命运，以明晰传播的途径。

1846年在喀山大学任满语教授的沃氏向学校图书馆提出，欲出售价值2765卢布，合790银卢布的自己的汉、满语图书、手稿55种。[②]5月28日，图书馆致信哲学系第一分部，咨询这部分图书、手稿的价值，以上报喀山学区督学。分部责成科瓦列夫斯基（О. М. Ковалевский, 1800—1878）[③]为这部分图书、手稿拿出评价意见。科氏在11月4日的回复中说，沃氏藏书中除了第43、44、46号这三种外，其余的为大学图书馆所没有，其中医学类图书非常有趣，对图书馆来说，是绝无仅有的；自然科学类图书和手抄本词典[④]也非常有价值。科氏在回信中还

[①] 19世纪中期以后，彼得堡大学东方系逐渐成了帝俄东方语言文化教学的中心，相关图书也得益于各种渠道的赠送。

[②] 卖书的原因可能与沃氏在这个时期的状态有关。这个时期是沃氏在喀山大学的辉煌时期：1844年国民教育部任命沃氏为喀山大学汉语教研室教授，并委任其教授满语。1846年以后，直至1850年去世，沃氏一直都在担任大学考试委员会的委员。从沃氏的履历来看，他是一个勤勉负责的教授。而这个时期他的家庭生活并不富裕：1844年任教授以来，沃氏年薪1143银卢布68柯戈比，然而，沃氏要养活6个儿子。

[③] 科瓦列夫斯基是19世纪上半叶俄国东方学家，蒙古学奠基人之一。1830—1831年在北京居住过7个月，1833—1860年任喀山大学教授，王西里的老师。

[④] 《满汉俄词典》（Китайский лексикон с российским переводом）现在仍藏于俄罗斯鞑靼斯坦联邦大学（喀山大学）图书馆里（КГУ, № 3876）。

提到，他曾经受喀山学区督学的委托，和修士大司祭达尼尔（Даниил，1798—1871）[①]一起，对照外交部亚洲司图书馆汉满籍藏书列出了喀山大学图书馆所缺，目的是将此书单转交给在北京的王西里，希望他能在北京为大学收集到这些图书。但当时科氏并不清楚，沃氏的这部分书是否也在给王西里的书单里。科氏在汇报中还附上了沃氏自己所列的书单。1847年5月22日，喀山大学校长西蒙诺夫（И. М. Симонов，1794—1855）致信哲学系第一分部，通告督学同意大学图书馆购买这批图书、手稿，并责成分部征求沃氏是否同意大学图书馆以三年分期付款的方式，用总共741银卢布42银戈比的价格购买除上述三种已有图书之外的其他图书和手稿。5月28日，沃氏回复，同意学校以分期付款的方式购买自己的图书和手稿，并附上三次购买的书单和给王西里的书单。[②]

如上所述，这批图书、手稿的绝大部分在1855年流入了圣彼得堡大学东方系，与后来不断进入的图书、手稿共同构成了今天圣彼得堡大学的汉满籍收藏。但遗憾的是，到目前为止，除了《王氏目录》外，还没有一个比较好的汉籍收藏目录。《王氏目录》应该算是比较好的辅助目录，因为《王氏目录》著录比较详细，除了书目使用汉、俄两种语言释名外，还有出版年代、套数、册数的信息（其中当然也存在错误）。与1818年卡缅斯基（П. И. Каменский，1765—1845）[③]为俄科学院重新编写的中、日文籍目录相比，在认定书目的具体名称上要方便很多（卡氏书目只有俄文释名和释义）。

在这批藏书中，除《伤寒第一书》为手抄本外，其他均为刻本，而

---

① 达尼尔就是喀山大学第一任汉语教研室主任西韦洛夫（Д. П. Сивилов）。达尼尔是其在1819年去北京充任第十届东正教使团司祭之前获得的教名。达尼尔因病于1844年离职回到修道院。因此，科氏在这里（1846年）称其达尼尔修士大司祭。

② Национальный архив республики Татарстан, Ф. 977, оп. Истфак, д. 502, л. 1-4.

③ Каменский П., Липовцов С., Каталог китайским и японским книгам в библиотеке Императорской Академии наук, СПб., 1818. 全书共收录中日文献书目324条。其中中国文献共295种3000册，医学类19种（17种为汉语，2种为满语）。

且绝大部分是清代刻本。

下面是对这 38 种 645 册藏书进行的简单分类（见表 1），以说明这批藏书的特色和重要性。

表 1　圣彼得堡大学东方系中医汉籍藏书分类表

序号	名称	部	册
1	伤寒 / 杂著	1	4
2	综合性著作 / 中医丛书	7	280
3	综合性著作 / 通论	1	19
4	临症各科 / 临症综合	1	8
5	临症各科 / 痘疹	1	6
6	临症各科 / 儿科通论	1	1
7	临症各科 / 女科通论	2	16
8	临症各科 / 产科	1	1
9	临症各科 / 外科通论	1	1
10	伤寒金匮 / 注释	1	6
11	医经 / 注释	5	42
12	医经 / 类编	1	32
13	针灸推拿 / 针灸通论	3	30
14	针灸推拿 / 其他针法	1	1
15	医案	3	34
16	本草 / 明代本草	2	92
17	本草 / 清代本草	2	30
18	本草 / 食疗	2	5
19	本草 / 本草谱录	1	36
20	方书 / 明代方书	1	1
合计		38	645

从表 1 中可以看出，彼大中医汉籍藏书共 9 大类，包括伤寒、综合性著作、临症各科、伤寒金匮、医经、针灸推拿、医案、本草、方书，而尤以综合性著作（8 部 299 册）、本草（7 部 163 册）、临症各科（7 部 33 册）为主。这有别于莫斯科的国家图书馆和彼得堡东方文献研究所

所藏的同类图书。

以下是对这批医书的详细描述。对国内已有版本的描述要素多予以省略。

《王氏目录》所列书目

1. 伤寒第一书

馆藏序号：Xyl409（原始馆藏号 Xylography）。类别：伤寒/杂著。尺寸（高×宽，cm）：外型：26.7×17，每半叶版框：21.4×14.4。装帧：线装。书皮：无书名笺。内扉：首册扉页：版框上方：乾隆四十五年镌。单边栏，栏内三界行，从右至左依次是：德清沈月光昆山龚藩臣两先生传/伤寒第一书/会稽车质中山阴胡骏宁补辑/乐志堂藏板。品相：1函4册，蓝土布面函套，函面白色书名笺。保存基本完好。卷帙：4卷。版式：天头略宽，四周无边栏，无白口鱼尾等。序为每半叶6行×12字，正文每半叶9行×22字。作者：清车宗辂、胡宪丰撰。成书年：1780。出版年：书中多处出现"宁"字，而"玄"字有避讳，所以，此书应该出于道光前。该书为手写清乾隆四十五年（1780）乐志堂藏板的刻本。《伤寒第一书》国内有刻本、抄本、石印本等9个版本，而乾隆四十五年（1780）刻本属于最早的刻本，国内目前仅藏于苏州大学医学院图书馆。抄写格式工整，书体清丽。车宗辂序一，胡宪丰序二。书中朱笔句读。每集盖有"列宁格勒国立大学基藏图书馆东方部"紫色三角印章。

2. 景岳全书

馆藏序号：Xyl375。类别：综合性著作/中医丛书。书皮：褐色薄皮纸，无书名笺。书中朱笔标点。品相：3函25册。卷帙：64卷。作者：（明）张介宾（景岳、会卿、通一子）撰。成书年：1624。出版年：清康熙四十九年庚寅（1710）会稽鲁超刻本。此书国内有多种刻本，鲁超刻本算是比较早的刻本。

3. 沈氏尊生书

馆藏序号：Xyl410。类别：综合性著作/中医丛书。内扉：无扉页。品相：4函24册（6册/函），蓝土布面函套，有书名笺。首页自序下方有朱色印章："□□堂赵"（阴文）。书中多处有红笔、墨笔顿点，眉批。卷帙：第一函6册1—15卷；第二函6册16—30卷：《脉象统类》《诸脉主病诗》《杂病源流犀烛》；第三函6册1—16卷：《伤寒论纲目》；第四函6册三部分内容：2册1—6卷：《幼科释迷》；2册1—6卷：《妇科玉尺》；2册1—10卷：《要药分剂》。作者：（清）沈金鳌（芊绿）撰。成书年：乾隆三十八年（1773）。出版者：锡山奇氏安徽刻本。出版年：乾隆四十九年（1784）。

4. 薛氏医按24种

馆藏序号：Xyl401、l403、l405、l406、l407、l408。类别：综合性著作/中医丛书。尺寸（高×宽，cm）：24.9×15.4，29.8×13.8。品相：7函42册。序下盖有"列宁格勒国立大学基藏图书馆东方部"紫色三角印章。卷帙：4科24种107卷（包括内科、幼科、女科、外科），卷帙分散。Xyl407，内科（十四经发挥，难经本意，本草发挥，平治荟萃，内科摘要）；Xyl403，内科（明医杂著，伤寒钤法，外伤金镜，原机启微）；Xyl405，幼科（保婴撮要，小儿直诀）；Xyl406，幼科（小儿痘诊，保婴金镜），女科（妇人良方，女科撮要）；Xyl408，外科（外科发挥，外科心法，外科枢要）；Xyl401，外科（外科精要，痈疽验方，外科经验方，正体类要，口齿类要，疠疡机要）。作者：（明）吴琯辑。成书年：1529。出版者：光华堂藏板。出版年：清。

5. 痘学真传

馆藏序号：Xyl411。类别：临症各科/痘疹。品相：1函6册，蓝土布面函套，保存基本完好。卷帙：8卷（全）。作者：（清）叶大椿（子容）撰。成书年：1732。出版者：书业堂。出版年：清嘉庆二十五年（1820）庚辰。目前国内有5种刻本，书业堂刻本是比较晚的刻本，国内多家图书馆有收藏。

6. 徐氏医书 6 种

馆藏序号：Xyl412，402（王西里将《兰台轨范》单独列出）。类别：综合性著作／中医丛书。书皮：无书名笺。内扉：扉页长方朱印"御赐四库全书"（阳文）。品相：2 函 12 册。蓝土布面函套，内侧有文曰："文の医六种"。书中多处朱笔圈点。卷帙：6 种 16 卷。作者：（清）徐大椿（灵胎、洄溪老人）撰。成书年：1764。出版者：半松斋。出版年：清雍正五年丁未（1727）至乾隆二十九年甲申（1764）。

7. 医书 12 种（《医林指月》）

馆藏序号：Xyl413。《本草崇原》另列馆藏号：Xyl2572。类别：综合性著作／中医丛书。书皮：无书名笺。品相：1 函 9 册。卷帙：6 帙 15 卷。作者：（清）王琦（载韩、琢崖、胥山老人）辑。成书年：清乾隆三十四年己丑（1769）。出版者：宝笏楼。出版年：清乾隆二十九年甲申（1764）至三十五年庚寅（1770）。

8. 注解伤寒论

馆藏序号：Xyl380。类别：伤寒金匮／注释。尺寸（高 × 宽，cm）：17×11.5，11.9×8.9。装帧：线装。书皮：无书名笺。内扉：首册黄裱纸扉页：双边栏，界行为二，从右至左依次是：张卿子先生手定，成无己注，附诸名家／张仲景伤寒论，锦和堂梓行。品相：1 函 6 册。蓝土布面函套。书名笺朱色小楷"张仲景伤寒论"，旁注有俄文拼读："Джанъ джунъ дзинъ шанъ ханъ лунъ"。书中有红笔顿注、补遗。卷帙：7 卷。版式：天头宽大。单边栏。序无界行，正文有界行，白口（内书"伤寒论"），上黑鱼尾，版心下方为页码。序为每半叶 8 行 ×14 字，正文每半叶 10 行 ×20 字。作者：（汉）张机（仲景）撰，（晋）王熙（叔和）编，（金）成无己注。成书年：1144。出版年：清刻本。

9. 幼科指归

馆藏序号：Xyl385。类别：临症各科／儿科通论。书皮：书名笺双边栏，写有："幼科指归"。品相：1 函 1 册。蓝土布面函套，有书名，下方写有俄文："ЮКэ. Одетскихъболезняхъ"（幼科，儿科疾病）。保存基本完好。卷帙：2卷。作者：（清）曾鼎（亦峦、香田）撰。成书年：1814。出版者：南城曾氏忠恕堂。出版年：清嘉庆十九年甲戌（1814）。

10.黄帝内经素问注证发微

馆藏序号：Xyl377。类别：医经/注释。内扉：盖有朱印（阳文）：维扬辕门桥德成堂发兑。品相：1函10册。篇目每卷题目下标有朱色页码。卷帙：9卷。作者：（明）马莳（仲化、元台）注。成书年：1586。出版者：古歙鲍氏慎余堂。出版年：清嘉庆十年乙丑（1805）。

11.黄帝内经素问注证发微

馆藏序号：Xyl53。同上。不同之处：书名笺四周花边。下方朱印，阳文"万山楼"、阴文"藏书"。卷帙：2函10册。

12.黄帝内经灵枢注证发微

馆藏序号：Xyl378。类别：医经/注释。书皮：无书名笺。内扉：扉页题"马原台先生注/黄帝内经素问/古歙慎余堂鲍氏重刻"。钤有长方阳文朱印"维扬辕门桥德成堂发兑"。品相：1函10册，蓝土布面函套。篇目每卷题目下标有朱色页码。卷帙：9卷。作者：（明）马莳（仲化、元台）注。成书年：1586。出版年：清嘉庆十年乙丑（1805）。

13.黄帝内经灵枢注证发微

馆藏序号：Xyl54。同上。不同之处：书名笺四周花边。下方朱印，阳文"万山楼"、阴文"藏书"。内扉：首册粉红色裱纸扉页，双边栏，内分三界行，从右至左依次是：马原台先生注/黄帝内经灵枢/古歙慎余堂鲍氏重刻。品相：2函10册。卷帙：9卷。

14.妇人良方大全（薛氏医按十六种）

馆藏序号：Xyl387。类别：临症各科/女科通论。尺寸（高×宽，cm）：24.6×16.1，19.7×14.3。装帧：线装。书皮：无书名笺。内扉：首册黄裱纸扉页，双边栏，题分三界行，从右至左依次是：薛立斋先生校注/原板妇人良方/敦化堂珍藏。品相：1函8册，蓝土布面函套。卷帙：24卷。版式：左右双夹线，白口（内书"妇人良方"），上黑鱼尾，版心书卷次、页码，下方："富春堂原板"。有界行，每半叶框廓：序为6行×18字，正文11行×21字。作者：（宋）陈自明（良甫）撰，（明）薛己（新甫、立斋）注。成书年：1237。出版年：明嘉靖二十七年戊申（1548）金陵书林对溪唐富春周誉吾刻本。

15. 济阴纲目

馆藏序号：Xyl388。类别：临症各科/女科通论。尺寸（高×宽，cm）：24.4×16，20.1×14.4。装帧：线装。书皮：无书名笺。内扉：黄裱纸扉页，题"女科第一善本/关中武叔卿先生著、贵文堂藏板/重订济阴纲目/医家"云云。品相：外有蓝土布面函套。卷帙：1函8册。版式14卷。天头宽大。文武边，白口（内书"济阴纲目"），上黑鱼尾，版心书卷次、页码。每半叶框廓：序为6行×16字，正文分上下双栏：上栏为提要，下栏每半叶11行×25字。作者：（明）武之望（叔卿）。成书年：1620。出版者：贵文堂。出版年：清代（王西里：1728）。

16. 针灸大成

馆藏序号：Xyl389。类别：针灸通论。品相：1函10册。蓝土布面函套，保存完好，书中多处红笔顿点。卷帙：10卷。作者：（明）杨继洲（济时）原撰，靳贤补辑重编。成书年：万历二十九年（1601）。出版者：绿幄山房。出版年：康熙庚申年（1680）李月桂重订刻本。《针灸大成》自1601年初版以来共有三个不错的刊本，李月桂刊本位于其二。李氏重订《针灸大成》两次，一次在顺治丁酉年（1657），一次在康熙庚申年（1680）。康熙李本国内多家图书馆有藏。

17. 六科证治准绳

馆藏序号：Xyl376。综合性著作/中医丛书。品相：蓝土布面函套。《杂病》2函16册，《类方》2函20册，《寒科》2函12册，《疡医》2函16册，《幼科》2函24册，《女科》2函16册。书中多处朱笔顿点。卷帙：《杂病》8帙，《类方》8帙，《寒科》8帙，《疡医》6帙，《幼科》9帙，《女科》5卷。作者：（明）王肯堂（宇泰、损庵、念西居士）。成书年：1602。出版者：修敬堂。出版年：清乾隆五十八年癸丑（1793）。

18. 类经

馆藏序号：Xyl379。类别：医经/类编。品相：4函32册。无书名笺。卷帙：32卷（包括图翼）。作者：（明）张介宾（景岳、会卿、通一子）。成书年：1624。出版者：金阊萃英堂。出版年：清嘉庆四年己未（1799）。

19. 临证指南医案

馆藏序号：Xyl400。类别：医案。品相：2函10册。卷帙：10卷。作者：（清）叶桂（天士、香岩、南阳先生）撰，华岫云（南田）编。成书年：1746。出版者：卫生堂。出版年：清嘉庆八年癸亥（1803）。

20.（御纂）医宗金鉴

馆藏序号：Xyl505。类别：综合性著作/中医丛书。尺寸（高×宽，cm）：16.9×11.4，12.3×9.5。装帧：线装。书皮：褐色薄皮纸，黑色圆形双头鹰印章，标有"БИБЛИОТЕКА ИМП. С. ПЕРЕРБ. УНИВЕРСИТЕТА"（皇家圣彼得堡大学图书馆）字样，无书名、扉页。品相：8函64册，蓝土布面函套。卷帙：90卷。作者：（清）吴谦（六吉）等辑。成书年：1742。出版者、年份均不详。

21. 名医类案

馆藏序号：Xyl506。类别：医案。品相：蓝土布面函套，有书名笺，1函12册。卷帙：12卷。作者：（明）江瓘（民莹）撰，长子江应元校，次子江应宿增补。成书年：1549。出版者：知不足斋。出版年：清乾隆三十五年庚寅（1770）。

22. 广群芳谱

馆藏序号：Xyl508。类别：本草/本草谱录。尺寸（高×宽，cm）：22.7×13.6，16.5×11.7。装帧：线装。书皮：薄褐色皮纸。无扉页。首页即为：御制佩文斋广群芳谱序。品相：6函36册。蓝土布函衣，白色书名笺上墨笔写有书名，书名笺下方写有俄文拼写："Гуанъ цюнь фанъ пу"和"ХХ函"。保存完好。卷帙：100卷。版式：天头略宽，单边栏，有界行。每半叶序：6行×11字；正文：11行×21字。

白口:"广群芳谱",上黑鱼尾:"XX卷",页数。作者:(清)汪灏等撰。成书年:1708。出版者、年份均不详。

23.增补寿世保元

馆藏序号:Xyl415。类别:临症综合。尺寸(高×宽,cm):25×15.8,20.1×13.1。书皮:薄褐色皮纸,无书名笺。内扉:首册白绵纸扉页,天头宽大,版框上方:嘉庆九年新镌。双边栏,栏内题分两界行:龚云林先生原本/增补寿世保元集成堂梓行。品相:1函8册,蓝土布函套。卷帙:10卷。版式:单边栏,正文无界行,白口(内书"寿世保元"),上黑鱼尾,版心记卷数,下为页码。序有界行,每半叶6行×15字;正文每半叶14行×30字。作者:(明)龚廷贤(子才、云林、悟真子)撰。成书年:1615。出版者:集成堂梓行(金陵五之斋刻本,嘉庆八年)。出版年份不详。

24.本草述

馆藏序号:Xyl507。类别:本草/清代本草。书皮:薄褐色皮纸,无书名笺,但有小楷手抄目录:"卷之首,序、目录,卷之一——水部,卷之二——火部,卷之三——土部,卷之四——五金部"。内扉:潜江刘云密先生著(隶书/本草述(篆体/嘉庆庚午还读山房重刊(隶书),下方盖有彼大图书紫红色三角印章。品相:4函24册。蓝花白底布函衣,函面黄皮纸书名笺:本草述,第X函,共四套。俄文拼写"Бэнъ цао шу"。卷帙:32卷。版式:天头宽大,单边栏,白口(内书"本草述"),上黑鱼尾,版心记卷数,下为页码、"还读山房"。序为行楷,无界行。正文有界行,每半叶10行×20字。作者:(清)刘若金(云密、蠡园逸叟)撰。成书年:1664。出版者:武进薛氏还读山房。出版年:清嘉庆十五年庚午(1810)。

《王氏目录》之外书目

25.胎产秘书(附遂生福幼篇)

馆藏序号:В. У. 159(Васильевский учебник)。类别:临症各科/

产科。尺寸（高×宽，cm）：25.5×15.5。装帧：线装。书皮：薄褐色皮纸。品相：单册49+26（附）页。卷帙：上中下三卷（保胎前、备临盆、治产后）+附。作者：（元）朱震亨（彦修、丹溪）撰。成书年：1347。出版者：种德堂。出版年：道光甲辰（1844）冬刊。扉页内书：丹溪先生胎产秘书，紫阳一峯山人编凡例并校阅。附庄氏慈幼二书，遂生篇、福幼篇。武进庄一夔在田著。此种德堂刻本国内未见收藏。

26. 太乙神针

馆藏序号：B.У.69。类别：针灸推拿/其他针法。品相：单册13页。书名：经验太乙神针鍼方（又名雷火针、太乙针方、太乙神针方、太乙神针古方）。作者：（清）范培兰编，浙东周有德序，粤东倪世华刊送。成书年：1727。出版者：京都琉璃厂中间路北秀义斋陶刻字铺藏板。出版年：道光四年（1824）。

27. 本草纲目

馆藏序号：Xyl399。类别：本草/明代本草。品相：8函46册，附濒湖脉学脉诀考证奇经八脉考本草万方针线。第一页上方盖有带有双头鹰图案的黑色圆形喀山大学图书馆印章"БИБЛИОТЕКА ИМПЕРАТОРСКОГО Казанского УНИВЕРСИТЕТА"（皇家喀山大学图书馆），下方盖有列宁格勒国立大学东方部基藏图书馆紫红色三角形印章："Л.Г.У. Восточный отдел. Фундамент. Библ."。卷帙：52卷。作者：（明）李时珍（东璧、濒湖）撰，李建中、李建元校正，李建元、李建木图。成书年：1578。出版者：英德堂藏版。出版年：1826。

28. 名医类案

馆藏序号：Xyl404。类别：医案。内扉：黄裱纸扉页，题"重订善本/名医类案/知不足斋藏版"。略有破损。品相：1函12册。蓝土布函衣。函面白底书名笺："名医类案"（手写），下方写有俄文拼写："Минъ и лэй ань"。书中有红笔批注（第7册第12、27页）。卷帙：12卷。作者：（明）江瓘（民莹）撰，其子江应宿增补。成书年：1549。出版者：新安鲍氏知不足斋。出版年：清乾隆三十五年庚寅（1770）。

29. 本草纲目

馆藏序号：Xyl73。类别：本草/明代本草。品相：6函46册（含卷首1卷，附图2卷）。蓝土布函衣。后附濒湖脉学奇经八脉考本草万方针线，第一卷第三册中多有红笔顿点。第二函多红笔顿注。卷帙：52卷。作者：（明）李时珍（东璧、濒湖）撰，李建中、李建元校正，李建元、李建木图。成书年：1578。出版者：金闾书业堂。出版年：清乾隆四十九年甲辰（1784）。

30. 针灸大成

馆藏序号：Xyl2590。类别：针灸推拿/针灸通论。尺寸（高 × 宽，cm）：24.2 × 15，20.2 × 14。装帧：线装。书皮：无书名笺。内扉：首册黄绵纸扉页，版框上方：第一善本。双边栏，内分三界行，从右至左依次为：光绪癸未重刊/针灸大成/京都来鹿堂藏版（"来鹿"两字大概被隐去）。品相：1函10册，蓝土布函衣，函面黄纸书名笺，内黑色单边栏，上部仅刻有："来鹿堂"三字，书名阙如。卷帙：10卷。版式：双边栏，无界行。白口（内书"针灸大成"），上黑鱼尾。版心记卷数，下为页码。每半叶10行 × 22字。作者：（明）杨继洲（济时）原撰，靳贤补辑重编。成书年：1601。出版者：来鹿堂。出版年：1883。该来鹿堂版未见国内收藏。据书中"重刊针灸大成序"署为"康熙庚申春月江西督粮道参政古沈李月桂重订于德邻轩"，推测可能是清康熙十九年庚申（1680）李月桂刻"明道堂"翻版。

31. 针灸大成

馆藏序号：Xyl389。类别：针灸推拿/针灸通论。尺寸（高 × 宽，cm）：24.2 × 15，21.7 × 14.1。装帧：线装。书皮：薄褐色皮纸。内扉：首册黄裱纸扉页，双边栏，内分三界行，右、左两行空白，中间行为：针灸大成。品相：1函10册，蓝土布函衣，函面没有书名笺。书中多处朱笔标点。卷帙：10卷。版式：双边栏，目录和正文均有界行，白口（内书"针灸大成"），上黑鱼尾。版心记卷数，下为页码。序每半叶6行 × 10字，正文每半叶10行 × 22字。作者：（明）杨继洲（济时）

原撰，靳贤补辑重编。成书年：1601。出版者：序落款："德邻轩"。出版年：序落款："康熙庚申（1680）……"，应是绿幄山房版本，也许是绿幄山房藏板的翻版。

32.（重订）外科正宗

馆藏序号：Xyl2045。类别：临症各科／外科通论。尺寸（高×宽cm）：23.5×15.5，19.8×14。装帧：线装。书皮：薄褐色皮纸。封面残损严重，贴有俄文馆藏号："Шкафъ40"（1917年之前）。内扉：无首册。残存本题名：重订外科正宗卷之六。品相：单册，多水渍。版式：单边栏，正文无界行。白口（内书"外科正宗"），上黑鱼尾。版心记卷数，下为页码。每半叶12行×26字。作者：（明）陈实功（毓仁、若虚）撰，（清）张鹫翼（青万、乐山）重订。成书年：1617。出版者不详。出版年：清末。

33.增订本草备要

馆藏序号：Xyl1839。类别：本草／清代本草。书皮：薄褐色皮纸，每册封面小楷工整地写有各卷题名及卷数，保存完好。品相：1函6册，蓝土布函衣。白底书名笺内黑色双边栏；上方栏内书有"文成堂"，中部："图注本草备要"，下方朱印："文成堂藏书"（阴文）。卷帙：4卷，后附汤头歌诀、经络歌脉诀歌。作者：（清）汪昂（讱庵）撰。成书年：1694。出版者：文成堂。出版年：清光绪十七年辛卯（1891）。

34.食物本草会纂

馆藏序号：Xyl2237。类别：本草／食疗。品相：4册。卷帙：12卷。作者：（清）沈李龙（云将）编。成书年：1691。出版者：四盛堂。出版年：清道光二十三年癸卯（1843）。

35.食物本草会纂

馆藏序号：Xyl2044。同上。品相：1册，残损严重。卷帙：9—10卷。

36.医学入门

馆藏序号：XylF121。类别：综合性著作／通论。尺寸（高×宽cm）：31.5×20.8。装帧：红色线装。书皮：黄皮硬纸，无书名。内扉：扉页即目录，首行："编注医学入门内集卷首上目录第一册"。品相：19册，极佳。卷帙：7卷+卷首1卷。版式：双边栏，每半叶10行×19字，有界行，白口（内书"X卷"），上黑鱼尾。版心上方记卷数，下方记页码。书名：编注医学入门。作者：（明）李梴（健斋）编。成书年：明万历乙亥年（1575）。出版者：朝鲜。出版年份不详。

37.（景岳全书）新方八阵

馆藏序号：Xyl1901。类别：方书/明代方书。品相：单册。1991年查库发现丢失。作者：（明）张介宾（景岳、会卿、通一子）撰。成书年：1624。

38. 内经知要

馆藏序号：В. У. 35。类别：医经/注释。作者：（明）李中梓（士材、念莪、尽凡居士）编注。成书年：1642。出版年：清乾隆二十九年甲申（1764）。出版者：薛雪校扫叶庄。

另外，圣彼德堡国立大学东方系汉籍藏书中非中医类书、但与医学有关的藏书还有如下几种（按圣彼德堡国立大学高尔基科学图书馆东方部基藏馆提供的查阅顺序排列）：

1. Xyl2043《内科新说》。27×16.2cm，19.2×13.4cm，英国医士合信氏著，咸丰八年（1858）新镌，1859，1册，江苏上海仁济医馆藏板。

2. Xyl2480《补注洗冤录集证》。1函5册5卷本，彩色套印（红墨），26×15.4cm，同治四年（1865）夏月重校刊，粤东省署藏板。有藏书章。封面有"汉语副教授 Павел Степанович Попов"的贴条，1914年3月10日送给彼大。

3. Xyl1893《修书杂识》1册。

4. Xyl1909《乐善堂书目》1册，17.6×11.7cm。

5. В. У. 157.《增补传家必读安乐铭》（附应验良方、海上仙方）。光绪丙申年（1896）重刊，眉山苏老泉著订，扬州石天基增补。版存京都前门外杨梅竹斜街中间路北永盛刻字铺。两册。23.5×14.5cm。单册107页。这里存有两本完全相同的版本。

6. B.У.68.《明心宝鉴》。文萃堂梓行,京都文锦堂重刻。单册,40页。嘉庆七年(1802)冬月吉日京都东四牌楼报房胡同文萃堂重刊。19.2×12cm。封面已无。

7. B.У.180.《金刚药师观音经全部》。1—3卷:《金刚般若波罗蜜经》《药师琉璃光如来本愿功德经》《观音菩萨普门品经》。道光十六年(1836)成书,德胜门外觉生寺藏板。35×10cm。蓝色函衣,纸板书衣,连页成书。

8. Xyl201《百子金丹》。16.9×11.8cm,2函12册7卷本。郭士俊选编。内容涉及修身、治国、用兵、养心。

9. Xyl257《(增补)愿体广类集》。只有第四卷涉及医药,卡片上信息:1677,23.8×14.7cm,1函册4卷本,宜兴蒋东山录,致和堂梓行。

10. Xyl255《增订修身第一书》。

19世纪是中国文化传入俄国的重要时期,中医药的传播也是其中的一部分。但不可否认,俄国对这批藏书的利用是极其有限的。单就其收藏目的而言,藏书主要用于教学,扩展学生对中国和东方的了解,这一点在王西里的《纪事》中有明确的表述。[①] 而在其被医学人士利用等方面,我们并没有看到多少例证,这也成为19世纪中医在俄国传播的局限之一。但从历史的角度来看,它们毕竟是中医流传俄国的重要物证,对证明或证伪19世纪中医在俄国的影响、对比中医药文明20世纪在俄国(苏联)的传播都有着实际的意义。

(李民 华南师范大学外国语言文化学院)

---

① Васильев В.П., 1857, с. 323.

《悠傲信件》所见13世纪欧洲文献中的蒙古形象[*]

□ 田俊武　尚秀玲

提起早期欧洲人的蒙古书写，中外学者大都会如数家珍地说起柏朗嘉宾（John of Pian de Carpine，1180—1252）的《蒙古史》（*History of the Mongol*，1240）、鲁布鲁克（William of Rubruck，1220—1293）的《东行纪》（*The Journey of William of Rubruck to the East Parts*，1253—1255）以及马可·波罗（Marco Polo，1254—1324）的《马可·波罗行纪》（*The Travels of Marco Polo*，1299）。[①]然而学界似乎忽略了一篇内

---

[*] 本文为北京市哲学社会科学基金重点项目"英美近现代旅行文学中的北京形象研究"（项目号：16WXA002）和北京航空航天大学青年拔尖人才项目"西方旅行文学与中国形象表征"（项目号：ZG226S189J）的阶段性成果。本文首发于《国际汉学》总第31期，2022年第2期。

[①] 关于前两部游记，中译本可见［美］道森编《出使蒙古记》，吕浦译，中国社会科学出版社，1983。此译本译自英文版：Christopher Dawson, ed., *The Mongol Mission* (Sheed and Ward Ltd., 1955). 吕浦将 John of Plano Carpini 译作"约翰·普兰诺·加宾尼"，其游记 *History of the Mongol* 译作"《蒙古史》"，将 William of Rubruck 译作"威廉·鲁不鲁乞"，其游记 *The Journey of William of Rubruck* 译作"《鲁不鲁乞东游记》"。后来，这两部游记作品前者由耿昇根据贝凯（Dom Jean Becquet）和韩百诗（Louis Hambis）法译本译作"《柏朗嘉宾蒙古行纪》"，后者由何高济根据柔克义（W. W. Rockhill）英译本参照道森英文版《蒙古传教志》（何高济所译书名，吕浦译为《出使蒙古记》）译作"《鲁布鲁克东行纪》"，合编成《柏朗嘉宾蒙古行纪鲁布鲁克东行纪》，耿昇、何高济译，中华书局，1985。

容虽短但却很有价值的文献，它是法国拿波那一个名叫悠傲的人（Ivo/Yuo of Narbonne）[①]在1243年写给法国波尔多大主教杰劳德·马里莫特（Géraud de Malemort，1227—1261）的一封信，该信原文为拉丁语，后被英国教士、编年史作者马修·帕里斯（Matthew Paris，1200—1259）收录入其历史著作中。[②]英译文最早见于哈克鲁特（Richard Hakluyt，1553—1616）的《重要远航》（*Principle Navigations, Voyages and Discoveries of the English Nation*，1598），但是哈克鲁特仅收录此信中与蒙古人相关的部分，略去前三分之一和后约七分之一的部分。查尔斯·比兹利（Charles Raymond Beazley，1868—1955）于1903年更名并重印《重要远航》[③]，并附序言与注释，此信节选[④]亦包含在内。本文所研究的原始资料即来自此版本。

之所以研究《悠傲信件》的节选，有以下几个原因：第一，它在时间上早于其他13世纪西方蒙古行纪。《悠傲信件》落款年份为1243年，记录的主要事件发生在1241年，而柏朗嘉宾蒙古行发生在1245—1247年，鲁布鲁克东行发生在1253—1255年，马可·波罗中国行则发

[①] Ivo 或 Yuo，此两种拼写均见于下文所说比兹利文献，其中目录页使用"Ivo"，正文题目使用"Yuo"，可能是拉丁文或法文转写为英文造成的不同。我们在此将他的名字译为"拿波那·悠傲"，简单称呼为"悠傲"。

[②] Matthew Paris, *Matthew Paris's English History from the Year 1235 to 1273*. Trans. G. A. Giles (Henry G. Bohn, 1852). Reprint, (AMS Press, Vol. 1, 1968).

[③] Charles Raymond Beazley, ed., *The Texts and Versions of John de Plano Carpini and William de Rubruquis as Printed for the First Time by Hakluyt in 1598, Together with Some Shorter Pieces* (Cambridge University Press, 1903), Note 1, p. 248.

[④] Matthew Paris, "Letter of Ivo of Narbonne Concerning the Tartars," *The Texts and Versions of John de Plano Carpini and William de Rubruquis as Printed for the First Time by Hakluyt in 1598, Together with Some Shorter Pieces*, pp. 39–41. 正文中信件节选题目为"Part of an Epistle written by one *Yuo* of *Narbona* vnto the Archbishop of *Burdeaux*, containing the confession of an Englishman as touching the barbarous demeanour of the *Tartars*, which had liued long among them, and was drawen along perforce with them in their expedition against *Hungarie*: Recorded by *Matthew Paris* in the year of our Lord 1243"。

生在1271—1295年。①目前学界普遍认可柏朗嘉宾的《蒙古史》为最早的西方人蒙古叙事，柏朗嘉宾向东出发的时间为1245年春天，到达蒙古大汗王庭的时间为1246年春天。但是，《悠傲信件》所述之主要事件发生在1241年夏天，早于《蒙古史》四年，信中转述的一个英国人的蒙古行则还要早若干年。由此可见，《悠傲信件》可能是目前发现的西欧旅行者关于蒙古人进入中欧的最早文字记录之一。第二，悠傲记载的主要事件是新城之战，这在历史上有确切记载。依悠傲所述，是年夏，蒙古军队越过匈牙利，围攻奥地利新城小镇，城内有奥地利骑军50人，十字弓20张。蒙古军进攻迅速而猛烈，眼见新城有城破的危险，此时欧洲联军（由奥地利公爵、波希米亚国王、阿奎利亚主教、卡林西亚公爵或者还有巴登伯爵率领）赶到，蒙古军迅疾撤退。②爱德华·吉本（Edward Gibbon，1737—1794）在《罗马帝国衰亡史》（*The History of the Decline and Fall of the Roman Empire: 1776–1788*）中提到了此役，奥地利守军人数、武器配置数量以及蒙古军队见日耳曼援军到来而主动撤退的行为，均与悠傲所言一致。③因此，悠傲是历史上新城之战的目击者，这一点是其他欧洲人的蒙古行纪中所没有的。无论是柏朗嘉宾还是鲁布鲁克都没能目睹蒙古人的军事行动，其游记中关于战场或战役的描述都是游历者的道听途说。从这个意义上讲，《悠傲信件》在蒙古史研究领域极具史料意义，它至少反映了当时蒙古与奥地利、欧洲联军对抗的一个侧面。第三，悠傲在信中还记录了一个担任蒙古军队翻译的英国俘虏的供词，该战俘原被英国驱逐，流浪至迦勒底地区，被蒙古军俘获后，任随军翻译多年，两次以蒙古使节身份劝降匈牙利王。④虽然属于

---

① 耿昇：《中译者序言》，载耿昇、何高济译《柏朗嘉宾蒙古行纪鲁布鲁克东行纪》，中华书局，1985，第5、6页。
② Matthew Paris, "Letter of Ivo of Narbonne Concerning the Tartars," pp. 39-40.
③ Edward Gibbon, *The History of the Decline and Fall of the Roman Empire: 1776–1788. Vol. 3, Ed. David Womersley* (The Penguin Books, 1994), p. 804.
④ Matthew Paris, "Letter of Ivo of Narbonne Concerning the Tartars," pp. 40-41.

当时欧洲主流文化之外的边缘人，这个英国人仍然是一个历史参与者，其叙述打破了13世纪欧洲人蒙古行纪中铁板一块的拉丁文化即基督文化背景，为观察扩张时期的蒙古提供了新视角。

综上所述，《悠傲信件》可视为欧洲最早的蒙古行纪，虽然篇幅短小但是内容丰富。悠傲和英国战俘所贡献的蒙古史料及文化形塑是对13世纪欧洲人蒙古书写的有益补充，率先记录了蒙古和欧洲的真实接触，反映了欧洲人对蒙古西征的思想惊恐和文化审视，折射出中世纪欧洲主流文化和亚洲文化的交流和碰撞，影响了中世纪欧洲人的蒙古形象书写。

一、《悠傲信件》中译文

拿波那人悠傲致波尔多大主教信件节选，含一英格兰人关于塔塔尔人野蛮行径之供述。此英人长期与塔塔尔人生活在一起，受迫参与塔塔尔人远征匈牙利的行动。该信札由马修·帕里斯录于公元1243年。[1]

上帝被激怒了，由于我们基督徒犯下的这样那样的罪行。他变成了一个毁灭一切的敌人，一个可怕的复仇者。我敢肯定，这是真的。因为一个大国，一个野蛮没人性的民族，他们的法度就是无法度，他们的盛怒更甚于愤怒的"上帝之鞭"[2]，占据并彻底摧毁了许多国家，所到之处，以剑与火残忍地破坏一切。就在这个夏天，前面提到的那个民族，被称作塔塔尔人的便是，离开了匈牙利，他

---

[1] 信件原文见于 Charles Raymond Beazley, *The Texts and Versions of John de Plano Carpini and William de Rubruquis as Printed for the First Time by Hakluyt in 1598, Together with Some Shorter Pieces* (Cambridge University Press, 1903), pp. 39-42.

[2] 根据习惯，我们将"the rod of God"译为"上帝之鞭"，而不是"上帝之杖"或者"上帝之棍"。

们刚刚利用叛徒突袭了国家，包围了这座城。① 我正好住在那城里。他们有好几千人马，而我方只有不到50名士兵，20张十字弓，是长官留下驻防的力量。②（我）自高处目睹了这一切，看着敌人的庞大军队，憎恶着他（上帝）的反基督帮凶野兽般的残暴行径。他们的指挥官示意前进，上帝的子民随之一片哀号恸哭，突然遭到袭击，无论尊卑贵贱，男女老幼，都被百般残忍地杀戮了。那些尸体，塔塔尔酋长和他们野蛮的追随者大肆啖食，就像暴殄美味佳肴。除了白骨，什么也不给秃鹫留下。奇怪的是，那贪婪的秃鹫竟然不屑猎其所剩。年老貌丑的女人，他们用来豢养恶兽。美丽的女子，他们是不吃的，而是凌辱踩躏，任由她们哀鸣尖叫。像所有野蛮之徒一样，他们奸淫处女致其死亡，割下她们娇嫩的乳头献给上级做美食，自己则啖噬她们的身体。

然而，山顶上，当看到奥地利公爵、波希米亚国王、阿奎利亚主教、卡林西亚公爵，（有人说还有）巴登伯爵率领大军赶来的时候，他们可恶的探子立刻消失了，塔塔尔乌合之众随即撤退，回到了陷落之地匈牙利。他们从天而降，又瞬间消失，快得让人瞠目结舌。但是达尔马提亚王子俘获了八人，奥地利公爵认出了其中一个。那是个英格兰人，因犯了臭名昭著之罪被永久驱逐出境。这家伙曾两次以信使和翻译的身份，代表最专横的塔塔尔王，威胁恐吓匈牙利王，说厄运将降临，除非国王投降，国家受塔塔尔人统治。他说的那些坏事后来确实发生了。在我方王公贵人的劝诱下，他赌咒发誓他说的都是真的，可是（我以为）只有魔鬼才会相信他的话。他首先交代了他自己的情况。他说被驱逐以后，他大概30岁时，在阿康③掷骰子输了个精光。隆冬时节里，他饥寒交迫，仅剩

---

① 根据Beazley第248页尾注3，此为奥地利新城。
② 根据Beazley第248页尾注5，此为奥地利公爵好战者弗雷德里克二世（Frederik II），享爵位时期为1230—1246年。
③ 阿康（Acon）是法国一小城。

下贴身的衬衣、鞋子和一件斗篷蔽体。他被剃了头发，看上去像个傻瓜，嘴里呜哩哇啦，听上去像个哑巴。就这样，他开始流浪。他到过很多国家，在许多地方还受到善待，如此过了一季。每天都有要讲话的冲动，心灵得不到安宁，他把自己交给了魔鬼。最后，由于旅途劳顿、气候变迁和不适应迦勒底①的肉食，他病倒了。他病得很厉害，一度以为自己要死了。进退不得，他只好留在当地养病。他开始（一定程度上是学着）写下他听到的词，很快地，他学会了吐字发音，讲起了当地话。他讲得很好，都被当成了本地人。运用同样的技巧，他掌握了多门语言。通过间谍塔塔尔人得知此人，便拉他入伙。他们诱导他，说神谕启示他们去征服世界上所有地方。他们许给他很多好处，让他为他们效劳，做他们的翻译。关于他们的行为方式与迷信，他们的性情与身材，他们国家的作战方式等，他发誓以下每一条都是真的：他们是最贪婪、鲁莽、奸诈、无情的人。然而，由于惧怕上级严厉的惩罚，他们彼此是不会争吵或起冲突的。他们尊奉部族祖先为神，在固定的时间祭祀供奉。大部分的供奉都是为特定对象举行的，但是有四个祭祀无特定对象，是敬所有先祖的。他们认为一切造物皆为他们独享，认为对待反抗者残酷无情是天经地义的事。他们胸部健硕，脸瘦而苍白，双肩宽阔健壮，鼻子扁而且短，下巴又长又尖，上颌低弯，牙齿细长，双眉由前额延伸至鼻梁，眼珠黑色，目光不定，面部表情狰狞恐怖，主关节筋骨强健，大腿粗壮，腿短，但是身材却同我们一样高大，腿上缺少的那部分长度由上身补回来。他们的国土是一片古老而荒芜的沙漠，在迦勒底以远的地方。在那里，他们用弓箭和其他装置猎捕狮子、熊等猛兽。猎得的兽皮经过鞣制，做成轻便而坚固的铠甲。骑马的时候，他们就像粘在了马背上。他们的马体型不大，但是非常结实，仅靠一点草料便能维持。他们擅长连续英勇作战，使

---

① 迦勒底（Chaldea）在两河流域。

用标枪、狼牙棒、战斧、刀剑等武器。他们是特别出色的弓箭手，是带弓的狡猾的骑士。他们的背部少有防护，因此战时不会逃跑。若无将军军旗号令，他们决不撤出战场。败不乞求怜悯，胜不心慈手软。他们百万人口一条心，坚持一个目标——征服并统治全世界。他们有六万轻骑兵，能一夜奔行三日路为大军勘察营地。他们先遣兵分散隐藏于当地人之间，会突然向周围手无寸铁、毫无防范、四散而逃的人发起攻击。在他们的大肆屠杀之下，所犯之地的王公贵族难以组织足以与之抗衡的抵抗力量。和平时期，他们假托各种借口欺骗当地的君主和人民。这些莫须有的借口可以是他们要借道去科隆，将三智者的遗骸①运到他们的国家，要去惩罚曾经压迫过他们的贪婪傲慢的罗马人，去征服北方蛮国，去用他们的温顺中和日耳曼人的暴躁，去学习法国人的战略战术，去为部众寻找肥沃的牧场，他们甚至揶揄地说要去加利西亚②的圣詹姆斯朝圣。在这些花招和阴谋面前，一些领主轻率地与他们结了盟，允许他们借道，却不过是给了对方迅速撕毁盟约毁灭自己的机会罢了。

二、悠傲眼中的蒙古形象

悠傲认为上帝迁怒于基督徒，决定惩罚他们，因此蒙古军队之入侵欧洲是基督徒犯罪惹怒上帝的后果。这种罪与罚的观点在基督教世界并不新鲜。5世纪中叶，匈奴单于阿提拉率领匈奴军队侵入多瑙河北岸，劫掠巴尔干半岛长达15年，迫使君士坦丁堡以大量贡品和大笔贡金换取和平。③欧洲也将自身的抵抗不力归因上帝的惩罚，称阿提拉

---

① 传说基督教三智者的遗骸葬在德国科隆（Colen）。
② 加利西亚（Galicia）是当时波兰的主要大公国之一。
③ Peter Frankopan, The Silk Roads: A New History of the World (Bloomsbury, 2015), p. 49.

为"上帝之鞭"[①]。当时的马赛主教兼作家萨尔文（Salvien de Marseille, 400?—490）认为上帝让基督徒弱于结成部落的民族，被野蛮人征服，受敌人统治，都是因为基督徒犯了罪，上帝在惩罚他们。[②] 而13世纪突然出现在欧洲的蒙古人与几个世纪前来自同一片草原的匈奴人几乎一模一样。[③] 虽然相隔近900年，古罗马历史学家亚米亚纳斯·马塞林奴斯（Ammianus Marcellinus, 325?—391）对匈奴人的描述简直可以和中世纪英国编年史家马修·帕里斯对蒙古人的描述互换。[④] 一种噩梦重现的恐惧笼罩着欧洲的基督教世界。

实际上，在《悠傲信件》的落款时间1243年前，欧洲天主教世界对向西扩张的蒙古人的看法经历过一次历史性转变。蒙古统一草原后的第一次西征开始于1219年，由成吉思汗率领，于1222年征服了中亚最大的伊斯兰教国家花剌子模。关于这次西征的消息偶然传到欧洲，正陷入十字军东征泥潭的欧洲权贵以为古老的传说应验了，上帝派"约翰长老"率领一支强大的军队正从东方赶来帮助他们征服穆斯林敌人。[⑤] 然而，随着1222年哲别、速不台率领的一支蒙古军在数小时内摧毁基督教国家格鲁吉亚的军队，并以少胜多挫败追击的东正教俄罗斯联军，[⑥] 拉丁语世界关于"约翰长老"的幻梦被粉碎，欧洲对东方援军的憧憬迅速被罪与罚的观点所替代。这种观点可以用当时无名俄罗斯东正教教士

---

① 英文"the Scourge of God"，见 Baabar, History of Mongolia: From World Power to Soviet Satellite. Ed. *Christopher Kaplonski* (The White House Press, 1999), p. 14.

② Frankopan, The Silk Roads, p. 50.

③ Ibid., p. 158.

④ Christopher Dawson, "Introduction," *Mission to Asia: Narratives and Letters of the Franciscan Missionaries in Mongolia and China in the Thirteenth and Fourteenth Centuries Translated by a Nun of Stanbrook Abbey* (Harper & Row Publishers, 1966), pp. viii–ix. 今天的蒙古人民共和国也习惯将其国家历史追溯为自匈奴起2000多年，自成吉思汗起800年。在国庆日，国家那达慕等大型集会上都能听到这样的发言，这相当于承认其与匈奴同宗同祖。

⑤ Baabar, History of Mongolia, p. 1.

⑥ Ibid., pp. 138-142.

所著的《诺夫哥罗德编年史》(*The Chronicle of Novgorod: 1016–1491*)中的话进行概括：因为我们（基督徒）的罪恶，不知道的部落来了。没人知道他们的语言、种族和信仰，只有上帝知道他们来自何方，要去往何处，因为他们是上帝派来惩罚犯罪基督徒的。①1236年拔都率领蒙古军开始第二次西征，于1241年征服俄罗斯。之后，蒙古军队以迅雷不及掩耳之势攻入中欧，在西里西亚（Silesia）大破西里西亚公爵虔诚者亨利二世（Henry Ⅱ the Pious, 1196—1241）和胖米茨考（Mieszko the Fat, 1220—1246）指挥的波兰日耳曼联军，进入匈牙利。之后蒙古军追击出逃的匈牙利国王贝拉四世（Béla Ⅳ, 1206—1270），进入奥地利，似乎没有任何力量可以阻挡蒙古军队进入天主教的地域。②西欧、南欧的王公贵族和罗马教廷感受到了迫在眉睫的威胁，历史要重演的忧虑弥漫在整个欧洲。

悠傲书写的新城之战正是在这样的历史背景下发生的。悠傲认为，上帝因其所犯罪恶正在惩罚基督徒的说法不是谣言而是事实，因为新城已经得到消息，一个"野蛮""盛怒""无法度""没人性"的外族，较之"愤怒的上帝之鞭"有过之而无不及，"以剑与火"的方式"彻底""残忍"地"摧毁"了他们所经过的国家，"破坏"了他们所遇到的一切。③

这消息可能是逃到奥地利的匈牙利难民散播的，因为利用难民制造恐惧气氛是蒙古军队惯用的策略。④无论如何，在见到蒙古人之前，悠傲已经塑造出了蒙古人的形象——"上帝之鞭"，残忍的外族人。这一形象完全符合中世纪欧洲人的认知标准，符合基督徒有关《申命记》

---

① Anonymous, *The Chronicle of Novgorod: 1016–1491*. Trans. Robert Michel & Novill Forbes (Camden Society, 1914), pp. 64, 66.［美］道森编《出使蒙古记》，吕浦译，第6页。

② Frankopan, The Silk Roads, p. 163.

③ Beazley, The Texts and Versions, p. 39.

④ Jack Weatherford, *Genghis Khan and the Making of the Modern World* (Three Rivers Press, 2012), p. 5.

（*Deuteronomy*）的集体想象。《申命记》告诫：基督徒若不畏惧、崇拜、绝对地热爱与服从上帝，不遵守上帝的戒律，他们将被上帝诅咒和惩罚。"上帝将从极远的世界尽头带来一族人，他们会像恶鹰捕食般攻击你（基督徒），你不懂他们的语言，（这将是一个）残忍的民族，（他们）既不会饶过老的也不会放过小的。"[1]

等到亲眼见到蒙古人，悠傲证实了《申命记》所言不虚。在信中，悠傲自高处目睹了围城的塔塔尔（蒙古）大军，"野兽般残忍的反基督帮凶"，以首领的指挥信号为进退。一时间，"基督的子民"无论尊卑贵贱、男女老幼，都难逃毁灭，新城哀号一片。"残忍的"塔塔尔人啖噬人肉，以年老色衰妇人之肉豢养恶兽，强奸貌美女子，奸淫处女致死并割食其肉，所过之处仅留一片白骨，连贪婪的秃鹫竟不屑食其所剩。继而，当探子发现援军赶来救城的时候，他们又以迅雷不及掩耳之势全身而退，这迅疾的来去自如让人看得目瞪口呆。[2]

这完全是一副地狱景象。我们先从悠傲对蒙古人的称呼谈起，因为悠傲称围城者为塔塔尔人，这一专有名词本身就具有历史学和形象学意义，值得探讨。首先，中世纪的欧洲称蒙古人为塔塔尔人，这是一个错误。因为，蒙古与塔塔尔是两个不同的部落。根据《蒙古秘史》，塔塔尔部是蒙古部世仇，于铁木真有杀父之仇。[3] 1206年铁木真改称成吉思汗，以部落名为国名建立了大蒙古国，这个名字一直延续到1271年忽必烈建立元朝。[4] 然而几个世纪以来，欧洲只知道塔塔尔而不知道蒙古，

---

[1] *Deuteronomy* 28: 50. 这段《申命记》译文的依据是 Holy Bible: The Old & New Testaments (Holman Bible Publishers, 2011), p. 247.

[2] Beazley, The Texts and Versions, p. 40.

[3] 塔塔尔部谋杀了送女和亲的蒙古俺巴孩汗，曲图拉汗为报此仇，13次与塔塔尔交战，蒙古乞颜部首领也速该俘获塔塔尔部首领铁木真兀格，并将初生的儿子取名为铁木真。九年后，也速该送子定亲归途中经过塔塔尔营地被塔塔尔人毒死。见 Urgunge Onon, ed. and trans., *The Secret History of the Mongols: The Life and Times of Chinggis Khan* (Routledge Curzon Press, 2001), pp. 53, 54, 57, 61.

[4] Onon, "Introduction," *The Secret History of the Mongols, p. 1*, Footnote 1.

或者将塔塔尔和蒙古等同。① 其原因可能有两个：第一，当时的蒙古草原部族容貌相同语言相通。② 塔塔尔（汉语文献中也写作"鞑靼"）部原本比蒙古部富强，人员众多而且能征善战。蒙古部征服塔塔尔部以后，士兵编入蒙古军队，战时常做先锋。东欧最先遇见的可能是塔塔尔先遣骑兵，造成混淆。③ 第二，塔塔尔人复数的拼写 Tartars 与拉丁语单词 Tartarus 接近，指希腊神话里的"地狱"，这一名称本身带有形象塑造，正可比拟蒙古人给欧洲带来的恐慌。④ 此后，Tartar 也用来指易怒、脾气暴烈的人。⑤ 至此，"塔塔尔"这个名称蕴含了嗜杀、狂躁、与地狱相关三种含义，生动诠释了中世纪欧洲人对蒙古人的集体想象。

悠傲所书写的战场上的蒙古人特点可用五个词汇概括：强大、迅速、野蛮、狡猾和反基督。蒙古人的"强大"表现在他们遵循首领号令，整体而动，猛烈攻击。"迅速"表现在他们突然兵临城下，顷刻间发动袭击，眨眼间撤兵而去。"野蛮"表现在他们对打击对象残忍无情，格杀勿论。虽然信中食人的叙述不乏想象的嫌疑，但是蒙古军有围猎的传统，战斗中驾鹰驱犬也是极有可能的。蒙古猎鹰体型较小，被悠傲当作秃鹫也未可知，蒙古獒犬体型庞大，可能是悠傲笔下的食人恶兽。悠傲不吝使用"野蛮""残忍""残酷""野兽般的"等形容词描述进攻的蒙古军队。"狡猾"在于他们趁城防虚弱而战，见援军即退，绝不犯险。蒙古人对新城的攻击被悠傲定性为"反基督"，因为他们攻击的是基督徒的城镇，他们是基督徒的敌人。

综上所述，悠傲以基督徒的角度塑造了一个强大、迅速、野蛮、狡猾和反基督的蒙古人形象，他们是基督世界的敌人，是"上帝之鞭"。

---

① Weatherford, *Genghis Khan and the Making of the Modern World*, p. 52.
② ［美］道森编《出使蒙古记》，吕浦译，第19页。
③ Onon, "Introduction," *The Secret History of the Mongols*, p. 16.
④ 拉丁语 Tartarus 意思是"地狱"，见 Baabar, *History of Mongolia*, p. 415, Note 1.
⑤ See entry "tartar" in *Merriam-Webster's Collegiate Dictionary*, 10th edition (Merriam-Webster Inc, 2001), p. 1203.

他使用的形容词"野蛮""残酷""无法度"等成为蒙古刻板印象的常见修饰语,在柏朗嘉宾和鲁布鲁克的游记中都能找到。但是,悠傲的信件是写给法国波尔多大主教的,有向宗教世界报告新城战役和警示危险来临的意图。其考量标准是中世纪拉丁主流文化的典型尺度:世界只分为两部分——基督的世界和异教徒或异端的世界;世界上的人也只分为两类——基督徒和基督徒的敌人,也就是基督的敌人。悠傲塑造的蒙古人形象符合中世纪西欧天主教的集体认知,是主流文化背景下的典型书写。

三、英格兰战俘眼中的蒙古形象

蒙古军撤退后,奥地利公爵在达尔马提亚王子(the prince of Dalmatia)的八个战俘中认出了一个因为犯了"臭名昭著"的罪行而被永远驱逐出境的英格兰人。此人是蒙古军的信使和翻译,在蒙古-匈牙利之战前两次任蒙古使节,劝降匈牙利国王。他被驱逐的时候30来岁,先到了法国,在阿康掷骰子输掉了所有的钱物,仅剩贴身衬衫和鞋帽以敝体,此后又被剃了头发,在寒冬里像傻瓜一样狼狈流浪。他经过了很多国家,在很多地方被善待。但是,在迦勒底,他因旅途劳顿、气候变化和不适应当地的肉食而病倒。养病期间,这个英格兰人通过记录发音很快学会了当地语言,发音竟堪比本地人。以同样的方法,他掌握了多门语言。蒙古人得知后,让他做了翻译。[①]

遗憾的是,关于这位英格兰人的旅行路线,悠傲的信中并未列出,仅以"很多国家"代替,原因可能是悠傲不愿长篇累牍。不过能够确定的是,悠傲对这位英格兰战俘的供述表示怀疑。原因在于:他是英格兰的罪人;他为蒙古军服务。犯罪的人和为敌人服务的人都是基督世界

---

① Beazley, The Texts and Versions, pp. 40-41.

的敌人，他的话只有"魔鬼才能相信"①。悠傲没有提到英格兰战俘的名字，我们不妨推断一下他的身份。犯"臭名昭著"之罪，普通英格兰人适用的刑罚可能是绞刑，被驱逐出境的应该是贵族。奥地利公爵能够认出他，并知晓他被驱逐之事，被驱逐前他应该是有一定地位的英格兰贵族。其供述内容包括对蒙古人、蒙古社会、蒙古政治和军事体系的理解，属特权阶级关注的范畴，而且大多与后来柏朗嘉宾和鲁布鲁克的考察一致。同时，他的多语种文化背景正是柏朗嘉宾和鲁布鲁克欠缺的。正因为如此，这位英格兰人的旅行叙事从理解范畴、真实程度、文化观照三个角度来看都是值得研究的。

英格兰人描述的蒙古遥远荒芜，是古老的沙漠，有狮与熊等猛兽出没。在外部特征上，蒙古人脸瘦而白，鼻平且短，下巴长又尖，上颚低而（前）倾，牙齿细且长，双眉由前额连续向下至于鼻（双眉斜向上生长），双目（眼珠）不定且黑，面部表情"狰狞恐怖"，身材并不矮小，但是腿短身长，胸部健硕，肩膀宽阔，大腿粗壮，主要大关节坚强有力。性情上，他们"贪婪""鲁莽""奸诈""无情"，彼此间却无争吵冲突，因为会受到上级的严厉惩罚。日常生活中，他们是猎人，擅长飞驰骑射，猎得的兽皮他们鞣制成轻便而坚固的铠甲。他们的马匹体型小但是特别强壮坚忍，仅需饲以少量干饲料，一夜能疾驰三日的距离。②

除了对蒙古人性情的概括和面部表情的评说带有主观评价外，这段描述基本属于客观观察。就其主观评论而言，可能是加入了悠傲的感情色彩，或是战俘为自保而极力表明自己有欧洲立场，也可能是蒙古军队惯用的战略手段使然。由于这位英格兰人被俘时的身份是蒙古军队间谍，还曾两次以恐吓的手段劝降匈牙利王，因此他也极有可能故意向奥地利人渗透信息，让他们相信蒙古人是可怕的。运用手段迫使敌人因为恐惧而投降是蒙古军队不战而屈人之兵的常用方法，成吉思汗在征服花

---

① Beazley, The Texts and Versions, p. 40.
② Ibid., pp. 41-42.

拉子模的时候就采用了。[1] 从客观的角度看，英格兰人塑造的蒙古人形象是以英格兰人或欧洲人形象为参照，着重从五官特征、身体结构、日常生活三方面塑造。就连马匹也是比照欧洲马匹，从体型大小、耐力、饲养三方面着重叙述蒙古马与欧洲马的不同点。虽然欧洲人和马匹的形象并没有出现，但是，我们如果将他的叙述改为其反面，得到的就是欧洲人和马匹的形象。

但是，英格兰人的叙述并未仅仅停留于表面。他进一步揭示蒙古人的万物皆为己所有的霸道观，他们只有一个目标，那就是征服世界。为此，他们万众一心，奋力西征。他们有百万之众，有六万先遣轻骑兵为大军勘察营地，先遣兵一夜能骑行三日的路程。他们先分散隐藏于民，再突袭当地分散的、手无寸铁和毫无防备的人们，他们的屠杀使当地王公贵族无法组织足够的抵抗力量。在战场上，他们能连续英勇作战，擅用长矛、狼牙棒、战斧、刀剑等各种武器，最擅长的是弓箭。他们是优秀的射手和狡猾的骑士。他们背部防御装备很少，因此不会从战场上逃跑。除非见到将军的军旗号令，他们不会撤出战场。败了，他们不求饶命，对于被打败的敌人，他们也不会宽恕同情。和平时期，他们寻找各种借口，如借道去科隆，将三智者的遗骸运到他们国家，去惩罚压迫过他们的贪婪傲慢的罗马人，去征服野蛮的北方国家，去教训盛怒的日耳曼人让他们学会温和，去学习法国的战略战术，去寻找肥沃的牧场，或者去波兰加利西亚的圣詹姆斯朝圣。即使是屈服于他们的手腕、并同意结盟和借道的领主，也难逃其撕毁盟约、领地被摧毁的结局。[2]

因为抛却了基督礼教的束缚，英格兰人的观察有了世俗化和人文化的色彩。因为语言的优势，他能够触及蒙古文化，并能达到理解层面。蒙古原始宗教萨满教认为，"万物皆有天命"，即长生天赋予万物不同的使命，万物的天命之一是为蒙古人所用。因此，从日升到日落之地，一

---

[1] Frankopan, The Silk Roads, p. 5.
[2] Beazley, The Texts and Versions, pp. 41-42.

切尽归蒙古人。蒙古人也有天命，蒙古人的天命就是征服所有太阳光能够照射到的地方。成吉思汗将这一观念发展为全体蒙古人的信仰，并命令子孙后代执行。[①]新城之战时期已经是蒙古帝国第二任可汗窝阔台时期，他秉承父亲的遗志，在征服的路上越走越远，因此有了拔都西征。这位英格兰战俘正是随着拔都西征的大军攻入匈牙利，转而来到奥地利的，他亲历了蒙古军征服世界的活动。因此，无论从文化层面，还是实践层面，英格兰战俘关于蒙古人要征服世界的叙述都来源于他自己的一手资料，不像柏朗嘉宾和鲁布鲁克那样靠"听说"叙事。

由于参与了蒙古军队西征，英格兰人深谙蒙古军队战略战术。战前，蒙古军队派出间谍，以突袭占得先机，杀伤可能的反抗力量，制造恐惧。战场上，蒙古军队整体而动，灵活运用武器拼死力敌，进退均按长官旗语进行。但是，英格兰人塑造的世界征服者形象却不是仅会运用铁血手段的群体，他们有多样的手段和智慧。他们利用虚假情报等手段蒙蔽敌人，让敌人摸不清意图，利用结盟的政治手段达到征服的目的。他们始终在了解敌人，研究敌人，熟悉基督教文化，知道三智者和圣詹姆斯。

英格兰人的观察不像悠傲那样处处以基督标尺衡量，他是中世纪世俗文化、边缘文化、人文文化的代表，他为我们塑造了一个想要征服世界、目标坚定、行动迅速、够勇够狠、有策略有智慧、变化多端的蒙古扩张者形象。在他之后，柏朗嘉宾和鲁布鲁克塑造了相似的蒙古人形象，认为蒙古人已经对欧洲拉丁语世界构成了威胁。

---

① Shagdaryn Bira, "Mongolian Tenggerism and Modern Globalism," *Journal of the Royal Asiatic Society*, Issue 14 (2004):5.

结语

《悠傲信件》展现了两幅东方遇见西方的图景。图景一：一个站在高处围墙内的基督徒俯瞰混乱无序的攻城者，被围的自认为是文明的代表，为城下新的扩张力量贴上"野蛮"和"反文明"的标签。在拉丁文化优越论的观照下，欧洲人看到的是凶残如魔的蒙古人形象，这是西方历史观的必然体现，他们认为世界史（确切地说应该是欧亚史）就是文明的绿洲被来自蛮荒之地的蛮族不断袭扰的过程。[1]甚至直到今天的欧洲中心说，仍然将西方基督教文明视为世界文明的起点，将欧洲文明视为正义，将欧洲之外的文明视为邪恶，比如彼得·弗朗克潘（Peter Frankopan）在《丝绸之路：新的世界史》（*The Silk Roads: A New History of the World*，2015）一书中将十字军东征史篇章命名为"天堂之路"，将蒙古西征史篇章命名为"地狱之路"。[2]图景二：一个历经艰险抵达东方的边缘人，学习当地语言与文化，对所见的人与事倾注人文与世俗关注。《悠傲信件》的独特性在于，它抛却了文化优越感，在人文精神与世俗情怀的观照下，历史性地记录了蒙古人与奥地利人新城之战的过程，揭示了蒙古人征服世界的野心、抱负、手段和策略。悠傲和英格兰人的交集在于新城之战，两者都是历史事件的亲历者，或者说一个是见证者一个是参与者，因为考察的角度不同，蒙古在他们眼中有了不同的形象，得出了不同的历史结论。

（田俊武、尚秀玲　北京航空航天大学外国语学院）

---

[1] Christopher Dawson, Mission to Asia (Harper & Row Publishers, 1966), pp. vii–xv.
[2] 该书目录页可见"8 The Road to Heaven""9 The Road to Hell"。Frankopan, The Silk Roads, "Contents".

古希腊罗马文献关于赛里斯方位、民族和蚕丝的记载和误读*

□ 何立波

古希腊罗马人由于和远东的赛里斯缺乏直接交流，造成古希腊罗马文献中对此的描述既有真实的一面，也充满着大量的离奇想象。他们对赛里斯的丝如何生产存在很多臆想，产丝国和贩丝国混为一谈。随着东西方交流的加强和古希腊罗马人有关地理知识的增长，他们眼中的赛里斯形象逐渐接近真实。本文在前人研究的基础上，对赛里斯方位、民族和蚕丝的记载①做进一步的探讨，祈求方家指正。

---

* 本文是广东哲学社会科学规划一般项目"罗马人王权意识演变与晚期罗马'多米那特'制形成研究"（项目编号：GD21CWL01）的阶段性成果。本文首发于《国际汉学》总第32期，2022年第3期。

① 近代著名地理学家洪堡（A. Humboldt, 1769—1859）和李希霍芬（F. P. W. Richthofen, 1833—1905），探险家如斯坦因（M. A. Stein, 1862—1943），汉学家玉尔（Henry Yule, 1820—1889），戈岱司（George Cœdès, 1886—1969），赫德逊（G. F. Hudson, 1903—1974），赫尔曼（Albert Herrmann, 1886—1945），白鸟库吉（1865—1942）等都探讨过这个问题。戈岱司编注的《希腊拉丁作家远东古文献辑录》（*Textes d'auteurs grecs et latins relatifs à l'Extrême-Orient*）详细整理了西方古代对于"赛尔""赛里斯"的有关文献资料并进行了述评。[英] G. F. 赫德逊的《欧洲与中国》（*Europe & China*）探索了早期希腊罗马和中国的交往历程。[法] 让-诺埃尔·罗伯特（Jean-Noël Robert）的《从罗马到中国：恺撒大帝时代的丝绸之路》（*De Rome à la Chine: Sur les routes de la Soie au temps des Césars*）考察了罗马对远东丝绸的认识。张星烺的《中西交通史料汇编》搜集并编译了古代希腊罗马以及拜占庭对于中国的有关记载。万翔的《映像与幻想——古代西方作家笔下的中国》较系统地探讨了古希腊罗马人对丝绸的认知。杨共乐的《早期丝绸之路探微》辑录了古典文献并做专题研究，提出赛里斯不是丝国的代名词。

一、"赛里斯"是丝国或者中国吗？

古希腊文献中留存至今最早的关于"赛里斯"的记载，一般认为是出自生于小亚尼多斯（Cnidus）的古希腊医生克泰西夏斯（Ctesias，生活在公元前5世纪末到公元前4世纪初）笔下；克泰西夏斯曾在波斯阿塔薛西斯二世宫廷服务十多年。古希腊史学家狄奥多鲁斯（Diodorus of Sicily，公元前80—公元前21）称克泰夏西斯为历史学家，说他在公元前398或公元前397年完成了《波斯志》（Persica）。① 然而《波斯志》已佚失，散见于其他古希腊罗马作品中。据克泰夏西斯记载："赛里斯人及北印度人，相传身材高大，达13肘尺云。寿逾200岁。"② 民国时期著名中西交通史学者张星烺和姚宝猷，均认为这段记载是欧洲对中国的最早记录。③

斯特拉波（Strabo，公元前64—公元23）是希腊人，是罗马共和末期和帝国早期的著名地理学家，在《地理学》（Geography）中收入了克泰夏西斯对于波斯、印度、赛里斯等东方民族的记载。克泰夏西斯所载的"赛里斯"不会远于印度。斯特拉波说："然而克泰夏西斯说印度疆域不小于亚细亚的其他部分，欧奈西克瑞塔斯（Onesicritus，公元前

---

① ［古希腊］狄奥多鲁斯：《希腊史纲》第3册，席代岳译，文化艺术出版社，2019，第942页。
② 张星烺编注《中西交通史料汇编》第1卷，中华书局，1977，第17页。肘尺（cubits），13肘尺等于6米。英国汉学家赫德逊指出："我们有理由相信，在公元前五世纪，蒙古的黄金已经贩运到了欧洲西徐亚，而且有一个希腊旅行家曾沿着这条商路深入到准噶尔大门以东，并听到过一些关于中国和太平洋的情况。"（［英］G. F. 赫德逊：《欧洲与中国》，李申、王遵仲译，中华书局，2004，第27页）此处所提"西徐亚"（Scythia），也有著作译为"斯基泰"。
③ 张星烺认为"此段所记，为欧人最先记中国者"，"惟赛里斯之名得见其中耳"，见《中西交通史料汇编》，第17页。姚宝猷指出："克氏为欧人著作中最先记述丝国民族者。"见姚宝猷：《中国丝绢西传史》，商务印书馆，1944，第25页。

360—公元前290）认为这是有人居住世界的第三个部分。"① 实际上，公元前5世纪的希罗多德（Herodotus，约公元前484—公元前425），就指出当时已知世界的最东方是印度。②

在克泰西夏斯之后，斯特拉波引述了公元前1世纪的希腊学者、阿提米塔的阿波罗多鲁斯（Apollodorus of Artemita）的《帕提亚史》（*Parthika*），提到了"赛里斯"，称巴克特里亚（Bactria）的国王欧提德穆斯一世（Euthydemus I，约公元前260—公元前200/195）将自己国家的领土向东扩张到了赛里斯人和富伊人（*phrynoi*）居住的地区。"③ 这样看来，阿波罗多鲁斯所说的赛里斯，是在当时希腊人所知的希腊世界的最东端，和富伊人（极可能是匈奴人）的活动地域相毗邻。

在拉丁文献中，"赛里斯"（*Sēres*）一词大约出现在公元前1世纪末。罗马著名诗人贺拉斯（Horace，公元前65—公元前8）的《颂歌集·致克里奥》（"Clio"）中，首次出现"赛拉斯"（*Sēras*）一词。在哈佛大学出版社出版的古希腊或者拉丁文和英文对照本"洛布古典丛书"（Loeb Classical Library）中，贺拉斯用拉丁文写的原文为 "*Sēras et Indos*"。④ 贺拉斯将赛里斯和印度相提并论，也是对遥远的赛里斯的一种想象。在拉丁文献中，"赛里斯"一词更普遍。贺拉斯在《致麦凯纳斯》（"Maecenas"）中使用 "*quid Sēres et regnata Cyro*" 的表述。⑤ 英译者在翻译古典作品时，将 *Sēres* 译为 "Chinese"。如奈尔·路德对

---

① Strabo, *Geography*, Vol. 7 (Cambridge: Harvard University Press, 1928), pp. 2–3。随着公元前146年科林斯的毁灭，希腊人成为罗马的臣民。但是在文化上，希腊世界仍然使用希腊文和希腊语，罗马治下的希腊居民仍被称为"希腊人"，具有罗马公民权的斯特拉波、托勒密等就是这样的"希腊人"。

② Herodotus, *Histories, III* (Harvard University Press, 1926), p. 98.

③ Strabo, *op. cit.*, XI, 2, 1.

④ Horace, *Odes,* I, p. 12, pp. 53-57 (Harvard University Press, 1960). 英译者奈尔·路德（Neil Rudd）的英译文参见该书第47页。

⑤ Ibid., III, p. 12, pp. 53-57.

贺拉斯的《颂歌集》中 Sēras,[①] 以及米勒（Frank Justus Miller, 1858—1938）对罗马哲学家、戏剧家塞涅卡（Lucius Annaeus Seneca, 公元前4—公元65）《赫库列斯·奥塔乌斯》（Hercules Oetaeus）中对"Sēres"的翻译皆如此。[②] 此外, 拉克海姆（Harris Rackham, 1868—1944）所译的罗马作家老普林尼（Pliny the Elder, 23—79）的《自然史》（Natural History）,[③] 罗尔夫（J. C. Rolfe, 1859—1943）译的罗马史学家阿米安努斯·马塞利努斯（Ammianus Marcellinus, 325—395）的《罗马史》（Roman History）, 均是如此。[④]

"Sēres"也经常被学者们视为或者译为"丝国"：G. F. 赫德逊提出"丝国人是一个因其著名产品而出名的民族"；李约瑟（Joseph Needham, 1900—1995）认为 Sēres 起源于"丝", 传到欧洲成为希腊字 Sēr；拉乌尔·麦克劳克林（Raoul McLaughlin）认为 Sēres 源于 Sēr, 系汉字"丝"的发音 si；李永毅将贺拉斯《颂歌集》中的 Sēras 译为"丝国"；姚宝猷认为 Sēres、Sēras、Sēricus 三个词汇, 皆由"Sēr"演变而来, 意为"丝国"。[⑤]

实际上, 从词源上说, "赛里斯"与"蚕"（Sēr）并无关系。名词"蚕"的希腊文是"Σήρ"（复数 Σῆρες, 形容词为 Σηρικός）, 拉丁文"蚕"的名词为"Sēr"（复数 Sēres, 形容词 Sēricus）。在希腊文献中, "Σήρ"最早出现在2世纪。希腊旅行家包萨尼亚斯（Pausanias, 143—176）在《希腊志》（Graeciae Descriptio）中首次提到小动物"赛尔"

---

① Ibid., III, p. 12, p. 212.
② Seneca, *Hercules Oetaeus*, Vol. 2 (W. Heinemann; London: The Macmillan Company, 1926), p. 127.
③ Pliny the Elder, *Natural History*, Vol. 2 (Harvard University Press, 1938), p. 379.
④ Ammianus Marcellinus, *Roman History*, Vol. 2 (Harvard University Press, 1940), p. 385.
⑤ ［英］G. F. 赫德逊：《欧洲与中国》, 第32—33页；李明伟：《丝绸之路贸易史》, 甘肃人民出版社, 1997, 第80页；［英］拉乌尔·麦克劳克林：《罗马帝国与丝绸之路》（*The Roman Empire and the Silk Routes*）, 周云兰译, 广东人民出版社, 2019, 第38页；［古罗马］贺拉斯：《贺拉斯诗全集》, 李永毅译, 中国青年出版社, 2017, 第37页；《中国丝绢西传史》, 第24页。

（希腊文"Σήρ"，拉丁文"Sēr"）。①

生活在1—2世纪的罗马帝国的著名希腊裔地理学家托勒密，在《地理学》（*Geography*）中首先提出了"赛里斯国"（希腊文"Σηρική"，拉丁文"Sērica"）的概念，把赛里斯人所居住之国称为"赛里斯国"，把首都称为"赛拉"（Sēra）。之后，在200年前后，罗马人阿克伦（Acron，2世纪末—3世纪初）认为："'赛里斯人'一名来自赛里斯国。赛里斯民族与帕提亚人相毗邻，他们以善于造箭而远近闻名。'赛里斯布'（Sēricum）一名也由此而来。"② 阿克伦由"赛里斯国"衍生出"赛里斯人"和"赛里斯布"之名，反映了"赛里斯"和"赛里斯布"的关系。

在罗马，也有人认为赛里斯是一个城堡。拜占庭作家霍诺留（Julius Honorius，4世纪晚期—5世纪初）认为，赛里斯和赛里奥德斯（Theriodei）都是城堡，而非民族。霍诺留还提到一条叫赛里奥德斯的河流入了里海。③ 由此来看，赛里斯可能是位于北印度和里海之间的一个城堡。6世纪的基督教作家伊希多尔（Isidore of Seville，560—636）也认为："赛里斯本是东方一个城堡，'赛里库姆'（Sēricum，赛里斯民族）即以此而得名，国名也由此而来。该国领土始于斯基泰洋和里海，一直延伸到东洋。"④ 到5世纪时，罗马作家赫希昔攸斯（Hesychius，生卒年不详）指出："Sēres，织丝的动物或者是民族的名称。"⑤ 这说明在当时"赛里斯"（Sēres）（包括Sēricum）已具有了蚕（或者丝）和民族的双重含义。

---

① Pausanias, *Graeciae Descriptio*, Vol. 3 (W. Heinemann; The Macmillan Company, 1918), p. 24.
② ［法］戈岱司编《希腊拉丁作家远东古文献辑录》，耿昇译，中华书局，1987，第59页。
③ Nichols, *op. cit.*, p. 160.
④ *Isidore of Seville, The Etymologies* (Cambridge University Press, 2006), p. 285；亦可参阅杨共乐：《丝绸之路探微》，北京师范大学出版社，2011，第92—95页。
⑤ ［法］戈岱司编《希腊拉丁作家远东古文献辑录》，第88页。

二、"赛里斯"在哪里：塔里木盆地、里海沿岸或北印度

那么，赛里斯的位置在哪里？我们知道，陆上丝绸之路东段开通于公元前2世纪晚期，大大地增强了古希腊罗马人对东方世界的认识。到公元前1世纪，古希腊罗马世界关于赛里斯的信息逐渐增多。罗马帝国首位元首奥古斯都（Augustus，公元前63—公元14）颇具眼光，具有雄才大略，推行国家测量工程，由其女婿、共治者阿戈里帕（Agrippa，公元前63—公元前12）绘制出一幅当时所知的世界地图，其中赛里斯位于最东端，成为罗马帝国早期地理著作和罗马人对赛里斯认知的基础。据张星烺的《中西交通史料汇编》记载，奥古斯都时期罗马诗人马罗（P. V. Maro，公元前70—公元前19）作品中多次提到"赛里斯"，但对其位置却言之不详，"仅言在中亚极东而已"[1]。塞涅卡写道："她不用吕底亚的针，也不用生活于极远之地的赛里斯人采自东方树上的丝线去绣织衣服。"[2] 罗马诗人斯塔提乌斯（Statius，45—96）有诗云："nondum gremio Iovis Indica laurus, nondum Arabes Seresque rogant"[3]（印度月桂尚未放在朱庇特的胸前，阿拉伯人和赛里斯人尚未请求开恩），其中便提到"赛里斯人"。

按照美国学者费耐生（Richard N. Frey）的说法，亚历山大东征之后，棉花开始在地中海区域广泛种植，中国丝绸也开始大规模西销到近东。[4] 公元前20年，罗马与帕提亚（Parthia，即安息）息战后，丝绸之

---

[1] 《中西交通史料汇编》，第18页。张星烺所说的普布里乌斯·维吉里乌斯·马罗，拉丁文为Publius Vergilius Maro，即Vergil或Virgil，一般译为"维吉尔"，是奥古斯都时代的著名诗人。

[2] Seneca, *Hercules on Oeta* (W. Heinemann; The Macmillan Company, 1917), pp. 238-239.

[3] Statius, *Silvae*, Vol. 1 (Harvard University Press, 2003), pp. 211-216.

[4] Richard N. Frey, *The Heritage of Persia* (Mazda Publishers, 1965), p. 151.

路西段恢复，赛里斯丝织品得以顺利西销。① 斯特拉波多次提到"世界"（οἰκουμένης）一词："ὅπερ οὖν Ἐρατοσθένης ἐφ' ὅλης τῆς οἰκουμένης ἐποίησε, τοῦθ' ἡμῖν ἐπὶ τῆς Ἀσίας ποιητέον."②（"埃拉托色尼所做的与有人居住的世界有关，这里我指的是亚细亚。"）他提到巴克特里亚人曾东征到赛里斯人和富伊人所居地区，已准确知道巴克特里亚在希腊世界的东北边境，和"赛里斯人的地区"接壤。希腊人统治下的巴克特里亚曾越过葱岭，征服塔里木盆地附近的一些绿洲，与塔里木盆地的一些贩丝民族相接触，对丝绸已有了某些知识。斯特拉波也指出赛里斯在印度北部的地理位置："印度的地势呈菱形，其北端是高加索山脉，从亚洲一直延伸到它最东方的边缘，这一山脉把北部的塞种人、斯基泰人和赛里斯人同南部的印度人分割开了。"③

古希腊罗马人对东方世界的认知，随着东西方交流而不断增长。1世纪早期的罗马地理学家梅拉（Pomponius Mela，?—45）撰有《世界志》（*Description of the World*），曾在公元43年描绘了一幅世界地图，第一次明确了赛里斯位置在印度以北的地理格局。梅拉首次把"亚细亚极东"（远东）分为斯基泰、印度和赛里斯三大区域，认为"印度人居最南，斯基泰人在极北，赛里斯人居中"，称赛里斯人"是一个热爱正义和长于经商之民族，习惯于把商品置于偏僻之处进行交易，而非采取面对面的方式"④。老普林尼在写《自然史》时，可能参考了梅拉的著作，对赛里斯有明确的记载，说里海东边是斯基泰人，斯基泰人之东为野兽出没的沙漠，再向东就是悬在海边的塔比斯山（Tabis

---

① 但汉朝商人未能打破帕提亚的居间人的垄断，罗马通货很少流入中国，在新疆或其他省份、自治区实际上从未发现过拜占庭时代以前的货币。参见 [匈牙利] 雅诺什·哈尔马塔（J. Harmatta）主编《中亚文明史》第2卷，徐文堪、芮传明译，中国对外翻译出版公司，2001，第246页。

② Strabo, *op. cit.*, Vol. 7, pp. 182-183.

③ Ibid., pp. 2-3.

④ F. E. Romer, *Pomponius Mela's Description of the World* (University of Michigan Press, 1998), pp. 158-159.

Mount），在到塔比斯路途一半处就是赛里斯人。① "赛里斯人居于海莫杜斯（Hemodos，一般认为是喜马拉雅）山那边，以商业而著名……身高超于常人，红发、碧眼，声音沙哑，无彼此相通的语言。"②

老普林尼描述的赛里斯人形象和传统的汉人并不一样。梅拉和普林尼都已认识到，赛里斯毗邻东方的大洋，老普林尼或许还参考了奥古斯都时代的世界地图，指出赛里斯向东延伸到东方大洋。但老普林尼所说的东海岸，其实并非今天中国的东海岸，而指的是印度半岛东岸。3世纪初的罗马学者索林（Caius Julius Solin，活动时间约为公元2世纪至3世纪前后）著有《多国史》（Polyhistory），摘抄了老普林尼的《自然史》，但也提供了一些新信息。索林记载，商人在翻过了塔比斯山后，仍要经过一段沙漠才能到赛里斯。"在到达赛里斯国之前，到处是一望无际的沙漠。"③ 一般认为，索林的这段记载，可能是塔克拉玛干大沙漠首次出现在古希腊罗马作家的作品中。

与老普林尼认为赛里斯人可能是塞种人的观点不同，托勒密指出塞种人在斯基泰人西边，赛里斯人在斯基泰人东部，而人类已知世界最东边为"秦奈"（Sīnae）。"赛里斯国西界为斯基泰，在伊马乌斯（Imaus）岭外。北部边界为无名地，与吐勒岛（Thoule）同维度。东界亦系无名地，沿一条子午线的方向延伸，该子午线两端的方位是180°和63°、180°和35°。其余是外恒河以南的印度的另一部分，沿同一条纬度线延伸到173°和35°之地，最后是秦奈，沿同一条纬度线延长至上文所指未知地之边缘。"④ 托勒密这里所说的"赛里斯"，从地理方位上说，应该位于中国西北部。

---

① Pliny the Elder, *op. cit.*, Vol. 2, pp. 377-379。塔比斯山可能是伊朗和阿塞拜疆交界处的塔雷什山。
② Ibid., p. 405.
③ ［法］戈岱司编《希腊拉丁作家远东古文献辑录》，第63页。
④ J. Lennart Berggren & Alexander Jones, *Ptolemy's Geography: An Annotated Translation of the Theoretical Chapters* (Princeton University Press, 2001), pp. 79-81。托勒密所提的伊马乌斯岭，一般认为是帕米尔高原。

与地理学家托勒密相比，包萨尼亚斯对赛里斯的地理位置的定位和种族特点的描述是模糊不清的："赛里斯人以及所有那些居住在附近岛屿的人，如阿巴萨岛（Abasa）和萨凯亚岛（Sacaea）上的人，他们都属于埃塞俄比亚（Aethiopian）人种。也有一些人说他们不是埃塞俄比亚人种，而是斯基泰人与印度人的混血人种。"[1] 2世纪早期的希腊作家狄奥尼修斯（Dionysius Periegeta，约117—138）写道：

> 赛里斯国内的吐火罗人（*Tokharoi*）、富伊人和其他蒙昧民族，都不重视肥壮的牛羊，而只是梳理荒地之上的五颜六色的花朵，并用之去编织贵重衣物。这些衣服在颜色上类似草地上的花朵，其成品之精巧可以和蜘蛛的丝线相媲美。[2]

保萨尼亚斯、狄奥尼修斯将赛里斯人（包括吐火罗人、富伊人等）和印度人、斯基泰人并列，显然不是中原王朝，可能是古代中国的新疆或者中亚丝绸之路上的某个民族。

1—2世纪的罗马史学家弗罗鲁斯（Lucius Annaeus Florus，74—130）也提到和斯基泰人毗邻的赛里斯："斯基泰人和萨尔马提亚人（Sarmatians）向赛里斯派驻使节，寻求建立外交关系。"[3] 4世纪的罗马史学家阿米安努斯·马塞利努斯详细描绘了赛里斯的地貌特征："*Ultra haec utriusque Scythiae loca, contra orientalem plagam in orbis speciem consertae, celsorum aggerum summitates ambiunt Seras, ubertate regionum et amplitudine circumspectos, ab occidentali latere Scythis adnexos, a septentrione et orientali nivosae 1 solitudini cohaerentes: qua meridiem spectant ad usque Indiam porrectos et Gangen.*"（在斯基泰两部落以东之地有国名赛里斯，为崇山峻岭所环绕，赛里斯人就生活在这块富裕的辽

---

[1] Pausanias, *op. cit.*, Vol. 3, pp. 2426.
[2] ［法］戈岱司编《希腊拉丁作家远东古文献辑录》，第88页。
[3] Florus, *Epitome of Roman History* (W. Heinemann, Ltd; G. P. Putnam's Sons, 1929), p. 348.

阔之地。赛里斯西与斯基泰人相邻，北部和东部是荒漠，为终年积雪所覆盖，向南则远至印度和恒河。）[1] 赛里斯四周为高山所环抱，北、东为积雪之荒漠，中间是富饶广阔之地，可能是中亚或西域地区的某个群山环绕的谷地。

在4—6世纪的罗马世界，对赛里斯的地理认知上仍存在很多误区。4世纪的罗马作家圣安布卢瓦（Saint-Ambroise，340—397）和5世纪的罗马建筑师帕拉狄乌斯（Palladius of Helenop，365—430），都把赛里斯作为印度的一个民族来看待，认为亚历山大曾远征到产丝之地赛里斯。[2] 6世纪的哥特史家约尔达纳斯（Jordanes，526—575）认为，"赛里斯人居住在里海海岸附近"[3]。伊希多尔提到赛里斯疆域西至里海，东邻东大洋："赛里斯原系东方一个城堡，赛里斯人由此而得名，其国名亦缘此而来。赛里斯国西起斯基泰洋和里海，东至东洋。"[4] 随着航海业的进展，6世纪的拜占庭史学家普罗科比（Procopius of Caesarea，490—562）的地理认识有所提高，把"赛里斯"排除出里海沿岸民族和印度诸民族的行列："他们曾在印度诸邦以北的一个叫'赛里斯'的地方生活很久，在此学到用何法能在罗马之地上产丝。"[5] 普罗科比已知赛里斯不属于印度，而是在印度以北，符合当时赛里斯的实际地理位置。

三、赛里斯人：产丝民族还是贩丝中间商？

赛里斯人到底是哪个国家或者民族呢？学者们对这个问题进行了各种探讨。

---

[1] Marcellinus, *op. cit.*, Vol. 2, p. 385.
[2] ［法］戈岱司编《希腊拉丁作家远东古文献辑录》，第74—75页。
[3] ［法］戈岱司编《希腊拉丁作家远东古文献辑录》，第101页。
[4] Isidore of Seville, *op. cit.*, p. 285.
[5] Procopius of Caesarea, *History of Wars*, Vol. 4 (Harvard University Press, 1914), p. 23.

第一种观点的持有者为数不少，认为"Sēres"就是"Chinese"（"中国人"）。在将"罗布古典丛书"的古典文献中的希腊文或者拉丁文译为英文时，米勒、拉克姆、罗尔夫等英译者常将"Sēres"直接翻译为"Chinese"。此外，列纳特·博格林（J. Lennart Berggren）和亚历山大·琼斯（Alexander Jones）在《托勒密的〈地理学〉：理论章节注译》（Ptolemy's Geography: An Annotated Translation of the Theoretical Chapters）中称："Sēres，'丝绸民族'，指的是丝绸贸易线路上的中国人。"[1] 张星烺先生明确指出："赛里斯人，即中国人。"[2] 姚宝猷也认为，赛里斯和秦奈都是西历纪元前后欧人对于吾国之称呼。[3]《拉丁语汉语词典》也称Sēres为"住在亚洲东部的一个民族，往往指中国人"。[4] 类似这种观点的论著不在少数。

第二种观点认为赛里斯在中国的西北部或者北部。匈牙利中亚史专家雅诺什·哈尔马塔提出，无论是赛里斯还是秦奈，其实都是古希腊、中亚印欧语系东伊朗语和印度语支居民对古代中国西北部的称呼。[5] 19世纪的学者威廉·斯密斯（Willian Smith，1813—1893）提出，古希腊地理学家托勒密所提到的"赛里斯"，其地理位置在中国的西北部，和突厥、吐蕃等民族毗邻，"赛拉"城（Sēra）可能是长安城。[6] 玉尔的《东域纪程录丛》（Cathay and the Way Thither: Being a Collection of Medieval Notices of China）和威特基（Anne-Maria Wittke）等编的《古代世界历史地图集》（Historischer Atlas der antiken Welt），都认为赛里

---

[1] Berggren & Jones, op. cit., p. 178.
[2] 张星烺编注《中西交通史料汇编》，第17页。
[3] 姚宝猷：《中国丝绢西传史》，第24页。
[4] 谢大任主编《拉丁语汉语词典》，商务印书馆，1988，第502页。
[5] ［古希腊］斯特拉博：《地理学·汉译者前言》上册，李铁匠译，上海三联出版社，2014，第28页。
[6] Willian Smith, eds., A New Classical Dictionary of Greek and Roman Biography, Mythology and Geography (Kessinger Publishing, 1862), p. 803.

斯其实就是"北部中国"。①

第三种观点认为赛里斯人是塞种人或者斯基泰人等印欧民族。2012年第三版权威工具书《牛津古典辞书》(*The Oxford Classical Dictionary*)提出，Sēres 是"丝绸民族"，常被称为亚洲众多远国居民的标签，实际上和中国的联系并不大，赛里斯人实际上是到达西方的古代丝路沿线的诸民族和人民，包括中国西藏高原居民和中亚绿洲地带的居民在内，并指出在希腊化时代印度也出产丝绸。②《牛津拉丁语辞典》(*Oxford Latin Dictionary*)称，赛里斯人是斯基泰人、印度人、中国人，或者其周边的民族。③ 老普林尼《自然史》中译者李铁匠提出赛里斯是塞种人的观点。李铁匠的依据主要是俄国学者认为赛里斯人是中亚地区的西徐亚人（即俄国学者所说的斯基泰人），因为在古代中亚地区，从蒙古大草原到今伊朗北部、南俄罗斯大草原，以及我国新疆大部分地区，都曾经是西徐亚部落活动的舞台。有鉴于此，他倾向于认为，赛里斯人可能是居住在古代中国新疆境内"从事商贸活动的西徐亚人的一支塞种人，真正的中国商人（汉人）可能只能把丝绸卖给西域的中介商人塞种居民，由他们再与伊朗人、印度人和斯里兰卡人交易"④。

第四种观点认为赛里斯人是古代中国新疆或者塔里木盆地的民族，可能是乌孙人（Usuns），也可能是古代中国新疆的汉人、西域人或蒙古人。让－诺埃尔·罗伯特提出，赛里斯人很可能是亚洲山地居民。⑤

---

① Henry Yule, *Cathay and the Way Thither: Being a Collection of Medieval Notices of China, Vol. 1* (Asian Educational Services, 2005), p. 40;［德］A-M. 威特基、E. 奥尔斯豪森（Eckart Olshausen）、R. 希德拉克（Richard Szydlak）主编《古代世界历史地图集》，葛会鹏、古原驰、史湘洁、王聪译，华东师范大学出版社，2016，第9页。

② Simon Hornblower, eds., *The Oxford Classical Dictionary* (Oxford University Press, 2012), p. 1353.

③ P. G. W. Glare, eds., *Oxford Latin Dictionary* (Oxford University Press, 2012), p. 1921.

④ ［古罗马］普林尼：《自然史·汉译者前言》上册，李铁匠译，上海三联书店，2018，第18页。

⑤ ［法］让－诺埃尔·罗伯特：《从罗马到中国：恺撒时代的丝绸之路》，马军、宋敏生译，广西师范大学出版社，2005，第69—70页。

拉乌尔·麦克劳克林提出，罗马人当时根本不知道中国，贩丝的塔里木人就是丝绸的主要生产者，一直被当作赛里斯人。① 《剑桥伊朗史》（*The Cambridge History of Iran*）提出赛里斯就在塔里木盆地。② 中国学者刘迎胜认为，赛里斯就是东汉控制下的西域。③ 东方学家腊逊（Christian Lassen，1800—1876）指出，公元前2世纪末（西汉时期）的赛里斯人，实际上是具有部分欧罗巴血统的西域民族乌孙人。④ 塞缪尔·利伯曼（Samuel Lieberman）提出，老普林尼所描写的"红眼睛人"可能是新疆塞种人；金黄色头发、蓝眼睛的赛里斯人是汉人、西域土著人或蒙古人。⑤《魏书·西域传》记载"于阗国"称："自高昌以西诸国人等，深目高鼻，唯此一国，貌不甚胡，颇类华夏。"⑥ 从中可得知，古代新疆人受过印欧民族的影响；勒内·格鲁塞（René Grousset，1885—1952）的《草原帝国》（*L'Empire des Steppes*）曾提及有一支古印欧居民迁居塔里木盆地。⑦ 由此不难看出，在新疆地区出现具有某些印欧民族特点的居民也是很正常的。

第五种观点认为赛里斯人是贩丝的中间民族。克劳斯·卡图恩（Klaus Karttunen）提出，赛里斯人极可能是丝路沿线的中间民族。⑧ G.F.赫德逊认为，赛里斯不仅指产丝民族，也包括贩丝的中间商。他提出，在古代地理知识匮乏的情况下，Sēres一词在用来指"丝绸民族"时，

---

① ［英］拉乌尔·麦克劳克林：《罗马帝国与丝绸之路》，第38、89页。
② Ehsan, op. cit., p. 551.
③ 刘迎胜：《丝绸之路》，江苏人民出版社，2014，第37页。
④ T. Kennedy, "Seres or Cheras," *The Journal of the Royal Asiatic Society Great Britain and Ireland*. 1904, p. 361. https://www.jstor.org/stable/25208654，最后访问日期：2021年10月22日。
⑤ Samuel Lieberman, "Who Were Pliny's Blue-Eyed Chinese," *Classical Philology*, 52. 3 (Jul. 1957): 177. https://www.jstor.org/stable/267182，最后访问日期：2021年10月22日。
⑥ 李延寿：《北史·西域传》卷97，中华书局，1974，第3209页。
⑦ ［法］勒内·格鲁塞：《草原帝国》，蓝琪译，商务印书馆，2013，第119页。
⑧ Klaus Karttunen, *India and the Hellenistic World* (Finnish Oriental Society, 1997), p. 285.

可以泛指贩丝的中间商，也包括产丝民族。① 赫尔曼在1938年提出，赛里斯可能指所有从事丝绸贸易的远东民族，而赛里斯首都赛拉位于甘肃凉州。② 让－诺埃尔·罗伯特认为，倘若赛里斯国非产丝国的话，它定是贩丝的中间国。③ 如果赛里斯人是指贩丝者，就极有可能是西域或中亚的中间民族，这无疑是对赛里斯丝国想象的一个突破。

四、秦奈：古希腊罗马文献中和赛里斯并立的另一个产丝国

在"赛里斯"之外，"秦奈"（Thīna、Thīai、Sīnae）一词也在1世纪出现了。1世纪40—70年间，一位曾航行到红海、波斯湾和印度的希腊水手在《厄立特里亚海周航记》（The Periplus Maris Erythraei）中，提到从恒河向东航行到"科里赛"（Chryse），金洲之北有座大城叫"秦奈"，"其棉、丝及'赛里克'（Sēlikon）等纺织品，由贸易商队通过陆路运输，经巴克特里亚运至巴利加萨（Barygaza），或通过恒河，走水路运达里姆利亚（Limuria）。"《厄立特里亚海周航记》明确指出："要进入该国并非易事，亦鲜有人从那里来。"④

托勒密的《地理学》可能参考了《厄立特里亚海周航记》，所载的"秦奈"（拉丁文"Sīnae"，希腊文"Σιναι"，在印度梵语中为"cīna"）指的是和一个"赛里斯"不同的国家：

> 他们称赛里斯国及其都城，皆在秦奈之北。赛里斯和秦奈之东为无名地，多湖泊沼泽。此地芦苇密而繁茂，人可踩其渡水。他

---

① ［英］G. F. 赫德逊：《欧洲与中国》，第33页。
② 万翔：《映像与幻想：古代西方作家笔下的中国》，商务印书馆，2015，第26页。
③ ［法］让－诺埃尔·罗伯特：《从罗马到中国：恺撒时代的丝绸之路》，第75页。
④ Lionel Casson, eds., *The Periplus Maris Erythraei: Text with Introduction, Translation, and Commentary* (Princeton University Press, 1989), p. 56.

们还云，有多条路由此经石塔（Lithinos Pyrgos）前至巴克特里亚，且一条到从此地经华氏城可通向印度。这些人还称，从秦奈首都往喀的加拉（Kattigara）之路，系西南方向。由此见之，它并非与赛拉城和喀的加拉在同一经度线上。正如马林努斯（Marinus）所云，位于更东之经线上。[①]

托勒密笔下的赛里斯在印度以北，而秦奈在其南："（秦奈）北部是前述赛里斯国的一部分，东部和南部是未知之地，西部是外恒河流域的印度"。[②]这是罗马帝国时期东西方陆海交通线得到的不同结果。作为罗马古典时代最伟大的地理学家，托勒密确立了赛里斯和秦奈分居当时欧洲人所了解的远东世界东端之最北和最南的地理格局，是2世纪罗马帝国从陆路和海路向东方不断探索和发现的结果，代表了古希腊罗马人对远东地理认知的最高水平。

5世纪的拜占庭人马其安（Marcien d'Héraclée，活跃于公元4世纪至5世纪之间）的《外海航行记》（*Périple de la mer extérieure*）记载了去秦奈的路程："外恒河两岸的印度，有城名科里赛，接着便是大海湾，外恒河两岸的印度和秦奈国领土之间的边界就位于此海湾的中间。然后就是秦奈，这是已知地与未知地的分界处。"[③]6世纪的拜占庭传教士科斯麻斯（Cosmas Indicopleustes，?—550）曾远航到印度，其545年撰写的《基督教世界风土志》（*Topographia Christiana*）中将中国称为"秦奈策"或者"秦尼扎"（Tzinitza），又称"秦奈斯坦"（Tzinistan），认为中国在普罗塔巴那岛（Taprobane，锡兰）以东很远的地方："产丝国在印度诸邦中为最远者。当进入印度洋时，其国在吾人之左手方面。""印度哲人曰婆罗门者尝言，若自秦奈策国引一直线，经波斯而至

---

① Berggren & Jones, *op. cit.*, p. 79. "Kattigara" 指的极有可能是岭南之交趾。
② Ibid., pp. 108-110.
③ ［法］戈岱司编《希腊拉丁作家远东古文献辑录》，第90页。

罗马国境,则正平分世界为二云。其言或确也。"[1]

科斯麻斯明确秦奈策为产丝国,是提出中国东界为大洋的第一人。据他记载,秦奈策国位于距印度最辽远之处,濒临大洋,那些从海上前往秦奈的西方人会发现它位于北方,距锡兰岛相当远。戈岱司提出,科斯麻斯描写的秦奈策国就是中国,Tzinitza 或 Tzinistan 显然是梵文 Cīnasthāna(震旦)的希腊文译法;秦奈相当于交州和中国南部,而秦奈首府就是洛阳。[2]

五、从"树上的羊毛"到小动物"赛尔":古希腊罗马人对产丝的认识过程

一般认为,地中海世界最早出现丝是在古埃及新王国第二十一王朝(公元前1085—公元前945)底比斯的出土墓葬中发现的。[3]欧洲最早使用丝织品,多数学者倾向于认为是公元前430年到公元前400年间在雅典举行的陶器纪念仪式上。[4]亚里士多德的《动物志》(History of Animals)记载了爱琴海科斯(Cos)岛居民饲养的一种大型蚕虫(bombyx),从幼虫变成蚕蛾需六个月。妇女们然后拆开蚕茧、纺丝,再将丝织成布。[5]这是关于欧洲野蚕的最早记载,希腊罗马人称这种野蚕丝为"科斯岛之丝"。老普林尼也记载,地中海科斯岛之丝是一种被亚里士多德称作"蚕蛾"的昆虫吐的野丝。[6]据斯塔提乌斯记载,这种

---

[1] 张星烺编注《中西交通史料汇编》,第54—55页。

[2] [法]戈岱司编《希腊拉丁作家远东古文献辑录·序言》,第25—30页。

[3] E. Panagiotakopulu, "Lepidopterous Cocoon Evidence for Silk in the Age from Thera and Aegean Bronze," *Antiquity*, 71 (Jun. 1997): 422.

[4] Hornblower, *op. cit.*, p. 1367.

[5] [古希腊]亚里士多德:《动物志》,吴寿彭译,商务印书馆,2010,第231页。

[6] Pliny the Elder, *op. cit.*, Vol. 2, p. 395.

野丝未经缫丝，是用梳子梳理出来的，然后织成布。①

关于中国丝织品传入欧洲的时间，目前还缺乏公认的说法。《剑桥伊朗史》提出中国丝绸知识在公元前4世纪已传入欧洲。②《牛津古典辞书》持相反观点，认为在公元前2世纪晚期中国丝绸进入中亚前，中国丝织品不可能出现在地中海世界。③科斯岛之丝远不如赛里斯的丝的品质好，还很可能只是一个加工中心。著名罗马史学家米歇尔·格兰特（Michael Grant，1914—2004）在其代表作《罗马史》（The History of Rome）中提出，来自中国的丝西销后，先在叙利亚纺染，再在科斯岛同亚麻在一起混纺，最后才流入罗马市场。④

亚历山大东征推动了近东地区希腊化时代的出现，此后张骞也从东向西进行探索，分别从西段和东端加强了东西方世界间的联系。根据弗罗鲁斯的记载，在公元前53年的卡雷（Carrhae）之战中，罗马人首次目睹了帕提亚军队"金线刺绣的丝绸军旗"。⑤此后，赛里斯丝绸传入罗马。据2—3世纪的罗马史学家狄奥·卡西乌斯（Dio Cassius，150—235）的记载，公元前46年，恺撒为使观众免遭暴晒，将丝绸幕帘置于剧院观众席之上。"这种织物是外邦人所用奢侈物，现已流入我国，以满足贵妇人们过分讲究的虚荣。"⑥古希腊作家普鲁塔克（Plutarch，46—120）对丝绸既薄又密的特征称赞不已："油很快流过，不会留在布料的上面，难道不是由于丝织物的精密而使得液体无法渗入？"⑦罗马哲学

---

① Statius, *op. cit.*, Vol. 2, pp. 78-79.

② Yarshater Ehsan, eds., *The Cambridge History of Iran. Vol. 3, Part. 1* (Cambridge University Press, 1983), p. 548.

③ Hornblower, *op. cit.*, p. 1367.

④ ［英］迈克尔·格兰特：《罗马史》，郝际陶译，上海人民出版社，2008，第211页。科斯岛在公元前4世纪就可以加工制造从西亚输入的生丝，Smith, op. cit., p. 1028.

⑤ Florus, op. cit., p. 321.

⑥ Dio Cassius, *Roman History*, Vol. 4 (Harvard University Press, 1927), pp. 255-257.

⑦ ［古希腊］普鲁塔克：《普鲁塔克全集》，席代岳译，吉林出版集团有限公司，2017，第906页。

家菲罗斯特拉图斯（Philostratus，170—245）称赞"赛里斯人的织物极其精细，相当透明"①。随着赛里斯丝绸进口量的剧增，粗糙的科斯岛野丝被淘汰，最终在公元前20年前后彻底消失。

赛里斯丝绸的流入，改变了罗马人的服饰习惯。有的丝绸衣服透明性感，正如塞涅卡所指出的："在那儿我看到了丝绸做的服装——如果那能称为服装的话，它们根本不能用来遮体，也不能带来端庄。因此，当一个女人穿着它时，她几乎不能问心无愧地发誓说她不是全裸的。"②据1世纪末罗马史学家塔西佗（Tacitus，55—120）的记载，为了遏制奢侈行为，元老院在公元14年通过决议，禁止用黄金制造食具、男子穿东方的丝织衣服。③但是这一反奢侈法令在实践中作用不大。罗马元首卡里古拉（Caligula，12—42）带头违犯禁令，他甚至穿丝织女袍。索林批评道："追求奢侈的欲望首先是女性，现在甚至包括男性都使用之。"④3世纪神学家西普里安（Cypian，200—258）反对基督徒穿丝绸衣服："你虽穿了一身外国丝绸做的衣服，但你是透裸的……若不敬崇基督，你还是丑陋的。"⑤加工染色后的彩色丝绸，价格昂贵。公元302年，罗马颁布"物价敕令"，对包括丝织品在内的商品发布限价令，⑥但此举遭强烈反对，不了了之。

古希腊人对赛里斯布或赛里斯织物不了解，充满了很多离奇的荒诞想象。亚历山大麾下的将军、古希腊作家尼亚库斯（Nearchus，生活于公元前3世纪）提到，赛里斯人用从某种树皮里纺出来的拜苏斯

---

① Philostratus, *The Letters, Vol. 2* (W. Heinemann; New York: The Macmillan Company, 1949), pp. 291-292.

② ［古罗马］塞涅卡：《强者的温柔：塞涅卡伦理文选》，包利民、李树春、陈琪、华林江、伍志萍译，中国社会科学出版社，2005，第282页。

③ Tacitus, *The Annals, Vol. 2* (Harvard University Press, 1931), p. 431.

④ ［法］戈岱司编《希腊拉丁作家远东古文献辑录》，第63页。

⑤ 同上书，第53页。

⑥ 巫宝三主编《古代希腊、罗马经济思想资料选编》，商务印书馆，1990，第365页。限价令规定了白丝的价格不超过1磅12000明纳，紫染原丝的限价为1磅15000明纳。

（Byssus）制作丝织品"赛里卡"（Sērica），一些树上甚至开着羊绒花。"精美衣服是用羊绒织成的，马其顿人用其来制作褥垫，填充马鞍。"①

古罗马作家对丝如何生产并不了解，想象为来自树上的"羊毛"，就像棉花一样。奥古斯都时代的诗人维吉尔在《农事诗》（Georgics）中写道："赛里斯人从树叶上梳下纤细的羊毛。"②1世纪中晚期的罗马诗人斯塔提乌斯也在《诗草集》（Silvae）构建了贪婪的赛里斯人形象："赛里斯人非常贪婪，把圣树上的枝叶完全采摘掉。"（Querimur iam Seras avaros angustum spoliare nemus.）③塞涅卡在《忒埃西提斯》（Thyestes）中写到赛里斯树上的蚕丝："女奴们，你们给我把紫红色的外袍和/镶金丝的衣服脱下，还有推罗人的紫红衣服/遥远的赛里斯人从树枝梢头采集的丝线。"④老普林尼在《自然史》的提法与此有所差异："我们遇到的第一个民族是赛里斯人，他们以出产羊毛而著称。这种羊毛产于树上，取之，将其浸于水，而后梳成白色绒毛，然后再由妇女们完成纺线和织布两道工序。"⑤老普林尼的认识是错误的，显然是把棉花误作生丝了。4世纪的圣安布卢瓦兹和5世纪的卡佩拉（Martianus Capella，365—440）等人的记载，基本和老普林尼、斯特拉波等人的描述大同小异。

包萨尼亚斯对赛里斯饲养小动物"赛尔"有关键记载，明确指出"ἔστιν ἐν τῇ γῇ ζωύφιόν σφισιν, ὃν σῆρα καλοῦσιν Ἕλληνες, ὑπὸ δὲ αὐτῶν Σηρῶν ἄλλο πού τι καὶ οὐ σὴρ ὀνομάζεται."（"在赛里斯国内有一小动物，希腊人称为'赛尔'，而赛里斯人则以别名称之"）。⑥

---

① Strabo, *op. cit*., Vol. 7, pp. 31-33。尼亚库斯作品已经失传，部分内容保存在斯特拉波的《地理学》中。

② Virgil, *Georgics, Vol*. 1 (Harvard University Press,1916), p. 125.

③ Statius, *op. cit*., Vol. 1, p. 125.

④ Seneca, *Thyestes* (W. Heinemann; New York: The Macmillan Company, 1917), p. 123.

⑤ Pliny the Elder, *op. cit*., Vol. 2, p. 379.

⑥ Pausanias, *op. cit*., Vol. 3, pp. 24-26.

艾里斯（Elis）之地物产丰富，尤其适合生长优质亚麻。如今，大麻和亚麻这两种普通的和优质的物种，均已经适应此处土地了。赛里斯人制衣所用之丝，并非取自树皮，而是别有来源。在赛里斯国内有一小动物，希腊人称为"赛尔"（Sēr），赛里斯人则以别名称之。该物体型比金甲虫大两倍，类织网之蜘蛛。蜘蛛有八足，赛尔亦有八足。它们生活在赛里斯人建造的冬夏适宜的笼子中。（赛尔）所吐之物像细丝，环足缠绕。赛里斯人用粟养之四年。据我们所知，至第五年，它们不再生长。他们改用绿芦苇养之，这是赛尔最喜之食。不久，它们死去，爆开，体内大部分为丝线。[1]

包萨尼亚斯的这段描述是西方第一次准确知道中国人养蚕缫丝的方式，但由于其著作在当时的欧洲并未广泛传播，因而知道的人并不多。

至4世纪，阿米安努斯·马塞利努斯仍不知道赛里斯蚕丝的秘密，留下"赛里斯人经常向这些树上洒水，以产出像绒毛一样的东西"的描写。[2] 但5世纪的伊希多尔的记载就已经比较准确了，指出一种特殊的"小虫子"："有一些小虫子，以其丝缠树。在希腊文中，这些虫子又被称作'蚕蛾'。"[3] 此后，普罗科比记载了拜占庭查士丁尼皇帝于552年从印度僧侣手杖中获得赛里斯蚕种一事。"僧人们向他解释说，丝是由某种小虫所造，大自然赋予它们这种本领，并使其工作不息"，"僧人们再次返回赛里斯，然后将一批蚕卵悄悄带回拜占庭。他们按照上面所说之法，将带回的蚕卵成功地孵化成幼虫，并用桑叶喂之。从此以后，罗马世界也可以产丝了"。[4] 至此，蚕丝的秘密被欧洲人掌握，最终揭开了赛里斯之丝的神秘面纱，完成了古希腊人和古罗马人对赛里斯之丝认知的漫长过程。

---

[1] Pausanias, *op. cit.*, Vol. 3, pp. 24-26.

[2] Marcellinus, *op. cit.*, Vol. 2, p. 387.

[3] Isidore of Seville, *op. cit.*, p. 385. 在拉丁文中，"*bombyx*"亦具有蚕、蚕蛾、丝、织品之意。

[4] Procopius of Caesarea, *op. cit.*, Vol. 5, pp. 227-228.

结语

在 1 世纪初的罗马帝国，欧洲人对远东的地理认识是有限的，从未超出塔里木盆地西部边缘的费尔纳干（Fergana）。从 2 世纪起，随着航海技术的进步和丝绸之路的发展而有了新的进展。在古希腊罗马作家的笔下，"赛里斯"在不同时代所指的区域是不一样的，并不能与"中国"画等号，经历了从最早的希罗多德传说中的"北风以外的民族"，[1] 到中国新疆塔里木盆地或者中亚进而到北部中国乃至中国的变迁过程。"赛里斯"之名并非源自作为蚕的"赛尔"，而极有可能是从一个国名或者一个城堡名得名而来。我们在阅读古希腊罗马作品的时候，要注意赛里斯含义的历史性和时代性。随着赛里斯丝绸的西销，丝织品在罗马受到了追捧，受到富人和上层阶层的青睐，消费量猛增。古希腊罗马作家对赛里斯和赛里斯人进行了栩栩如生的描写，甚至夸大其词。尽管相距遥远，中国还是在古希腊罗马的文学世界中具有独特的形象。这些古典作家由于认识水平的限制和经历的不足，在作品中对遥远的赛里斯的描述带有很多的夸张和想象色彩。古希腊罗马作品中关于赛里斯的地理位置语焉不详，对赛里斯人的寿命和民族特点的描述也和实际有很大的出入。

与此同时，中国古代史书对"大秦"的记载和对罗马人的想象，也与古希腊罗马人对赛里斯及赛里斯人的描写如出一辙。实际上，在中国人眼中的"大秦"，仅仅是罗马帝国的东方世界，主要是叙利亚、埃及和小亚细亚等地，尤其是指叙利亚，而非整个罗马帝国或罗马帝国的心脏意大利地区。[2] 古希腊罗马作家作品构想的赛里斯的形象，亦真亦幻，有真实成分也不乏虚构因素。在古希腊罗马作家的眼中，赛里斯人是一个擅长经商的商业民族，这体现了古代西方对赛里斯的商业想象，成为古希腊罗马世界对东方神奇国度赛里斯的特殊记忆。他们对赛里斯形象

---

[1] Herodotus, op. cit., Vol. 2, p. 237.
[2] ［德］夏德:《大秦国全录》，朱杰勤译，商务印书馆，1964，第 4 页。

的塑造和构建,充满了想象成分。从某种意义上说,无论是东方还是西方,都喜欢把对方想象成一个理想中的国度。为了有助于为居间贸易的商人们在商贸往来中建立一种融洽的互信关系,东西方的古典作家倾向于在作品中传达一种乐观主义精神。[1]而这种亦真亦幻的"赛里斯"形象,大大丰富了古希腊罗马文化的内涵,成为东西方文明交往的一段奇特记忆。

(何立波　北京师范大学人文和社会科学高等研究院史学研究中心)

[1] [法]L.布尔努瓦:《丝绸之路》,耿昇译,新疆人民出版社,1984,第147页。

近20年中国对波斯文历史宗教文献的研究*

□ 刘 慧

中国和伊朗（史称"波斯"）是地处亚洲东西两端的文明古国。两千多年前，张骞"凿空"西域，为两国架起了物质与精神两个层面沟通与交流的桥梁。在数千年里，通过陆海两条古丝绸之路，中伊两国间民众往来频繁，商贸交易络绎不绝，先进的工艺技术得以互相学习与借鉴。物质文化的深入接触萌生精神文化的碰撞与交流，两国在文学、艺术、语言、宗教等文化领域均拥有斐然独特的成就，这些文明成果以商贸为媒介沿着丝绸之路传播，经历碰撞、磨合、交融，或呈现出对方本土熏染的特点，或融合为对方本土文化的一部分，丰富了中国和伊朗各自的文化宝库。在密切的交往中，对方的生存方式、文化特征和活动具象，以及相互交往的状况被记录下来，以文献典籍的形式经历世代传承，最终凝结成整个社会的历史记忆，它们亦是后人借以研究、释读两国文化与历史的宝贵遗产。

---

① 本文为2018年国家社科基金重大项目"北欧收藏有关中国新疆资料的收集、整理与研究"（项目号：18ZDA189）的阶段性成果。本文首发于《国际汉学》2022年增刊。

一、波斯文历史宗教文献研究在中国伊朗学研究中的地位

中国与伊朗在漫长的历史进程中，曾经同处于蒙古人的统治之下。公元13世纪，蒙古人的铁骑在成吉思汗及其继承者的带领下建立了横跨亚欧大陆的世界帝国，旭烈兀（1218—1265）率军征服了整个伊朗高原和两河流域，建立了伊利汗国（1256—1335），与大汗忽必烈所建的中国元朝联系非常密切，中西交通大开，推动中伊交流达到巅峰。这一时期的伊朗史学家们撰写的波斯文历史文献成为蒙古史和元史研究的重要域外文献，甚至"具有与汉文文献同等的史料价值"[①]。

伊朗是一个具有深厚宗教传统、以宗教为社会基石的国家。作为丝绸之路的枢纽，它在传播宗教方面非常活跃。曾在伊朗流行的琐罗亚斯德教（Zoroastrianism）、摩尼教（Manichaeism）等宗教在不同的历史时期传入中国，在中国境内至今留有它们的文化遗存。伊斯兰教起源于阿拉伯半岛，但波斯人也是伊斯兰教进入中国的重要传播者，他们借助波斯文宗教典籍，尤其是苏非神秘主义著述，构建了中国伊斯兰文明体系的重要来源与哲学基石。

由于波斯文历史文献对研究蒙古史、元史和民族史的互证、互补、比勘作用，波斯文宗教文献对研究中国伊斯兰哲学思想的探源作用，两者均是中国伊朗学研究的主要对象，受到中国学者的重视，尤其是进入21世纪后，在近20年里，越来越多的青年学者在波斯语语言能力基础上进行跨学科文献研究，填补中国伊朗学研究的部分空白，贡献了大量的学术成果。

伊朗学的专业化研究始于20世纪初的西方，在中国亦有超过百年的历史。云南大学姚继德教授主编的《中国伊朗学论集》对1911年至2007年的中国伊朗学研究论著进行了梳理索引，从该索引可以发现20世纪中国伊朗学研究的几个特点：第一，中国的伊朗研究基本是在新中

[①] 张长利：《波斯文蒙古史文献》，《中国边疆史地研究》1998年第3期，第85页。

国成立后发展起来的，1949—2007年发表的研究成果占90%以上；第二，1979年中国改革开放后，伴随着中国走向世界，中伊政治、经贸关系日趋密切，两国学者在人文领域的合作交流愈加频繁，中国的伊朗学研究步入全面发展时期；第三，研究成果主要集中在伊朗文学、伊朗政治、中伊关系、伊朗历史和伊朗宗教这几个领域。

尽管20世纪中国关于伊朗历史与宗教的研究硕果累累，但历史方面基本集中在国别史、宗教史、文化史的撰写与译介，以及对历史事件的评述和少量的考古发现，宗教方面则以介绍拜火教、摩尼教、伊斯兰教、伊朗宗教文化及其对古代中国的影响为主。这两个领域中基于波斯文文献研究的成果屈指可数，究其原因，主要有两点：

第一，文献研究建立在对文献语言牢固掌握的基础上，要求研究者精通波斯语，研究古代与中古文献的还必须能解读古代波斯语和中古波斯语。虽然1957年北京大学开设波斯语专业，开始了中国波斯语人才的系统培养，但是直至20世纪末，中国懂波斯语的学者还是以文学、历史译介和语言教学为主要研究方向。

第二，文献研究建立在文献学基础之上，历史宗教文献的研究需要研究者掌握文献校勘学、语文学、历史学、宗教学、考古学、哲学等人文学科的专业知识，而这些学科领域的学者懂波斯语的实属凤毛麟角。

从20世纪末起，以北京大学王一丹教授为代表的中国波斯语学者开始研究伊朗波斯文历史宗教文献中涉及中国的文献，越来越多的波斯语本科毕业生选择在国内或赴海外攻读语文学、宗教学、历史学研究生，拓宽研究领域。同时，伴随着波斯语教学在中国的逐渐繁荣，历史学、宗教学界的学者也获得到各高校学习波斯语的机会，促成了学者间的跨学科合作。这些变化都为波斯文历史宗教文献的解读与分析创造了条件。

二、近20年中国学者研究波斯文历史宗教文献的基本情况

近20年里，中国学者关注的波斯文历史宗教文献基本分三类：波斯文史籍中与中国有关的史料；明清时期流传于中国、对中国伊斯兰教哲学体系构建产生重大影响的波斯文宗教典籍；新疆发现的波斯文手抄本。

（一）与中国有关的波斯文史籍研究

中国学者对波斯文历史文献的研究集中在蒙古史、元史、中外关系史领域，以互补互证或校勘注释为主要研究方法。中国学者对波斯文蒙古史文献的了解始于19世纪末晚清外交官洪钧撰写的《元史译文证补》，书中引用了欧洲人所译关于蒙古史的波斯文文献，如拉施特（Rashid al-Din Fazl Allah，1247—1318）的《史集》（*Jāmi'al-Tawārīkh*）、志费尼（Ata Malik Juvayni，1259—？）的《世界征服者史》（*Tārīkh-i Jahāngushāy*）和瓦萨甫（Abdallah ibn Faḍlallah Sharaf al-Din Shīrāzī，1265—1328）的《瓦萨甫史》（*Tārīkh-i Waṣṣāf*）。① 直至今天这三本史籍依然是中国学者研究蒙古史、元史的重要域外文献。

南京大学刘迎胜教授是中国最早专攻波斯语史料的当代学者之一。他利用波斯语文献研究波斯语在东亚的教育与使用情况及其在中外文化交流中的作用，② 对中国明代官办波斯语教材《回回馆杂字》和《回回馆译语》进行校勘研究，逐字将波斯语原文进行拉丁转写并注释。③ 此外，他在对蒙古史尤其是察合台汗国（1222—1683）史的研究，以及海上交通史的研究中，引用《史集》波斯文合校本、《完者都史》（*Tārīkh-i Uljaitu*）波斯文刊本、《世界征服者史》波斯文校刊本和《瓦萨甫史》的波斯文原文进行论证和比勘。

---

① 洪钧：《元史译文证补》，"引用西域书目"，东京文求堂藏版，1902。
② 刘迎胜：《华言与蕃音：中古时代后期东西交流的语言桥梁》，上海古籍出版社，2013。
③ 刘迎胜：《〈回回馆杂字〉与〈回回馆译语〉研究》，中国人民大学出版社，2008。

2013年11月，在北京大学召开的"波斯语文献与蒙元时代"国际学术研讨会汇聚了中外运用波斯文献研究蒙古史、元史的重要学者，他们围绕《五族谱》(Shu'ab-i Panjgāna)研究、波斯文史籍研究、蒙古史研究、地理和地图研究、名物研究共5个议题发表各自的最新研究成果。可以说，这次研讨会是21世纪以来中国的波斯文历史文献研究现状的集中展示。

毫无疑问，14世纪伊利汗国宰相拉施特编纂的《史集》依然是最受中国学者关注的波斯文史料。作为"研究中世纪史，尤其是研究蒙古史、元史和我国古代北方少数民族史，以及研究古代游牧民族社会制度、族源、民族学的重要资料"[1]，《史集》在百余年里被一代又一代中国学者笺证与研究。但由于语言限制，多数治蒙古史、元史者参考利用的是它的英语、俄语译本。1983年，商务印书馆出版了由余大钧、周建奇等人根据俄译本转译的四卷《史集》汉译本，供国内史学界参考。但由于主译者不能使用波斯文原作，汉译本中仍有不确之处。北京大学王一丹教授是第一位从事伊朗历史文献研究的中国波斯语学者，鉴于《史集·中国史》是"现存最早的一部由西域学者编写的中国通史"[2]，她在伊朗德黑兰大学攻读博士学位期间就开始着手该部分文献的研究，2006年出版了《波斯拉施特〈史集·中国史〉研究与文本翻译》[3]，首次将《史集·中国史》从波斯文直接译成汉文，并做出精湛的校勘与注释。近年来，以《史集》为研究对象的重要学术项目有两项，即内蒙古大学朝克图教授的"元代波斯文蒙古史史料研究：拉施德《史集·部族志》诸抄本比较研究"(2008)，该项目主要研究《史集·部族志》所记载的蒙古部族概念及相关问题；沈阳师范大学魏曙光博士的"波斯文《史集·成吉思汗纪》整理与研究"(2015)，该项目通过波斯文与蒙古

---

[1] [波斯]拉施特主编《史集》第一卷第一分册，余大钧、周建奇译，商务印书馆，1983，第13页。

[2] 王一丹：《波斯拉施特〈史集·中国史〉研究与文本翻译》，昆仑出版社，2006，第76页。

[3] 同上。

文资料的互勘，不同版本和译本的《史集》的互相校正，对《史集·成吉思汗纪》进行译注和研究。魏曙光博士还基于波斯语史料《史集》和《世界征服者史》，探讨蒙古帝国前期的诸多历史问题，并翻译了《史集·成吉思汗纪序言》和《大汗贵由致教皇英诺森四世书》的波斯语录文，结集出版了《域外文献与蒙古史研究》。[1] 由于《史集·部族志》对研究中古时期北方民族的形成与发展具有重要的参考价值，中国社会科学院民族研究所的刘正寅研究员在进行中国古代民族志文献整理与研究的过程中，根据苏联波斯文集校本对《史集·部族志》中的乞儿吉思、巴儿忽剌诸部、斡亦刺部分进行汉译，并通过勘比蒙、汉文资料，对文中涉及的名物制度和史实进行考订。

除《史集》外，拉施特完成的其他与中国有关的著作也深受关注，主要有《五族谱》、《伊利汗中国科技珍宝书》(*Tanksūqnāma-yi īlkhāndar Funūn-i'Ulūm-i Khatāyī*)、《迹象与生命》(*Asār va Ahyā'*)。《五族谱》记载了"突厥－蒙古人、阿拉伯人、犹太人、富浪人和中国人等5个民族君王的系谱"[2]，是研究中西交通史和我国边疆民族志的重要史料。王一丹教授继《史集·中国史》之后，主持了国家社会科学基金重大项目"波斯文《五族谱》的整理与研究"(2010)，完成了对《五族谱》波斯文原文的录写、转写、汉译和注释整理。参与此项目的复旦大学青年学者邱轶皓博士撰写了名为《〈五族谱〉与伊利汗国史——〈五族谱·伊利汗世系〉译注与研究》的博士后研究工作报告(2013)，基于《五族谱》的记载讨论伊利汗国的结构和成吉思汗家族的世系，并收录了对《五族谱》手稿的释读和译注。《伊利汗中国科技珍宝书》主要介绍中国的传统医学和典章礼仪，目前留存下来的只有关于中医脉学的部分，北京大学青年学者时光博士将其译成中文，并比照其汉文资料来源进行校注，完成了专著《〈伊利汗中国科技珍宝书〉校注》[3]，对

---

[1] 魏曙光：《域外文献与蒙古史研究》，科学出版社，2018。
[2] 王一丹：《波斯拉施特〈史集·中国史〉研究与文本翻译》，第47页。
[3] 时光：《〈伊利汗中国科技珍宝书〉校注》，北京大学出版社，2016。

中外交流史研究、中医史研究意义重大。《迹象与生命》是拉施特关于农业科学的传世之作，书中特别介绍了出产于中国的20种植物，中国社会科学院青年博士陈春晓正着手对《迹象与生命》进行译注与研究，在其论文《来自中国的消息——拉施都丁〈迹象与生命〉所记中国植物》（2013）中全面梳理了书中有关中国植物的记载。她还综合利用拉施特的著述和波斯语史料《世系汇编》（Majma'al-Ansāb）、《武功纪》（Zafarnameh），对伊利汗国的汉人移民进行研究。

伊利汗国另一位历史学家卡山尼（Abu al-Qasim Abdallah Qashani，？—1337）所著的《完者都史》以编年体的形式记述了伊儿汗君王完者都时代的历史，是为数不多的研究完者都汗的史料。从事蒙古史、元史和中西海上交通史研究的复旦大学邱轶皓博士正在对《完者都史》进行完整译注与研究，目前已公开发表"七〇四年纪事"一章的汉译及注释。[①]他擅用多语种（波斯语、阿拉伯语）文献进行综合研究，其专著《蒙古帝国视野下的元史与东西文化交流》[②]便是对读、分析汉文史料和以13—14世纪波斯文史料为主的非汉文史料的学术成果。该书引证了12部主要波斯语史书和5部地方史志，涵盖《世界征服者史》、《史集》、《完者都史》、《瓦萨甫史》、《世系汇编》、《纳昔里史话》（Tabaqāt-i Nāsirī）、《选史》（Tārīkh-i guzīda）、《史集续编》（Zayl-i Jāmī'al-tavārīkh-i Rashīdī）、《班纳卡提史》（Tārīkh-i Babākatī）、《谢赫·兀外思史》（Tārīkh-i Shaykh Uvays）、《木因历史选》（Muntakhab al-tavārīkh Mu'īnī）等研究蒙古史、元史主要利用的波斯文文献，足证其波斯语史料文献的使用功力。

除了上述史籍名作外，兼具文学审美价值和史料文献价值的波斯文史诗也于近年引起关注。北京大学波斯语系青年学者刘英军博士通过挖掘波斯文史诗里有关中西交通的内容，拓宽了中西交通史研究的材料视

---

① 邱轶皓：《〈完者都史〉"七〇四年纪事"译注》，《暨南史学》2018年第3期，第91—112页。
② 邱轶皓：《蒙古帝国视野下的元史与东西文化交流》，上海古籍出版社，2019。

野。他以诗人伊朗尚·本·阿比·黑尔（Īrānshān b. Abī al-Khayr，生卒年不详）完成于12世纪初的波斯史诗《库什王纪》（*Kushnameh*）为文献基础，复原了从伊朗到中国的几条主要的交通路线。

由上述可见，进入21世纪以来，中国的波斯语学者开始着手波斯语历史文献的校译，越来越多的历史研究者，尤其是青年学者，通过各种渠道学习掌握波斯语等多种语言能力，基于多语种一手史料进行学术研究，兼采各原始文献长处，充分发挥不同史料的优势，拓宽了研究维度和视野。

（二）波斯文伊斯兰教典籍研究

相较于历史文献的研究，近20年来波斯文宗教文献的研究者和研究成果都屈指可数，基本集中在明清时期流传于中国、对中国伊斯兰教哲学体系构建产生重大影响的伊斯兰教典籍。

波斯文伊斯兰教经籍在中国的流传历史悠久，但是由于多数散落在民间，至今未有完整的梳理。我们所能看到的最早经过系统整理的流传于中国的波斯文经书和文献资料目录由18世纪的回族学者刘智完成，他的两部《采辑经书目》——《天方性理·采辑经书目》和《天方典礼·采辑经书目》，提供了66种18世纪中国常用的阿拉伯文、波斯文著作的简要目录。此后，中国一直未有新的目录出现。波斯文的伊斯兰教典籍，尤其是"波斯四书"——贾米（*Nūr al-Dīn 'Abd al-Rahman Jāmī*，1414—1492）的《勒瓦一合》（*Lavāyeh*）与《艾什尔吐·来麦尔台》（*Ash'at al-Lama'āt*）、纳萨非（*'Azīzoddīn Nasafī*, ?—1287）的《默格索德》（*Maqsad-i Aqsā*）、拉齐（Najm al-Din Razī，1177—1256）的《密迩萨德》（*Mirsād al-'ibād*）是中国伊斯兰教经堂教育的重要读本，并由明清时期的中国回族学者译成了汉语，[①]对中国伊斯兰教哲学体系

---

① 《勒瓦一合》由刘智译成《真境昭微》；《艾什尔吐·来麦尔台》由舍蕴善译成《昭元秘诀》；赵灿《经学系传谱》记载《默格索德》曾由舍蕴善译成《归真必要》，但目前汉译本无从获得；《密迩萨德》由伍遵契等人译成《归真要道》。

的构建产生了重要影响。中国社会科学院的金宜久先生在其著述《苏非主义在中国》[①]中，以汉译本、英译本为基础，首次对"波斯四书"的内容与思想进行了全面详细的介绍。受制于波斯语文本的语言要求和苏非经典晦涩深奥的内容，以波斯文原典为基础进行的中国伊斯兰哲学研究，在当代中国相当匮乏。20世纪90年代中叶起，国外学术界对明清时期伊斯兰教汉文著述产生了浓厚的兴趣，以村田幸子（Sachiko Murata）为代表的学者立足于比读波斯语原本和汉译本，来研究儒学语境下的伊斯兰哲学思想。受此影响，中国学者也开始涉猎该领域。贾米的《勒瓦一合》因简练清晰的语言尤其受重视。宁夏社会科学院的丁克家研究员、中国社会科学院的元文琪研究员、北京大学沈一鸣博士和上海外国语大学刘慧博士均以波斯文文献为基础，从语文学和宗教哲学的角度对贾米的《勒瓦一合》与《艾什尔吐·来麦尔台》与刘智、舍蕴善的汉译本《真境昭微》《昭元秘诀》进行比较研究，发表了各自的研究成果，主要有：丁克家的论文《汉语语境中的文化表述与中伊哲学的交流——论〈勒瓦一合〉和〈真境昭微〉的中伊哲学思想的融通》[②]，元文琪的论文《贾米和他的〈拉瓦一合〉》[③]，沈一鸣的英文博士论文《17世纪和18世纪的中国伊斯兰教文本研究：以贾米波斯语苏非散文的中文翻译为例》[④]（2015），刘慧的专著《丝路文明对话：刘智对贾米思想的诠释》[⑤]。

总体而言，当代中国学者在该领域的研究还是严重不足的。宗教学学者通波斯语的不多，而那些在中国流传的波斯文伊斯兰教典籍中的宗教术语和理论对波斯语学者来说又过于艰涩，不易理解与释读，这是很

[①] 金宜久：《苏非主义在中国》，社会科学文献出版社，2013。
[②] 丁克家：《汉语语境中的文化表述与中伊哲学的交流——论〈勒瓦一合〉和〈真境昭微〉的中伊哲学思想的融通》，《回族研究》2005年第3期。
[③] 元文琪：《贾米和他的〈拉瓦一合〉》，《回族研究》2008年第2期。
[④] 该论文英文名为"Chinese Islamic Texts Studies in the Seventeenth and Eighteenth Centuries: A Case Study of Chinese Translations of Jami's Persian Sufi Prose"。
[⑤] 刘慧：《丝路文明对话：刘智对贾米思想的诠释》，社会科学文献出版社，2017。

现实的研究掣肘。

（三）新疆发现的波斯文手抄本研究

目前中国学者正在研究的发现于新疆的波斯文手抄本按其内容与性质可分为两类：

一类是吐鲁番出土的波斯文文书残卷，以摩尼教文献居多，目前大量收藏在德国、日本和英国，包括摩尼文古波斯语文书、摩尼文中古波斯语文书、古波斯语文书、中古波斯语文书。外国学者对这些文书进行了全面而系统的研究，但中国学者在该领域的研究非常少。目前北京大学的博士后胡晓丹正在对2016年新出土的摩尼文中古波斯语文书残片进行释读，发表了两篇相关论文：《摩尼教占卜书中的东方传统——吐鲁番中古波斯语写本M556再研究》[1]、《吐鲁番吐峪沟新出摩尼文中古波斯语残片释读》[2]。

另一类是20世纪初欧洲传教士在新疆收集购买并带回欧洲的波斯文手稿和文书，例如目前由瑞典隆德大学（Lund University）图书馆特藏部保存的"雅林特藏（The Jarring Collection）"手抄本。"雅林特藏"的这批新疆发现的历史文献时间跨度是16世纪至20世纪初期，共600余函，语种包括察合台文、维吾尔文、波斯文、阿拉伯文等，中国学者以上海师范大学王建平教授为首席专家组成项目团队对这些抄本进行整理研究。"雅林特藏"中有波斯文抄本98函，涵盖语言、文学、宗教典籍、宗教法律、民俗等领域。从这些抄本可以发现，16—20世纪初，中国的新疆地区流传着大量的波斯文文学、宗教作品和字典，如鲁米（Rumī，1207—1273）、哈菲兹（Hāfez，1320—1389）、内扎米（Nezamī，1141—1209）的诗歌，贾米等宗教学者撰写的苏非哲学名著，波斯语字典等。研究团队正在对这些抄本进行梳理，确认文献的来

---

[1] 胡晓丹：《摩尼教占卜书中的东方传统——吐鲁番中古波斯语写本M556再研究》，《北京大学学报（哲学社会科学版）》2020年第1期。

[2] 胡晓丹：《吐鲁番吐峪沟新出摩尼文中古波斯语残片释读》，《西域研究》2019年第4期。

源及内容，并对其中的重要文献进行解读与研究。

应该说，新疆发现的波斯文抄本以宗教文献居多，是丝绸之路上中伊宗教交流的历史见证，对它们的研究一直在有条不紊的进行，也是囿于语言能力，解读者不多。北欧这批抄本是研究新疆地区历史文化的原始资料，中国学者首次通过全面研究，力争实现自己的学术贡献和话语权。

结语

通过上述梳理，可以注意到近20年来国内学界在波斯文历史宗教文献研究方面的显著变化。首先，在"一带一路"倡议的推动下，包括波斯语在内的丝绸之路研究所需的多语种人才在国内有了较好的培养和储备，波斯语语言学习的便利化程度越来越高。其次，历史研究者在继承史料对勘比较、对音法、译文与调查相参证等传统治史方法的同时，把更多的目光投向多语种一手史料。掌握多种语言工具，拥有语言学、文献学等专业知识以开展实证研究，在国内史学界，尤其是青年研究者中受到前所未有的重视。与此同时，越来越多的波斯语学者借助自身的语言优势参与波斯文历史宗教文献的整理与释译，并与历史、宗教学界的研究者合作，实现多领域跨学科的交叉研究，从而为中国伊朗学研究的未来发展提供了新的视角和可能。这些变化带来的好处尤其体现在史学研究方面，当越来越多的域外史料及重要论著由波斯文直接译成汉文，国内学者更易准确掌握一手资料，而不再"拾人牙慧"。

同时，也可以明显感觉到，相比历史文献的研究，波斯语宗教文献在国内的研究要滞后得多，归根结底还是兼具多语种语言能力和宗教学专业素养的人才匮乏，宗教学领域的跨学科人才培养及多领域学术合作亟待加强。此外，波斯文宗教典籍及新疆发现的波斯文抄本，或因内容艰涩，或因手写和多语种混合的缘故，解读和校勘工作难度大，有必要搭建与相关领域的伊朗学者合作研究的平台，充分挖掘和利用域外原始资料，完成这些文献的整理与翻译，从而使这个中国伊朗学研究的薄弱环节得以加强。

（刘慧　上海外国语大学东方语学院）

波斯人游记里的明代中国*

□［伊朗］孟　娜（Elham Sadat Mirzania）

　　明前期波斯和中国的往来，主要以帖木儿王朝[①]为中心来进行。这一时期，波斯与中国明王朝的交流很频繁，双方通过使节的往来，加深了彼此的了解与相互之间的文化交流，这种相互交流又促进了两国经济和文化的发展。在明朝，中国曾派出很多使节出使域外，其中最重要的是明初郑和与陈诚的出使。明朝初期，明政府曾20余次派出使节至帖木儿王朝。汉语文献当中，陈诚著的《西域行程记》和《西域番国志》是作者出使帖木儿帝国的旅行见闻，是研究帖木儿帝国与中国明王朝交流的重要历史文献。马欢著的《瀛涯胜览》是中国了解帖木儿王朝的另一部重要文献。这一时期，帖木儿朝出使明朝的使团则达到几十次，并留下了两部关于中国的波斯文游记。1419年沙哈鲁（Shahrukh）[②]

---

* 本文首发于《国际汉学》2022年增刊。
① 帖木儿帝国（1370—1507）是突厥化的蒙古人帖木儿（又译"贴木尔、铁木尔、帖穆尔"，1370—1405年在位）开创的一个大帝国，以今天的乌兹别克为中心。1370—1405年首都为撒马尔罕，1405—1507年迁都到今阿富汗西部的赫拉特（Herat，又译"哈烈、黑拉特"）
② 帖木儿的儿子，1405—1447年在位。

派遣波斯使团出使明朝。该使团的成员之一火者·盖耶速丁·纳哈昔（Khajeh Ghiyath al-Din Naqqash）[①]，写了《沙哈鲁遣使中国记》（*Travel Account of Khajeh Ghiyath al Din Naqqash*）。这部作品是15世纪初波斯人了解中国各个方面情况的主要历史文献。另一部作品是16世纪初阿里·阿克巴尔·哈塔伊（Sayyed Ali Akbar Khataei，生卒年不详）写的《中国纪行》（*Khatay Nameh*），记述了15世纪末16世纪初所见到的明朝社会的情况。本文以这两部游记为基础，对他们的出使进行考察和研究。

一、《沙哈鲁遣使中国记》的作者、版本

火者·盖耶速丁·纳哈昔是呼罗珊地区一位有名的宫廷画家。15世纪初，他在沙哈鲁之子拜孙忽儿·米儿咱（Baysunghur Mirza，1397—1433）[②]的图书馆里工作。1419年，他作为拜孙忽儿的代表参加了沙哈鲁遣使中国的庞大使团。奉拜孙忽儿之命，他负责为这个半外交、半商业的使团做非常完整的日记。盖耶速丁写的这部游记，从他于赫拉特出发一直写到返程，详细地描述了出使途中的道路、城邦、古迹、习俗、王统以及他亲眼看到的所有事迹。他是拜孙忽儿王子的心腹，他如实记载了这些事实。

盖耶速丁这次出使游记的内容，保留在三部著作中。首先他的青年朋友哈菲兹·阿布鲁（Hafez Abru，？—1430）[③]把这份游记润色后，收

[①] "火者"的波斯语意思为"大人"，"纳哈昔"的意思为"画家"，"盖耶速丁"是他的名字。
[②] 沙哈鲁的第三个儿子，也是书法家。
[③] 哈菲兹·阿布鲁生于赫拉特，并在哈马丹受教育。他是帖木儿王朝君主沙哈鲁统治时期的著名历史地理学家。那时，他活跃在拜孙忽儿宫廷中的小学术圈子中。

进他的史书《历史精华》①中。哈菲兹·阿布鲁在选编时，细心地保留了原著的面貌。另一个版本收录在撒马尔罕的阿卜德·拉扎克（Kamal al-Din Abd al-Rrazzaq Samarqandi，1413—1482）②的一部沙哈鲁史书内，记载沙哈鲁伟大一生的传记，是用波斯文写的，名为《双福星的升起处和双海之汇合处》（Matlaa al Saadein va Majmaa al Bahrein）。他写作的时间比哈菲兹·阿布鲁要晚几十年，他记载的沙哈鲁遣使中国，实际是从《历史精华》中摘录、缩写而成的。但阿卜德·拉扎克的版本，丢失了不少精彩的内容。第三本是由米尔洪（Mir-khwand，1433—1498）在其《纯洁园》（Rawzat as Safa）中转载的盖耶速丁的日记，但其中有不少经过修饰润色的地方。很显然，他参照了撒马尔罕的阿卜德·拉扎克的作品。

法国东方学家安东尼·加朗（Antoine Galland，1646—1715）③在17世纪末翻译了盖耶速丁的作品，但没有发表它。法国人卡特梅尔（Etienne Marc Quatremere，1782—1857）④在他著的《皇室图书馆中手稿的摘录笔记》（Notices et extraits des manucrits de la Bibliotheque de Roi）中分析了《沙哈鲁遣使中国记》，发表了两段有关沙哈鲁使者记述的原文和译文，一个是到中国的使者，另一个是到印度去的。卡特梅尔根据阿卜德·拉扎克的版本，翻译了该书。裕尔（Henry Yule，1820—1889）教授⑤再据卡特梅尔的法语译文转译为英文，收入《中国及通往中国的

---

① 《历史精华》的原名为《君王历史汇编》（Majma al-Tawarikh-e Soltaniya）是一部通史。《君王历史汇编》全书分四卷，第一至三卷记述从上古至伊儿汗时期的各国历史，第四卷则专门记述帖木儿王朝历史。哈菲兹·阿布鲁将该卷特别献给沙哈鲁之子拜孙忽儿，称之为《拜孙忽儿的历史精华》（Zobdat al-Tawarikh-e Baysonghori）简称《历史精华》。
② 1413年出生于赫拉特（Herat，即《明史》中的哈烈国），1482年卒于该城。
③ 法国东方学家、翻译家、考古学家，也是《一千零一夜》的最早译者。
④ 法国东方学家、翻译家、波斯语教授。
⑤ 苏格兰东方学家和地理学家。

道路》[1]第一卷中。1934年，巴基斯坦的一位波斯语教授麦特列（K. M. Maitra）把《沙哈鲁遣使中国记》译为英文，对照原波斯文刊出。全题是"一位出使中国的波斯使臣，录自哈菲兹·阿布鲁的《祖布答特－塔瓦里黑》"[2]。1970年，美国学者富路特[3]（L. Carrington Goodrich，1894—1986）为拯救这个版本，使之流传于世，特从英国博物馆图书馆购买了它的胶卷，由纽约帕拉贡（Paragon）图书翻印公司影印出版。这个游记在中国首次出现于张星烺教授的《中西交通史料汇编》第三册中，是从英译本转译为中文的。1981年何高济据麦特列英译本将之译为中文出版，此本要比张星烺译本稍全面一些。1983年法籍伊朗教授阿里·玛扎海里（Aly Mazaheri，1914—1991）用法文写的著作《丝绸之路：中国－波斯文化交流史》，对《中国纪行》和《沙哈鲁遣使中国记》进行了十分详细的考察。该著作在中国于1993年由耿昇译为中文，由中华书局出版。

据盖耶速丁该游记记载，沙哈鲁使团的首领为沙哈鲁的代表沙狄·火者（Shadi Khwaja，生卒年不详），使团总人数为510人。使团通过巴里黑（Balkh）、撒马尔罕（Samarqand）、塔什干（Tashkend）、赛蓝（Sairam）、阿思巴拉（Ashparah）、裕勒都斯（Yulduz）、吐鲁番、喀喇和卓（Karakhoja）、阿塔苏菲（Ata Sufi）、哈密、肃州、甘州和正定府到达北京。他们这一次的中国旅行总共耗时两年十个月五天。

---

[1] Henry Yule, Henri Cordier, eds., *Cathay and the Way Thither: Being a Collection of Medieval Notices of China*. First Volume, 2nd ed (Hakluyt Society, 1915).

[2] K. M. Maitra, *A Persian Embassy to China: Being an Extract from Zubdatu't Ol Tawarikh of Hafiz Abrut*. 1934. Ghani, Cyrus, Iran and the West: A Critical Bibliography (Taylor & Francis, 1987), p. 162.

[3] 又叫博路德。

二、《中国纪行》的作者、版本

另外一本关于明朝的波斯语游记《中国纪行》[①]，在伊斯坦布尔市苏莱曼尼亚（Suleymanieh）图书馆里有两卷波斯文手抄本，第一卷109页，第二卷128页。这个波斯文抄本在开罗的埃及国家图书馆和文献馆（The Egyptian National Library and Archives）和巴黎国立图书馆（La bibliothèque nationale de France）各有一份。《中国纪行》作者阿里·阿克巴尔·哈塔伊的亲笔原手稿已经不存在了。1582年，一个名叫侯赛因·阿凡提（Hossein Afandi）的土耳其大臣把该著作翻译成土耳其语，命名为《中国和契丹法典》（*Khatay Nameh*）。[②]之后大部分的国外学者在研究中国16世纪情况的时候，都采用这个土耳其文译本。19世纪后半叶，《中国纪行》的土耳其文译本传至欧洲以后，欧洲学者开始对它进行研究。土耳其文译本在土耳其和西方有很多手稿，最后法国东方学家谢飞（Charles Schefer，1820—1898）在伊斯坦布尔找到了波斯文原本。他当时不能深入研究这部作品，就在1883年在巴黎翻译并发表了《中国纪行》的第一、七和十五章。过了50年，这个作品引起了德国波恩大学前东方学院院长保尔·卡莱（Paul E. Kahle，1875—1964）教授的注意。由于这位教授自己不懂波斯语，因此，他委托一位懂波斯语的印度教授哈米杜拉（Muhammad Hamidullah），把伊斯坦布尔的两卷手稿全文译为德文和英文，但未印刷出版。

关于《中国纪行》的作者阿里·阿克巴尔·哈塔伊的国籍，学者们有不同的看法。阿里·玛扎海里教授认为阿里·阿克巴尔是一位布哈拉[③]商人，青年时代曾在中国度过了数年。作为大商人，他曾被撒马尔罕的某一王子选中作为使节出使明朝，不止一次往返于丝绸之路。他很

[①] 又叫《契丹志》或《中国志》。
[②] 《中国纪行》（波斯语第二版），伊拉哲·阿夫沙尔校注，亚洲文化文献中心，1993；孟娜：《波斯人笔下的中国》，花木兰文化出版社，2015，第88页。
[③] 现位于乌兹别克斯坦。

可能原籍为布哈拉，在撒马尔罕度过了青年时代，而撒马尔罕正是前往中国的代表团的启程地和从中国返回的所有商队的到站地。但伊朗的阿夫沙尔（Iraj Afshar，1925—2011）教授用阿里·阿克巴尔书中所使用的14种专用词汇，来证明作者属于两河流域地区。[①] 日本教授羽田亨一（Koichi Haneda）认为阿里·阿克巴尔不一定是商人，而是能引用古诗写作的读书人，也可能就是使节之一。

20世纪30年代张星烺教授在文章中提到了《中国纪行》，这是该著作首次被介绍到中国。[②] 卡莱教授建议张氏参考中文史料，把《中国纪行》从德文译为中文，并加上注释，但由于发生"七七事变"，此事未能完成。1984年，张星烺教授的儿子张至善给伊朗的阿夫沙尔教授写了一封信，提到他父亲曾经在1936年与卡莱教授讨论过《中国纪行》，他们决定一起合作翻译一部完整中文版。张至善教授花了几年的功夫，收集了几部欧洲参考文献，也找到了波斯语、土耳其语版本。1988年，他把《中国纪行》译成中文，并在张星烺诞辰一百周年之际出版。[③] 1993年，耿昇翻译的阿里·玛扎海里的《丝绸之路：中国－波斯文化交流史》中也对该游记有介绍。2006年新疆人民出版社再一次出版《中国纪行》，2016年华文出版社出版了新的中文译本。[④]

阿里·阿克巴尔记录了他在中国100天左右的所见所闻，包括中国的道路、宗教、城市建筑、军队、王朝之库藏、国家的文字和印章、监狱、新年、宴会和饮食、妓女和妓院、游戏和娱乐、法律和国家管理系统、各种普通和宗教学校、寺庙、流行货币、游客和所带来的贡物，如：布料、宝石、马、狮子、豹、山猫等。这使得他的作品成为研究明朝中期历史的一部内容十分丰富的史料。

---

① 《中国纪行》，伊拉哲·阿夫沙尔校注，第16页。
② 张星烺：《德文译本爱梨艾柯伯尔之〈中国志〉(Khitayname)之介绍》，《地学杂志》1936年第2期，第91—101页。
③ 阿里·阿克巴尔：《中国纪行》，张至善译，生活·读书·新知三联书店，1988。
④ ［波斯］阿里·阿克巴尔：《中国纪行》，张至善、张铁伟、岳家明译，华文出版社，2016。

三、波斯人笔下的明代中国

在这两部游记中,两位作者分别对明代中国的以下内容进行了详细描写。

(一)盖耶速丁记载的明朝驿馆和烽火台

在去往北京的路上,盖耶速丁注意到一种类似宾馆的系统,他提到,从肃州到北京有99个驿站,这些驿馆,按照使节的等级为他们提供食物与补给,并且在主要城市为他们举行宴会。盖耶速丁惊讶于驿传系统护送他们一行前进的惊人速度。他说,那些马上的护送者们飞快地从一个驿站跑到下一个驿站,速度比波斯帝国最快的急差还要快。卜正民(Timothy Brook)对这些驿站评价道:

> 驿传系统由兵部管辖,为衔命出使的官员、外国使节和携带公文进出京城的官府使差提供食宿。在元朝,蒙古人将这通讯制度加以扩展,以便将帝国幅员广大的领土连接在一起。明朝继承了这一制度,并使之得到巩固和加强。驿传系统藉从国都南京向四周辐射的官方水路驿道得以运转。①

盖耶速丁还注意到,他们的行程中除了驿站外还有另一种形式的通信建置,也由兵部管辖,那是边境地区特有的,即烽火台。每座烽火台定编十人,他们的职责是在边境上发现敌情时点燃烽火。一连串的这种烽火台构成连接边境和内地的一种初级通信线路。

> 依靠这种方式,在一昼夜的时间里可以得知三个月的旅程外发

---

① [加]卜正民:《纵乐的困惑:明代的商业与文化》,方骏等译,生活·读书·新知三联书店,2004,第26页。

生的事情。紧跟着烽火点燃之后,所发生的事被记在一封信件中,由骑马疾驶的急差从一个人的手中交到另一个人的手中。①

(二)阿里·阿克巴尔记载的中国瓷器和药物

瓷器作为中国最有代表性的艺术品,引起了阿里·阿克巴尔的极大关注。在第九章,他解释在龙兴②出产中国瓷器。阿里·阿克巴尔说明了中国瓷器的主要特点,并提到用瓷器吃饭喝水可以增进食欲。③他描写了中国生产瓷器的细节,并且说皇家瓷器的底部有一个印章,这是在烧结前就盖上的。关于瓷器的价格,他说有些瓷器即使在中国也可以一千第拉姆白银的价格出售,这种瓷器禁止出口,有的瓷器的价格和黄金价格是同等的。他还说:

> 冬天生产的瓷器用冬季的花卉装饰,如竹叶等,春季的产品用春天的花卉作图样。这样,一年四季生产的瓷器有四种不同的花色图案,从不混淆。④

阿里·阿克巴尔关于瓷器生产的描写十分详细。在他之前,很多波斯穆斯林在自己的著作中提到过中国瓷器。最早到中国游历的商人苏莱曼(Sulayman Al-Tajir,生卒年不详),在851年写的《中国印度见闻录》(*Ancient Accounts of India and China*)中提道:"中国人能用一种优质陶土,制造出各种器皿,透明可比玻璃,里面加酒,外头可以

---

① [波斯]盖耶速丁:《沙哈鲁遣使中国记》,何高济译,中华书局,1981,第112页。
② "Lamsin",为南昌古名,这里指江西省。
③ 《中国纪行》,伊拉哲·阿夫沙尔校注,第117页。
④ 同上。

看见。"① 伊本·胡尔达兹比赫②（Ibn Khordadbeh，820—912）在844—848年间写的《道里邦国志》（*Kitab Al Masalik W'al Mamalik*），和查希兹（Al-Jahiz，约776—869）③所著的《生财之道》（*The Book of Roads and Kingdoms*）也提到过中国瓷器。阿布·法德尔·贝哈基（Abu'l Fazl Bayhaqi，995—1077）④在1059年写的著作中也提到过早期中国瓷器运往巴格达的情景。虽然阿里·阿克巴尔不是描写中国瓷器的第一位波斯人，但他的描写比其他人要更为完整。他详细地描叙瓷器的制造过程、普通瓷器和皇家瓷器的特点和售价。他应该是亲眼见过中国制造瓷器的每一个细节的，作为一个到中国来的商人，他或许从事中国瓷器方面的贸易活动。

除了瓷器以外，《中国纪行》也提到一些药物的名字。阿里·阿克巴尔说生姜、山药（堕胎草药）、荜澄茄等药物在汗八里⑤都找得到。书中提到"Hiza"（张至善认为从内容看指贵州省）和"Salarfu"（思南府）地区的药材特别丰富，如长形胡椒、丁香等等，那里的人咀嚼槟榔叶和槟榔核。他还提到最贵重的香料和药物就是陕西省京兆府（今西安）、甘州（今张掖）、肃州（今酒泉）和定州这几个城市盛产的麝香，麝香取自那些地区野生的麝。除了药物之外，他还很了解中国每个地方的特产和具体价格。像汗八里的银子，福建省的麻、丝绸、彩缎，云南省的珍珠和各种珠宝，高丽的黄金、丝绸，和田的白、黑玉石等。他还提到中国有三件东西，只有天堂才能找到与其比美的物品，那就是又大又甜的蜜枣和两种花，一是罂粟花，二是莲花。这些不只反映出阿里·阿克巴尔的职业，也说明他贸易活动的领域和范围。美国籍德国

---

① ［阿拉伯］苏莱曼、阿布·扎义德:《中国印度见闻录》，穆根来、汶江、黄倬汉译，中华书局，2001。
② 9世纪的波斯地理学家。
③ 阿拉伯语散文作家。
④ 波斯历史学家、作家。
⑤ 元代蒙古人称北京为汗八里。

学者劳费尔（Berthold Laufer，1874—1934）20世纪初编写的《中国伊朗编》（*Sino-Iranica*）中，有很多伊朗和中国之间在药物交流方面的记载。

（三）帖木儿朝和明朝的特殊动物贡品

据盖耶速丁的记载，明朝将一种宝贵的鸟——鹰，作为赏赐品交给波斯使节。他说：

> 在拉比第一月一日（1421年3月初）使臣们被召见时，皇帝叫准备十只鹰（Shanghar）。他表示，他不会把鹰赐给任何不向他献名马的人。他隐晦地露骨地继续谈这些事。①

在撒马尔罕的阿卜德·拉扎克写的书《双福星的升起处和双海之汇合处》中，保留了永乐皇帝给沙哈鲁写的一封信，信中写道：

> 今朕遣使苏丹，特别是李达和张扶（Jang-Fw）②率其侍从，由伯-不花等使节陪同，以向苏丹奉送为他准备的大隼。这都是朕亲自试验过的飞鸟。这些隼非生于大明本地，而是由海外进贡予朕的。朕不乏此物，但在尔邦，如是隼甚罕。朕特献尔作为友好之礼……③

---

① ［波斯］盖耶速丁：《沙哈鲁遣使中国记》，何高济译，第128页。
② 陈诚《居休遗稿》有一篇《寄扬州张给事》中写道："昔年曾共驾轺车，异域驱驰十余载。"这位"扬州张给事"当为与陈诚同行的李达使团的成员。其姓名，汉文史料失载。但据下文所引波斯文史料中永乐皇帝致沙哈鲁的第二封国书，似为张扶（Jang-Fw）。从国书只提"李达和张扶率其侍从"观之，很可能李达和张扶是这个使团的正、副使。（转引自王继光：《陈诚西使及洪永之际明与帖木儿帝国的关系》，《西域研究》2004年第1期，第19页）
③ ［法］阿里·玛扎海里：《丝绸之路：中国-波斯文化交流史》，耿昇译，新疆人民出版社，2006，第23页。

玛扎海里教授认为Shanghar即指鹰或大隼，这种鸟不存在于波斯和中亚，商人们从中国进口鹰，而中国人则在黄海海岸捕捉这种鸟。鹰是一种比较大的飞鸟，可以捕捉鹤和狐狸，甚至是野兔。它们低空飞行，以其爪捕获猎物。[1]裕尔教授在他的书中说：

> Shanghar是苏丹皇族独有的一种鹰，我认为即马克·波罗所说的那种大隼，这种大隼生活在北冰洋海岸。北方鞑靼人首领将这种鹰作为贡品送与大汗。中国皇帝赠送数只鹰给各使节作为赠其君主的礼物。[2]

作为阿拉伯马之先祖的波斯马，是中国人在与西亚的贸易中非常喜欢的一种西方产品。中国皇帝希望能在中国繁殖波斯马，但未能成功。永乐皇帝向呼罗珊的外交使节承认他对波斯马的赏识大大地超过了其他马匹。《沙哈鲁遣使中国记》记载，明成祖对进贡的马匹非常重视，他询问八答黑商市是否贡马。陈诚也在自己的著作中指出明朝使臣每次从帖木儿帝国返回中国时，都会带来本地马。

> 明朝的使臣出使帖木儿朝时，除了带回帖木儿朝贡马外，还在当地买马带回。如永乐十三年（1415）陈诚回国时，进西马7匹，十六年回京时，进马15匹。可见，永乐时期明廷需要中亚的良马是明与帖木儿朝交往的一大原因。[3]

---

[1] ［法］阿里·玛扎海里：《丝绸之路：中国–波斯文化交流史》，耿昇译，新疆人民出版社，2006，第81页。
[2] ［英］H.裕尔：《东域纪程录丛》，张绪山译，云南人民出版社，2002，第255页，校注50。
[3] 张文德：《明成祖至孝宗时对帖木儿王朝的外交政策》，《贵州师范大学学报（社会科学版）》2002年第4期，第88页。

(四)《中国纪行》对明朝伊斯兰教的记载

《中国纪行》对明朝社会的穆斯林状况有很多记载。阿里·阿克巴尔提到，中国人很喜欢"默罕默德的宗教"。他说："中国皇帝在汗八里城外修建了一座清真寺，主要作为他自己祈祷之地。"[①] 接着他解释皇帝如何每年在该地方参加一系列宗教活动（玛扎海里教授认为"该地方"是指天坛）。他还说在一个名叫"巩昌府"[②]的地方，有三万定居的穆斯林，而中国人对他们都不收税；相反，朝廷还给他们职务和薪俸。[③] 阿里·阿克巴尔在游记里说：

> 皇帝秘密地转变为一个穆斯林，然而由于害怕国家衰落，他不能对此公开宣布，这是由他的国家风俗和法规所决定的。这位成化皇帝的父亲景泰帝，对穆斯林非常友好，曾将七位穆斯林任命为大臣，直到现在，而且将继续下去。[④]

据《明会典》卷一百二《各国额设通事》记载："成化五年回回通事七员，成化十九年添一名。"[⑤] 因此阿里·阿克巴尔的记载与《明会典》的记载相符。

皇帝信伊斯兰教这一点，还没有足够的证据来证明，但皇帝周边有很多穆斯林大臣和太监，这应该是肯定的。关于这些大臣，阿里·阿克巴尔这样描述：

> 这些大臣的殿堂比中国大臣的要靠前些，并且使用着一批穆

---

① ［波斯］阿里·阿克巴尔:《中国纪行》，张至善译，第41页。
② "巩昌府"是张星烺的译名，但张至善认为有可能阿里·阿克巴尔的意思为"京兆府"，即今西安。
③ ［波斯］阿里·阿克巴尔:《中国纪行》，张至善译，第46页。
④ 《中国纪行》，伊拉哲·阿夫沙尔校注，第48页。
⑤ 徐溥等奉敕撰《明会典》，李东阳等重修，载《景印文渊阁四库全书》，第617册，第932页。

斯林太监，使他们一天在他面前作五次宣礼。他们穿着穆斯林式长袍，系着头巾，在中国皇帝的眼前集合五次作礼拜。皇帝非常喜欢这种祈祷者。中国话称伊斯兰为"清真"，意即纯洁的信仰。中国人，甚至东方的所有异教徒都很大程度上倾向于伊斯兰教和保护中国的那些规则。①

虽然皇帝没有正式宣布他信奉伊斯兰教，但从他周围的穆斯林太监和大臣来看，不难断定他们对伊斯兰教的尊敬。皇帝选用那么多穆斯林太监，而"太监的重要职责之一就是伺侯皇帝的饮食与起居，而穆斯林的饮食习惯与非穆斯林有很大区别"②。阿里·阿克巴尔还提到中国宫内宴会上专门为穆斯林备有厨师和厨房，盖耶速丁在他的游记里也指出，宴会时或在驿馆中中国会给穆斯林提供清真饮食。这说明明朝对贡使的饮食起居有细致的规定，证明穆斯林得到明朝的尊敬和保护，也表明明王朝对伊斯兰教采取了一种团结的政策。

在沙哈鲁的波斯使节留在中国的那段时间里，只有一次穆斯林的饮食习俗没有被考虑到，那是因为皇帝骑着沙哈鲁的贡马去打猎时，从马上摔下来伤了脚，因此他大为震怒。那一天给使节提供的餐食是猪肉和羊肉混在一起的。当时信仰伊斯兰教的使臣因不吃猪肉，并没有食用。除此之外，从游记的记载来看，明王朝是尊重穆斯林的习俗的。在尊重波斯使节风俗习惯的同时，明王朝要求使团也尊重他们国家的规定。

（五）对中国艺术和文化的评价

由于盖耶速丁是一位艺术家，他描写的每一个章节都从艺术的角度出发。他在游记中多次谈到中国人精美的手工制作。在介绍宴会，音乐、舞蹈、杂技表演，佛寺的设计细节，墙上的优美绘画，佛像的雕刻，大门和城墙，中国人的风俗习惯包括他们的婚姻、葬礼、灯节、春

---

① ［波斯］阿里·阿克巴尔：《中国纪行》，张至善译，第45页。
② 丁明俊：《明前期伊斯兰教政策简论》，《宁夏社会科学》1993年第4期，第28页。

节时,他都是从艺术的角度来进行描写。盖耶速丁对中国人慷慨好客的风尚和招待外宾的合理安排大为赞扬,对中国的建筑技术亦有较高的评价,他说:"磨石建筑,制瓦烧砖诸技术,世界上无人可与中国人竞能。"这表达了他对中国的友好热忱。[①] 阿里·阿克巴尔也很关注中国美术方面。他在《中国纪行》的最后一章中介绍中国画院时说:"在中国各地,每个城市或街道都有一个大的画院,陈列着奇特的画幅和作品。各小城镇也有适合自己特点的绘画展览馆。"[②] 他在《中国纪行》的每个章节中,都表现出对中国文化的高度理解和评价。他说:"在世界上除了中国以外,谁也不会表现出那样一种井井有条的秩序来。"[③] 他还指出:"整个中国人,从平民到贵族都培养得懂礼貌。在表示尊敬、荣誉和沿守礼节方面,世界上没有人能和他们相比。"[④] 两个作者的描写都很自然、很可信,从中可以想象中国明王朝社会的种种清晰图景。

结语

在13世纪马可·波罗(Marco Polo,1254—1324)及14世纪伊本·白图泰(Ibn Battuta,1304—1369)写的中国游记之后,15世纪盖耶速丁和16世纪阿里·阿克巴尔用波斯文写的中国游记,均有独特的价值。盖耶速丁在旅行的过程中就写了这份游记,记载了很多明朝社会的真实情况。他的游记内容较为可靠,涉及的范围也相当广泛,对研究明代的城市建筑、警报制度、宫廷典仪,乃至音乐、舞蹈、杂技、饮食、外宾的待遇等方面,都有一定的参考价值,与中国的历史文献可相

[①] 朱杰勤:《中国和伊朗历史上的友好关系》,载《中外关系史论文集》,河南人民出版社,1984,第88页。

[②] [波斯]阿里·阿克巴尔:《中国纪行》,张至善译,第130页。

[③] 同上,第57页。

[④] 同上,第74页。

互参照。①阿里·阿克巴尔关于16世纪中国情况的记载也非常宝贵，有些内容是独一无二的，例如作者亲眼见到并详细记载的中国监狱的情况。李约瑟（Joseph Needham，1900—1995）认为《中国纪行》是有关明朝早期情况的"一件重要的文献"②。季羡林也认为它"是一部非常值得重视、非常重要的书"③。保罗·卡莱教授也提到，《中国纪行》的价值尤如第二本《马可·波罗游记》，它涉及面广，内容详细而有趣，这一点比《马可·波罗游记》有过之而无不及。④《中国纪行》不只是一个游记，而是有关中国的系统叙述。

在盖耶速丁和阿里·阿克巴尔之前，很多穆斯林和波斯商人通过海路和陆路到过中国，其中有部分人留下了关于中国的作品。比如，波斯地理学家伊本·胡尔达兹比赫在844—848年间到过中国而撰写了《道里邦国志》，851年苏莱曼以及916年阿布·扎义德（Abu Zeid Hasan Sirafi）写了《中国印度见闻录》，1345年伊本·白图泰到过中国，并写了一部旅行见闻。值得注意的是，盖耶速丁和阿里·阿克巴尔的游记，是穆斯林著作中描写中国最丰富、最详尽的作品。他们以外国人的眼光，记述了明朝社会各方面的情况，向穆斯林世界传播了中国的整体形象。《中国纪行》填补了明朝初期盖耶速丁以后到明朝后期，即16世纪下半叶开始的基督教传教士报道中国之间这一时期的空白。这使《中国纪行》显得特别富有意义，因为这一时期，中国以外没有较详细的材料描述中国。1500年前后是明朝对外交往的下降时期，这也突显了《中国纪行》的高度研究价值。这两部重要的游记，是中亚和西亚波斯穆斯林与中国人民友好往来的见证。⑤

（孟娜　阿拉梅·塔巴塔巴伊大学汉语系）

---

① 朱杰勤：《中国和伊朗历史上的友好关系》，第88页。
② ［波斯］阿里·阿克巴尔：《中国纪行》，张至善译，李约瑟序，第1页。
③ 季羡林：《一部值得重视的书》，《读书》1987年第7期，第6页。
④ 转引自［波斯］阿里·阿克巴尔：《中国纪行》，张至善译，第11页。
⑤ 孟娜：《波斯人笔下的中国》，第84、120、122页。

中国历史文献中的伊朗*

□ 张西平

一、汉唐时期中国史书所记载的伊朗

中国和伊朗的接触始于公元前2世纪末,西汉武帝刘彻统治时期,张骞出使西域,汉帝国与西域各国建立起了联系,丝绸之路由此开通。此时伊朗正值帕提亚(Parthia)王朝时期。在中国古代史书中最早称伊朗为安息国,就是指波斯的帕提亚王朝,"安息"一般是指帕提亚王室名 Arshaka 的对译。① 中国史籍中首次提到伊朗是在《史记·大宛列传》中。

首先,书中确定了安息的地理位置:

---

* 本文首发于《国际汉学》2022年增刊。
① 余太山:《两汉魏晋南北朝正史西域传要注》(上册),商务印书馆,2013,第17页。张星烺先生认为"安息"是 Arsaka 的对音,指的是阿萨西斯王朝,这是中国学界对安息国的不同称呼。

> 大月氏在大宛西可二三千里，居妫水北。其南则大夏，西则安息，北则康居。

其次，介绍了安息的国情：

> 安息在大月氏西可数千里。其俗土著，耕田，田稻麦，蒲陶酒。城邑如大宛。其属小大数百城，地方数千里，最为大国。临妫水，有市，民商贾用车及船，行旁国或数千里。以银为钱，钱如王面，王死辄更钱，效王面焉。画革旁行以为书记。其西则条枝，北奄蔡、黎轩。

这里介绍了安息国属于农业国家，商业发达，货币使用的是银币。[①]

同时，也介绍了安息国在这一地区的地位与实力：

> 条枝在安息西数千里，临西海。……而安息役属之，以为外国。

条枝国指的是塞琉古朝叙利亚王国。这里记载安息国将条枝归为属国，说明它的国力大。

《史记·大宛列传》中也记载了张骞副使出使安息国的情况，这是中国和安息国的第一次外交活动，十分重要：

> 初，汉使至安息，安息王令二万骑迎于东界。东界去王都数千里。行比至，过数十城，人民相属甚多。汉使还，而后发使随汉使来观汉广大，以大鸟卵及黎轩善眩人献于汉。

[①] 学者认为，这里说安息生产稻子不太可靠，因为直到萨珊王朝时期伊朗都不产稻子。参阅余太山：《两汉魏晋南北朝正史西域传要注》（上册），第20页。

这里记载了张骞的副使出使安息国时受到的欢迎，时间应在公元前116年或公元前115年，当时安息帕提亚王朝的波斯王是米特拉达梯二世（Mithridates Ⅱ，前124—前88）。这是史书记载的中国和伊朗的第一次正式外交活动，十分重要。

这里的黎轩指的是托勒密埃及王国，"黎轩"（Lyei-xian）乃王国都城Alexan（dria）的缩译。[①]

"善眩人"是杂技人。安息使者把犁轩眩人送来中国，对中国固有的幻术发生一定的影响。中国古代广泛流传过一些杂技节目，如"口中吐火"和"用绳自缚自解"等魔术节目，有人认为就是通过伊朗传入的。还有一个在叠放着的多张案上由艺人表演的节目即"安息五案"，它以安息为名，可见是从古代伊朗移植过来的。[②]

以上是从陆路视角记载的汉代与西域各国的历史联系，从南洋海上丝绸之路的海路视角在史籍中也有记载。《汉书·地理志》卷二八下"粤地条"后有：

自日南障塞、徐闻、合浦船行可五月，有都元国；又船行可四月，有邑卢没国；又船行可二十余日，有谌离国；步行可十余日，有夫甘都卢国。自夫甘都卢国船行可二月余，有黄支国，民俗略与珠厓相类。其州广大，户口多，多异物，自武帝以来皆献见。有译长，属黄门，与应募者俱入海市明珠、璧流离、奇石异物，赍黄金、杂缯而往。所至国皆禀食为耦，蛮夷贾船，转送致之。亦利交易，剽杀人。又苦逢风波溺死，不者数年来还。大珠至围二寸以下。平帝元始中，王莽辅政，欲耀威德，厚遗黄支王，令遣使献生

[①] 余太山：《两汉魏晋南北朝正史西域传要注》（上册），第20页。
[②] 朱杰勤：《中外关系史》，广西师范大学出版社，2011，第53—54页。

犀牛。自黄支船行可八月，到皮宗；船行可二月，到日南、象林界云。黄支之南，有已程不国，汉之译使自此还矣。

东汉时，汉和帝刘肇永元九年（97）派班超出使西域，班超派甘英出使大秦，到达条枝后风高浪急，陪同甘英的安息人告诉甘英，海上行程时间长，而且常有生命危险，甘英就没有去大秦。此事《后汉书》做了详细记载：

> 安息国，居和椟城，去洛阳二万五千里。北与康居接，南与乌弋山离接。地方数千里，小城数百，户口胜兵，最为殷盛。其东界木鹿城①，号为小安息，去洛阳二万里。章帝章和元年，遣使献师子、符拔。符拔形似麟而无角。和帝永元九年，都护班超遣甘英使大秦，抵条支。临大海，欲度，而安息西界船人谓英曰："海水广大，往来者逢善风三月乃得度。若遇迟风，亦有二岁者。故入海人皆赍三岁粮。海中善使人思土恋慕，数有死亡者。"英闻之乃止。十三年，安息王满屈复献师子及条支大鸟，时谓之安息雀。自安息西行三千四百里至阿蛮国。从阿蛮西行三千六百里至斯宾国。从斯宾南行度河，又西南至于罗国九百六十里，安息西界极矣。自此南乘海，乃通大秦，其土多海西珍奇异物焉。②

西汉、东汉两次出使安息，可见安息之重要。甘英最远走到条支，安息对汉代中国来说已经是"西界极矣"。

在以后的三百多年中，中国和伊朗双方都发生了很大的变化，公元211年法尔斯省（Fars）的萨珊（Sasan，古波斯语是领袖的意思）族的

---

① 劳费尔（Berthold Laufer, 1874—1934）认为"'木鹿'二字是安息（《后汉书》卷116，第8页）东边疆上的一个域名，被证明和波斯古经里的 Mouru (Muru, Merw) 为同一字"。参阅［美］劳费尔：《中国伊朗编》序言，林筠因译，商务印书馆，2015，第3页。
② 《后汉书》卷八八《西域传》。

头人阿尔达希尔（Ardeshir）率族人起义，推翻安息王朝，建立了萨珊王朝。萨珊王朝库思老一世（Khosro I，531—579年在位）于553年派使团到西魏，波斯典籍也记载这位大王在位时，中国皇帝曾遣使到波斯并赠送礼品。

从这个时期开始，中国史书称伊朗为"波斯国"（首先见于《魏书·西域传》），而不沿用"安息"的旧名。《魏书·西域传》中记载了北魏时中国对伊朗的认识：

> 波斯国，都宿利城，在忸密西，古条支国也。去代二万四千二百二十八里。城方十里，户十余万，河经其城中南流。……有鸟形如橐驼，有两翼，飞而不能高，食草与肉，亦能噉火，驰走甚急，一日能七百里也。

这里介绍了鸵鸟这种动物，并首次在中国史籍中将安息改称为波斯。《魏书·西域传》不仅介绍了波斯的地理与动物，也介绍了其宗教与文化：

> 俗事火神、天神。文字与胡书异。多以姊妹为妻妾。……神龟中，其国遣使上书贡物，云："大国天子，天之所生，愿日出处常为汉中天子。波斯国王居和多千万敬拜。"朝廷嘉纳之。自此每使朝献。

在阿契美尼德王朝之前，伊朗是多神信仰，以后阿胡拉·马兹达（Ahura Mazda）神成为最高神。《魏书》中的"天神"，应该指的是他。公元前6世纪左右，有一位先知琐罗亚斯德（前628—前551），自称可以与神通话，他感知到了阿胡拉·马兹达神，他主张善恶二元论，即"大千世界由以光明天神阿胡拉·马兹达为本原的善界和以黑暗魔王阿赫里曼为本原的恶界组成,善战胜恶"[1]。为了崇拜阿胡拉·马兹达,琐罗亚斯德修了很多拜火的神庙,故中国史书中有"拜火教""祆教"的称呼,这就是《魏书》中所说的"俗事火神"。[2]同时,这段记载也说明了波斯与中国的朝贡关系,这也符合中国史书的记载。[3]

这一时期,西域交通通畅,波斯也有人来到中国,并在中国定居,民间交往加深。

隋唐时期,中国与西域交流频繁,文献中对波斯的记载也大大增多。《隋书》卷八三《西域传》有如下记载:

> 波斯国,都达曷水之西苏蔺城,即条支之故地也。其王字库萨和。都城方十余里,胜兵二万余人,乘象而战。国无死刑,或断手刖足,没家财,或剃去其须,或系排于项,以为标异。人年三岁已上,出口钱四文。妻共姊妹。人死者,弃尸于山,持服一月。王著金花冠,坐金师子座,傅金屑于须上以为饰。衣锦袍,加璎珞于其上。土多良马、大驴、师子、白象、大鸟卵、真珠、颇黎、兽魄、珊瑚、琉璃、码瑙、水精、瑟瑟、呼洛羯、吕腾、火齐、金刚、金、银、鍮石、铜、镔铁、锡;锦叠、细布、氍毹、毾㲪、护那、越诺布、檀、金缕织成;赤麖皮、朱砂、水银、熏陆、郁金、苏合、青木等诸香,胡椒、毕拨、石蜜、半蜜、千年枣、附子、诃黎

---

[1] 穆宏燕:《波斯札记》,河南大学出版社,2014,第20页。
[2] 参阅葛承雍:《胡汉中国与外来文明:宗教卷·番僧入华来》,生活·读书·新知三联书店,2020;马小鹤:《摩尼教与古代西域史研究》,中国人民大学出版社,2008;马小鹤:《光明的使者:摩尼与摩尼教》,兰州大学出版社,2013。
[3] 据《魏书》"本纪",神龟以前,太安元年(455)十月、和平二年(461)八月戊辰(以上"高宗纪")、天安元年(466)三月辛亥、皇兴二年(468)四月辛丑(以上"显祖纪")、承明元年(476)二月("高祖纪上")、正始四年(507)七月辛未("世宗纪")、熙平二年(517)四月甲午("肃宗纪")各一次,神龟以后,据"肃宗纪",正光二年(521)闰五月丁巳、正光三年(522)七月壬子各一次。参阅余太山:《两汉魏晋南北朝正史西域传要注》(下册),第461页。

勒、无盒子、盐绿、雌黄。突厥不能至其国，亦羁縻之。波斯每遣使贡献。西去海数百里，东去穆国四千余里，西北去拂菻四千五百里，东去瓜州万一千七百里。炀帝遣云骑尉李昱使通波斯。寻遣使随昱贡方物。

隋唐时期对波斯的认识在加深，对其地理和物产有了较为详细的介绍，如"都达曷水"就是底格里斯河，这是中国文献中首次记载这条河，"库萨和"就是库思老二世（Chosrau II，590—628年在位）。[①] 对其风俗也开始有较为具体的描述，显然这是深入其国具体考察的结果，非道听途说之语。

《旧唐书》卷一九八《西域传》则对波斯有了更为具体的记载。

关于波斯的地理与国家政治，记载如下：

> 波斯国，在京师西一万五千三百里，东与吐火罗、康国接，北邻突厥之可萨部，西北拒拂菻，正西及南俱临大海，户数十万。其王居有二城，复有大城十余，犹中国之离宫。其王初嗣位，便密选子才堪承统者，书其名字，封而藏之。王死后，大臣与王之群子共发封而视之，奉所书名者为主焉。其王冠金花冠，坐狮子床，服锦袍，加以璎珞。

该史料对波斯皇位继承的介绍十分罕见。

萨珊王朝是公元224年或者227年由阿尔达希尔一世（Ardashir I，180—240）建立的，之后萨珊王朝领土扩展到地中海，占领了埃及，就是《旧唐书》所说的"正西及南俱临大海，户数十万"。

对于波斯的宗教风俗，《旧唐书》介绍如下：

---

① 张星烺：《中西交通史料汇编》第二册，中华书局，2003，第1055页。

> 俗事天、地、日、月、水、火诸神。西域诸胡事火祆者，皆诣波斯受法焉。其事神，以麝香和苏涂须点额，及于耳鼻，用以为敬。拜必交股。文字同于诸胡。男女皆徒跣。丈夫剪发，戴白布帽，衣不开襟，并有巾帔，多用苏方青白色为之，两边缘以织成锦。妇人亦巾帔裙衫，辫发垂后，饰以金银。其国乘象而战。每一象，战士百人，有败衄者则尽杀之。国人生女，年十岁已上有姿貌者，其王收而养之，以赏有功之臣。俗右尊而左卑。以六月一日为岁首。断狱不为文书约束，口决于庭。其系囚无年限，惟王者代立则释之。其叛逆之罪，就火祆烧铁灼其舌，疮白者为理直，疮黑者为有罪。其刑有断手、刖足、髡钳、劓刖。轻罪剪须，或系牌于项以志之，经时月而释焉。

这里的"火祆者"，即锁罗亚斯德教（Zoroastrianism），在中国文献中也称"拜火教"。安息王朝时推行希腊化，拜火教虽未被排斥，但开始出现衰落。萨珊王朝时重新振兴拜火教，其所统治的地区因拜火教在意识形态上统一起来。

萨珊王朝后期衰落，《旧唐书》记载了萨珊王朝最后的王子和唐朝之间的交往：

> 其子名卑路斯，又投吐火罗叶护，获免。卑路斯龙朔元年奏言频被大食侵扰，请兵救援，诏遣陇州南由县令王名远充使西域，分置州县。因列其地疾陵城为波斯都督府，授卑路斯为都督。是后数遣使贡献。咸亨中，卑路斯自来入朝，高宗甚加恩赐，拜右武卫将军。仪凤三年，令吏部侍郎裴行俭将兵册送卑路斯为波斯王。行俭以其路远，至安西碎叶而还。卑路斯独返，不得入其国，渐为大食所侵，客于吐火罗国二十余年，有部落数千人，后渐离散。至景龙二年，又来入朝，拜为左威卫将军。无何病卒，其国遂灭，而部众犹存。

《旧唐书》这里记载了波斯萨珊王朝被阿拉伯人灭亡的历史。公元7世纪时，阿拉伯倭马亚王朝（Umayyad）的军队进入波斯，萨珊王朝的末代国王耶德古尔德于公元637年战败逃到东部大山，638年和639年他两次派使臣求救于唐朝。在节节败退之中，647年和648年又两次派使臣求救于唐朝，唐太宗没有出兵。652年他逃至东北境的木鹿，遇害而死，王朝遂亡。

耶德古尔德的儿子卑路斯（Perozes）沿着丝绸之路继续向东逃窜，在吐火罗部族武装的支持下，一度打了回去，但很快被阿拉伯人打了回来。661年卑路斯再次遣使求救，唐高宗派王名远入西域设州县，册封卑路斯为波斯王，但终不抵阿拉伯军队的进攻。阿拉伯在705年占领了吐火罗斯坦及其首府巴里黑（Balkh），706—709年征服了粟特的布哈拉及其周边领土，710—712年又占领撒马尔罕和花剌子模。自此阿拉伯人得以在西亚和中亚建立稳固的伊斯兰教政权。卑路斯675年逃到长安，唐高宗封其为右武卫将军，还为他在长安修了一座拜火寺。677年卑路斯在长安去世。

《新唐书》对波斯也有记载，但大多和《旧唐书》相同，有些内容就抄录自《旧唐书》。玄奘在《大唐西域记》中也记载了波斯，但张星烺认为，玄奘并未到过波斯，仅仅依据传言进行记载，而且材料或许来自印度，对波斯的记载多有偏见。①

二、宋元时期中国典籍对波斯的记载

宋代记载海上交通的典籍不少，如《宋史》卷四八九《注辇传》，

---

① 其余文献中关于波斯的记载多不具体，或者有误，或者抄袭前人之文，如慧超所记波斯国、杜佑在《通典》中记载的波斯等。参阅张星烺：《中西交通史料汇编》第二册，第1074—1075页。

宋代私人研究南海交通最为详者"则为周去非之《岭外代答》"①。周去非是南宋进士，《宋元学案》卷七一说他是周端朝的仲父，他一生唯一传世的著作就是《岭外代答》。这本书是研究中西海上交通的重要文献，尽管周去非并未出过国门，但却"留心外域，勤访博问，通过船舶商或译者之口，就记下了多达四十余国之名，无抄袭前人之迹，成就实属空前"②。

他在书中记载了波斯国：

> 西南海上波斯国，其人肌理甚黑，鬓发皆拳，两手钤以金串，缦身以青花布。无城郭。其王早朝，以虎皮蒙机，叠足坐，群下礼拜。出则乘软兜或骑象，从者百余人，执剑呵护。食饼肉饭，盛以瓷器，掬而啗之。③

《诸蕃志》是南宋赵汝适所做，是南宋时记载海外各国的重要历史文献，虽然赵汝适所记"非新历目击之词"，但仍是学界"考证宋代西南海诸蕃国之唯一载籍"。④1911年，德国汉学家夏德（Friedrich Hirth, 1845—1927）和美国汉学家柔克义（William W. Rockhill, 1854—1914）将《诸蕃志》翻译成英文（*Chau Ju-Kua: His Work on the Chinese and Arab Trade in Twelfth and Thirteenth Centuries, entitled Chu-fan-chï*）。著名中外交通史专家韩振华先生将此英文版翻译过来，并对其做了补注。⑤

《诸蕃志》中记载了伊朗：

---

① 冯承钧：《中国南洋交通史》，上海古籍出版社，2015，第705页。
② 周去非：《岭外代答校注》序言，杨武泉校注，中华书局，1999，第9页。
③ 周去非：《岭外代答校注》，第114—115页。
④ 冯承钧：《诸蕃志》序，载韩振华《诸蕃志注补》，香港大学亚洲研究中心，2000。
⑤ 伯希和（Paul Pelliot，1878—1945）对《诸蕃志》此译本也有批评和矫正，参阅《西域南海史地考证译丛》，第一卷《诸蕃志译注正误》，冯承钧译，商务印书馆，1995，第11页。

>波斯国，在西南海上。其人肌理甚黑，鬓发皆乱，以青花布缠身，以两金串铃手。无城廓，其王早朝，以虎皮蒙机，叠足坐，群下膜拜而退。出则乘软兜，或骑象，从者百余人，执剑呵护，食饼肉饭，盛以瓷器，掬而啗之。

这段文字基本是从《岭外代答》中抄录的。韩振华先生在补注中指出，在中国史籍中有两个波斯，有西域之波斯（Persia）和苏门答腊北岸之波斯（Pase），这里的波斯显然不是西域之波斯。夏德和柔克义也在英文版中指出："此段是处所云之波斯，殆为东南亚之一国或一族，其居民为Negrito人。"[1]但张星烺不同意此观点，认为波斯只有一个。

中国史书中多有记载与伊朗交通关系的文献，如隋唐时的《西域图记》，记载了陆上丝绸之路与伊朗的关系，而《新唐书·地理志》中记载了从中国南部到波斯湾和弗利剌（Euphrates，现译为"幼发拉底"）河口的路线。进一步丰富了中国对伊朗认识的是元代大旅行家汪大渊（焕章）所写的《岛夷志略》。汪大渊江西南昌人，至正年间（1341—1368）曾在海外旅行多年，历数十个国家和地区，记录了各国风土人情、山川物产的奇特，居室饮食衣服的好尚以及贸易情况。《岛夷志略》中较为详细的介绍了伊朗：

>波斯离。境与西夏联属，地方五千余里。关市之间，民比居如鱼鳞。田宜麦禾。气候常冷。风俗侈丽。男女身长，编发。穿驼褐毛衫，以软锦为茵褥。烧羊为食。煮海为盐。有酋长。地产琥珀、软锦、驼毛、腽肭脐、没药、万年枣。贸易之货，用毡毯、五色缎、云南叶金、白银、倭铁、大风子、牙梳、铁器、达剌斯离香之属。[2]

---

[1] 韩振华：《诸蕃志注补》，第257页。
[2] 汪大渊：《岛夷志略校释》，苏继顾校释，中华书局，1981，第301页。

这里的"波斯离"是波斯湾的重要港口波斯离（Basra），现在称"巴士拉"。这里介绍了波斯的气候、物产、风俗。

《岛夷志略》还有"甘埋里"一条，说其"国迩南冯之地，与佛朗相近"。这里的"南冯"，指忽鲁谟斯（Hormoz）附近的一个岛，名为格什姆岛（Geshm）。"汪大渊之南冯，则疑为Hamakdan之省音，盖以岛东南部区域名为全岛名。"①

这里的"甘埋里"指的就是忽鲁谟斯，即伊朗霍尔木兹海峡。"据学者考证：甘埋亚同一书中有作甘埋，甘埋是Kerman的对音。而忽鲁模斯乃Kerman的海口……忽鲁模斯为波斯各地土特产的运输总站，东西洋的商贩亦会集在此交易。"②

柔克义认为汪大渊"曾至海外许多地方，所记皆纯为亲身经历，其可取之处多"③。相对于《岭外代答》《诸蕃志》，《岛夷志略》的真实性更大，《岛夷志略》所记多为作者亲眼所见。

从《魏书》开始，中国文献将伊朗由"安息"改为"波斯"。对于波斯这个国名，学术界也有争议。劳费尔认为有两个波斯，一个在东南亚，一个在西亚。④法国汉学家费琅（Gabriel Ferrand）附和劳费尔的观点，认为周去非的《岭外代答》所描述的"肌理甚黑，鬓发皆拳，两手铃以金串，缦身以青花布"并非波斯人的独有特点。⑤但张星烺不同意两个波斯之说，他认为《岭外代答》多为访录之言，虽有贡献，但许多不是作者亲眼所见。

---

① 汪大渊：《岛夷志略校释》，第368页。
② 朱学勤：《中外关系史》，第65页。
③ 《岛夷志略》，《通报》，[美]柔克义译，1913，第475页，转引自《岛夷志略校释》，第393页。
④ "可以看出《南州记》、《酉阳杂俎》、《开宝本草》和《证类本草》所说的产没树的波斯不会指伊朗波斯……但是因为这产品显然是路经马来西亚而推销到中国，因而在中国人中就能流行一种看法，认为这物品的产地是马来亚波斯。"见劳费尔：《中国伊朗编》，第311页。
⑤ 费琅认为"汉译波斯名称，同西方波斯完全无涉"。他甚至认为在东南亚就有两个波斯，一个在缅甸，一个在苏门答腊。参阅《西域南海史地考证译丛》第一卷，冯承钧译，第95页。

三、明清时期中国文献所记载的伊朗

从公元 10 世纪起，伊朗这块土地上经历了一系列王朝变化。1256 年，成吉思汗的孙子旭烈兀征服了波斯全境，建立了旭烈兀王朝，即伊利汗国。14 世纪中叶，旭烈兀王朝瓦解，信仰什叶派教义的沙法维王朝（Safawid）建立，阿拔斯一世（Abbas I，1585—1626）时，伊斯兰波斯帝国强大起来，并且开始和中国有了使臣联系。[①]

> 明朝与帖木儿王国是有政治上的联系的。公元1387年、1389年、1394年帖木儿先后派使者奉国书及礼品（马、驼等）来中国。1395年明朝派使者傅安等往撒马尔罕聘问。……帖木儿于1404年病死。他的第四个儿子沙哈鲁（Shah Rukh），据有哈烈（Heart）、呼罗珊（Khorasan）和妫水一带。明朝于1397年派陈德文等聘问哈烈。陈德文在奉使期间，采各地的风俗作为诗歌，使中国人民进一步了解伊朗。[②]

这些使臣往来的记载虽然详细，但多为交往之过程，对于波斯国本身记载并不具体。公元1413年明朝派遣陈诚等前往西域诸国，写下《西域行程记》和《西域番国志》，两部书"行程道里，一叙山川风物，是明代唯一的亲历西域的实况记录"[③]。《西域番国志》开篇就介绍了当时的伊朗。

第一，对哈烈国[④]的经济生活做了深入介绍：

---

① 《明史·西域传》载，永乐十七年，伊思法罕有使远来我国；宣德六年、成化十九年也有使远来。

② 朱杰勤：《中外关系史》，第65页。参阅张星烺：《中西交通史料汇编》第二册，第1218—1229页。

③ 《西域行程记》序言，中华书局，2000，第22页。

④ 《西域番国志》载："哈烈一名黑鲁，在撒马尔罕之西南，去陕西行都司肃州卫之嘉裕关一万二千七百里。"这里的"哈烈"就是帖木儿之波斯。

> 城市人家少见炊烟，饮食买于店铺，故市肆夜不闭门，终夕烧灯燃烛交易。通用银钱，大者重一钱六分，名曰等哥，次者每钱重八分，名曰抵纳，又有次者，每钱重四分，名曰假即眉。此三等钱，从人自造，造完于国主输税，用印为记，交易通用。无印记者不使。假即眉之下，止造铜钱，名曰蒲立，或六或九当一假即眉，惟于其地使用，不得通行。①

此史料对哈烈国的钱币分类、制作和管理都一一说明，这在以前从未记载。城市家庭均在外吃饭，燃灯交易，足见其经济生活活跃。

第二，对哈烈国的宗教生活做了介绍：

> 妇女亦白布蒙首，略露双眸，丧则易以青黑。居丧止百日，葬不用棺，以布囊裹瘗之，常于坟墓设祭。家不祀祖宗，亦不祀鬼神，惟重拜天之礼。凡拜天，若聚会，则择日行之。无月朔甲子。择日，每七日为一转，周而复始。聚拜之所，筑一大土屋，众列班其中，一人大呼则皆拜。每岁二月十月为把斋月。②

这是中文文献中对波斯穆斯林的宗教生活介绍最为详尽的史料，从妇女的日常生活到大众平日的宗教生活都做了介绍。

从海路来说，明代最重要的与西洋诸国的联系是郑和七次下西洋。对郑和第七次下西洋，《郑和传》记载："宣德五年（1430）六月，帝践阼岁久，而诸番国远者犹未朝贡，于是和、景弘复奉命历忽鲁漠斯等十七国而还。"这里所说的忽鲁漠斯就是波斯湾的霍尔木兹海峡。郑和七下西洋，是人类航海史上的壮举，"其任务之丰伟，舟楫之雄壮，才艺之巧妙，盖古所未然也"③。而关于郑和下西洋最重要的历史文献是马

---

① 陈诚：《西域行程记西域番国志》，周连宽校注，中华书局，2000。
② 张星烺：《中西交通史料汇编》第二册，第1231页。
③ 朱当㴐编《国朝典故·瀛涯胜览·马敬序》，中国国家图书馆藏明钞本。

欢的《瀛涯胜览》一书，这本书中也记载了伊朗。郑和船队分别于公元1412年、1417年和1421年，三次到达忽鲁谟斯，马欢、费信和巩珍都在使团中担任文书或翻译工作，三人都有游记如实记录忽鲁谟斯的情况。这是对伊朗所做的最为详细的介绍。

忽鲁谟厮国

自古里国开船投西北，好风行二十五日可到。其国边海倚山，各处番船并旱番客商，都到此处赶集买卖，所以国人殷富。其国王、国人皆奉回回教门，尊敬诚信，每日五次礼拜，沐浴斋戒，必尽其诚。国中风俗淳厚，无贫苦之家。若有一家遭祸致贫者，众皆赠以衣食、钱本而救济之。

如人死之家，便用致细白葛布为大殓小殓之衣，用瓶盛净水，将尸从头至足浇洗三次，既净，则以麝香、片膳填尸口鼻，才服殓衣贮棺内，随即便埋。其坟以石砌，穴下铺净沙五六寸，抬棺至彼，则去其棺，止将尸放石穴上，石板盖定，加以净土，厚筑圹堆甚坚，整洁。

人之饭食，必以酥油拌煮而食。市有烧羊、烧鸡、烧肉、薄饼、哈里撒，一应面食皆有卖者。二三四口之家，皆不举火做饭，止买熟食而吃。国王以银铸钱，名曰底那儿，径官寸六分，面底有文，重官秤四分，通行使用。书记皆是回回字。其市肆诸般铺店，百物皆有，止无酒馆，国法饮酒者弃市。文武医卜之人绝胜他处。

各色技艺皆有，撮弄博戏皆不为奇。一样羊上高杆，可笑也。其技用木一段，长一丈许，木上头平，止可容羊四蹄。将此木直立于池内，另用一人扶定。其人引一小白羖羊，拍手念诵。其羊依拍鼓舞，走迎其木，先以前两足搭定其木头，又将两后足一纵立于木上。又一人将木一段于羊蹄前挨之，其羊又将前两脚搭上木头，随将后两脚纵起，人即扶其木于对中。其羊立于木上，似舞之状。又将木一段攒之，连上五六段，高二丈许，然后于中推断其木，人以手接捧其羊。又令卧地作死之状，令舒其前脚则舒其前，令舒后脚则舒其后。

又有人将一大黑猴，高三尺许，演弄诸般本事了，然后令一闲人将巾帕之类紧缚其猴两眼，别令一人潜打猴头一下，避之。后解其缚，令寻打头者于千百人中，径出原打二人，甚可怪也。

其地气候寒暑，春则花开，秋则落叶，有霜无雪，雨少露多。有一大山，四面出四样之物：一面如海边所出之盐，红色，人用铁錾如打石一般凿起一块，有三四百斤者，又不潮湿，欲用则擂碎为末而食；一面出红土，其色红若银珠；一面出白土，如石灰，可以粉墙壁；一面出黄土，如姜黄之色。俱着人守看各处，自有人来买取为用。

土产米麦不多，皆有各处贩来粜卖，其价不贵。果有核桃、把聃、松子、石榴、葡萄干、花红、桃干、万年枣、西瓜。菜瓜、葱、韭、薤、蒜、萝卜等物都有。其瓜甜，甚大，高二尺者。胡萝卜红色，如藕大，亟多。核桃壳薄，白色，手捏即破。松子长寸许。葡萄干有三四样：一样如枣干，紫色；一样如莲子，无核，结霜白；一样如白豆粒大，圆颗，略白。把聃子果似核桃样，略尖长，色白，内仁味胜核桃。石榴如茶盅大，花红有拳大，甚香美。万年枣亦有三样：一样番名垛沙布，每个有拇指大，核小，自结其霜如沙糖，忒甜，难吃；一等按烂成二三十斤大块，如好柿饼、软枣之味；一等干者，如南枣略大，味颇涩，彼人将来喂牲口。

此处各番宝物皆有，如红雅姑、青黄雅姑、剌石、祖把碧、祖母喇、猫睛、金刚钻；大颗珍珠若龙眼，重一钱二三分者；珊瑚树株并枝梗；大块金珀珠、神珀、蜡珀；黑珀，番名撒白值、各色美玉器皿、水晶器皿；十样锦剪绒花毯，其绒起二三分，长二丈，阔一丈；各色梭幅、撒哈剌、毯罗、毯纱、各番青红丝嵌手巾之类，皆有卖者。

驼、马、驴、骡、牛、羊广有。其羊有四样：一等大尾绵羊，每个重七十斤,其尾阔一尺如拖地,重二十余斤;一等狗尾羊,如山羊样,其尾长二尺许;一等斗羊,高二尺七八寸,前半截毛长拖地,后半身皆净,其头面似绵羊,角弯转朝前,上带小铁牌,行动有声。此羊快斗,好事之人喂养在家,斗赌财物为戏。

又出一等兽,名草上飞,番名昔雅锅失。有大猫大,浑身俨似玳瑁斑猫样,两耳尖黑,性纯不恶。若狮、豹等项猛兽见他,即伏于地,乃兽之王也。

国王将狮子、麒麟、马匹、珠子、宝石等物并金叶表文,差头目跟同回洋宝船,进献朝廷。①

《瀛涯胜览》在对波斯的介绍和认识上有两点重要贡献:

其一,对波斯物产的介绍大大超越了以前所有的文献,从农产品到矿产都做了介绍。《隋书》也介绍了波斯的物产,但多是矿产,对农产品的介绍不如《瀛涯胜览》。这是中文文献对伊朗研究的贡献,如劳费尔所说,"若没有中国人的记载,我们就无法充分了解当时的情况。中国人是讲求实际的人,对具体事物向来很感兴趣。他们给我们留下大量的有关伊朗植物、产品、矿物、风俗、制度等方面的有用的知识,这些知识对于科学必然会有很大的帮助"②。

其二,对波斯杂技的介绍,尤其是动物表演杂技的介绍,比以往更详细。"上文提到安息使者把犁靬眩人送来中国,对中国固有的幻术发生一定的影响。中国古代广泛流传过一些杂技节目,如'口中吐火'和'用绳自缚自解'等魔术节目,有人认为就是通过伊朗传入的。还有一个在叠放着的多张案上由艺人表演的节目'安息五案'。它以安息为名,可见是从古代伊朗移植过来的。"③《瀛涯胜览》对波斯动物杂技的记载,反映出两国在这方面交流的频繁。

---

① 马欢:《〈瀛涯胜览〉校注》,万明校注,海洋出版社,2005,第91—98页。
② 劳费尔:《中国伊朗编》序言,第2页。
③ 朱杰勤:《中外关系史》,第53—54页。

四、来华传教士在世界地图中对伊朗的介绍

中国古代地图中早有对波斯的绘制和记载。南宋咸淳元年（1265），释志磐编写出《佛祖统纪》，这本书中有"图12幅：即东震旦地理图、汉西域诸国图、西土五印之图、华藏世界图、大千世界万亿须弥之图、四洲九山八海图、大千三界图、忉利天宫之图、诸天通论图、八热地狱图、八寒地狱图、十六游增图"[①]。

图中分南北两条线描述了从中国到西方的路线图。图中由陇西至条支（在两河流域）、安息（在伊朗高原）、奄蔡（在咸海，里海北面）的陆路交通路线比较详细。从武威始，往张掖至酒泉，出敦煌后沿蒲昌海分南北两路通往西域。北路经伊吾、流沙、且弥、乌贪、单桓、郁立师、劫国、卑陆、后车师、交师至车师前国。再往西，经狐胡、蒲类、乌孙、达疏勒、越葱岭、至大宛、附墨、奥键、康居、奄城。南路沿蒲昌海南岸，经阳关、白龙堆沙漠、若羌、小宛、且末、精绝、戎卢、渠勒至于阗，循昆仑山谷西行，经皮山、西夜、乌宅、依耐、无雷，沿葱岭南麓，往西北可达休循，往西或西南达厥宾、大月氏、安息（伊朗）、乌龙山、条支。

这幅地图将"有关阿拉伯世界的地理状况绘制成图，尚属首见"[②]。两条路线都标出了安息国。

晚明时期西方传教士来到中国，开始将欧洲大航海以来的地理知识介绍到中国，他们介绍地理知识的方法之一就是绘制世界地图。在来华传教士所绘制的世界地图中，伊朗开始以舆图的形式呈现在中国人面前。

利玛窦1602年绘制了《坤舆万国全图》，在这幅地图中他标出

---

① 郑锡煌：《关于〈佛祖统纪〉中三幅地图刍议》，载曹婉如、郑锡煌等编著《中国古代地图集（战国一元）》，文物出版社，1995。

② 汪前进：《伊斯兰古典科学在中国的传播新论》，载叶奕良主编《伊朗学在中国论文集》（第三集），北京大学出版社，2003，第176页。

了伊朗地区的一些地名。意大利汉学家德礼贤（Pasquale M. D'Elia, 1890—1963）考证了这幅地图中中文地名的外文名，并考证了其对应的现地名。[①]根据德礼贤的研究，利玛窦地图中的伊朗地名的外文名及对应的现地名如表1：

表1　利玛窦地图中伊朗地名考证表

利玛窦地图中的中文名	德礼贤标注地名	对应现地名
耶辣览	Elaran	埃兰国
巴尔齐亚	Parthia	帕提亚帝国（安息帝国）
路勒私旦	Lurestan	洛雷斯坦
古亚思旦	Cusistan	疑为胡泽斯坦省（Khuzestan）
剌路斯	Laluse（原书中标红）	疑为拉雷斯坦（Larestan）地区
忽鲁谟斯	Ormus	霍尔木兹
波斯	Persia	波斯（古伊朗）
溪尔曼	Kirman	克尔曼
陀拔斯单	Tobaristan	今约位于马赞达兰省
入兰	Giul	吉兰（Gilan）
加私	Kesh	疑为加兹温（Qazvin）
哥蜡作泥	Corassan	呼罗珊（Khorasan）
亚的伯让	Adilbegian	阿塞拜疆
得力利大伯里私旦	Tares Taperistan	？
沙勿私	Savas	？
赤蜡盖亚	Arigana	？
色耨利	Sceneuli（原书中标红）	？
惹西厮突	Giosiseteu	？

由上可知，利玛窦地图中个别伊朗地名尚未考证出对应的现地名。

古国埃兰是伊朗西南部最早建立的国家，主要位于湖泽斯坦省（Khuzestan）。埃兰人（Elamites）曾被认为在公元前5世纪中便抵达伊朗，埃兰国的具体边界因政治形势的变幻和对外战争的胜负无常而难以

[①] Il mappamondo cinese del p. Matteo Ricci S. I., conservato presso la Biblioteca Vaticana, commentato, tradotto e annotato，1938年在梵蒂冈图书馆出版。

407

确定。其强盛时期的势力范围东抵波斯波利斯，东延伸至大盐滩一带，西接巴比伦，西北与亚述接壤，其影响则远及中亚、印度河流域以及阿拉伯半岛。①

巴尔齐亚就是波斯"Persia"的对音，艾儒略（Guilios Aleni，1582—1649）在《职方外纪》中就用了"百尔西亚"来称呼伊朗。

路勒私旦，"该处十二至十五世纪独立，十六世纪此地属于萨菲波斯王朝统治的范围"②。

古亚思旦，学者认为"古西思旦"较好，在亚伯拉罕·奥特柳斯（Abraham Ortelius，1527—1598）的古地图（Persici Sive sophorvm regni typvs，1570）中写作"Cvsistan"，此地属于伊朗文明的发源地。

入兰，地图一般写成"Gilan"，现在伊朗里海南部海岸省为"吉兰"。此地中国《新唐书·大食传》称作"岐兰"。③

艾儒略是意大利来华耶稣会士，他和杨廷筠合作刊出的《职方外纪》，是中国历史上第一份地理志，较之利玛窦的《坤舆万国全图》，该书对地理知识的介绍更为详尽。在该书的世界地图中，他绘制并介绍了伊朗。在书中他也介绍了伊朗：

百尔西亚

印度河之西，有大国曰百尔西亚。太古生民之始，人类聚居，言语惟一。自洪水之后，机智渐生，人心好异，即其地创一高台，欲上穷天际。天主憎其长傲，遂乱诸人之语音为七十二种，各因其语散厥五方。至今其址尚在，名罢百尔，译音乱也，谓乱天下之言也。

百尔西亚之初，为罢鼻落你亚，幅员甚广，都城百二十门，乘马疾驶，一日未能周也。国中有一苑囿，造于空际，下以石柱擎之，上承土石，凡楼台池沼草木鸟兽之属，无不毕具，大复逾于一

---

① 于卫青：《波斯帝国》，三秦出版社，2001，第20页。
② 高翔：《〈坤舆万国全图〉地名考本》，光明日报出版社，2015，第297页。
③ 冯承钧编《西域地名》（增订本），陆峻岭增补，中华书局，1980，第29页。

邑，天下七奇，此一也。后其国为百尔西亚所并，遂称今名，至今强大。国主尝建一台，纯以锁杀回回头颅垒之，台成骷颅几五万。二十年前，其国主好猎，一围获鹿至三万。欲侈其事，亦聚其角为台，今尚存。

又东近撒马尔罕界一塔，皆以黄金铸成，上顶一金刚石如胡桃，光夜照十五里。其地江河极大，有一河发水，水所及处即生各种名花。南有岛曰忽鲁谟斯，在赤道北二十七度，其地悉是盐，否则硫磺之属，草木不生，鸟兽绝迹。人著皮履，遇雨过履底，一日辄败。多地震，气候极热，人须坐卧水中，没至口方解。又绝无淡水，勺水亦从海外载至，其艰如此。因其地居三大洲之中，凡亚细亚、欧罗巴、利未亚之富商大贾，多聚此地。百货骈集，人烟辐辏，凡海内极珍奇难致之物，往辄取之如寄。士人尝言，天下若一戒指，此地则戒指中之宝物也。①

这里的百尔西亚就是指伊朗，艾儒略对伊朗的介绍与利玛窦相比范围大大扩展了。在《职方外纪》中西亚国家只介绍了三个："莫卧而""百尔西亚"和"度尔格"，即今"阿富汗""伊朗"和"土耳其"。在介绍伊朗时该书把现在伊拉克的内容也放入其中，这样古代苏美尔文化的一些内容也被放入了其中，例如巴比伦塔，即他说的"国中有一苑圃，造于空际，下以石柱擎之，上承土石，凡楼台池沼草木鸟兽之属，无不毕具，大复逾于一邑，天下七奇，此一也"。

艾儒略和利玛窦对忽鲁谟斯进行了几乎相同的介绍，他说："在赤道北二十七度，其地悉是盐，否则硫磺之属，草木不生，鸟兽绝迹。"利玛窦在介绍忽鲁谟斯时说："山连五色，皆盐也，取之镟为器皿之类，食物就用而不必加盐。"

南怀仁（Ferdinand Verbiest，1623—1688）的《坤舆全图》是继艾

---

① ［法］艾儒略：《职方外纪校释》，谢方校译，中华书局，1996。

儒略之后来华传教士所绘制的一幅世界地图，同时也是一本地理志，书中以"百尔西亚"介绍了伊朗，但内容基本抄用了艾儒略《职方外纪》中"百尔西亚"的条目，这里就不做专门介绍了。

总结

自张骞西使，丝绸之路渐渐开通，在漫长的历史中，中国前往西域的使者记下了他们所听到、见到的伊朗，特别是在唐代，在波斯王朝和阿拉伯的斗争中，波斯王朝最后的传人葬于长安，更是两国交往的重要事件。明清时期，郑和的船队到达伊朗，在马欢的《瀛涯胜览》中，对伊朗的记载达到了中国历史记载的最高峰。最后来华传教士利用大航海后的地理知识，在他们的世界地图中，进一步丰富和完善了中国对伊朗的认识。

（张西平　北京外国语大学中华文化国际传播研究院）

中国文化在南亚：史料与内涵*

□ 佟加蒙

南亚是个复杂的地理概念。在古代，南亚次大陆是"随地称国"，至玄奘才"语其所美，谓之印度"[①]。今天一般意义上的南亚，则包括印度、巴基斯坦、尼泊尔、不丹、孟加拉、阿富汗、斯里兰卡和马尔代夫八个国家。所以无论是"南亚"还是"印度"，其包含的语义范围在古代的不同历史时期乃至今天，都存在很大程度的不同。这里所论的南亚，只好古今兼顾，即凡是在古代被称为"印度"范围之内的，以及凡是在今天的地图上标示为南亚八国疆界之内的，都予以列入。这个题目又有极其重要的意义。南亚地区和中国都由于新兴经济而正在对世界范围的政治经济和地缘格局形成深刻影响。中国与南亚的文化互动，既是文明古国之间文化交流的延续，也是新千年世界文化发展的重要坐标。如何让连绵千年而不断的文化交流传统在新的历史阶段焕发更大的活力，并且为繁荣世界文化做出更大的贡献，是文化学者应该思考和关注

---

* 本文为国家教育部哲学社会科学研究重大课题攻关项目"20世纪中国古代文化经典在域外的传播与影响研究"（项目号：07JZD0036）的阶段性成果。本文首发于《国际汉学》总第11期，2017年第2期。

① 玄奘、辩机：《大唐西域记校注》，季羡林等校注，中华书局，2000，第161页。

的课题。

此外,"文化"大概在语意丰富方面是包涵性最强的一个词。我们几乎可以把生活中的万事万物都归结到文化层面予以论说。在这个概念之下,高妙至精神哲学,细碎到衣食住行;具体到人物书籍,抽象至思想理念,无不具有文化的意义。既然论题所涉及的就是"文化"的传播,其内容就几乎可以包罗万象了。从另一个角度而言,文化的记载和传承又是必须完成的任务,否则文化便没有了积累和发展,后来人便不能追根溯源。玛雅和摩亨佐达罗留给人们的都是无穷无尽的遗憾。此外,任何一种区域性文化,无不以为世界文化做出贡献而引为荣耀。将自己的文化传播到另外一个地区,让自己的文化价值观念为更多的人所接受,是人类自从有历史以来就孜孜不倦追求的目标。文化恰如精神和心灵的基因,只有传播开来,繁衍生根,才具有生命力,否则其结局必然意味着消亡。

一、中文史料和文献

对于"中国文化在南亚"的讨论,可以利用的文献资料包括以下几个方面。第一是对中国古代载籍的直接引述;第二是近当代以来,有学者对相关古代载籍进行了分类梳理,并做了深入的讨论研究;第三是近当代学者所撰写的各种文化交流史,重要的著作包括季羡林先生所著《中印文化交流史》[①]。当代中外文化交流和文化传播研究的一个重要特点,就是视角从单向转向了多元,既关注我们自己历史文献的积淀,也重视他国的研究资料和成果。

---

① 季羡林:《中印文化交流史》,中国社会科学出版社,2008。

(一) 中国古代载籍

四库全书浩如烟海,其中多有涉及古代中国与其他国家和地区进行文化交流的记录。在我们的论述中,最主要的载籍为"二十五史"。从《史记》到《清史稿》,正史之中记载了大量关于中国与其他国家往来交流的史实。对于世界历史而言,这些内容成为了宝贵的历史资料,尤其是那些没有官方修史传统,或者由于各种原因历史的发展脉络已经湮没的国家而言,中国正史之中的丰富记录已经成为历史研究的瑰宝。正史之外,还包括涉及南亚的游记以及方志杂记。

《史记》之中涉及南亚的篇章就包括《西南夷列传》和《大宛列传》。作为中国第一部纪传体通史,《史记》的历史价值已经毋庸赘言。这样一部被称为"史家绝唱"的作品中包含大量中国边疆地区少数民族,以及周边国家的历史记录,对于文化交流研究而言就具有更加特殊的意义。《西南夷列传》和《大宛列传》之中有关南亚国家"身毒"的记载,成为中国对南亚地区最早的历史描述,也是中国与南亚文化交流最早期的文献证据之一。

《汉书》虽然也是纪传体史书,但较之于《史记》,在体例上做出了诸多创新。一个特点是增加了《地理志》和《艺文志》。这两部分内容对于文化交流研究而言,是尤其宝贵的资料。除了《地理志》和《艺文志》外,《汉书》还以较大的篇幅描写西域地区和国家与中国内地的往来情况。例如,《地理志》中就详细记载了中国与南亚国家通过海路以及陆路的连接线路。这是中国史籍中关于海外交通的比较早期的史料。

《后汉书》中涉及南亚的史料包括《南蛮西南夷列传》和《西域传》等。由于佛教在东汉时期传入中国,《后汉书》记载了与佛教相关的诸多史料,主要出现在《西域传》中的天竺国章节。耿引曾教授在《汉文南亚史料学》(*Historical Data of South Asia from Chinese Sources*)中指出:"……汉文史料引起了中外研究者的重视,使之能对大月氏历史及贵霜王朝做出较系统的论述,成为编写中亚史、南亚史的主要依据。"[1]

《三国志》中也包含有南亚地区的史料,尤其是裴松之在做注的过程中,引用了《魏略》《异物志》等书,其中出现了很多有关南亚地区和国家的记载,最主要的内容包括《魏略》中的"西戎传"章节。"西戎传"中记载了从内地通往西域的几条主要通道,表明其时文化交流在地理上是能够保持顺畅的。裴松之还注引《浮屠经》,可以从中看到天竺国佛教发展的一些情况。

两晋南北朝时期,佛教在中国得到了大发展。这一段时期的史籍中更是出现了很多关于南亚的记载。例如《宋书》中就记载了南亚狮子国国王发来的国书,虽然汉译或有措辞夸耀,还是可以从中看出当时中国与斯里兰卡之间友好交往的史实。《宋书》中还记载了天竺国王发来的国书,其中提及贡献"金刚指环、摩勒指环和金刚鹦鹉"等事迹。除了《宋书》之外,《南齐书》《魏书》等史籍中也多见南亚史料,包括南亚国家贡献方物,甚至佛牙等。

对于中国和南亚文化交流而言,两晋时期出现的最为重要的载籍为《佛国记》。这部著作中的很多内容也为正史所引用。例如,《梁书》之中关于狮子国的记载基本采自《佛国记》。这部书如此之重要,以至于1600年之后的今天,仍然被相关国家的学者津津乐道。例如对于印度,《佛国记》之中关于笈多王朝的详细记录,已经成为撰修笈多王朝历史的重要文献。对斯里兰卡而言,法显则已经成为中斯友好交流的标志,是最广为人知和备受推崇的中国古代人物。

梁代僧人慧皎所著的《高僧传》则记载了从东汉到南北朝时期著名僧人的事迹。除《高僧传》之外,同类著作还包括唐道宣所著《续高僧传》以及宋赞宁所著《宋高僧传》。这几部高僧生平传记著作中提及的僧人,有很多都有在中国和南亚国家之间往来游访的经历。

至唐朝,玄奘西游并留下《大唐西域记》。这部著作对于中国与南

---

[1] 耿引曾:《汉文南亚史料学》,北京大学出版社,1990,第18页。

亚文化交流的意义，用多么华丽的词汇来形容都不为过。季羡林先生在"校注《大唐西域记》前言"中，综述玄奘的思想和业绩，并被学界认为是"研究玄奘的集大成者"。季先生领导校注《大唐西域记》，也被认为"代表了我国对该书的研究水平"[①]。

《新唐书》中记载了唐代通往南亚的路线，其中包括从陆路通往天竺和从广州海路通往斯里兰卡的路线。书中"西域传"章节对天竺、罽宾和狮子等国都有记载。

宋元时期的海路贸易有更大发展。这一时期的几部交通史类著作，包括《岭外代答》《诸蕃志》和《岛夷志略》，在海路与南亚国家交通方面提供了宝贵的史料。唐代以来，海路对外交通史料的丰富，也表明中国对外文化交流从历史上更多地经由陆路开始向水陆并进的多层次发展。这一特点到明朝的郑和下西洋则表现得更为突出。

对于明代的对南亚文化交流，讨论的重点是"郑和下西洋"。围绕这一主题，有三部著作需要注意，包括马欢的《瀛涯胜览》、费信的《星槎胜览》和巩珍的《西洋番国志》。"郑和下西洋"作为西方新航路开辟之前的一个重大历史事件，在国际学术研究中被赋予了多重含义。我们的讨论则围绕文化交流而展开。在郑和七次下西洋过程中，南亚很多地区（包括今天的孟加拉、印度南部多地、斯里兰卡和马尔代夫）都是重要的经由地和中转地。

古代载籍是我们宝贵的文化遗产。尽管文化的基因也会以其他的形式保存并流传下来，甚至随着世代繁衍在人群中自发自觉地生生不息，但是文字的记载无疑是其中最重要的组成部分。从古代中国与南亚国家的文化交流这样一个视角来看，后世对于这个领域的研究的基点就是古籍。没有古籍内容的支撑，比如单依靠考古发现，相关研究就会变得苍白。从这个意义上讲，对古代中国与南亚国家文化交流的研究，在某种程度上就是对中国古代载籍中的相关记录进行梳理、考证和分析的过程。

---

① 耿引曾：《汉文南亚史料学》，第115页。

(二)古代中国与南亚文化交流的当代研究

如上所言,中国的古代载籍如同汪洋大海,论述过程中就难免挂一漏万。当代学者对古代载籍之于中国与南亚国家文化交流的意义进行了详细的整理、校注和评述,其中一些成果则成为相关研究工作的必要资料。在这方面,我们首推北京大学耿引曾教授的两本著作,即《汉文南亚史料学》和《中国古代载籍中南亚史料汇编》。

《汉文南亚史料学》对"南亚的汉文史料进行考订、分类、阐述和评价,试图把汉籍中的南亚史料整理出一个系统"。正如该书内容简介中所言:"汉籍中的南亚史料是举世无双的。它对历史资料极端缺乏,而一向以寓言、神话、传说来代替历史的南亚人民将如获瑰宝。它对研究亚洲的,特别是南亚的历史文化,以及中国与南亚的关系,有无与伦比的价值。"[1] 除此,耿引曾教授更编有《中国古代载籍中南亚史料汇编》。这部著作对于中国与南亚古代文化交流的研究者而言,是案头常备的工具书。这本汇编以及上述的《汉文南亚史料学》如果按照南亚国家和地区再进行分类和外译,无疑将成为中国文化在南亚地区传播的经典。以斯里兰卡为例,尽管已经有部分研究关注了中国古籍中对该国的记载和叙述,但是系统全面的译介还并没有出现。如果以《中国古代载籍之中的斯里兰卡》问世,一定可以成为中国文化在斯里兰卡传播的很好尝试。

在直接对中国古代载籍进行梳理和汇编之外,当代学者还对中国与南亚地区和国家之间自古有之的文化交流进行了深层次的研究和论述。我们参考的材料就包括季羡林先生所著《中印文化交流史》、薛克翘先生所著《中国印度文化交流史》、陈炎教授所著《海上丝路与中外文化交流》、石云涛教授所著《三至六世纪丝绸之路的变迁》等。

---

[1] 耿引曾:《汉文南亚史料学》,第1页。

二、国外的相关研究

在中文史料和文献之外，包括南亚国家在内的很多国家和地区也就中国与南亚文化交流开展了各种研究并得出丰富成果。这其中就包括近代以来南亚各国的中国学研究与其他国家和地区的相关汉学研究。在印度方面，以国际大学中国学院为发端开启了近代印度研究中国的热潮。以谭云山和师觉月为代表的学院派中国研究专家围绕中印文化交流、佛教研究、中文教学和中国文化传播发表了一大批论著，对于中国文化在印度及南亚其他国家的传播发挥了积极作用。这一传统延续到德里大学和尼赫鲁大学等其他著名高等学府，到今天高水平的中国研究学者和汉学家对中国文化在印度的传播和影响仍扮演着至关重要的角色。

在斯里兰卡，从20世纪中期中斯建交以来，两国各领域的往来开始日益密切，学术联系也活跃起来，这就有力地推动了斯里兰卡学者对中国的兴趣和研究。以马丁·维克拉玛辛诃（Martin Wickramasinghe, 1890—1976）[1]和埃底里维拉·萨拉钱德拉（Ediriweera Sarachchandra, 1914—1996）[2]等主流学者为代表，相继开展对中国的学术观察并发表论著，在斯里兰卡的学术界和普通民众层面加强了对中国的认知。这种以中国为研究对象的学术探索到20世纪末开始以中文系的设立为标志进入斯里兰卡的高校教育体系。随着孔子学院、孔子学堂，甚至中文广播频道的开设，斯里兰卡从知识界到公众都有更多的机会深入了解和认识中国。

---

[1] 马丁·维克拉玛辛诃是斯里兰卡最负盛名的小说家和学者，也是最早以学术视角观察新中国的当代斯里兰卡学者之一。他开拓和引领了当代斯里兰卡对中国的学术研究。马丁·维克拉玛辛诃所著《新中国印象》（Nawa Cheenaye Pibideema）是当代斯里兰卡对中国开展学术研究的发端。

[2] 埃底里维拉·萨拉钱德拉是当代斯里兰卡著名剧作家和文学家。他对中国京剧开展过深入研究，并倡导在僧伽罗传统戏剧样式中借鉴京剧的艺术特色。埃底里维拉·萨拉钱德拉所创作的僧伽罗歌舞剧《新中国印象》（Sinhabahu）和《新中国印象》（Maname）之中都可以看到明显的京剧艺术特点。

除文化交流史类著作外，一些汉学研究成果也丰富了我们的研究思路和内容。相关书籍包括伯希和（Pawl Pelliot，1878—1945）所著《交广印度两道考》、李约瑟（Joseph Needham，1900—1995）领衔的巨著《中国科学技术史》和斯文·赫定（Sven Hedin，1865—1952）《亚洲腹地探险八年》等。这些汉学著作，对我们的文化交流研究视角形成有益的补充。实际上，汉学家们对于文化交流所做出的贡献是非常巨大的。像"丝绸之路""四大发明"等重要文化概念，其实是汉学家们的创作。连大熊猫最早都是由谙熟中国文化的传教士宣传出去的。斯坦因从英属印度北上中亚，最终从新疆和中国西北诸地发现大批文物，而这些文物的第一个转运站还是当年的英属印度。斯坦因和伯希和等人盗劫文物，其行为可鄙，然而其对于中国与南亚文化的勾连，倒是有了其初衷之外的结果。对于此类汉学家的研究成果和著作，我们在论述中也有所涉及。

三、文化传播的时间脉络和内涵

古代中国与南亚地区存在密切的文化交流。形成这种密切文化交流的原因也很简单：作为世界上两个重要文明和文化的繁衍栖息地，其地理位置又仅一山之隔，交流如何能不频繁呢？相关的学术研究也历史久矣。尽管我们的论题是"中国文化在南亚"，但是从学术史和研究文献的角度看，是很难将两个地区之间文化的"往"与"来"完全划分开来的。这里涉及的文献资料，大部分均是以"交流"的名义立说，而很少有完全单向传播的视角。而且这种交流在中国的学术视野中，总是传入比传出的内容更加丰富。[①] 例如一些"文化交流史"，由于作者的立意以

---

① 季羡林有多篇论文论述中国文化在印度，包括《中国纸和造纸法输入印度的时间和地点问题》《中国蚕丝输入印度问题的初步研究》和《关于中国纸和造纸法输入印度问题的补遗》等。参见季羡林：《季羡林论中印文化交流》，王树英选编，新世界出版社，2006，第26—75页。

及资料限制,其内容就以"传来"的居多,"流出"的部分总显得单薄。这大概有两个原因,一个是在历史上,中国的文化传统博大精深,所以就发展出了更大的容量,以至于能够海纳百川,更多地接受外来文化;另外,任何的文化,流传出去不但不会对发源地有什么损失,反而会巩固其优势文化的地位,而当一种文化传播进来的时候,就会丰富接受地区的文化内涵。所以从自身的视角,人们总是能够注意到有何种异域文化传播了进来,而不太注意自己有哪一个方面的文化内容流传到其他地区了。这样,"中国文化在南亚"这个题目就显得格外有意义。因为这可能是一个在历史上以及在今天的学术研究中都容易被忽略的问题。

讨论"中国文化在南亚"这样一个问题,论述基本上从公元前后开始。这当然不意味着那是一个文化传播或者交流的开端时期。如果做一个思考上的推断,不同地区人类族群之间的交流当然会追溯到远古,只不过相应的证据随着时间流逝越久远也就越湮没无考。我们只要看看各种不同种属的动物在地球上大规模迁徙并适应不同的地区气候和生存条件的事实,就可以想象在今天所谓的文明发轫之前,上古的人们长途迁移流离居住的能力要比今天必须借助交通工具才能远距离旅行的现代人还要强。生物社会学者甚至认为人类拥有共同的一个祖先,即便是不同肤色和种族,也不可能从彼此毫无干系的两条线索遗传下来。如果考虑蒙元的历史以及印度历史上的突厥化的穆斯林人,谁敢说两地一定不存在个把人有共同的某位先祖?尤其考虑次大陆这样一个"人种博物馆",以及中亚在勾连南亚与古代中国方面所发挥的重要作用,先不提文化,即使基因层面的交流也应该是必然。从这个意义上讲,文化传播的视角的确应该放得更高远。陈炎教授在海上丝路的研究中,能够将目光投向文化遗址的考古发掘,就很好地说明了这个问题。

公元前后的一段时间是文化交流的文字证据开始出现并日益丰富起来的时期。这也是将之作为论述开始的原因。从早期的文化交流史料来看,人们对异域文化充满了好奇和探求的愿望,即使是只有耳闻没有目睹的事件,也会记录下来。《史记》之中所记张骞听说的"蜀布"和

"邛竹杖"[①],被作为中国与南亚地区之间文化交流的文字证据,反复引证和讨论。在今天看来,相比于中国制造的产品在全球铺天盖地,这仅仅听来的微末事物却被如此重视或许会令人哑然一笑。然而历史上的万物都是这样从无到有、从细小到宏大发展而来的。文化交流的轨迹也是如此,也经历一个从跬步到千里的过程。今天,我们或许已经不关心哪一个国家的店铺里出售着哪一种来自中国的商品,也不在意哪一个地区的人们在日常生活中使用着什么标记有"MADE IN CHINA"的器物,但是我们却需要重视来自中国的事物、讯息和影响给接受地的人们带来怎样的感受。而这种感受也非一日之功,是在历史的长河流淌的过程中缓慢而又深刻地形成,并且在不断发展变化的。这无关某个具体的人或者某一时间发生的某件事情,而是一个整体的印象,能够形容和概括这种印象的词,就是"文化"。我们的"文化",总要流传到另一个国家或者地区。即使是闭关锁国与外部几乎隔绝的时代里,外部的世界和人们也在通过不同的渠道观察着我们并得出自己的结论。在中国日益走上世界舞台前沿的今天,我们就更需要回过身去观察历史,看一看从古代到现在,我们的文化是怎样传播到其他地区的,给那个地区的人们形成了怎样的印象和影响。这对于今天形成较好的文化传播策略,为明天建立更好的文化形象是至关重要的。论及此,蜀布或者竹杖,或者任何早期的交流,虽然似乎微不足道,但却是我们的文化在南亚传播历史中的一部分,是值得记忆的宝贵证据。

中国与南亚地区的文化交流到东汉时期变得内容极其丰富。这其中最主要的原因是佛教开始传入。伴随这一中国文化史和宗教史上重要的事件发生的,是中国开始更为主动地去了解南亚地区,特别是希望探究那里的文化源流和风土事物。在这一过程中,就有越来越多的中国人不畏旅途险阻跋涉万里来到南亚,或游历或学习或商贩或定居。反之亦然。这些人之中,若以文化意义言之,则以僧人的事迹最为突出,功绩

---

① 司马迁:《史记》,中州古籍出版社,2003,第879页。

也最为显著。其中的原因自然是僧人们都饱读经书，可以完成文化交流的使命并予以文字的记载，从而也让后人论之有据。论及"佛教文化交流与南亚"，主要的视角就是讨论这些僧人对于中国文化在南亚的贡献。当然，佛教文化交流立意高远、内容艰深并且来往繁杂，非篇章短文可以叙清，只不过鉴于其重要性而不得不予以专述而已。在这个意义上，法显和玄奘是必须予以重笔的高僧。他们是中国与南亚文化交流史上璀璨的明珠，光芒照耀两地，不但通过取经活动将南亚文化带到中国，更是通过在南亚地区的长期生活经历，将自己所代表的中国形象写入了对方的历史。法显和玄奘都是斯里兰卡和印度古代历史书写中必然要予以提及的人物，真正做到了让文化交流名垂史册。

中国和南亚地区之间在历史上围绕佛教进行的接触和互动是世界文化交流史上成功的典范。在面对这样一个延绵时间长、牵扯范围广和交流深度大的宏伟文化现象的时候，除了对历史的学术沉淀展开讨论外，还可以发现很多可以对今天的交流活动形成很好指导的思路。一个国家或者地区所特有的文化或者宗教思想和内涵，在传播到另一个国家或者地区的时候，其历程往往充满了千回百折和举步艰难。例如伴随着新航路开辟而开展的传教活动，甚至往往出现血腥和暴力。人们对来自异域的新文化，尤其是新的宗教思想，很多时候是难免心存戒备甚至抵触的。然而佛教在传播的过程中，虽然也经历了困难重重，但是整个过程却要顺畅很多。这其中最为重要的原因，可以将其归结为官方的支持。从魏晋到唐宋，中国和南亚地区的僧人前赴后继地投入佛教交流，除了宗教信仰的虔诚心态使然外，官方所提供的援助也无比重要。寺庙需要掌握相当的资源，才能供养译经僧人经年累月地专心学术而没有旁骛。这样的资源光靠民间的施舍是远远不够的，一定需要得到政权的支持。那么多送经、译经或者取经的僧人义无反顾，终毕生之力投身于这项事业，除了精神力量的支撑外，物质保障恐怕也是重要的原因。论及此处，想到以海外中文教育推广和中国文化海外传播为主旨的若干活动，无疑也需要以古鉴今，吸取历史上文化交流的成功经验和失败教训。这样才能把我们的文化传播活动做好。

在以佛教为代表的文化交流之外，经济和贸易活动也贯穿整个中国对外交流的历史。贸易活动的初衷虽然大抵只是盈利，但是其结果却同样是互通有无，对某种物品的来源地或者接受地都产生经济利益之外的影响。这也是我们在文中主要讨论的方面，即经济活动所带来和产生的文化效应。以"朝贡贸易"或者"海上丝路"等为例，相应的盈利或者亏损，万国来朝或者耀兵异域，都早已经被历史湮没。到今天，大概已经没有人还会关心某年某月某日某船瓷器在某地赚了几两银子；也没有人会觉得船队远行擒获别人的国王是多么值得重提的事情。然而文化的印记却在这些活动中深深地刻在历史之中。文化交流的意义在于使民众在潜移默化间产生自发的感受。丝绸之路这一称谓本身实际上就已经成为了一种意向，马上能够让人联想到的就是璀璨的中国古代文明在世界其他地区的传播和影响。从这个意义上讲，不但当初开辟丝路的人们居功至伟，那些重新发现丝路以及从学术研究角度构建丝路的人们也都应该得到感谢。相比之下，到底有哪些物品或者生产技术曾经通过这条通道流传出去都显得不那么重要。丝绸之路之所以成为文化交流的重要意象，当然不在于数量众多的商贩骆驼队远途运送了到底多少物品，而是古人在古道上不畏风餐露宿、筚路蓝缕的开拓精神。

陆上丝绸之路的开辟以及中国与南亚地区的佛教交流，在一定程度上都依托了中亚这样一个文化集散地。而到了宋明时期，通过海路完成的各种交流活动越来越频繁和深入。这种交流通道从陆地到海洋的转换，似乎也预示着我们的文化进程即将出现重大转折。对中国而言，宋代繁荣的海路贸易以及明代郑和下西洋，都表明海洋对于国际交流扮演越来越重要的角色。在西方主导的新航路开辟尚未开始，在以欧洲为中心的视角中世界还存在诸多未知的时候，东方国家之间实际早已存在和发展了规模宏大的海路航行。在地缘政治观念在相应学术研究中占据相当视角的今天，深入了解海上丝路的历史，无疑有助于我们辨别是非。例如，"珍珠链"的概念在很长时间内甚嚣尘上，而实际上这样的航路，以及中国与南亚国家的海路贸易或交流，是存在悠长的历史渊源的。只有从文明与文化对话的角度去理解才能洞察，而非狭隘的地缘政治利益可以解释清楚。回顾历史，中国通过海上丝路输出的丝绸、瓷器等产品，与所到之处各国进行的是使节互相拜访互赠珍稀方物的友好往来；而近代以来欧洲殖民者们通过这条丝路带来的却是军火鸦片、战争掠夺和殖民占领。以海上丝路的南亚航线来说，中国船队在南亚各国港口的经停补给甚至上岸往来有着两千年左右的历史。

综上而言，中国文化在南亚的讨论存在两个线索：一个是时间线索，即从秦汉到明代将近两千年的时间内，中国与南亚地区和国家之间所开展的交流活动以及相应的文化影响；另一个是地理上，我们与南亚国家和地区之间的交流通道是如何建立起来的，有着怎样的历史，以及产生了怎样的效果。佛教交流和商贸往来构成了古代中国和南亚之间文化交流和传播的主要形式，也成为中国文化向南亚地区传播的主要推动力量。而学院派知识分子在文化研究和知识传播方面所做出的努力则是近现代时期南亚国家对中国文化形成认知的重要渠道。

（佟加蒙　北京外国语大学亚非学院）